KB042475

제 6 판

4차 산업혁명 시대의

EXCEL
경영과학

강금식

박영사

제6판 머리말

지금 세계는 혼돈과 불확실성의 세계로 빠져들고 있다. 미국과 중국의 패권경쟁으로 수출기업들의 의사결정이 불확실하고 위험관리에 골몰하고 있는 요즘 러시아의 우크라이나 침공으로 대 러시아 경제제재로 인하여 우리나라 기업들의 수출입에 큰 영향을 미치고 있다. 그렇지 않아도 코로나-19의 팬데믹으로 인하여 기업과 국민들이 고통을 받고 있는데 이러한 내·외부 환경의 위험과 불확실성으로 기업의 전략수립과 의사결정에 큰 어려움이 몰려오고 있다.

이러한 어려움 속에서도 기업의 경영자들은 현명한 의사결정을 수행해야 한다. 과거 기업들은 품질, 가격, 스피드 등을 기반으로 경쟁업체들과 경쟁하여 왔지만 지금은 빅데이터의 분석을 통한 정보와 가치를 추출하여 빠르고 정확한 의사결정에 의존하는 패러다임의 변화 속에서 기업을 경영해야 한다.

4차 산업혁명이 전 산업에 걸쳐 착착 진행되고 있으며 특히 오늘날 디지털 혁명으로 스마트폰이나 태블릿, 컴퓨터 등 다양한 정보통신 기기의 사용으로 정형, 비정형, 반정형 등 Big Data가 범람하고 있는 현실 속에 우리는 살고 있다. 이러한 대용량 데이터를 분석해서 정치, 경제, 사회, 문화 등 다방면에 걸쳐 유용한 정보를 추출하고, 특히 기업으로 하여금 경영문제를 해결하고 합리적 의사결정을 할 수 있도록 지원하는 비즈니스 분석론 및 데이터 마이닝이 근래 산업계 및 학계에서 큰 인기를 얻고 있다. 비즈니스 분석론의 핵심 분야가 경영과학의 최적화 이론이다. 따라서 앞으로 데이터 마이닝과 비즈니스 분석론을 심도 있게 공부하고자 하는 학생들은 경영과학을 우선 공부해야 한다.

사실 본 개정판을 만드는 데 큰 변화를 추구하지는 않았다. 4차 산업혁명과 인공지능 등에 관한 간단한 내용을 제1장에 담도록 하였고 각 장의 연습문제의 수를 줄이도록 하였다.

아무쪼록 이 개정판이 경영학도들의 문제해결 능력의 함양에 도움이 되어 장래 어떤 조직에서든 최고경영자로 성장하기를 빌어마지 않는다.

독자들은 「도서출판 박영사」의 homepage에서 「연습문제」의 「Excel 활용 문제풀이」와 「손 사용 문제풀이」를 다운로드받아 사용할 수 있다. 한편 강사님들께는 이들 외에 PowerPoint를 사용하여 만든 강의안을 박영사 homepage를 통해 제공하도록 하겠다.

그동안 짧은 기간에 책이 나올 수 있도록 여러 가지 점에서 아낌없는 성원과 협조를 해주신 박영사의 안종만 회장님께 감사의 말씀을 드리고 편집 노력을 성실하게 수행하여 보기 좋은 책이 나올 수 있도록 도와주신 전채린 차장님에게도 심심한 감사의 뜻을 전하고자 한다.

2022. 5. 3.

강금식

문제풀이 download 받는 방법

① www.pybook.co.kr에 접속한다.

② 「메뉴」-「고객센터」-「도서데이터실」을 클릭한다.

③ 「Excel 경영과학」을 클릭한다.

④ 「손 사용 문제풀이」와 「Excel 활용 문제풀이」를 download 받는다.

목 차

PART 01 경영과학의 이해

CHAPTER 1 경영과학의 기초

PART 02   확정적 모델

PART 03   확률적 모델

CHAPTER 8   네트워크 모델

CHAPTER 9   PERT/CPM

CHAPTER 10   의사결정론

CHAPTER 11   마아코브 분석

CHAPTER 12   대기행렬 모델

CHAPTER 13   시뮬레이션 모델

부   록

PART

01

경영과학의 이해

CHAPTER 1

경영과학의 기초

1.1 서 론

　　오늘날 영리를 목적으로 하는 기업이건 비영리를 목적으로 하는 기업이건 복잡하고 불확실한 환경에서 수많은 의사결정을 수행하고 있다. 국가간, 제품간 경쟁이 치열해지고 인구는 증가하지만 자원이나 자본 같은 자원은 부족하고 경제는 경기침체 등의 늪에서 헤어나지 못하고 있다.

　　각국은 치열한 경쟁에서 이기기 위하여 각자도생의 길로 가고 있다. 미국은 글로벌 금융위기 이후 경제를 살리기 위하여 돈을 마구 풀더니 지금은 금리를 인상하고 있다. 미국은 중국과 무역전쟁을 두려워하지 않는다. G1 자리를 놓고 미국과 중국은 끊임 없이 패권경쟁을 피치 않을 것이다. 우리 경제의 대중국 수출 의존도가 높고 우리가 중국에 수출해 온 제품이 가공되어 거의 모두 미국으로 수출되는 환경에서 미·중간 갈등은 우리 경제의 수출에 직격탄을 날리고 있다.

　　이렇게 급변하는 경영환경에서 합리적 의사결정을 담당하는 경영자(manager)의 역할은 그 어느 때보다 중요하다고 하겠다.

　　과거의 경영자는 경험, 창의성, 직관력, 판단력 등 주관적 시행착오에 크게 의존하여 의사결정을 수행하였지만 오늘날과 같이 복잡하고 동태적인 경영시스템에서는 이와 같은 기예(art)로부터 탈피하여 과학(science)이라는 새로운 접근방법을 사용하지 않을 수 없게 되었다. 물론 간단한 경영문제 또는 과거에 겪은 바가 있는 문제에 대해서는 경영자의 경험이나 판단력이 중요한 역할을 하는 것은 사실이지만 의사결정의 질을 높이기 위해서는 이와 함께 계량적 방법이 동시에 사용됨이 요구된다고 할 수 있다.

본서는 의사결정 과정에서 경영자들에게 도움이 되는 여러 가지 과학적이고 체계적인 도구와 방법론을 제시할 것이다. 경영과학이란 경영자의 의사결정에 도움을 주기 위한 도구와 방법을 연구하고 개발하는 학문이다.

본장에서는 경영과학의 특성, 분석방법, 모델화, 경영과학 과정, 비즈니스 분석론 등에 관해서 공부할 것이다.

1.2 경영과학의 정의와 필요성

의사결정의 실수를 줄이고 기업의 생존과 이윤추구라는 목적을 달성하기 위해서 경영자는 직면하는 경영에서의 의사결정 문제에 새로운 도구와 기법을 적용할 수 있어야 한다. 기업이나 공공행정 분야에서 직면하는 일상적인 운영상의 문제뿐만 아니라 전략적인 실제의 문제를 해결하기 위하여 이러한 도구나 기법을 적용할 수 있도록 경영자를 지원하는 학문이 경영과학이다.

경영과학(management science: MS)은 복잡하고 불확실한 환경에서 발생하는 경영 의사결정 문제의 분석과 해결을 위하여 합리적이고 체계적인 계량적 방법과 기법을 적용하는 학문이라고 정의할 수 있다. 이와 같이 경영과학의 핵심은

- 경영 의사결정을 위한 체계적이고 과학적인 방법의 사용
- 문제해결을 위해 계량적, 객관적, 수학적 모델의 사용
- 문제해결을 위해 분석적 도구, 절차, 기법의 사용

이라고 할 수 있다.

그러면 왜 경영과학이 기업의 문제해결에 꼭 필요하게 되었을까? 그들의 원인을 간단

히 요약하면 다음과 같다.

- 경영환경의 복잡성과 불확실성 증대
- 기업 규모의 거대화와 복잡성의 증대
- 컴퓨터 기술의 발달에 따른 정보저장과 처리능력의 향상
- 시장에서 경쟁의 심화
- 유가나 환율, 미·중의 무역전쟁과 같은 국제환경에서의 불안정성 증가
- 빅데이터(big data)의 처리와 분석을 통한 의사결정
- 의사결정의 결과에 대한 위험과 불확실성 증가

이상과 같은 여러 가지 요인으로 오늘날에는 경영문제를 해결하는 데에 의사결정자의 경험에 의한 지식과 직관, 판단력 등에 의존하기에는 한계가 너무 뚜렷하다고 할 수 있다. 따라서 과학적이고 체계적인 방법이 요구되었고 이에 필요한 기법과 도구를 제공하는 경영과학이 발달하게 되었다.

경영과학의 주된 목표는 빅데이터에 여러 가지 모델과 기법들을 사용하여 경영자들이 직면하는 복잡하고 불확실한 경영문제를 좀 더 합리적이고 체계적으로 해결함으로써 좋은 결정을 내릴 수 있도록 경영자를 도와주려는 것이다.

지금 국내의 대기업들에서는 실제 경영문제를 해결하기 위하여 의사결정 모델화 기법을 사용하고 있다. 이러한 모델화 기법은 기업에서뿐만 아니라 정부, 교육, 보건, 군사 등 폭 넓은 분야에서 성공적으로 적용되고 있다.

경영과학과 함께 유사하게 사용되는 학문은 결정과학(decision science), 계량경영학(quantitative management), OR(operations research), 산업공학(industrial engineering) 등이다. 오늘날에는 MS/OR을 혼용하고 있지만 엄밀하게 따지면 MS는 OR에서 연구한 결과 얻는 이론이나 문제 해결절차(algorithm)를 경영문제에 응용해 해를 구하려는 것이라고 할 수 있다.

1.3 경영과학의 발전과정

경영과학의 개념은 15세기 베니스 조선업자들의 선박건조, 1776년 아담 스미스(Adam

Smith)의 노동분업과 전문화, 1911년 미국 테일러(F. Taylor)의 과학적 관리법(scientific management), 테일러와 동시대에 고안된 간트의 간트차트(Gantt chart), 1917년 해리스(F. Harris)의 경제적 주문량 모델의 개발 등으로 적용해 오면서도 제2차 세계대전까지는 하나의 학문분야로 정립되지 못하였다.

사실 수학적 모델의 사용 자체는 수천 년 전부터 있어 왔지만 수리적 모델화 기법의 본격적 연구와 실제 경영문제에의 응용은 20세기에 들어와서 부터이다.

1930년대 말에 영국은 전문가들로 팀을 구성하여 레이더의 효과적 사용을 연구토록 하였으며 그 후 영국 군부에서는 여러 분야의 전문가들로 구성된 학제적 팀 접근법(interdisciplinary team approach)을 사용하여 대잠수함 작전과 수송선단을 따르는 호위함들의 최적전개 등의 문제도 연구토록 하였다. 군사문제의 해결에 대한 이러한 접근법은 다양한 분야로부터의 전문가들을 요구하였다. 이러한 군사문제에 과학적 방법을 적용한 영국의 작전연구(operational research)에 힘입어 미국 군부에서도 제2차 세계대전 동안 수학자, 통계학자, 컴퓨터 전문가, 엔지니어들로 하여금 팀을 이루어 작전분석에 전념토록 하였다. 이때부터 영국의 작전연구는 약어로 OR(Operations Research)로 사용하기 시작하였다.

1947년 댄지히(G. Dantzig)가 희소자원의 최적배분을 결정해 주는 선형계획법(linear programming: LP)을 개발하고 대형 컴퓨터의 개발로 인하여 제2차 세계대전 이후 산업계에서 OR기법을 적용하기 시작하였다. 이때부터 경영과학이라는 용어를 사용하면서 OR/MS가 혼용되고 있다. 고속 컴퓨터의 등장으로 경영과학이 경영문제를 해결하는 하나의 학문분야로 자리매김하는 계기가 되었다.

1950년대 이후 경영과학 분야는 지속적으로 발전해 왔다. 1950년대에 비선형계획법(nonlinear programming), 정수계획법(integer programming), 동적계획법(dynamic programming), 프로젝트 스케줄링(CPM/PERT) 등이 개발되었고, 1960년대에는 대기행렬이론과 시뮬레이션(simulation) 모델이 개발되었다.

1970년대 이후 경영과학은 경영정보시스템(management information system: MIS)과 결합하여 의사결정 지원시스템(decision support system: DSS)을 탄생시켰다. 그 후 전문가시스템(expert system)과 인공지능(artificial intelligence)이 개발되어 경영문제 해결에 큰 도움을 주고 있다.

1980년대 마이크로 컴퓨터 혁명으로 인하여 중소기업들도 대규모의 경영문제를 해결할 수 있는 소프트웨어를 이용할 수 있게 되었다.

그동안 대형 컴퓨터의 개발로 시뮬레이션 모델과 선형계획 문제의 해결을 위해 전문화된 소프트웨어 패키지를 사용하여 왔다. 그런데 1997년부터 Excel이라는 응용프로그램이 일반화됨으로써 스프레드시트(spreadsheet)를 이용하여 경영문제를 풀게 되었다. 본서에서도 Excel을 활용하여 경영문제의 최적해를 구하게 될 것이다.

지난 60여년 동안 급속도로 발전해 온 디지털 혁명(digital revolution)으로 다양한 정보기술 기기가 출현하고 이에 따라 어마어마한 규모의 다양한 형태의 빅데이터(big data)가 폭발하고 있다. 이러한 빅데이터를 분석하고 기공하여 기업으로 하여금 경영문제를 해결하고 합리적 의사결정을 할 수 있도록 지원하는 비즈니스 분석론(business analytics)이 근래에 태동하였는데 경영과학은 이 비즈니스 분석론의 핵심 분야이다.

1.4 경영과학의 특성

경영과학은 다음과 같은 특성을 갖는다.

- 경영 의사결정에의 관심
- 과학적 접근법의 적용
- 시스템적 접근방법
- 학제적 팀워크
- 수학적 모델의 사용
- 컴퓨터의 사용

다음 절부터는 이러한 특성에 대해서 간단히 공부할 것이다.

1.5 의사결정과 문제해결

문제해결(problem solving)이란 원하는 결과와 실제 결과 사이에 존재하는 차이를 규명하고 이 차이를 해결할 조치를 취하는 과정(process)이라고 정의할 수 있다. 심층분석을 하는데 시간과 노력이 필요한 문제의 해결을 위한 과정은 다음과 같이 일곱 단계를 거친다.

문제해결 {
　의사결정 {
- 문제를 규명하고 정의한다.
- 여러 문제해결 대안을 결정한다.
- 대안을 평가할 기준(criteria)을 결정한다.
- 대안을 평가한다.
- 가장 좋은 대안을 선정한다.
}
- 선정된 대안을 실행한다.
- 만족스런 해인지 결과를 평가한다.
}

의사결정(decision making)은 문제해결 과정에서 처음 다섯 단계까지를 말한다. 다시 말하면 의사결정 과정은 문제를 정의하는 것으로부터 시작하여 대안을 선정하는 것으로 끝이 난다.

의사결정은 우리 인간이 살아가면서 직면하는 어떤 경우에도 발생할 수 있지만 경영과학은 특히 경영자가 담당하는 분야에서의 의사결정에 적용할 수 있는 접근법이다.

1.6 의사결정 과정과 수리적 분석

의사결정 과정에서 각 대안을 평가함에 있어서는 질적 분석방법과 수리적 분석방법을 사용할 수 있다. 이는 〈그림 1-1〉에서 보는 바와 같다.

질적 분석(qualitative analysis)이란 대안을 평가할 때 경영자의 경험이나 판단력 같은 기예에 의존하는 방법을 말한다. 이는 문제가 단순하거나 과거에 이와 비슷한 문제를 취급한 경험이 있는 경우에는 적용하는 데 큰 어려움이 없지만 그렇지 않은 경우에는 수리적

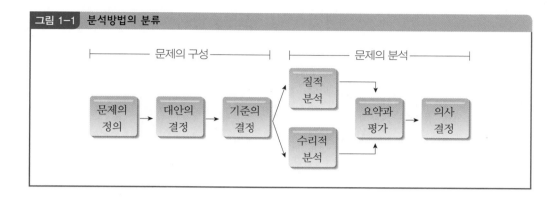

그림 1-1 분석방법의 분류

분석(quantitative analysis)을 통해 좋고 효율적인 의사결정에 이르도록 해야 한다.

수리적 분석방법에 있어서는 계량적 데이터와 수학적 모델 및 기법을 사용하게 된다. 질적 방법은 경영자의 타고난 기예이기 때문에 경험에 의해 증진되지만 수리적 방법은 경영자가 경영과학의 학습을 통해서 증진할 수 있다.

수리적 의사결정 절차를 학습한 경영자는 경영문제 해결을 위한 두 가지 방법을 비교평가할 수 있으며 더 좋은 해를 위해서 이들 두 가지 방법을 결합하여 사용할 수 있는 것이다.

수리적 방법이 의사결정 과정에서 사용되어야 하는 이유를 요약하면 다음과 같다.

• 문제가 복잡하여 수리적 방법을 사용하지 않고는 좋은 해를 구할 수 없다.
• 문제가 막대한 자금과 관련된 중요한 문제라서 결정에 이르기 전에 철저한 분석이 요구된다.
• 문제가 새로워서 전에 경험한 바가 없다.
• 문제가 반복적인 경우 한 번 수리적 방법으로 해를 구하면 시간과 노력을 절약할 수 있다.

1.7 과학적 방법

경영과학은 경영문제의 해결을 위하여 자연과학으로부터 체계적인 방법론을 원용하는 과학적 접근법을 적용한다. 과학적 의사결정의 목적은 결정환경에 관한 정보를 제공하는 데 체계적이고 합리적인 방법론을 적용하고, 여러 결정대안(decision alternatives)들을 논리적으로 평가함으로써 그 중에서 가장 좋은 대안을 선정하도록 하는 것이다. 이와 같이 경영과학은 경영문제의 현실을 관찰하여 문제를 인식하고 해결하는 과정에서 과학적 방법을 적용하고 지식과 정보를 얻는다.

과학적 방법(scientific method)이란 물리학자, 생물학자, 화학자 등과 같은 과학자들이 연구를 수행할 때 거치는 체계적인 단계를 말한다. 과학적 방법의 각 단계는 의사결정에 적용할 수 있다. 이는 〈그림 1-2〉가 보여 주는 바와 같다. 과학적 방법의 처음 세 단계는 과학자들과 마찬가지로 경영과학자들도 수행하는 과정이다. 그러나 실험과 가설의 검정은 실제세계의 문제에 적용하기에는 특수한 경우라고 할 수 있다.

사실 과학적 방법론은 체계적이고 논리적인 절차를 거친다는 점에서 의사결정 과정, 모델화 과정, 경영과학 과정과 별로 큰 차이가 없다고 할 수 있다.

사실 경영문제에 과학의 방법론을 결합하는 것은 이치에 맞지 않는 것처럼 보인다. 왜냐하면 경영이라 함은 과학이라기보다 훨씬 기예(art)라고 볼 수 있기 때문이다. 그러함에도 불구하고 앞절에서 공부한 바와 같이 많은 경영과정을 체계화하려는 노력이 계속되어 왔다.

한편 과학적 방법이 자연현상을 대상으로 하는 반면 경영과학은 현실적인 경영문제에

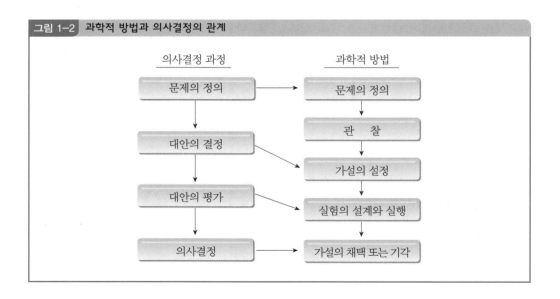

그림 1-2 과학적 방법과 의사결정의 관계

서 경제적 가치를 추구한다는 점에서 근본적 차이는 있지만 목적을 달성해가는 과정은 서로 비슷한 것이라고 말할 수 있다.

1.8 시스템적 접근방법

시스템(system)이란 용어는 우리 사회에서 널리 사용되고 있다. 예를 들면 경제시스템, 정치시스템, 교통시스템, 교육시스템, 컴퓨터시스템, 신경시스템, 가족시스템 등 헤아릴 수 없을 정도이다.

시스템이란 특정 목적을 달성하기 위하여 구성되는 상호관련된 독립적인 부분들의 전체라고 정의할 수 있다. 기업도 하나의 시스템이라고 할 수 있다. 기업은 이윤추구 등 여러 목적을 달성하기 위하여 많은 구성요소들이 기능을 수행한다. 기업을 시스템으로 보게 되면 각 구성요소와 전체 기업의 관계를 고려할 수 있다.

기업을 전체 시스템(total system)이라고 하면 그의 기능을 담당하는 생산시스템, 재무시스템, 판매시스템 등은 하위 시스템(subsystem)이라고 할 수 있다. 전체 시스템의 목적이 있는 것처럼 각 하위 시스템도 자체 목적을 갖는다. 그런데 이러한 하위 시스템들의 목적은 서로 영향을 미치기 때문에 경우에 따라서는 상충하는 것이다. 예를 들면 재고수준에 있어서 생산부와 판매부에서는 많이 보유하기를 원하지만 재무부에서는 적량의 보유를 원하는 것이 일반적이다.

이와 같이 시스템적 관점 또는 시스템적 접근방법(systems approach)이란 하위 시스템의 문제를 해결하고자 할 때 그의 목적을 달성하고자 하는 해를 구하는 것이 아니고 기업이라는 전체 시스템의 목적 달성에 부합하는 해를 구해야 한다는 것을 의미한다. 즉 전체 시스템의 관점에서 하위 시스템의 문제가 해결되어야 한다는 것이다. 전체 시스템의 관점에서 문제를 보고 그 문제의 전체성(wholeness)을 파악하고 접근해야 한다. 이와 같이 경영과학은 부분보다는 시스템 전체의 목적달성을 우선시한다.

전체 시스템의 목적에 부합하는 해를 전체 최적화(global optimization)라고 하고 어느 하위 시스템의 목적에는 부합하는 최적화이지만 전체 시스템의 목적에는 부합하지 않는 해를 부분 최적화(suboptimization)라고 한다. 물론 기업 전체의 최적화는 각 하위 시스템들의 개별적 최적화를 통해서도 달성할 수 있는 경우가 있다. 그러나 대부분의 경우에 각 하위 시스템들의 개별적 최적화보다 전체 최적화를 우선하는 것이 기업 전체의 이익에 도움이 된다. 따라서 경영과학은 시스템 구성요소 사이의 상호관계를 분석하여 부분보다는 전체의 관점에서 전체 최적화를 추구하는 해를 구하려고 한다. 즉 경영과학은 기업이라는 전체 시스템의 목적달성을 부분 시스템의 목적달성에 우선하려는 시스템적 관점(systems perspective)을 바탕에 깔고 있는 것이다.

1.9 학제적 팀워크

우리는 앞절에서 제2차 세계대전 중 영국과 미국 군부를 위하여 물리학자, 수학자, 통계학자, 행동과학자, 엔지니어 등 여러 분야의 전문가들이 팀워크를 이루어 군사문제를 해결하는 데 큰 공헌을 하였음을 공부하였다.

대전 후에는 기업과 산업체에서 학제적 팀워크(interdisciplinary teamwork)의 제도를 도입하기 시작하여 경영문제 해결에 전념토록 하였다. 사실 경영문제는 복잡하고 크기 때문에 한 사람이 또는 몇 사람이 해결하기가 쉽지 않다. 또한 경영문제는 보는 측면에 따라 법적인 측면, 환경적 측면, 경제적 측면, 심리적 측면, 행동과학적 측면, 수학적 측면 등 여러 분야에 얽혀있기 때문에 종합적 분석이 요구되므로 한 사람이 한 측면에서 문제를 해결해서는 안 된다.

따라서 크고 복잡한 경영문제를 해결하기 위해서는 다양한 분야의 전문가들이 팀워크를 이루어 문제를 종합적으로 접근하여 효율적으로 해결해야 하는 것이다. 이와 같이 경영과학은 경영학자, 경제학자, 수학자, 공학자, 컴퓨터 과학자, 심리학자 등으로 구성되어 경영문제를 해결하려는 학제적 분야이다.

1.10 모델화

〈그림 1–1〉에서 보는 바와 같이 해결해야 할 문제가 일반적 서술로부터 잘 정의된 문제로 변형이 되면 수리적 분석을 시작할 수 있다.

이와 같이 문제가 제대로 구성(structuring)이 되면 문제를 수학적으로 표현하기 위하여 모델을 설정하기 시작할 수 있다. 모델이 설정되면 필요한 데이터를 수집하고 해결절차를 적용하여 좋은 해를 추구하게 된다. 모델을 설정하고 해를 구하는 과정이 수리적 분석과정의 핵심이다.

모델의 의의

실제세계는 복잡해서 이 문제 속에 내포된 모든 요소들을 감안한 해를 구하기는 쉽지 않다. 이러한 실제세계의 문제를 해결하는 대안으로 모델이 사용된다.

모델(model)이란 실제세계의 특정 현상이나 실체를 단순하게 요약하여 표현하는 것을 말한다. 실체는 너무 복잡하여 정확하게 복사할 수도 없고 복잡성의 대부분은 우리가 관심을 갖는 특정 문제와 사실상 관련이 적기 때문에 단순화 및 추상화가 가능하다. 따라서 좋은 모델이란 그것이 표현하고자 하는 실체의 핵심적 특성을 정확하게 나타내는 모델이라고 할 수 있다. 이와 같이 모델에 꼭 포함해야 할 요소들을 결정하는 것은 아주 중요하다.

모델을 설정하는 목적은 복잡한 실제문제의 모든 요소들을 포함하는 모델은 설정할수 없을 뿐만 아니라 해를 구할 수 없기 때문에 이를 단순화하고 추상화함으로써 이해하기 쉽고 분석하기 쉬워 해를 좀 더 쉽게 구할 수 있도록 하고자 하는 것이다.

경영과학에서는 여러 대안을 마련하고 이들을 평가하는 단계에서 문제를 기술하고 표현하는데 이를 모델화(modeling)라고 하고 이의 결과를 모델이라고 한다. 경영과학은 문제를 단순화시킨 모델을 통하여 대안을 마련하고 평가하는 과정을 거친다. 이와 같이 경영과학은 모든 경영문제를 해결하기 위해서 모델화하고 그의 해를 구한 후 이를 현실에 적용하는 것이다.

모델설정의 혜택과 위험

좋은 의사결정을 위해서는 수리적 접근법을 사용해야 하고 이를 위해서는 모델의 설정(model building)이 꼭 필요하다. 그런데 모델 사용은 혜택과 위험을 동시에 수반하는데 이들을 요약하면 다음과 같다.

- 실체의 중요치 않은 많은 내용은 제거하고 문제의 중요한 몇몇 특성에만 집중할 수 있다. 예를 들면 승용차 설계시 항공역학을 테스트할 때 엔진이나 스테레오는 이에 아무런 영향을 미치지 않기 때문에 엔진이 설치된 차를 테스트할 필요는 없다. 모델은 현실을 단순화시킨 것이지만 결정문제의 관련 특성을 정확하게 표현하여 타당한 (valid) 모델이 되면 유용한 것이다. 그러나 이렇게 하는 과정에서의 위험은 문제의 중요한 특성이 부주의로 제거되어 실제문제를 모델로 풀었을 때의 해와 실제문제의 해가 다를 수 있으므로 이러한 모델의 사용은 피해야 할 것이다.
- 수리적 모델의 사용으로 정보를 적시에 계량화하도록 한다. 예를 들면 승용차의 성능검사를 위하여 축척모델(scale model)을 사용하면 완성차보다 훨씬 빠른 정보를 얻을 수 있다. 이렇게 하는 과정에서의 위험은 계량화할 수 없는 중요한 정보는 모델에 포함시킬 수 없기 때문에 무시해야 한다는 것이다.
- 문제를 분석하면서 어떤 정보가 필요하고 정보를 어떻게 조직화할 것인가에 대한 구상을 제공한다. 그러나 경험이 적은 사람은 문제를 모델에 맞게 짜맞추려고 하는 경향이 있기 때문에 좋은 해를 얻을 가능성은 낮아진다.
- 복잡한 실체 또는 상황보다 단순하기 때문에 문제해결에 있어 시간과 비용 절약적이고 위험을 감소시킨다. 예를 들면 승용차나 비행기를 제작할 때 축척모델을 사용하여 성능을 실험함으로써 큰 실수를 미연에 방지할 수 있는 것이다.
- 모델은 현실적으로 시험할 수 없는 경우에 이용된다. 예를 들면 인간모델(human model)은 승용차가 빠른 속도로 벽돌벽을 부딪힐 때 인체에 어떤 영향을 미치는지를 테스트할 때 사용된다.

모델화는 여러 가지 혜택도 주지만 동시에 위험도 따르므로 모델을 설정할 때 현실문제에 대한 상당한 통찰력이 필요하다고 하겠다. 모델을 사용해서 얻는 해가 현실에 부적합한 해가 될 위험을 감소하기 위해서는 모델설정에 가정을 세울 수 있다.

모든 모델은 가정(assumption)을 수반할 수 있는데 수리적 모델의 경우에는 "관계가 선형이다"라는 가정을 많이 사용한다. 가정을 사전에 명시하면 좋은 모델을 설정할 가능성은 높아진다. 가정을 많이 세우면 실제문제의 복잡성을 감소시켜 단순화에 도움이 된다. 하지만 단순화는 어느 정도까지 할 것인가는 심각하게 고려해야 한다. 왜냐하면 모델이 현실상황을 좀 더 근접하게 표현할수록 그로부터 얻는 결론이나 예측은 더욱 정확하게 된다. 반대로 모델이 단순하면 할수록 이해하기 쉽고 해를 구하기 쉽지만 그 해가 실제문제에 적용할 수 없는 위험은 더욱 커지기 때문이다.

이와 같이 현실문제를 표현한 모델은 현실에 충실해야 하는 정확성이 요구되는 반면에 경영과학적인 계산과 실행이 용이하도록 단순화가 이루어져야 한다. 이러한 모델화의 단순성(simplicity)과 해의 정확성(accuracy)이라는 양자의 균형은 모델 설정자의 경험에 크게 의존한다.

따라서 경영과학은 모델을 설정하여 수리적 기법을 적용하는 과학(science)적인 측면과 모델화 과정에서의 기예(art)적인 측면을 동시에 갖는다고 할 수 있다.

모델의 종류

모델을 통해 시스템이나 문제를 표현하기 위해서는 추상화해야 하는데 추상화의 정도에 따라 모델은 〈그림 1-3〉에서 보는 바와 같이 세 가지로 분류할 수 있다.

그림 1-3 모델의 종류

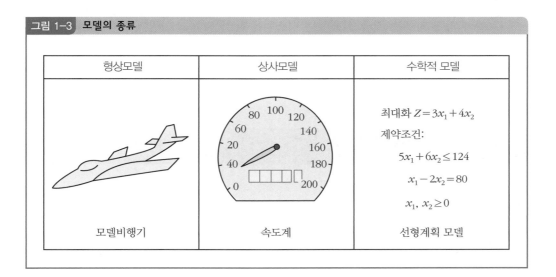

형상모델	상사모델	수학적 모델
모델비행기	속도계	선형계획 모델

수학적 모델:
최대화 $Z = 3x_1 + 4x_2$
제약조건:
$$5x_1 + 6x_2 \leq 124$$
$$x_1 - 2x_2 = 80$$
$$x_1, x_2 \geq 0$$

- 형상모델
- 상사모델
- 수학적 모델

형상모델(iconic model) 또는 축척모델(scale model)은 단순화의 정도가 가장 작은 모델로서 규모를 물리적으로 확대 또는 축소한 원형의 복사판이다. 예를 들면 어린이들이 가지고 노는 장난감(비행기, 소방차, 탱크, 기관총 등), 사진 등은 실제와 같은 모양이다.

상사모델(analog model)은 실제시스템과 모양은 같지 않지만 그것처럼 작용(기능)하는 모델이다. 예를 들면 조직표, 청사진, 속도계, 온도계, 그래프나 차트, 지도 등이다.

수학적 모델(mathematical model)은 단순화의 정도가 가장 심한 모델로서 현실의 상황이나 주어진 문제를 수학적 부호를 사용하여 방정식이나 수학적 설명 등을 함수적 관계로 표현한다. 대부분의 경영과학 모델은 수학적 모델이다. 수학적 모델을 사용함으로써 중요한 변수들 사이에 존재하는 원인과 결과의 관계(cause-and-effect relationship)와 상호작용을 밝혀낼 수 있다.

수학적 모델의 목적은 문제의 핵심을 간명한 형태로 표현하려는 것이다. 수학적 모델은 우리에게 몇 가지 이점을 준다.

- 문제를 더욱 좋게 이해하도록 돕는다. 모델은 문제의 범위, 가능한 해, 필요한 데이터 등을 정의하는 데 도움을 준다.
- 이미 개발된 다양한 수학적 해법절차를 적용할 수 있게 해준다.
- 모델화 과정 자체는 결국 실행하는 시스템에서 일을 하는 사람에게 해를 제공하도록 돕는다.

1.11 수학적 모델

구   조

수학적 모델은 일반적으로 방정식이나 다른 수학적 진술같은 형태로 표현한다. 예를 들면 다음과 같다.

$$TP=TR-TC$$
$$TP=총이익$$
$$TR=총수입$$
$$TC=총비용$$

이 모델은 나아가 다음과 같이 확장할 수 있다.

$$TP=f(TR-TC)$$
$$Y=f(X_1, X_2)$$
$$Y=f(X_1, X_2, \cdots, X_n)$$

구성요소

수학적 모델의 구성요소는 변수(variable)와 상수(constants)이다. 위의 예에서 TP, TR, TC는 변수라고 한다. 변수는 시간의 흐름에 따라 언제나 변화할 수 있는 것이다.

변수는 독립변수와 종속변수로 구분할 수 있다.

독립변수(independent variable)는 모델에서 다른 변수에 의해 영향을 받지 않는 변수로서 일반적으로 결정변수와 외생변수로 구분된다. 결정변수(decision variable)란 의사결정자가 자의로 변경할 수 있는 변수이기 때문에 통제가능변수(controllable variable)라고도 한다. 우리가 모델을 사용해서 구하려는 해는 결정변수의 값을 의미한다. 예를 들면 생산량, 구매량, 위의 예에서 TR과 TC 등이다.

한편 외생변수(exogenous variable)란 의사결정자가 자의로 통제할 수 없어 주어지는 대로 받아들일 수밖에 없는 변수이기 때문에 통제불능변수(uncontrollable variable)라고도 한다. 이는 상수 또는 파라미터(모수, parameter)라고도 한다. 예를 들면 목적함수 계수, 기술계수, 이자율, 사망률, 경쟁제품의 가격, 독점금지법 등이다. 이러한 변수는 시스템의 성과에 영향을 미치기 때문에 분석 시에 고려되어야 한다. 이러한 상수도 물론 동태적인 환경에서는 확률분포에 따라서 변동한다.

종속변수(dependent variable)는 기준변수(criterion variable)라고도 하는데 시스템의 성과, 이익, 비용 등 효과성(effectiveness)의 정도, 즉 목표의 달성 정도를 나타낸다. 종속변수의

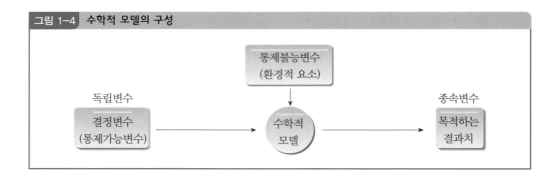

그림 1-4 수학적 모델의 구성

값은 독립변수의 값에 영향을 받는다. 위의 식에서 TP는 종속변수로서 독립변수인 TR과 TC의 영향을 받아 결정된다. 다른 예를 들면 총판매량, 시장점유율, 총재고비용 등이다.

수학적 모델은 결정변수(통제가능변수)로 표현된 수학적 관계식에 통제불능변수의 값(입력데이터)을 대입하여 목적하는 결과치를 유도한다. 이를 그림으로 나타내면 〈그림 1-4〉에서 보는 바와 같다.

분 류

수학적 모델은 여러 가지 기준에 따라 다음과 같이 분류할 수 있다.

- 규범적 모델과 서술적 모델
- 확정적 모델과 확률적 모델
- 분석적 모델과 시뮬레이션 모델

규범적 모델(normative model)은 최적화 모델(optimization model) 또는 분석적 모델(analytical model)이라고도 하는데 의사결정자가 특정 목적을 가장 효율적으로 달성하기 위해서 취해야 하는 행위를 규정하는(prescribe) 모델을 말한다. 이와 같이 합리적 의사결정을 하기 위해서는 가장 좋은(최적) 대안을 선정할 결정기준(decision criterion)이 있어야 한다.

규범적 분석은 최적해(optimal solution)를 구하게 되는데 이를 위해서는 반복적 연산절차인 알고리즘(algorithm)에 의존한다.

경영과학에서 사용되는 규범적 모델로는 선형계획법, 네트워크 모델, 수송모델, 동적계획법, 재고관리 모델, 게임이론 등이 있다.

한편 서술적 모델(descriptive model)은 의사결정이 실제로 어떻게 이루어지느냐를 기술하는(describe) 모델로서 경영과학에서는 여러 대안의 결과, 즉 시스템의 성과 또는 효과성을 조사하기 위하여 사용된다. 그러나 서술적 모델은 모든 조건(모든 대안)이 아니라 어떤 조건하에서 시스템의 효과성을 체크하기 때문에 최적해를 보장하지는 않는다.

서술적 모델은 여러 가지 가정하에서 시스템의 행위를 예측하는 데 사용되며 이때 최적해가 아닐 수 있는 만족해(satisficing solution)를 제공한다.

경영과학에서 사용되는 서술적 모델로는 대기행렬 모델, 마아코브 분석, 시뮬레이션 모델 등이 있다.

의사결정 모델은 고려하는 의사결정 문제의 유형이나 성격에 따라 확정적 모델과 확률적 모델의 두 범주로 나눌 수 있다.

확정적 모델(deterministic model)은 의사결정 문제를 모델화하는 데 필요한 모든 정보, 즉 관련된 모든 입력데이터의 값이 확실히 고정적으로 알려져 있음을 전제로 하며 심지어 통제불능변수에 대해서도 의사결정자가 영향을 미칠 수는 없지만 그의 값을 사전에 확실히 알고 사용하는 모델을 말한다. 예를 들면 LG전자의 경우 여러 가지 모델의 TV를 생산하는 데 어떤 모델 한 단위를 생산하는데 필요한 각종 자원의 양과 그들의 비용을 사전에 확실히 알기 때문에 생산하였을 때 그 모델 한 단위의 비용과 이익이 얼마인지 계산할 수 있는 것이다.

경영과학에서 사용되는 확정적 모델로는 선형계획법, 수송모델, 목적계획법, 동적계획법 등이 있다.

확률적 모델(probabilistic or stochastic model)이란 사용하는 통제불능변수의 값이 불확실하고 변동하는 경우의 모델이다. 즉 어떤 입력데이터의 값이 의사결정이 이루어지기 전에는 불분명한 경우에 사용된다.

예를 들면 어떤 제품에 대한 매일의 수요량은 일정하지 않고 변동하기 때문에 이를 취급하는 모델은 확률적 모델이라고 할 수 있다. 또한 생산모델에서 단위당 이익, 단위당 생산시간, 총 생산가능시간 등은 통제불능변수이다. 그러나 이들의 값이 고정된 값을 갖도록 알려져 있다면 이 모델은 확정적 모델로 취급할 수 있다.

확률적 모델화 기법은 확률변수(random variable)에 확률을 사용함으로써 사용하는 모델에 불확실성을 끌어들여 문제를 해결할 수 있고 또한 불확실성에 관한 여러 대안에 대해 의사결정을 평가할 수 있는 것이다.

경영과학에서 사용되는 확률적 모델로는 재고관리 모델, 대기행렬 모델, 시뮬레이션 모델 등이 있다.

분석적 모델(analytical model)은 앞에서 설명한 규범적 모델 또는 최적화 모델과 같은데 해를 구하기 위해서는 선형계획법에서처럼 반복적 연산절차를 이용하거나 재고관리 모델에서처럼 경제적 주문량(EOQ) 공식과 같은 일반해(general solution)를 이용한다.

시뮬레이션 모델(simulation model)에 있어서는 해가 연역적으로 구해지는 것이 아니고 대신 어떤 조건하에서 모델에 통제가능변수의 특정치를 대입하여 종속변수에의 영향을 관찰함으로써 모델을 실험하는 것이다. 예를 들면 수퍼마켓의 계산대의 수(통제가능변수)를 변화하면서 고객이 도착하는 어떤 조건하에서 총비용(종속변수)에 미치는 영향을 실험할 수 있는 것이다.

예를 들면 기업에서는 경영문제를 해결하기 위하여 선형계획 모델 다음으로 시뮬레이션 모델을 많이 사용한다.

1.12 컴퓨터의 활용

컴퓨터는 경영과학에서 사용하는 중요한 도구이다. 빅데이터에 계량적 모델을 사용하여 복잡한 계산과정을 거쳐 해를 구하기 위해서는 컴퓨터의 사용이 절대적이다. 컴퓨터는 모델의 해를 구하는 데만 필요한 것이 아니다. 방대한 데이터를 수집하고 저장하고 분석하는 데도 필요하다. 또한 컴퓨터는 모델의 해를 이해하고 사용함에 있어 그래프로 이를 표현하는 데도 도움을 준다.

1990년대 초까지만 해도 경영관리 문제들은 전문화된 소프트웨어 패키지를 사용하여 해결하였다. 이러한 패키지가 효율적으로 사용되었지만 구입하지 않는 한 경영과학 과목을 이수한 이후에는 이를 이용할 수가 없게 되는 단점을 갖는다.

Excel은 1997년부터 응용프로그램으로 일반화되었기 때문에 대부분의 경영과학 문제를 푸는 데 활용할 수 있게 되었다. 이러한 이유로 외국의 경영과학 교과서는 Excel의 스프레드시트(spreadsheet)를 이용하여 문제를 풀고 있으며 대학교에서의 강의도 이러한 교과서를 채택하고 있는 것이 현재의 추세이다.

이러한 추세에 맞추어 본서에서는 가능한 한 모든 문제를 설명한 후 Excel을 사용하여 해를 구하려고 한다. 그러나 심플렉스법이나 수송법 같은 고유한 알고리즘은 도서출판 박영사의 Home Page에 수록할 것이다. 독자들을 위해서는 「예제」 및 「연습문제」들에 대해 손과 Excel 등 두 가지 방법에 의한 풀이과정을 제시하고 있다.

한편 Excel의 내장함수(built-in functions)와 절차 외에 더 나아가 의사결정 나무에 사용되는 Tree Plan이라든가 시뮬레이션 모델에 사용되는 Crystal Ball(크리스탈 볼)과 같은 Excel을 위한 추가기능(add-ins)이 널리 사용되고 있다. 본서에서는 시뮬레이션 모델의 해결을 위한 Crystal Ball의 사용법을 자세히 설명할 것이다. 그런데 이를 위해서는 Oracle.Com에 접속해서 Crystal Ball의 15일간 무료 사용권을 획득해야 한다.

1.13 경영과학 과정

크기나 복잡성에 관계없이 경영문제를 풀기 위하여 계량적 방법을 사용하기 위해서는 기업에서 많은 사람이 참여해야 한다. 보통 경영문제를 담당할 프로젝트 팀(project team)을 구성하는데 각 분야에서 차출된 개인들은 경영문제의 여러 측면에 관한 정보를 제공한다. 과학적이고 계량적 방법을 적용하는 경영과학 과정(management science process) 또는 경영과학 접근법(management science approach)은 〈그림 1-5〉에서 보는 바와 같이 체계적인 절차의 순서를 거쳐 경영 의사결정을 함에 있어 문제를 객관적으로 평가하고 대안을 선택하게 된다.

문제의 정의

기업에서 현재 진행되고 있는 상황이나 과정을 면밀하게 관찰(observation)한 후 문제가 있음을 우선 인지하고 해결하고자 하는 문제가 무엇인지 정확하고 간명하게 이해하고, 규명하고, 정의하는 것은 매우 중요하고 어려운 과정이다. 문제의 정의는 다음 단계의 길잡이가 된다. 문제를 옳게 정의하지 못하면 해가 없다든지 부적합한 해를 가져오게 되어 그에 따르는 노력, 시간, 비용이 모두 헛 일이 되고 만다.

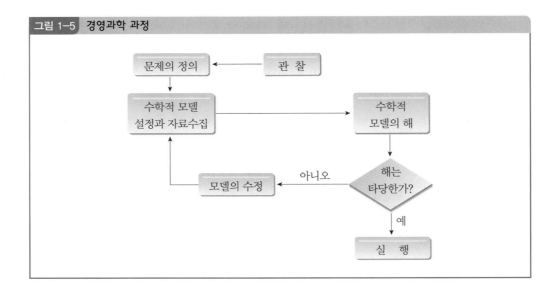

그림 1-5 경영과학 과정

옳은 질문에 틀린 대답을 하면 대답을 곧 옳게 수정할 수 있기 때문에 치명적이 되지는 않지만 틀린 질문에 옳은 대답을 하게 되면 이는 많은 문제를 야기하게 된다.

일반적으로 현재의 상황과 원하던 상태 사이에 갭이 있게 되면 문제가 발생하였다고 말한다. 그러나 잘 정의할 수 있는 문제에 항상 직면하는 것은 아니다. 단순히 문제의 증상(symptom)이 아니라 문제의 핵심과 진짜 원인(causes)을 규명하기 위해서는 통찰력, 상상력, 시간 등을 요한다.

어떤 문제는 다른 문제와 관련이 있기 때문에 다른 문제에 미칠 영향을 고려하지 않고 해를 구하게 되면 모든 상황을 악화시킬 수도 있다. 따라서 한 문제에 대한 해가 다른 문제에 또는 일반적인 상황에 어떤 영향을 미칠 것인지도 분석해야 한다.

수학적 모델설정

해결하고자 하는 문제를 잘 정의하면 이러한 문제를 해결하기 위하여 전에 개발하였던 모델을 사용할 수 있지만 그렇지 않은 경우에는 문제의 본질과 핵심을 제대로 반영하는 정확한 새로운 모델을 설정할 필요가 있다. 모델의 개발은 의사결정 절차상 가장 중요한 단계인데 이는 모델이 실제문제를 얼마나 잘 압축시켰느냐에 따라 그 모델에서 도출한 해의 유용성 정도가 판가름나기 때문이다.

문제를 모델화한다는 것은 수학적 형태로 문제나 원하는 현상을 표현하는 것을 의미한다. 독립변수와 종속변수를 규명하고 이들의 관계를 나타내는 방정식을 설정해야 하는데 이는 목적함수와 제약조건으로 나타낸다. 필요하면 가정을 세워 단순화가 이루어진다. 예를 들면 두 변수의 관계가 선형이라고 가정하여 문제를 선형계획 모델로 나타낼 수 있다.

수학적 모델에서 목적함수와 제약조건식은 결정변수와 이미 알고 있는 정보를 이용하여 표현한다. 여기서 정보란 데이터, 즉 이미 앞에서 설명한 통제불능변수의 값을 의미한다. 예를 들면 생산모델에서 한 단위당 이익이 5만 원이라고 할 때 이 5만 원을 수집해서 구할 수 있는 것이다. 문제에 따라서는 이러한 데이터는 미리 알 수 있는 경우도 있지만 대부분의 실제문제에 있어서는 회계부, 생산부, 엔지니어링부 등을 통해 수집해야만 하는 것이다.

모델에 입력할 여러 가지 정확한 데이터를 수집하는 것은 아주 중요한 일인데 아무리 정교한 모델을 설정하더라도 데이터가 부실하면 좋은 결과를 가져올 수 없기 때문이다. 결과의 정확성은 입력데이터의 정확성과 모델에 크게 의존한다.

필요한 데이터는 회사의 보고서나 장부로부터 수집할 수도 있고 종업원이나 관련된 사람들과의 인터뷰를 통하여 수집할 수도 있다. 경우에 따라서는 표본조사나 직접 측정을 통해 데이터를 입수할 수 있다.

수학적 모델의 해

해결하고자 하는 문제의 수학적 모델이 설정되고 필요한 정확한 입력데이터가 수집되면 여러 가지 기법이나 도구를 사용하여 모델의 결정변수의 값을 찾아낸다.

사용하는 모델이 최적화 모델(규범적 모델)이면 모델의 해는 최적해이고 시뮬레이션 모델 같은 서술적 모델이면 만족해이다.

최적해(optimal solution)란 모든 제약조건식을 동시에 만족시키고 목적함수 값을 최적화하는 결정변수들의 값을 말한다. 이는 반복적 연산절차인 알고리즘(algorithm)을 이용하여 구한다.

최적해는 그 모델의 해이다. 모델은 실제문제를 단순화한 것이기 때문에 모델의 최적해는 현실문제의 최적해가 아닐 수도 있다.

만족해(satisficing solution)란 최적해는 아니지만 이에 근사한 만족스러운 해를 말하는

데 사이몬(H.Simon)에 의하면 조직이건 개인이건 인간의 의사결정은 만족해에 의존하는 경우가 일반적이라고 한다.

이와 같이 만족해의 도출에 그치는 이유는 필요한 데이터를 모두 수집하는 데 비용과 시간이 너무 소요된다는 이유 외에도 의사결정자가 제한된 합리성(bounded rationality)밖에 갖고 있지 않아 분석능력이 부족하기 때문이라고 한다.

이러한 경우에는 의사결정자가 미리 바람직한 목표수준을 설정한 후 여러 대안을 검토하다가 이를 만족시키는 대안이 발견되면 더 이상의 탐색을 중단한다.

모델의 타당성 검토 ||||

수학적 모델을 풀고 나면 이를 실행하기 전에 그로부터 구한 해와 모델이 논리적이고 적절한지의 타당성을 검토한다. 모든 해는 입력데이터와 모델에 의존하기 때문에 이들을 테스트할 필요가 있는 것이다. 수학적 모델은 현실문제를 단순화시킨 것이기 때문에 모델의 최적해는 실제 현실상황에는 최적해가 아닐 수도 있고 좋은 해가 될 수 없는 경우도 있다. 따라서 구한 해를 면밀히 검토하여 해가 의미가 있는지, 결과적인 결정을 실행할 수 있는지 등을 밝혀야 한다. 이렇게 하는 이유는 다음과 같다.

- 수학적 모델이 실제문제의 모든 제약을 포함하지 않을 수도 있다.
- 문제의 어떤 부분이 간과되었거나 너무 단순화되었을 수도 있다.
- 데이터가 부정확하게 예측되었거나 입력을 잘못 했을 수도 있다.

모델의 타당성 검토(validation of the model)를 위해서는 그 모델의 해와 실제시스템에 있었던 과거의 데이터를 서로 비교하는 것이다. 만일 모델이 시스템의 역사적 행태를 제대로 반영하지 못하면 미래예측을 위해서는 타당하다고 할 수 없으므로 모델의 구성요소, 이들의 상호관계 및 평가기준 등에 대한 모델의 계속적 수정이 필요하다. 수정이 필요하게 되면 〈그림 1-5〉에서 보는 바와 같이 새로운 모델의 설정으로부터 시작해야 한다. 이와 같이 모델-해-타당성 검토의 과정을 계속해서 비교적 타당한 결과를 얻도록 해야 한다.

모델과 해가 타당하다고 해서 결과에 입각한 결정을 바로 실행할 수는 없다. 왜냐하면 모델에 포함할 수 없었던 행위적 요소나 정치적 고려를 감안해야 하기 때문이다. 예를 들면 낮에 일을 하는 작업자를 저녁 일에 할당하는 것이 비용 절약적이라 하더라도 저항에 부딪힐 수가 있는 것이다.

해의 실행

모델의 해에 입각하여 최종 보고서가 작성되면 경영자 또는 의사결정자는 보고서가 추천하는 합리적 의사결정을 실행에 옮길 수 있다. 그러나 실행이 쉬운 것은 아니다. 이는 기업에서 변화를 초래할 수 있기 때문에 작업자들로부터 저항을 초래할 수 있기 때문이다. 이러한 경우에는 교육, 홍보, 새로운 제도의 문서화 등 저항관리가 필요하다.

실행하는 과정에서 해가 계획한 대로 지켜지는지 또는 데이터가 시간에 따라 변경하고 있는지 면밀히 모니터링할 필요가 있다. 시간이 경과함에 따라 원래의 해에 수정을 가할 필요가 있는 변화가 발생할 수 있다. 예를 들면 경제상황이 바뀔 수 있고 고객으로부터의 수요가 변동할 수도 있는 것이다. 진행과정의 각 단계에서 피드백을 계속하면 원하는 결과를 달성하는 데 필요한 사소한 수정조치를 취함으로써 부정확한 모델이나 데이터를 사용하는 잘못된 문제에 얽매이는 실수를 피할 수 있게 된다.

경영문제를 경영자(또는 의사결정자)가 해결하면 실행에 큰 어려움은 없겠지만 외부의 경영과학자에 의뢰하는 경우에는 최종 보고서의 실행에 어려움이 발생할 수도 있다. 왜냐하면 문제해결 전 과정에 경영자의 의견이 반영되지 않았기 때문에 실행에 소극적 태도를 보일 수도 있는 것이다. 문제의 정의단계부터 경영과학자와 경영자는 계속적인 커뮤니케이션을 이루어 현실문제가 잘 반영이 될 수 있도록 경영자의 의견이 뒷받침되어야 한다. 경영자의 적극적인 참여가 전제되어야 최종 보고서의 실행이 순조롭게 진행될 수 있다.

1.14 4차 산업혁명

4차 산업혁명의 의의

인류가 살아오면서 네 번째 산업혁명을 맞이하고 있다. 생산 기술상의 대변혁을 통하여 생산성이 비약적으로 향상되었고 우리의 삶뿐만 아니라 정치·경제·사회·문화 전반에 걸쳐 큰 영향을 끼쳤다. 인류의 발전과 성장을 견인한 것은 새로운 기술의 혁신이었다. 각각의 산업혁명마다 기술혁신이 생산성 증가와 물질적 풍요로움을 가져왔고 그 과정은 사회적 구조와 기업 및 산업의 구조 등 사회적 패러다임의 변화를 유발하였다.

독일은 2011년부터 인더스트리 4.0(industry 4.0)이라는 국가 전략을 추진하여 오고 있는데 이는 제조업에 정보통신기술(information and communication technology : ICT)을 접목하여 제조업 분야에서 기술혁신을 추진함으로써 스마트 팩토리(smart factory)를 구현함을 목적으로 한다.

이러한 독일 제조업의 혁명이 사실 4차 산업혁명(fourth industrial revolution)을 촉발하였다고 볼 수 있다. 4차 산업혁명은 기술혁신을 통한 제조업의 혁명인데, 핵심 인프라(핵심 원천기술, 디지털 기술)는 사물인터넷, 빅데이터, 인공지능, 로봇, 클라우드 컴퓨팅, 3D 컴퓨터 등이다. 그런데 인공지능을 굴러가게 만드는 것이 빅데이터이고 빅데이터를 빛나게 하는 것이 비즈니스 분석론이고 데이터 마이닝이고 통계분석 기법이다.

사물인터넷(internet of things : IoT)이란 공장 내에서 사람, 자재, 제품, 설비, 시설, 기계 등 각종 사물들에 센서(sensor)를 부착하고 통신기능을 내장하여 이들을 인터넷에 연결하여 거대한 네트워크 속에서 서로 연결된 사물들끼리 데이터를 생성하고 서로 상호작용함으로써 가치와 경험을 창출하는 기술이다. 이와 같이 사물에 부착된 센서를 통해 실시간으로 생성·수집한 빅데이터는 다양한 분석기술을 사용하여 가공·처리·분석함으로써 경영자의 의사결정에 활용하면 부가가치를 만들 수 있는 것이다.

4차 산업혁명은 사물인터넷과 인공지능 등을 통해 기계와 제품, 생산방식 등 생산시스템 모두가 자동화되고 최적화되는 것이다. 4차 산업혁명은 생산수단과 생산방식만이 아니라 인간 사회 전체에 엄청난 변화를 몰고 올 것이다. 4차 산업혁명은 우리 인간의 삶에 커다란 혜택과 편리함을 줄 것이다. 인간의 모든 경제활동에 최적의 솔루션을 제공하게 될 것이다. 디지털 기술이 모든 부분에 적용되어 스마트 팩토리, 스마트 홈, 스마트 시티가 널리 확산될 것이다.

기술융합으로 인한 생산성 증대, 유통 및 생산 비용의 절감으로 국민소득이 증가하고 국민들의 삶의 질은 크게 향상될 것이다. 그러나 부작용도 만만치 않다. 사회적 불평등, 빈부격차, 임금격차, 고용불안문제 등은 해결해야 할 숙제가 될 것이다. 단순 반복적인 일자리, 위험한 일자리, 지식기반 전문직종, 단순 정보를 전달하는 일자리 등은 인공지능과 로봇이 대체할 것이다. 다만 창의성, 사회성, 정교함, 판단력이 요구되는 새로운 일자리는 창출될 것이다.

빅 데이터 ▍▍▍

오늘날 디지털 혁명으로 쏟아지는 데이터는 규모(volume)가 클 뿐만 아니라 형태(variety)에 있어서도 다양하고 수집·가공·전송되는 스피드(velocity) 또한 엄청난 특징을 지니고 있다. 이러한 데이터를 빅데이터라고 하는데 빅데이터(big data)란 데이터의 생성 규모, 주기, 형식 등이 기존 데이터에 비해 엄청나게 크기 때문에 기존에 사용되었던 데이터베이스 관리 도구인 Excel의 데이터 수집·처리·저장·관리 및 분석 기법으로는 감당할 수 없을 정도로 엄청난 정형, 비정형, 반정형 데이터를 모두 포함하여 일컫는 용어이다. 이러한 빅데이터를 분석해서 정치, 경제, 사회, 문화 등 다방면에 걸쳐서 유용한 정보를 추출하고 미래를 예측할 수 있는 능력이 빅데이터의 핵심이다.

데이터는 형태에 따라 다음과 같이 구분한다.

① 정형 데이터

전통적인 데이터 형태는 구조적인 정형 형태로서 관계형(relational) 데이터베이스에 아주 알맞은 것이었다. 정형 데이터(structured data)란 기업에서 거래 데이터로서 테이블의 고정된 형식에 따라 저장할 수 있는 데이터로서 지정된 행과 열에 의해 데이터의 속성이 구별되는 스프레드시트 형태의 데이터를 말한다.

② 비정형 데이터

비정형 데이터(unstructured data)는 비구조 데이터로서 데이터마다 크기와 내용이 달라 통일된 구조로 정리할 수 없는 형태이다. 예를 들면, 댓글, 트윗, 텍스트, 이미지, 영상, 동영상 등이다.

③ 반정형 데이터

반정형 데이터(semi-structured data)는 형식에 있어서는 정형 데이터와 같이 보이지만 관계형 데이터베이스에 저장할 수 없어 파일 형태로 저장된다. 예를 들면, HTML, 사물인터넷(IoT)에서 제공하는 센서 데이터 등이다.

기업에서 사용하는 대부분의 구조적 데이터는 각종 거래를 처리하는 과정에서 발생하는 거래 데이터는 물론 온라인과 오프라인에서 이루어지는 고객 데이터를 포함하는 반면 비구조적 데이터는 사람들간, 사람과 기계간, 기계들 간의 상호작용으로 발생한다. 앞으로는 인간이 개입하여 만들어지는 데이터보다 센서와 정보기술 기기들이 생성하는 데이터가 급격히 폭증할 것이다.

그러면 데이터가 이렇게 폭발적으로 팽창 일로를 걷고 있는 이유는 무엇일까?

첫째, 모바일 기기인 스마트폰의 보급으로 비정형 데이터의 수집이 손쉽게 되었다. 한편 SNS 등 소셜 미디어의 일상화로 상호작용 데이터가 증가하고 있다.

둘째, 1990년대 이후 디지털 혁명으로 데이터 저장 능력이 획기적으로 향상되었고 데이터의 저장 비용도 점차 저렴해지고 있다.

셋째, 사람과 사람, 기계와 기계간 모든 사물에 내장된 센서와 통신기능에 따라 정보를 서로 주고받는 네트워크가 형성된다.

넷째, 비즈니스 분석론 등 데이터 관리 및 분석 기술이 급격히 진보하고 있다.

다섯째, 하드웨어와 소프트웨어의 가격하락으로 범용품화가 가속함에 따라 모방하기 어려운 빅데이터가 지속적인 생산성 증대와 기업경쟁력의 유일한 핵심 무기가 되고 있다.

빅데이터의 환경이 이와 같이 확대되어 인간의 행동은 물론 위치 정보와 SNS를 통해 인간의 생각과 의견까지 분석·예측할 수 있게 되었다.

그런데 문제는 전통적인 분석방법이나 도구로는 빅데이터의 수집·저장·분석·검색이 어렵다는 것이다. 이러한 문제를 해결하기 위하여 엄청난 빅데이터에 비즈니스 분석론, 인공지능, 데이터 마이닝 등과 같은 다양한 분석기법을 적용할 때 무한한 가치 창출(value creation)이 가능하여 산업과 기업에 있어서는 기술혁신의 원동력을 제공하고 나아가 경영자들에게 좀더 나은 의사결정을 위한 통찰력(insight)을 제공할 수 있는 것이다.

4차 산업혁명에서 가장 영향력 있는 기술혁신 중의 하나가 인공지능이다. 그런데 인공지능을 활성화하기 위해서는 21세기의 원유라고 하는 빅데이터가 필수적으로 필요하다. 빅데이터는 4차 산업혁명에서 혁신과 경쟁력 강화, 생산성 향상을 위한 중요한 자산으로 데이터 자본주의 시대를 이끌어갈 것이다.

빅데이터와 인공지능을 활용하는 기업들이 산업계를 이끌고 있는 상황이다. [그림 1-6]은 세계 시가총액 상위 10대 기업중 빅데이터 활용 기업은 여덟 군데임을 보여주고 있다.

| 그림 1-6 | 세계 시가총액 상위 10개 기업중 빅데이터 활용 기업 |

순위	1	2	3	4	5
기업	아마존	마이크로소프트	애플	구글	버크서해서웨이
분야	ICT	ICT	ICT	ICT	금융

순위	6	7	8	9	10
기업	페이스북	알리바바	텐센트	존슨앤존슨	JP모건체이스
분야	ICT	ICT	ICT	ICT	금융

주: 2019년 2월 기준
출처: 미스터캡, 전 세계 기업 시가총액 순위(www.mrktcap.com)

인공지능

　　인간의 지능처럼 생각하고 추론하고 모방하는 기계를 만들어 보겠다는 시도는 오랜 역사를 갖지만 최근에야 빛을 발하기 시작하였다. 4차 산업혁명에서 없어서는 안 될 기술이 인공지능이다. 인공지능(artificial intelligence : AI)이란 인간의 지능으로 할 수 있는 사고, 인지, 자각, 추론, 학습, 자기개발 등 지적 능력을 컴퓨터가 스스로 모방할 수 있도록 구현하는 정보기술로서 다시 말하면, 컴퓨터가 인간의 도움없이 스스로 생각하고 학습하여 인간의 지능적인 행동을 모방할 수 있도록 하는 정보기술이라고 정의할 수 있다.

　　인공지능이 제 역할을 하려면 빅데이터가 필수적으로 필요하다. 컴퓨터로 하여금 빅데이터의 반복 학습을 통해 데이터 속의 패턴과 규칙을 탐구하고 변수 간의 인과관계를 찾아 미래를 예측하게 된다. 인공지능은 빅데이터를 기반으로 학습을 하고 데이터를 기반으로 정보를 추출한다. 정확하고 신뢰성 있는 고품질의 데이터가 양질의 인공지능을 만든다. 인공지능이 자동차 엔진이라면 빅데이터는 휘발유라고 할 수 있다. 그런데 인공지능은 스몰 데이터가 아니라 빅데이터를 가지고 학습할 때 의사결정에 유용한 가치를 제공하게 된다.

빅데이터 입장에서 보면 데이터를 가치 있는 보물로 만들어주는 프로세스가 인공지능이고, 인공지능 입장에서 보면 빅데이터가 훈련·검증을 가능케 하여 예측이나 분류 등은 물론 우리의 생활양식을 바꾸게 한다. 빅데이터를 훈련용 데이터로 삼아서 인공지능을 훈련시켜야만 인공지능이 제대로 성능을 발휘할 수 있고 빅데이터로부터 의미 있는 메시지를 얻을 수 있다.

인공지능 기술은 새로운 경제성장 동력으로 전 산업부문에서 경제적 가치를 창출해낼 수 있다. 특히 자율주행자동차 등 제조업과 유통, 금융, 의료 등 기존 산업을 혁신시켜 경쟁력을 강화시킬 수 있다.

데이터 마이닝

데이터 마이닝 기법은 1990년대에 들어서면서 빅데이터를 처리하고 분석하기 위하여 기업들이 기존에 사용해 왔던 통계분석 기법과 함께 활용하기 시작하였다.

데이터 마이닝(data mining)이란 범람하는 데이터를 수집하여 데이터베이스, 데이터 웨어하우스, 데이터 마트(data mart)라는 저장소에 저장된 빅데이터로부터 유용한 데이터만, 금광에서 여러 단계를 거쳐 금만을 채굴하듯, 선별해서 발굴하고 분석해서 기업경영에 필요한 의미 있고 가치 있는 정보를 자동으로 도출하는 과정을 말한다. 데이터 마이닝은 풍부한 데이터베이스 속에 숨겨진 의미 있고 논리적인 패턴, 상관관계, 추세, 변화, 예외, 규칙 등을 탐색하여 모델화함으로써 숨겨진 가치를 추출하여 미래에 실현 가능한 정보와 지식으로 만들어 실제 비즈니스 의사결정에 활용하려고 한다.

이러한 관점에서 데이터 마이닝은 지식발견(knowledge discovery in database : KDD) 기법이라고 할 수 있다. 이와 같이 데이터 마이닝은 빅데이터 시대의 도래로 각광을 받기 시작하였다. 데이터 마이닝은 강력한 힘으로 대용량의 정형 데이터로부터 가치를 추출할 능력을 갖고 있다. 빅데이터 중 대부분을 차지하는 비정형 데이터를 분석하는 기법은 텍스트 마이닝(text mining)이라고 한다.

데이터 마이닝의 근간을 이루는 핵심적 역할을 수행하는 분야는 인공지능과 통계학이다. 사실 모든 데이터 마이닝 기법들의 뼈대는 확률이론과 통계이론이다. 그러나 통계학과 데이터 마이닝의 차이는 분석대상으로 삼는 데이터의 규모이다. 전통적인 통계학에서는 매우 적은 양의 데이터를 기반으로 만들어진 기법들이 지금도 유용성을 발휘하고 있다. 전통적인 통계학의 목표는 스몰 데이터(small data : 표본 데이터)에서 최대한의 정보를 추출하는 것이었다. 이는 표본의 추출과 저장에 따르는 비용부담 때문이었다. 이제 빅데이터 시대에는 표본 데이터가 아니라 전체 데이터를 가지고 분석하는 일도 가능해졌다. 비록 Excel이 데이터 분석의 강력한 도구이지만 대용량을 감당하기에는 한계가 있기 때문이다. 데이터 마이닝은 통계학의 분석방법은 물론 기계학습(machine learning; 인간의 학습능력과 같은 기능을 컴퓨터에서 실현하고자 하는 기술), 인공지능(AI), 컴퓨터 과학, 경영과학 등을 결합해 사용한다.

빅데이터를 분석한 데이터 마이닝의 결과는 IT와 스마트 혁명 시기에 기업의 혁신과 경쟁력 강화, 생산성 향상 등을 위한 값진 가치를 생성할 수 있는 자원으로 활용할 수 있음을 보고서들은 보여주고 있다.

데이터 마이닝에서는 소프트웨어와 여러 가지 방법론을 사용해서 빅데이터로부터 정보를 자동적으로 발굴하는데 대표적인 방법론을 열거하면 다음과 같다.[1]

- 데이터 탐색(data exploration)과 시각화(visualization)
- 군집분석(clustering analysis)
- 연관분석(association analysis)
- 분류분석(classification analysis)
- 예측(prediction)

비즈니스 분석론

치열한 글로벌 경쟁에서 이기기 위한 효율적 기업경영을 위하여 폭증하는 데이터에 수리적 모델을 사용하여 정보와 지식으로 변형시키는 정교한 의사결정 과정이 필요하여 2000년대 이후 비즈니스 분석론이란 새로운 분야가 탄생하였다. 빅데이터로부터 유용한 정보를 추출하기 위한 자동화된 도구가 절실히 필요하게 되어 비즈니스 분석론이 태동하게 된 것이다.

비즈니스 분석론(business analytics)이란 빅데이터에 정보기술, 통계분석, 경영과학 (management science), 컴퓨터 과학 등 기법과 수리적 또는 컴퓨터 기반 모델을 사용하여 데이터로부터 정보와 지식을 추출함으로써 경영자들로 하여금 기업경영에 관해 향상된 통

---

1 데이터 마이닝에 관한 좀더 자세한 내용을 알기 위해서는 졸저 비즈니스 분석론, 박영사, 2020을 참조할 것.

찰력을 얻게 하고 사실(근거) 기반 의사결정(fact-based decision making, data-driven decision making)을 내릴 수 있도록 돕는 과학적 과정으로서 융합학문이라고 정의할 수 있다. 비즈니스 분석론도 통계학과 경영과학 등 전통적 수리적 방법을 사용한다. 다만 이들 사이의 차이란 통계학은 스몰 데이터를 분석대상으로 하지만 비즈니스 분석론은 빅데이터를 사용해서 통찰력을 제공함으로써 경영 문제를 해결하고 경영성과를 향상시킨다는 점이다. 전통적인 분석방법이나 기법으로는 빅데이터의 수집·저장·분석이 어려웠지만 이젠 정보기술이 발달해서 빅데이터에 접속해서 이들을 수집·저장·처리하고 나아가 수리분석에 사용함으로써 기업에서 더 좋은 의사결정을 할 수 있도록 돕고 있는 것이다. 이와 같이 비즈니스 분석론은 빅데이터가 폭증하는 시대환경에 맞추어 탄생한 것이다. 빅데이터는 비즈니스 분석론에서 데이터 분석과 의사결정 과정을 이끄는 엔진이다. 인류는 이제 빅데이터라는 발자취를 추적해 미래를 예측하고 대비하는 시대에 살고 있다.

대학교의 연구결과 비즈니스 분석론을 사용하여 데이터(사실) 기반 의사결정을 수행하는 기업들의 경우 생산성이 향상되고, 시장점유율이 확대되고, 수익성이 증가되어 전반적으로 기업성과와 기업경쟁력이 향상되었음이 밝혀졌다.

비즈니스 분석론의 혜택은 이 외에도 비용감소, 좋은 위험관리, 고객만족 등을 들 수 있다. 사실 그동안 기업들은 수익을 증가시키고 비용을 감축하여 경영성과를 올리기 위해서는 품질, 비용 , 시간, 유연성 등에 의존해 왔지만 지금은 의사결정에 정보와 지식을 제공하여 경영성과와 기업경쟁력을 향상시키려는 노력을 경주하고 있다. 비즈니스 분석론은 간단한 보고서로부터 가장 고급의 최적화 기법에 이르는 사이에 있는 어떤 것도 포함할 수 있다. 이와 같이 비즈니스 분석론이 커버하는 모든 내용을 [그림 1-7]에서 보는 바와 같이 기(서)술적 분석론, 예측적 분석론, 규범적 분석론의 세 부분으로 분류할 수 있다.

기업에서 비즈니스 분석론을 시작할 때는 보편적으로 기(서)술적 분석론으로부터 시작해서 예측적 분석론으로, 마지막으로 규범적 분석론으로 진화해 간다.

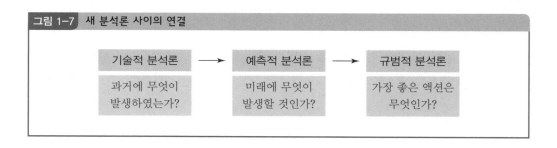

그림 1-7 새 분석론 사이의 연결

기술적 분석론	→	예측적 분석론	→	규범적 분석론
과거에 무엇이 발생하였는가?		미래에 무엇이 발생할 것인가?		가장 좋은 액션은 무엇인가?

표 1-1	비즈니스 분석론과 경영과학 모델

비즈니스 분석론	경영과학 기법과 통계적 기법
서술적 분석론	• 평균, 분산 등 통계적 측정치 • 통계적 품질관리
예측적 분석론	• 의사결정 분석과 의사결정 나무 • 회귀모델 • 수요예측 • 대기행렬 모델 • 마아코브 분석
규범적 분석론	• 시뮬레이션 모델 • 재고관리 모델 • 선형계획 모델 • 수송과 할당 모델 • 정수계획, 목적계획, 비선형계획 • 네트워크 모델

- 기술적 분석론: 기업에서 과거의 역사적 데이터를 이용해서 "무엇이 발생하였으며 무슨 일이 벌어지고 있는가?" 등 과거와 현재의 기업성과에 대답하기 위하여 사용하는 분석기법이다.
- 예측적 분석론: "앞으로 무슨 일이 발생할 것인가?"에 대한 대답을 구하는 단계로서 과거의 데이터를 사용하여 통계적, 수학적 모델을 만들어 패턴과 관계를 규명하여 미래를 예측하거나 독립변수의 종속변수에 미치는 영향을 평가하는 분석기법이다. 선형회귀 분석, 시계열 분석, 예측기법, 위험분석을 위한 시뮬레이션 등은 여기에 속한다. 예를 들면, 새로운 시장에의 진입은 성공할 것인가, 앞으로 일년 내 제품수요는 10% 성장할 것인가? 등을 취급한다.
- 규범적 분석론: 서술적, 예측적 분석론에서 생성한 여러 대안들 중에서 특정 기업목표에 부합하는 최선의 대안을 선정한다. 따라서 여기서는 "무엇을 어떻게 해야만 하는가?"에 대한 질문에 대답하는 것을 목표로 한다. 일련의 제약조건하에서 이익을 최대로 하거나 비용을 최소로 하는 해를 구하고자 하는 최적화 모델은 여기에 속한다.

기술적 분석론과 예측적 분석론에서 사용하는 거의 모든 기법은 확률이론과 통계분석 기법이고 규범적 분석론에서 사용하는 기법은 본서에서 공부할 경영과학 기법이다.

본서에서 공부할 계량적 도구와 기법을 비즈니스 분석론의 범주로 분류한 표가 [표 1-1]이다.

토/론/문/제

01 경영과학을 정의하라.

02 경영과학의 발전과정을 간단히 설명하라.

03 경영과학의 특성을 간단히 설명하라.

04 의사결정과 문제해결을 비교 설명하라.

05 질적 분석방법과 수리적 분석방법의 차이점을 설명하라.

06 과학적 방법을 설명하라.

07 시스템을 정의하고 시스템적 접근방법을 설명하라.

08 모델은 왜 사용하며 그의 한계는 무엇인가?

09 수학적 모델에 관하여 설명하라.

10 모델 사용의 이점과 위험을 설명하라.

11 규범적 모델과 서술적 모델의 차이점을 설명하라.

12 최적해와 만족해를 비교 설명하라.

13 경영과학의 방법론을 설명하라.

14 비즈니스 분석론과 데이터 마이닝을 정의하고 그가 태동하게 된 배경을 간단히 설명하라.

15 산업혁명의 혜택은 무엇인가?

EXCEL MANAGEMENT SCIENCE

CHAPTER 2

선형계획법: 모델화 및 응용

2.1 서론

　기업이든 개인이든 사용할 수 있는 자원은 제한되어 있다. 개인이 사용할 수 있는 돈과 시간은 누구에게나 제한되어 있다. 기업이 사용할 수 있는 자금, 노동력, 기계, 공장부지, 원자재, 시간 등 여러 가지 자원도 한정되어 있다. 오늘날 극심한 경쟁사회에서 제한된 자원을 가장 효율적으로 사용하는 문제는 모든 기업이 심각하게 고려하는 관심사가 아닐 수 없다. 따라서 부족한 자원을 기업의 이익을 최대화한다든지 또는 비용을 최소화한다든지 하도록 합리적으로 배분하는 문제는 경영자가 직면한 최대의 의사결정 문제이다.

　선형계획법(linear programming: LP)은 수리계획법(mathematical programming)의 중요한 분야이다. 수리계획법은 의사결정자가 실현하고자 하는 목적을 최적화(최대화 또는 최소화)하고자 문제를 모델화해서 그의 해결절차에 따라 최적해를 찾아내려는 과정이다. 즉 수리계획법은 기업의 목적을 달성코자 제한된 자원을 가장 효율적으로 배분하는 방법을 찾아내고자 하는 경영과학의 한 분야이다.

　수리계획법 중에서 선형(linearity)이라는 특별한 조건이 갖추어지면 이는 선형계획법이라고 한다. 즉 선형계획법은 목적함수와 제약조건이 선형관계식으로 표현될 수 있는 문제를 취급한다.

선형계획법은 컴퓨터 프로그래밍과 관련은 별로 없다. 선형계획법에서 선형이란 문제에 내포된 변수들의 관계가 1차함수임을 뜻하고 프로그래밍(programming)이란 계획한다(planning) 또는 최적화한다(optimizing)를 의미한다. 선형계획법이란 여러 가지 사용가능한 자원의 제약하에서 이익의 최대화라든지 비용의 최소화를 추구하려는 문제를 모델화하고 수학적 기법을 적용하여 이를 풀어나가는 과정을 말한다. 특히 수학적 모델에서 변수들의 함수적 관계가 직선으로 표현된다. 선형계획법이 컴퓨터 프로그래밍과 아주 다르지만 컴퓨터의 개발에 도움을 받아 경영문제 해결에 널리 이용되고 있는 것은 사실이다.

선형계획법은 경영과학에서 사용하는 여러 가지 기법 중에서 시뮬레이션 모델과 함께 가장 널리 애용되는 도구이다. 선형계획법은 조직에서 부족한 자원을 합리적으로 배분하는 분야에 응용되어 이익증대 또는 비용절감에 크게 공헌하고 있다. 자원이라 함은 자본, 노동력, 원자재, 완제품, 시간 등을 뜻한다.

따라서 기업체, 정부, 병원, 군사, 교육기관, 도서관, 농업기관 등에서 사료배합문제, 수송문제, 생산계획문제, 인력배치문제 등의 의사결정 문제를 해결하기 위하여 널리 사용되고 있다. 기업에서는 생산, 재무, 판매, 인사, 연구 · 개발 분야 등에서 진가를 발휘하고 있다.

본장에서는 선형계획 모델화의 예와 여러 가지 응용문제에 대하여 공부할 것이다.

2.2 선형계획 모델

일반적으로 경영과학은 경영의 의사결정 문제에 접근하기 위하여 그의 목적 또는 목표를 우선 정하고 이를 달성하기 위해 무엇을 결정해야 할 것인지를 정하게 된다. 이와 함께 문제를 둘러싸고 있는 여러 제약요소들을 고려하여 종합적인 모델로 표현한 후 이 모델의 최적해(시뮬레이션 모델의 경우에는 만족해)를 구하는 과정을 거치게 된다.

선형계획 모델의 일반적인 구조는 다음과 같다.

$$\text{최대화(또는 최소화)} \quad Z = C_1 x_1 + C_2 x_2 + \ldots + C_n x_n \qquad \qquad \ldots [2-1]$$

제약조건:

$$a_{11}x_1+a_{12}x_2+\ldots+a_{1n}x_n\leq b_1 \qquad\qquad \ldots[2-2]$$
$$\vdots$$
$$a_{k1}x_1+a_{k2}x_2+\ldots+a_{kn}x_n\geq b_k$$
$$\vdots$$
$$a_{m1}x_1+a_{m2}x_2+\ldots+a_{mn}x_n= b_m$$
$$x_1\geq 0,\ x_2\geq 0,\ \ldots,\ x_n\geq 0 \qquad\qquad \ldots[2-3]$$

모든 LP 문제는 다음과 같이 세 개의 요소로 구성되어 있다.

- 결정변수
- 목적함수
- 제약조건

위 모델에서 x_1, x_2, $\ldots$, x_n은 결정변수이고, 식 [2-1]은 목적함수, 식 [2-2]와 식 [2-3]은 제약조건이다.

결정변수(decision variable)란 기업이 수행하는 활동의 수준을 나타내는 수학적인 심벌이다. 예를 들면 어떤 회사가 두 제품 A와 B를 생산하는 문제에서 x_1=제품 A의 생산량, x_2=제품 B의 생산량이라고 정할 수 있다. 여기서 수학적 기법을 적용하여 x_1, x_2, $\ldots$, x_n의 최종 값을 얻으면 이는 기업에서 생산하기로 결정하는 것이 된다.

결정변수는 선형계획 모델에서 x_1, x_2, $\ldots$, x_n 등과 같이 아직 알지 못하는 변수들의 크기를 나타내는 심벌이다. 선형계획 모델의 해란 정해진 수학적 절차에 따라 풀어낸 결정변수들의 값을 말한다.

목적함수(objective function)란 의사결정자가 달성하고자 하는 하나의 목적을 최대화 또는 최소화하려는 선형함수식을 말한다. 이는 LP 문제의 특정 해의 성과(목표달성의 정도)를 측정하는데 하나의 목적과 결정변수들의 일차적, 수학적 관계를 나타내는 수학적 표현이다.

LP 문제는 달성하려는 목적이 예를 들어 이익, 수입, 시장점유율, 투자수익 등이면 최대화 문제이고 비용, 시간, 거리 등이면 최소화 문제이다. LP 문제의 목적함수에는 오직 하나의 목적만이 포함된다.

모델에서 $x_j (j=1,\ 2,\ \cdots,\ n)$는 결정변수, C_j는 목적함수 계수(objective function coefficient), $a_{ij}(i=1,\ 2,\ \cdots,\ m)$는 제약조건식들의 기술계수(technology coefficient) 또는 투입-산출계수

(input-output coefficient)들을 나타낸다.

결정변수의 값을 구하기 위해서는 데이터가 필요한데 C_j, a_{ij}, b_i는 상수, 즉 파라미터 (parameter)로서 사전에 그의 값을 확실히 알 수 있다고 전제한다.

목적함수 계수는 각 결정변수의 한 단위가 목적함수의 값에 기여하는 율(예컨대 단위당 이익, 단위당 비용)을 나타낸다.

위 모델에서 식 [2-2]와 식 [2-3]은 제약조건(constraints)이다. 특히 식 [2-2]는 구조적 제약조건이고 식 [2-3]은 결정변수의 비음조건(nonnegative condition)이라고 한다.

결정변수는 의사결정자가 그의 크기를 통제할 수 있는 변수이지만 그의 값은 아직 모르기 때문에 LP 문제를 풀어서 구하려고 한다. LP 문제에서 결정변수의 값을 선정하려는 의사결정자의 능력은 제약(restriction)을 받는다. 이러한 제약은 시간, 노동, 에너지, 자재, 자금 등과 같은 자원의 가용성, 법적 또는 계약요구(예컨대, 작업표준), 기술적 요구(예컨대, 강도), 기타(예컨대, 고객주문, 수요예측, 회사정책)로부터 초래된다.

제약조건은 이러한 제약을 반영하면서 결정변수들의 선형부등식(또는 등식)의 형태로 표현한다.

이러한 제약조건이 없으면 결정변수들의 값이 증가 또는 감소함에 따라 목적함수 값은 무한대로 증가 또는 감소할 것이다.

구조적 제약조건(structural constraints)은 문제의 제조기술적 시방(specification)과 제한된 자원(생산능력)과의 관계를 1차식으로 표현한 제약조건식들을 말한다.

제약조건식의 좌변(left hand side: LHS)에 위치하는 기술계수는 예컨대 제품 한 단위 생산에 소요되는 투입자원의 소모율 또는 이용률을 나타낸다.

모델에서 b_i는 부호의 오른쪽에 위치하기 때문에 우변(right hand side: RHS)상수 라고 하는데 이는 최대화 문제의 경우 여러 가지 자원의 능력이나 이용가능성을 나타내고 최소화 문제의 경우 최소 요구량을 나타낸다.

최대화 문제의 경우 제약조건식의 부등호가 모두 ≤이거나 최소화 문제의 경우 제약조건식의 부등호가 모두 ≥인 형태를 정규형(canonical form)이라고 한다. 그런데 실제로 LP 문제는 최대화 문제이건 최소화 문제이건 ≤, ≥, =이 혼합된 것이 일반적이다.

선형제약조건식은 문제의 내용에 따라 다음과 같이 선형부등식 또는 선형등식의 세 가지 형태로 표시된다.

부 호	의미
≤	작거나 같은(less than or equal to)
≥	크거나 같은(greater than or equal to)
=	같은(equal to)

일반적으로 선형계획 모델은 하나의 목적함수와 다수의 제약조건식으로 구성되는데 목적함수식과 제약조건식들은 모두 일차함수이다. 선형계획법은 주어진 의사결정 문제를 선형계획 모델로 정식화하고 모든 제약조건들을 만족시킴과 동시에 목적함수를 최적화(최대화 또는 최소화)하는 결정변수들의 값, 즉 최적해를 결정하는 수학적 방법이다.

2.3 선형계획 최대화 문제: 모델화 1

선형계획법이 자주 응용되는 분야는 제품배합(product mix) 문제이다. 노동력, 기계, 원자재 등 제한된 자원을 사용해서 몇몇 제품을 생산한다. 기업이 최대화하고자 하는 이익은 각 제품의 단위당 이익에 달려 있다.[1] 이 경우 기업은 제한된 자원을 사용하여 이익을 최대로 하기 위한 각 제품의 생산량을 결정하고자 한다.

평화전자(주)는 두 가지 형태의 웹 서버 모델을 생산하여 시중에 모두 판매하는 회사이다. 두 모델이 거치는 생산공정은 같다. 즉 두 모델은 조립 공정을 마치고 검사 공정을 거친다. 한편 두 제품은 생산 후 일정한 저장공간을 요한다.

모델 1은 열 시간의 조립, 한 시간의 검사를 필요로 하며 모델 2는 네 시간의 조립, 두 시간의 검사를 필요로 한다. 조립하는 데는 하루 총 80시간, 검사 일을 하는 데는 22시간의 사용이 가능하다고 한다. 한편 각 서버 모델의 저장공간은 3피트^{3}인데 회사가 사용가능한 전체 저장공간은 39피트^{3}이다.

모델 1 한 개를 팔면 6만 원의 이익이 남고 모델 2 한 개를 팔면 7만 원의 이익이 남는다고 한다.

평화전자(주)는 선형계획법을 이용하여 이익을 최대로 하기 위해서는 하루에 모델 1은

---

1 단위당 이익이란 단위당 판매가에서 단위당 변동비를 뺀 결과임

얼마를, 모델 2는 얼마를 생산해야 할 것인가를 결정하고자 한다.

이상에서 설명한 문제의 내용을 표로 나타내면 〈표 2-1〉과 같다.

평화전자(주)의 제품배합 문제를 선형계획법으로 풀기 위해서는 문제를 완전히 이해한 후 모델화를 위해서 다음 세 가지를 결정해야 한다.

표 2-1 제품별 공정별 생산시간 및 단위당 이익

공 정	단위당 생산시간 및 공간		하루 가능한 시간 및 공간
	모델 1	모델 2	
조립	10	4	80
검사	1	2	22
저장공간(피트³)	3	3	39
단위당 이익	6만 원	7만 원	

- 결정변수
- 목적함수
- 제약조건 ┌ • 구조적 제약조건
　　　　　└ • 비음조건

결정변수

평화전자(주)가 통제할 수는 있지만 아직 모르는 것이기 때문에 문제를 풀어 결정하고자 하는 것은 모델 1과 모델 2의 하루 생산량이므로 결정변수는 다음과 같이 정의할 수 있다.

$$x_1 = 하루\ 모델\ 1\ 생산량$$
$$x_2 = 하루\ 모델\ 2\ 생산량$$

목적함수: 총이익의 최대화

평화전자(주)가 추구하는 하나의 목적은 모델 1과 모델 2를 생산하고 판매하여 얻는 총이익(Z)을 최대로 하고자 하는 것이다. 이때 총이익은 모델 1의 판매에서 얻는 이익과 모델 2의 판매에서 얻는 이익을 합친 것이다.

모델 1의 한 단위당 이익은 6만 원이므로 하루에 x_1을 생산하여 이를 판매함으로써 얻는 이익은 $6x_1$(단위: 만 원)이다. 이와 마찬가지로 모델 2의 한 단위당 이익은 7만 원이므로 하루에 x_2를 생산하여 판매함으로써 얻는 이익은 $7x_2$(단위: 만 원)이다.

평화전자(주)가 하루에 얻을 수 있는 총이익(Z)은 $6x_1$과 $7x_2$를 합친 것이 되기 때문에 모델의 목적함수는 다음과 같이 표현할 수 있다.

최대화 $Z=$총이익

$$Z=\left(\begin{array}{c}\text{모델 1의 판매로부터}\\\text{얻는 이익}\end{array}\right)+\left(\begin{array}{c}\text{모델 2의 판매로부터}\\\text{얻는 이익}\end{array}\right)$$

$$Z=\left(\begin{array}{c}\text{모델 1의}\\\text{단위당 이익}\end{array}\right)\left(\begin{array}{c}\text{모델 1의}\\\text{생산량}\end{array}\right)+\left(\begin{array}{c}\text{모델 2의}\\\text{단위당 이익}\end{array}\right)\left(\begin{array}{c}\text{모델 2의}\\\text{생산량}\end{array}\right)$$

최대화 $Z=6x_1+7x_2$

이 목적함수는 종속변수 Z와 독립변수 x_1과 x_2와의 선형관계를 나타낼 뿐만 아니라 총이익 Z는 결정변수 x_1과 x_2의 함수로써 증가함을 의미하고 있다. 이 목적함수는 총이익 Z를 최대로 하는 결정변수 x_1과 x_2의 값을 결정하려는 것이다.

제약조건

다음에는 제약을 결정변수로 표현한다. 따라서 각 제약별로 결정변수 x_1과 x_2의 함수로 나타내는 제약조건식을 작성한다. 모델 1과 모델 2를 생산하기 위해서는 조립과 검사라는 두 개의 공정을 거치고 저장공간이라는 제약을 갖는다. 그런데 각 공정과 공간에서 사용가능한 시간 및 공간에 제한이 없게 되면 x_1과 x_2가 무한대로 증가하게 되고 따라서 총이익 Z도 무한대로 증가하게 된다. 그러나 각 공정과 공간에서 모델 1과 모델 2를 생산하는 데 사용가능한 시간 및 공간은 제한되어 있기 때문에 x_1, x_2, Z는 제약을 받는다.

제약조건식은 각 공정별로 한 개씩 작성한다. 조립 공정에서는 모델 1 한 개를 생산하는 데 열 시간이 소요되므로 하루에 x_1을 생산하기 위해서는 $10x_1$시간이 필요하다. 또한 모델 2 한 개를 생산하는 데 네 시간이 소요되므로 하루에 x_2를 생산하기 위해서는 $4x_2$시간이 필요하다.

따라서 조립 공정에서 모델 1과 모델 2를 생산하는 데 필요한 총시간은 하루에 $10x_1+4x_2$이다. 이는 하루에 사용가능한 시간인 80시간을 절대로 초과할 수 없으므로(80시간 이하는 가능하지만) 조립 공정에서의 제약조건식은 다음과 같이 표현할 수 있다.

$$\begin{pmatrix} \text{모델 1의 조립에} \\ \text{필요한 시간} \end{pmatrix} + \begin{pmatrix} \text{모델 2의 조립에} \\ \text{필요한 시간} \end{pmatrix} \leq \begin{matrix} \text{사용가능한} \\ \text{시간} \end{matrix}$$

$$\begin{pmatrix} \text{모델 1의} \\ \text{단위당 시간} \end{pmatrix} \begin{pmatrix} \text{모델 1의} \\ \text{생산량} \end{pmatrix} + \begin{pmatrix} \text{모델 2의} \\ \text{단위당 시간} \end{pmatrix} \begin{pmatrix} \text{모델 2의} \\ \text{생산량} \end{pmatrix} \leq \begin{matrix} \text{사용가능한} \\ \text{시간} \end{matrix}$$

$$10x_1 + 4x_2 \leq 80$$

검사 공정에 대해서도 같은 요령으로 제약조건식을 작성할 수 있다. 각 공정에서 모델 1과 모델 2를 생산하는 데 필요한 시간은 사용가능한 시간을 절대로 초과할 수 없기 때문에 ≤의 부등호를 사용해야 한다.

검사 공정의 제약조건식은 다음과 같이 표현할 수 있다.

$$1x_1 + 2x_2 \leq 22$$

저장공간에 대해서도 제약조건식을 다음과 같이 표현할 수 있다.

$$3x_1 + 3x_2 \leq 39$$

비음조건

모델의 해인 x_1과 x_2의 값이 음수일 수는 없다. 예를 들면 모델 1의 생산량이 -50이라는 것은 있을 수 없는 일이다. 생산을 하지 않는다면 생산량은 0이 된다. 따라서 결정변수의 비음조건은 다음과 같이 표현할 수 있다.

$$x_1 \geq 0, \ x_2 \geq 0$$

완전한 모델

평화전자㈜의 선형계획 모델은 다음과 같이 종합할 수 있다.[2]

최대화 $Z = 6x_1 + 7x_2$

제약조건:

$$10x_1 + 4x_2 \leq 80$$
$$1x_1 + 2x_2 \leq 22$$

---

2 이 문제의 최적해는 제3장 그래프 방법, 제3장 보론 심플렉스법(박영사 Homepage), 제4장 Excel 해법에서 구하였음.

$$3x_1 + 3x_2 \leq 39$$
$$x_1 \geq 0, \ x_2 \geq 0$$

2.4 선형계획 최소화 문제: 모델화 2

풍년사료(주)는 두 가지 재료를 섞어 고양이 사료를 백에 생산한다. 두 가지 재료란 생선과 귀리인데 이들은 단백질, 비타민 D, 철분을 함유한다. 생선 1kg은 단백질 세 단위, 비타민 D 한 단위, 철분 두 단위를 함유하는데 kg당 6만 원의 구매비용이 소요된다. 귀리 1kg은 단백질 한 단위, 비타민 D 한 단위, 철분 여섯 단위를 포함하는데 kg당 5만 원의 구매비용이 소요된다. 사료를 담는 각 백은 최소한 단백질 18단위, 비타민 D 12단위, 철분 30단위를 함유해야 한다. 이러한 정보를 표로 나타내면 다음과 같다.

	재료		최소 함유량
	생선(kg)	귀리(kg)	
단 백 질	3 단위	1 단위	18 단위
비타민 D	1	1	12
철 분	2	6	30
비용/kg	6만 원	5만 원	

회사는 비용을 최소로 하면서 각 백 속에 담을 생선과 귀리의 함유량(kg)을 구하고자 한다.

결정변수

회사가 결정하고자 하는 것은 한 백 속에 담을 두 재료의 함유량이므로 결정변수는 다음과 같이 정의할 수 있다.

$$x_1 = 생선의 \ 함유량(kg)$$
$$x_2 = 귀리의 \ 함유량(kg)$$

목적함수: 총비용의 최소화

회사는 생선과 귀리를 섞는 데 드는 총비용을 최소로 하고자 한다. 이때 총비용은 생선을 함유하는 데 드는 비용과 귀리를 함유하는 데 드는 비용을 합친 것이다.

생선은 1 kg당 비용이 6만 원이므로 x_1 kg을 함유한다면 비용은 $6x_1$이다. 이와 같은 방식으로 귀리의 비용을 계산하면 kg당 비용이 5만 원이기 때문에 x_2 kg을 함유한다면 비용은 $5x_2$가 된다.

따라서 회사가 한 백에 두 재료를 함유하는 데 드는 총비용은 $6x_1+5x_2$이므로 모델의 목적함수는 다음과 같이 표현할 수 있다.

최소화 $Z=6x_1+5x_2$

제약조건

제약조건식은 단백질, 비타민 D, 철분에 대해서 한 개씩 작성해야 한다. 생선과 귀리는 모두 단백질, 비타민 D, 철분을 제공하는데 제공하는 양은 다르다. 생선 1 kg 속에는 단백질 세 단위가 함유되므로 생선을 함유하면 단백질 $3x_1$단위가 제공된다. 한편 귀리 1 kg 속에는 단백질 한 단위가 함유되므로 귀리를 함유하면 단백질 $1x_1$단위가 제공된다.

따라서 두 재료를 함유하면 제공하는 단백질의 단위 수는 $3x_1+1x_2$이다. 회사는 두 재료를 함유하기 위해서는 단백질은 최소한 18단위를 사용해야 하므로 단백질에 대한 제약조건식은 다음과 같이 표현할 수 있다.

$3x_1+1x_2 \geq 18$

이와 같은 요령으로 비타민 D와 철분에 대한 제약조건식을 각각 다음과 같이 표현할 수 있다.

$1x_1+1x_2 \geq 12$
$2x_1+6x_2 \geq 30$

비음조건 |||

최대화 문제에서처럼 최소화 문제에서도 결정변수 x_1과 x_2의 비음조건은 지켜져야 한다.

$$x_1 \geq 0$$
$$x_2 \geq 0$$

완전한 모델 |||

풍년사료(주) 회사의 선형계획 모델은 다음과 같이 종합할 수 있다.[3]

최소화 $Z = 6x_1 + 5x_2$
제약조건:

$$3x_1 + 1x_2 \geq 18$$
$$1x_1 + 1x_2 \geq 12$$
$$2x_1 + 6x_2 \geq 30$$
$$x_1 \geq 0, \ x_2 \geq 0$$

2.5 선형계획 모델의 가정과 특성

모든 선형계획 모델은 일반적인 수리계획 모델과 다른 다음과 같은 중요한 가정을 전제로 한다.

- 비례성
- 가법성
- 분할성
- 확실성

---

3 이 문제의 최적해는 제3장 그래프 방법, 제3장 보론 심플렉스법(박영사 Homepage), 제4장 Excel 해법에서 구하였음.

따라서 이러한 가정 중에서 어느 하나라도 충족되지 않으면 완전한 모델이라고 할 수 없으며 그의 해를 구할 수가 없게 된다. 이 점이 바로 선형계획 모델의 한계이기도 하다.

앞절에서 공부한 평화전자(주)의 최대화 문제와 풍년사료(주)의 최소화 문제는 이러한 가정을 모두 충족시키고 있다.

비례성 |||

선형 또는 1차식(linearity)이란 비례성과 가법성을 의미한다. 비례성(proportionality)이란 각 결정변수가 목적함수와 각 제약조건식에 선형의 영향을 미치는 것을 뜻한다. 즉 결정변수의 값이 한 단위 증가할 때마다 목적함수의 값이 그 목적함수 계수만큼, 그리고 제약조건식의 좌변 값이 그 기술계수만큼 비례하여 변동한다는 것을 말한다.

앞절에서 설명한 평화전자(주)의 모델에서 모델 1의 한 개 판매에서 오는 이익이 6만 원이므로 두 개를 판매하면 이익은 $2 \times 6 = 12$만 원이고, 세 개를 판매하면 $3 \times 6 = 18$만 원이 된다. 이와 같이 결정변수의 값이 한 단위 증가할 때마다 총이익은 단위당 이익(목적함수 계수)만큼씩 비례하여 증가한다. 이러한 비례성은 제약조건식에 대해서도 설명할 수 있다.

이와 같이 선형계획법에서는 단위당 이익이나 비용을 나타내는 목적함수 계수와 단위당 제조시간을 나타내는 기술계수 등이 생산(판매)수준이나 생산방법의 변경에 관계 없이 언제나 일정하여 목적함수나 제약조건식이 직선으로 표시될 수 있음을 전제로 한다.

그러나 제품에 따라서는 대량판매에 따른 단위당 이익이 현저하게 감소한다든지 규모의 경제(economies of scale)가 작용하여 대량생산에 따른 단위당 비용 및 단위당 제조시간이 체감하게 된다. 이와 같이 선형관계가 적용되지 않는 경우에는 비선형계획법(nonlinear programming)을 사용해야 한다.

가법성 |||

가법성(additivity)이란 목적함수와 각 제약조건식이 각 항의 합으로 이루어진다는 것을 뜻한다. 즉 모든 제품을 판매하여 얻는 총이익은 각 제품을 판매하여 얻는 이익의 합계와 같음을 의미한다.

앞절에서 설명한 평화전자(주)의 모델에서 모델 1과 모델 2를 판매해서 얻는 총이익은 모델 1의 판매에서 얻는 이익과 모델 2의 판매에서 얻는 이익을 합친 것이다. 이러한 가법성은 제약조건식에 대해서도 설명할 수 있다.

모든 제품을 생산하기 위해 요구되는 총자원은 각 제품을 생산하기 위해 요구되는 자원의 합계와 같음을 의미한다.

그러나 기업에서 대체재 또는 보완재를 생산하는 경우에는 이러한 가법성이 적용되지 않을 수도 있다. 이러한 경우에는 두 결정변수의 곱(이차항)이 목적함수 또는 제약조건식에 포함되어야 하므로 이는 비선형계획 모델이 된다.

분 할 성 ▌▌

분할성(divisibility)이란 선형계획 모델을 풀었을 때 결정변수의 값이 정수(integer)가 아닌 소수(분수)일 수도 있음을 뜻한다. 즉 결정변수는 연속변수(continuous variable)이다. 따라서 총이익이나 총비용 등이 소수로 표시될 수 있다. 예를 들면 모델 1의 생산량이 12.3개라든지 모델 2를 한 개 생산하는 데 조립 공정에서 2.8시간 소요된다 등과 같다.

그러나 현실적으로 소수로 표시할 수 없는 경우도 있다. 예를 들면 어떤 작업에 1.25사람 할당한다고 할 수 없는 경우에는 결정변수나 자원을 정수로 표시하도록 정수계획법(integer programming) 모델을 사용해야 한다.

확 실 성 ▌▌

확실성(certainty)이란 모든 선형계획 모델에는 목적함수 계수 C_j, 기술계수 a_{ij}, RHS(우변) 상수 b_i 등 세 가지의 파라미터가 포함된다는 것을 뜻한다. 선형계획 모델에서는 이러한 파라미터의 값이 사전에 확실히 주어진다고 가정한다. 이는 정태경제에서 가능한 일이다.

그러나 현실문제에 있어서는 이러한 파라미터의 값이 시간의 흐름에 따라 변하는 경우가 많다. 따라서 최적해를 구한 후 파라미터의 변화가 최적해에 어떠한 영향을 미치는지 추가적인 분석이 필요하다. 이를 민감도 분석(sensitivity analysis)이라고 한다.

선형계획 모델의 특성 |||

모든 선형계획 모델은 공통적으로 다음과 같은 특성을 갖는다.

- 모든 선형계획 문제는 이익은 최대화, 비용은 최소화하려는 목적을 갖는다. 이는 LP 문제의 목적함수라고 한다.
- 모든 선형계획 문제는 목적을 추구하는 데 제한을 가하는 제약(constraints)을 갖는다. 예를 들면 제품을 생산할 때 기계시간이나 다른 자원에 제약을 받아 무한대로 생산할 수 없다. 따라서 여러 제약조건하에서 목적을 달성하게 된다.
- 선택해야 하는 대안이 있을 수 있다. 예를 들면 세 가지 제품을 생산하기 위해 한정된 자원을 배분토록 LP 모델을 사용할 수 있다. 첫 제품생산에 모든 자원을 투입할 것인가? 각 제품의 동일한 수량을 생산할 것인가? 혹은 다른 비율로 자원을 배분할 것인가? 이와 같은 대안이 없다면 LP 모델을 사용할 필요가 없는 것이다.
- LP 문제의 목적이나 제약은 선형방정식이나 부등식으로 표현해야 한다. 예를 들면 $2x_1 + 3x_2 = 5$는 선형함수이지만 $2x_1^2 + 3x_2 = 5$는 선형함수가 아니다.

2.6 선형계획법의 응용: 제품배합 문제

이천도자기㈜는 특수한 찰흙과 고급 기능공을 사용하여 사발과 찻잔을 생산한다. 회사는 제한된 자원을 사용하여 이익을 최대로 하는 사발과 찻잔의 하루 생산량을 결정하려고 한다. 두 제품의 생산에 필요한 자원 요구량과 단위당 이익이 다음 표와 같다. 생산하는 데 매일 가능한 노동시간은 40시간이고 찰흙은 120파운드이다. 그런데 마케팅부에서는 사발의 재고가 많아 200개 이상은 생산하지 않을 것을 요구하는 한편 찻잔의 재고는 부족하여 100개 이상 생산할 것을 요구하고 있다.

	사발	찻잔	사용가능량
노동시간/단위	1	2	40시간
찰흙 파운드/단위	4	3	120파운드
이익/단위	4만 원	5만 원	
생산가능량	≤200	≥100	

결정변수

이천도자기㈜가 결정하려고 하는 것은 "하루에 사발과 찻잔을 각각 얼마씩 생산해야 이익을 최대로 할 수 있는가"라는 생산량이기 때문에 결정변수는 다음과 같이 정의할 수 있다.

x_1=하루 사발 생산량
x_2=하루 찻잔 생산량

목적함수: 총이익의 최대화

이천도자기㈜의 목적은 총이익 Z를 최대화하려는 것이다. 총이익은 사발을 판매해서 얻는 이익과 찻잔을 판매해서 얻는 이익을 합친 것이다. 사발을 판매해서 얻는 이익은 단위당 이익과 생산량을 곱한 $4x_1$이고 찻잔을 판매해서 얻는 이익은 단위당 이익과 생산량을 곱한 $5x_2$이다. 따라서 목적함수는 다음과 같다.

최대화 $Z=4x_1+5x_2$

제약조건

이천도자기㈜는 사발과 찻잔을 생산하기 위해서 노동시간과 찰흙이라는 두 가지 자원을 사용한다. 따라서 제약조건식은 각각 노동시간과 찰흙에 대해 작성해야 한다. 한편 마케팅부에서 요구하는 사발 생산과 찻잔 생산에 관한 요구사항도 제약조건식으로 표현해야 한다.

사발 한 개를 생산하는 데는 노동 한 시간이 필요하므로 하루 사발생산에 필요한 노동시간은 $1x_1$이다. 한편 찻잔 한 개를 생산하는 데는 노동 두 시간이 필요하므로 하루 찻잔 생산에 필요한 노동시간은 $2x_2$이다. 따라서 회사가 두 제품을 생산하는 데 필요로 하는 하루의 총노동시간은 $1x_1+2x_2$이다. 그런데 회사가 하루에 사용할 수 있는 가능한 노동시간은 40시간이므로 노동시간에 대한 제약조건식은 다음과 같다.

$1x_1+2x_2\leq40$

똑같은 요령으로 회사가 두 제품을 생산하는 데 필요로 하는 하루의 찰흙 수요량은 $4x_1+3x_2$이다. 그런데 회사가 하루에 사용할 수 있는 가능한 찰흙은 120파운드이므로 찰흙에 대한 제약조건식은 다음과 같다.

$$4x_1+3x_2 \leq 120$$

마케팅부에서 요구하는 사발과 찻잔의 생산 요구량에 관한 제약조건식은 다음과 같다.

$$x_1 \leq 200$$
$$x_2 \geq 100$$

비음조건

사발 생산량과 찻잔 생산량이 음수여서는 안 되기 때문에 결정변수의 비음조건은 다음과 같다.

$$x_1 \geq 0, \ x_2 \geq 0$$

완전한 모델

이천도자기(주)의 선형계획 모델을 종합하면 다음과 같다.[4]

최대화 $Z=4x_1+5x_2$
제약조건:
$$1x_1+2x_2 \leq 40$$
$$4x_1+3x_2 \leq 120$$
$$x_1 \qquad \leq 200$$
$$x_2 \geq 100$$
$$x_1 \geq 0, \ x_2 \geq 0$$

---

4 이 문제의 최적해는 제4장 Excel 해법 [연습문제 2]에서 취급함.

2.7 선형계획법의 응용: 광고매체결정 문제

종로자동차(주)는 새로 시판하고자 하는 Excel 자동차를 TV, 라디오, 일간지 등 세 개의 매체에 가장 효과가 크리라고 예상하는 요일과 시간을 택해 매주 광고하려고 한다. 그런데 내용은 광고할 때마다 달리하려고 기획한다. 회사는 각 광고매체를 통해 얻는 이익을 계산하기가 곤란하여 대신 시청자 수를 최대화하려고 한다.

각 매체를 이용하여 광고하기 위해서는 광고예산과 기획비용이 필요하다. 각 매체별 1회 예산액과 비용은 다음 표와 같은데 사용가능한 광고예산액은 400천만 원이고 기획비용은 100천만 원이다. 그런데 회사의 사정에 의해서 TV광고는 5회 이하로, 라디오 광고는 3회 이상으로 제한하려 한다.

한편 각 매체별 1회 광고의 시청자 수가 다음 표와 같을 때 회사는 총시청자 수를 최대로 하기 위해서는 각 매체별 광고횟수는 매주 얼마로 결정해야 하는가?

	비용(천만 원)			사용가능한
	TV	라디오	일간지	금액
광고예산	30	15	10	400
기획비용	9	3	4	100
평균 시청자 수(만 명)	230	60	50	
광고횟수	5이하	3이상		

결정변수

x_1=매주 TV에의 광고횟수

x_2=매주 라디오에의 광고횟수

x_3=매주 일간지에의 광고횟수

목적함수: 시청자 수의 최대화 [5]

최대화　$Z = 230x_1 + 60x_2 + 50x_3$

---

5 이 문제의 최적해는 제4장 Excel 해법 [연습문제 3]에서 취급함.

제약조건 ▌

$$30x_1 + 15x_2 + 10x_3 \leq 400$$
$$9x_1 + 13x_2 + 14x_3 \leq 100$$
$$x_1 \qquad\qquad \leq 5$$
$$\qquad x_2 \qquad \geq 3$$
$$x_1 \geq 0, \quad x_2 \geq 0, \quad x_3 \geq 0$$

2.8 선형계획법의 응용: 직원채용 문제

한국보험(주)는 보험클레임을 매일 처리한다. 보험클레임은 임시직과 영구직으로 구성된 컴퓨터 오퍼레이터들이 취급한다. 각 영구직 오퍼레이터는 하루에 16건을 처리하고 각 임시직 오퍼레이터는 12건을 처리하는데 이들이 하루에 평균 적어도 450건을 처리해야 한다.

회사는 오퍼레이터들이 사용할 40대의 컴퓨터 작업센터를 보유하고 있다. 각 영구직 오퍼레이터는 매일 0.5건의 실수를 저지르고 임시직 오퍼레이터는 매일 1.4건의 실수를 저지르는데 회사는 하루 전체 25건으로 제한하려고 한다.

영구직 오퍼레이터의 일당은 64천 원이고 임시직 오퍼레이터의 일당은 42천 원이다.

회사는 비용을 최소로 하기 위해서는 영구직과 임시직 오퍼레이터를 각각 몇 명씩 고용해야 할 것인가를 결정하고자 한다.

결정변수 ▌

x_1=영구직 오퍼레이터의 수
x_2=임시직 오퍼레이터의 수

목적함수: 총일당의 최소화 ||| [6]

$$\text{최소화} \quad Z = 64x_1 + 42x_2$$

제약조건 |||

$$16x_1 + 12x_2 \geq 450$$
$$x_1 + x_2 \leq 40$$
$$0.5x_1 + 1.4x_2 \leq 25$$
$$x_1 > 0, \quad x_2 \geq 0$$

2.9 선형계획법의 응용: 포트폴리오 문제

강남신용(주)는 여러 가지 형태의 증권에 투자를 하고 있다. 회사는 내년까지 얻는 이자소득을 최대로 하기 위하여 500만 원을 즉시 투자하려고 한다. 리스크(risk)는 고려할 요인이 아니다. 아래 표에서 보는 바와 같이 투자기회는 네 가지이다.

투자기회	기대 이자소득(%)	가능한 투자액(만 원)
회사채	18.5	300
보통주	9.0	300
금증권	10.0	200
부동산	13.0	100

포트폴리오(portfolio)를 구성함에 있어 회사의 이사회에서는 투자액의 40% 이상은 회사채와 보통주에, 투자액의 20% 이상은 부동산에 각각 투자해서는 안 된다고 결정하였다.
회사의 목적을 달성하기 위한 선형계획 모델을 작성하자.

---

6 이 문제의 최적해는 제4장 Excel 해법 [연습문제 4]에서 취급함.

결정변수 |||

x_1 = 회사채에의 투자액

x_2 = 보통주에의 투자액

x_3 = 금증권에의 투자액

x_4 = 부동산에의 투자액

목적함수: 이자소득의 최대화 ||| [7]

최대화 $Z = 0.185x_1 + 0.09x_2 + 0.1x_3 + 0.13x_4$

제약조건 |||

$$x_1 + x_2 + x_3 + x_4 \leq 500$$
$$x_1 + x_2 \qquad\quad \leq 200$$
$$x_4 \leq 100$$
$$x_1, \; x_2, \; x_3, \; x_4 \geq 0$$

2.10 선형계획법의 응용: 영양섭취 문제

S여대 경영학과 3학년은 도봉산에 있는 생활관으로 1박 2일의 MT를 가게 되었다. 아침식사 준비를 맡은 총무 박양은 시리얼과 우유를 준비하였는데 최소의 비용으로 필요한 영양을 제공하기 위하여 학생 1인당 어느 정도의 양을 급식할 것인지 결정하고자 한다.

우유 한 단위(0.2l)는 30칼로리의 열량을 산출하며 칼슘, 비타민 A, 비타민 B를 각각 1mg, 4mg, 1mg 함유한다. 가격은 한 단위에 200원이다.

시리얼 한 단위(40g)는 100칼로리의 열량을 산출하며 칼슘, 비타민 A, 비타민 B를 각

---

7 이 문제의 최적해는 제4장 Excel 해법 [연습문제 5]에서 취급함.

각 2mg, 1mg, 1mg 함유한다. 가격은 한 단위에 100원이다.

한편 식품영양학과 교수에 문의해 보니 아침 식사에 필요한 열량은 1인당 최소 950칼로리이며 칼슘, 비타민 A, B는 각각 15mg, 28mg, 10mg이 필요하다고 한다.

이 문제의 선형계획 모델을 작성하자.

결정변수 |||

x_1=1인당 우유 필요량(단위)

x_2=1인당 시리얼 필요량(단위)

목적함수: 비용의 최소화 |||[8]

최소화 $Z=200x_1+100x_2$

제약조건 |||

$$30x_1+100x_2\geq950$$
$$x_1+2x_2\geq15$$
$$4x_1+x_2\geq28$$
$$x_1+x_2\geq10$$
$$x_1\geq0,\ \ x_2\geq0$$

2.11 선형계획법의 응용: 혼합물 문제

Excel정유(주)는 동남아, 중동, 남미로부터 원유(crude oil)를 수입하여 이들을 혼합하고 정제하여 보통(regular) 개솔린과 프리미엄(premium) 개솔린을 생산한다.

---

8 이 문제의 최적해는 제4장 Excel 해법 [연습문제 6]에서 취급함.

각 지역으로부터 수입하는 원유의 갤런당 비용, 각 개솔린의 판매가격, 이번 주일에 필요한 각 개솔린의 생산 소요량은 다음 표에서 보는 바와 같다.

근래 원유가격이 계속해서 상승하는 까닭에 회사에서 각 지역으로부터 수입할 수 있는 최대량은 표에서처럼 극히 제한되어 있다.

각 개솔린에 포함되어야 하는 원유의 비율은 표에서 보는 바와 같도록 지켜져야 한다. 예를 들면 보통 개솔린은 동남아 원유 30% 이하, 중동 원유 40% 이상, 남미 원유 20% 이하를 포함해야 한다.

원 유	보 통	프리미엄	최대 수입량	비용(만 원)/갤런
동남아	30% 이하	25% 이상	5,000	1
중 동	40% 이상	40% 이하	10,000	1.2
남 미	20% 이하	30% 이상	10,000	1.5
생산 소요량(갤런)	10,000			
판매가격(갤런)	2	2.3		

회사는 선형계획 모델을 사용하여 이익을 최대로 하면서 보통 개솔린을 생산하기 위해서는 각 원유를 얼마씩, 프리미엄 개솔린을 생산하기 위해서는 각 원유를 얼마씩 구입하여야 할 것인가를 결정하고자 한다.

결정변수 ▌▌▌

x_1＝보통 개솔린에 혼합할 동남아 원유의 갤런 수

x_2＝보통 개솔린에 혼합할 중동 원유의 갤런 수

x_3＝보통 개솔린에 혼합할 남미 원유의 갤런 수

x_4＝프리미엄 개솔린에 혼합할 동남아 원유의 갤런 수

x_5＝프리미엄 개솔린에 혼합할 중동 원유의 갤런 수

x_6＝프리미엄 개솔린에 혼합할 남미 원유의 갤런 수

목적함수: 총이익의 최대화 ||| [9]

$$\text{최대화} \quad Z = 2(x_1 + x_2 + x_3) + 2.3(x_4 + x_5 + x_6)$$
$$- 1(x_1 + x_4) - 1.2(x_2 + x_5) - 1.5(x_3 + x_6)$$
$$\Rightarrow \text{최대화} \quad Z = x_1 + 0.8x_2 + 0.5x_3 + 1.3x_4 + 1.1x_5 + 0.3x_6$$

제약조건 |||

$x_1 + x_4 \leq 5,000$ (동남아 원유 수입량)

$x_2 + x_5 \leq 10,000$ (중동 원유 수입량)

$x_3 + x_6 \leq 10,000$ (남미 원유 수입량)

$x_1 \leq 0.3(x_1 + x_2 + x_3)$ (보통 개솔린에서 차지하는 동남아 원유의 비율)

$\Rightarrow 0.7x_1 - 0.3x_2 - 0.3x_3 \leq 0$

$x_2 \geq 0.4(x_1 + x_2 + x_3)$ (보통 개솔린에서 차지하는 중동 원유의 비율)

$\Rightarrow -0.4x_1 + 0.6x_2 - 0.4x_3 \geq 0$

$x_3 \leq 0.2(x_1 + x_2 + x_3)$ (보통 개솔린에서 차지하는 남미 원유의 비율)

$\Rightarrow -0.2x_1 - 0.2x_2 + 0.8x_3 \leq 0$

$x_4 \geq 0.25(x_4 + x_5 + x_6)$ (프리미엄 개솔린에서 차지하는 동남아 원유의 비율)

$\Rightarrow 0.75x_4 - 0.25x_5 - 0.25x_6 \geq 0$

$x_5 \leq 0.4(x_4 + x_5 + x_6)$ (프리미엄 개솔린에서 차지하는 중동 원유의 비율)

$\Rightarrow -0.4x_4 + 0.6x_5 - 0.4x_6 \leq 0$

$x_6 \geq 0.3(x_4 + x_5 + x_6)$ (프리미엄 개솔린에서 차지하는 남미 원유의 비율)

$\Rightarrow -0.3x_4 - 0.3x_5 + 0.7x_6 \geq 0$

$x_1 + x_2 + x_3 \geq 10,000$ (보통 개솔린 생산 소요량)

완전한 모델 |||

$$\text{최대화} \quad Z = x_1 + 0.8x_2 + 0.5x_3 + 1.3x_4 + 1.1x_5 + 0.3x_6$$

---

9 이 문제의 최적해는 제4장 Excel 해법 [연습문제 7]에서 취급함.

제약조건:

$$x_1 + x_4 \leq 5,000$$
$$x_2 + x_5 \leq 10,000$$
$$x_3 + x_6 \leq 10,000$$
$$0.7x_1 - 0.3x_2 - 0.3x_3 \leq 0$$
$$-0.4x_1 + 0.6x_2 - 0.4x_3 \geq 0$$
$$-0.2x_1 - 0.2x_2 + 0.8x_3 \leq 0$$
$$0.75x_4 - 0.25x_5 - 0.25x_6 \geq 0$$
$$-0.4x_4 + 0.6x_5 - 0.4x_6 \leq 0$$
$$-0.3x_4 - 0.3x_5 + 0.7x_6 \geq 0$$
$$x_1 + x_2 + x_3 \geq 10,000$$
$$모든 \ 변수 \geq 0$$

2.12 선형계획법의 응용: 버스배차 문제

정기노선 시내버스를 운영하는 (주)수유여객에서는 교통량에 부응하는 적절한 배차계획을 세우려 한다. 몇달 동안 교통량을 조사해 다음과 같은 결과를 얻었다.

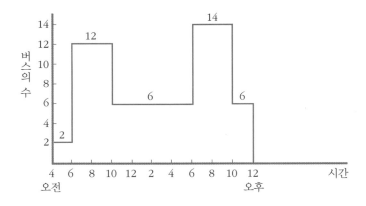

버스는 일단 배차되면 8시간 운행한다. 교통량을 감안하여 배차시간은 오전 4시~오전

12시, 오전 6시~오후 2시, 오후 2시~오후 10시, 오후 4시~오후 12시의 4교대로 하기로 하였다. 교통량에 부응하면서 배차되는 총버스 수를 최소화하는 선형계획 모델을 작성하자.

결정변수

x_1=오전 4시의 배차 수
x_2=오전 6시의 배차 수
x_3=오후 2시의 배차 수
x_4=오후 4시의 배차 수

목적함수: 총버스 수의 최소화 [10]

최소화 $Z = x_1 + x_2 + x_3 + x_4$

제약조건

$$
\begin{aligned}
x_1 & \geq 2 \\
x_1 + x_2 & \geq 12 \\
x_1 + x_2 & \geq 6 \\
x_2 & \geq 6 \\
x_3 & \geq 6 \\
x_3 + x_4 & \geq 6 \\
x_3 + x_4 & \geq 14 \\
x_4 & \geq 6
\end{aligned}
$$

모든 변수 ≥ 0

---

10   이 문제의 최적해는 제4장 Excel 해법 [연습문제 8]에서 취급함.

2.13 DEA

DEA(data envelopment analysis)는 같은 형태의 서비스 조직들을 비교할 때 사용하는 선형계획 응용방법이다. 예를 들면 병원, 학교, 레스토랑, 은행, 대학 등 서비스 조직이 효율적으로 운영되는지 분석하기 위하여 DEA 방법이 사용된다. 한편 한 기업 내에서 특정 부서가 다른 부서들에 비하여 효율적으로 운영되고 있는지, 또는 한 산업 내의 특정 기업이 경쟁기업에 비하여 상대적으로 효율적인지 분석할 수 있다. 일반적으로 효율은 기업이 사용할 수 있는 투입물과 생산되는 산출물을 비교하여 결정된다. DEA는 다른 기업에 비하여 특정 기업의 상대적 효율성을 평가하기 위하여 사용된다. 비효율적인 기업은 효율적인 기업을 벤치마킹의 대상으로 삼아 비효율적인 요소들을 개선할 수 있다.

서울시에 있는 세 개 병원을 골라 여러 가지 투입물을 산출물로 변형시킴에 있어 효율적인지 평가하기 위하여 다음과 같은 데이터를 수집하였다. 우선 Excel 병원부터 평가하자.

투입물 1: 자본 (침대 100개로 측정)

투입물 2: 노동 (한 달 노동 1,000시간으로 측정)

산출물 1: 14세 미만 (월 환자 입원 100일로 측정)

산출물 2: 14~65세 (월 환자 입원 100일로 측정)

산출물 3: 65세 초과 (월 환자 입원 100일로 측정)

병원	투입물		산출물		
	1	2	1	2	3
Excel	6	14	6	4	16
Word	8	15	5	7	14
Access	7	13	4	9	13

결정변수

DEA 모델에서 결정변수를 정의하기는 쉽지 않다. 결정변수는 투입물이나 산출물에 부여하는 가중치를 의미하기도 하지만 여기서는 투입물과 산출물의 단위당 가격(price per unit)으로 정의하기로 한다. 이는 실제가격이 아니고 투입물을 산출물로 변형시키는 암묵가격(implicit price)을 의미하기 때문에 별로 의미는 없다고 할 수 있다.

$$x_i : 각\ 투입물의\ 단위당\ 비용\ i=1,\ 2$$
$$y_i : 각\ 산출물의\ 단위당\ 가격\ i=1,\ 2,\ 3$$

목적함수: Excel 병원 산출물의 총가치 최대화

이 모델의 목적은 Excel 병원이 효율적으로 운영되는가를 결정하려는 것인데 이때는 단순하도록 투입물의 총비용을 1로 고정시키도록 투입물과 산출물의 단위 가격(가중치)을 결정한다. 그러면 Excel 병원의 효율은 산출물의 총가치와 같게 된다. 따라서 목적함수는 Excel 병원 산출물의 총가치를 최대화하는 것이다.

$$최대화\ Z=6y_1+4y_2+16y_3$$

제약조건

Excel 병원 투입물의 총비용을 1로 고정시키므로 제약조건은 다음과 같다.

$$6x_1+14x_2=1$$

이는 Excel 병원 산출물의 총가치를 1 이하로 만들게 된다. 효율이란 100%를 넘을 수 없기 때문에 다음 식이 성립한다.

$$\frac{Excel\ 병원\ 산출물의\ 총가치}{Excel\ 병원\ 투입물의\ 총비용} \leq 1$$

각 병원에 대하여 투입물 총비용이 산출물 총가치보다 크도록 제약조건을 구성한다.

$$6x_1+14x_2 \geq 6y_1+4y_2+16y_3$$
$$8x_1+15x_2 \geq 5y_1+7y_2+14y_3$$
$$7x_1+13x_2 \geq 4y_1+9y_2+13y_3$$

완전한 모델 ‖‖‖ 11

최대화 $Z = 6y_1 + 4y_2 + 16y_3$

제약조건:

$$6x_1 + 14x_2 = 1$$

$$6x_1 + 14x_2 \geq 6y_1 + 4y_2 + 16y_3$$

$$8x_1 + 15x_2 \geq 5y_1 + 7y_2 + 14y_3$$

$$7x_1 + 13x_2 \geq 4y_1 + 9y_2 + 13y_3$$

모든 변수 ≥ 0

만일 Word 병원의 상대적 효율성을 평가한다면 모델은 다음과 같이 변경된다.

최대화 $Z = 5y_1 + 7y_2 + 14y_3$

제약조건:

$$8x_1 + 15x_2 = 1$$

$$6x_1 + 14x_2 \geq 6y_1 + 4y_2 + 16y_3$$

$$8x_1 + 15x_2 \geq 5y_1 + 7y_2 + 14y_3$$

$$7x_1 + 13x_2 \geq 4y_1 + 9y_2 + 13y_3$$

모든 변수 ≥ 0

---

11 이 문제의 최적해는 제4장 Excel 해법 [연습문제 9]에서 취급함.

1 K-마트에 있는 식료품 주인은 마요네즈 150파운드 가운데 70파운드가 곧 유통기간이 닥쳐 이를 처분하려고 한다. 마요네즈를 다 처분하기 위하여 햄 바르기와 델리 바르기의 두 제품을 만들어 팔기로 하였다.

햄 바르기의 한 접시를 만들기 위해서는 1.2파운드의 마요네즈가 필요하고 델리 바르기 한 접시는 1파운드의 마요네즈가 필요하다. 주인은 햄 바르기 15접시와 델리 바르기 8접시의 주문을 받은 상태다.

한편 주인은 판매용으로 적어도 10접시씩을 만들려고 한다. 두 가지 접시를 만드는 데 드는 비용은 1,000원씩이지만 햄 바르기 한 접시는 1,300원에 팔고 델리는 1,500원에 팔려고 한다.

(1) 비용을 최소로 하는 두 제품의 생산량을 결정할 선형계획 모델을 작성하라.
(2) 이익을 최대로 하는 두 제품의 생산량을 결정할 선형계획 모델을 작성하라.

해답

x_1=햄 바르기 접시의 수

x_2=델리 바르기 접시의 수

(1) 최소화 $Z=1,000x_1+1,000x_2$

   제약조건:

$$1.2x_1+1x_2 \geq 70$$
$$x_1 \geq 25$$
$$x_2 \geq 18$$
$$x_1 \geq 0, \ x_2 \geq 0$$

(2) 최대화 $Z=300x_1+500x_2$

   제약조건:

$$1.2x_1+1x_2 \leq 150$$
$$x_1 \geq 25$$
$$x_2 \geq 18$$
$$x_1 \geq 0, \ x_2 \geq 0$$

2 24시간 영업을 하는 강남의 한 설렁탕 집에 다음과 같이 시간대에 따라 다른 수의 웨이트레스가 필요하다고 한다. 각 웨이트레스는 하루 8시간 계속 일을 하면서 교대한다고 할 때 각 시간대의 초에 근무를 시작하는 웨이트레스의 수를 최소로 하는 선형계획 모델을 작성하자.

시간대	최소의 수
6~10	5
10~14	9
14~18	6
18~22	10
22~2	5
2~6	2

해답

이의 내용을 그림으로 나타내면 다음과 같다.

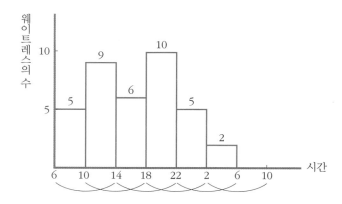

x_1=오전 6시부터 오후 2시까지 근무하는 웨이트레스의 수

x_2=오전 10시부터 오후 6시까지 근무하는 웨이트레스의 수

x_3=오후 2시부터 오후 10시까지 근무하는 웨이트레스의 수

x_4=오후 6시부터 오전 2시까지 근무하는 웨이트레스의 수

x_5=오후 10시부터 오전 6시까지 근무하는 웨이트레스의 수

x_6=오전 2시부터 오전 10시까지 근무하는 웨이트레스의 수

최소화 $Z=x_1+x_2+x_3+x_4+x_5+x_6$

제약조건:

$$x_1+x_2 \geq 9$$
$$x_2+x_3 \geq 6$$
$$x_3+x_4 \geq 10$$
$$x_4+x_5 \geq 5$$
$$x_5+x_6 \geq 2$$
$$x_6+x_1 \geq 5$$

모든 변수 ≥ 0

3 농촌사료(주)는 농민들의 요구에 맞도록 네 가지의 사료를 배합하여 공급해 주는 회사이다. 각 사료는 다음 표에서 보는 바와 같이 옥수수, 곡초, 미네랄을 일정한 비율로 포함하고 있다. 표는 또한 1,000파운드당 사료 가격을 보여주고 있다.

포함하는 영양물의 비율(%)				
영양물	사료 1	사료 2	사료 3	사료 4
옥수수	30	5	20	10
곡초	10	30	15	10
미네랄	20	20	20	30
구매가격(만 원)	25	30	32	15

회사는 한 농민으로부터 옥수수 20% 이상, 곡초 15% 이상, 미네랄 15% 이상으로 배합된 사료 8,000파운드를 주문받았다.

회사는 비용을 최소로 하면서 농민의 요구를 만족시키기 위해서는 각 사료를 얼마씩 혼합해야 하는가?

해답

$x_1=$혼합해야 할 사료 1의 양 (단위: 1,000파운드)

$x_2=$혼합해야 할 사료 2의 양 (단위: 1,000파운드)

$x_3=$혼합해야 할 사료 3의 양 (단위: 1,000파운드)

$x_4=$혼합해야 할 사료 4의 양 (단위: 1,000파운드)

최소화 $Z=25x_1+30x_2+32x_3+15x_4$

제약조건:

$$x_1+x_2+x_3+x_4=8 \quad \text{(사료 주문량)}$$

$$\frac{0.3x_1+0.05x_2+0.2x_3+0.1x_4}{8} \geq 0.2 \quad \text{(옥수수의 최소 요구 비율)}$$

$$\frac{0.1x_1+0.3x_2+0.15x_3+0.1x_4}{8} \geq 0.15 \quad \text{(곡초의 최소 요구 비율)}$$

$$\frac{0.2x_1+0.2x_2+0.2x_3+0.3x_4}{8} \geq 0.15 \quad \text{(미네랄의 최소 요구 비율)}$$

$$x_1, x_2, x_3, x_4 \geq 0$$

4 신촌금속(주)는 금속제품 A와 B를 전문적으로 생산한다. 이 두 제품은 자르기, 아교 칠하기, 마무리의 공정을 거쳐 생산된다.

각 공정에서 제품 생산에 소요되는 시간과 각 공정에서 사용가능한 일주일 시간 및 제품 단위당 이익은 다음과 같다.

제품 공정	A	B	사용가능시간(분)
자르기	13	8	560
아교 칠하기	5	12	650
마무리	10	4	300
단위당 이익	1,300원	1,500원	

회사는 이익을 최대로 하는 각 제품의 주간 생산량을 결정하려고 한다. 선형계획법을 작성하라.

해답

$x_1=$주간 제품 A 생산량

$x_2=$주간 제품 B 생산량

최대화 $Z=1,300x_1+1,500x_2$

제약조건:

$$13x_1+8x_2 \leq 560$$

$$5x_1+12x_2 \leq 650$$

$$10x_1+4x_2 \leq 300$$

$$x_1 \geq 0, \ x_2 \geq 0$$

연/습/문/제

01 미국에서 사업하는 아리랑 직물회사는 금년 수퍼볼이 끝난 직후 72시간 내에 승리한 팀을 위해 표준셔츠를 생산·판매하기로 계약을 맺었다. 생산할 셔츠는 스웨터와 T셔츠인데 이들에 앞 또는 앞과 뒤에 약품을 사용하여 원하는 글자를 프린트해야 한다. 생산된 제품은 한 트럭에 모두 실어야 하는데 표준크기의 상자 1,200개를 실을 수 있다. 표준크기 한 상자에는 12개의 T셔츠를 담는데 12개의 스웨터를 담은 한 상자는 표준크기 T셔츠 상자의 3배 크기이다. 회사는 이 계약 수행을 위하여 25,000달러의 예산을 책정하였다. 한편 회사는 프린트해야 할 스웨터와 T셔츠를 각각 12개씩 600뭉치를 재고로 보유하고 있다. 기타 정보는 다음과 같을 때 회사는 이익을 최대로 하기 위해서는 각 셔츠별 12개들이 상자는 얼마씩 생산해야 할 것인가?

	가공시간(시간)/상자	비용/상자	이익/상자
스웨터-앞	0.10	38달러	92달러
스웨터-앞과 뒤	0.25	48	125
T셔츠-앞	0.08	27	47
T셔츠-앞과 뒤	0.21	35	65

02 남해화학(주)에서는 독성을 용해시키는 A, B 두 가지의 용제를 생산한다. 두 제품은 혼합 공정과 정제공정을 거치는데 각 공정에서 소요되는 시간은 다음 표와 같다.

	A	B
혼합공정	2	1
정제공정	1	2

혼합공정에서는 주 40시간 작업하는 풀타임 작업자 다섯 명과 주 15시간씩 작업하는 파트 타임 작업자 두 명이 혼합기계 일곱 대를 운전하면서 일을 한다. 한편 정제공정에서는 풀타임 작업자 여섯 명과 주 열 시간 작업하는 파트타임 작업자 한 명이 정제기계 일곱 대를 운전하면서 일을 한다.

회사가 생산하는 용제의 원료공급에는 아무런 문제가 없으며 제품 A를 판매하는 데는 제한이 없으나 더욱 전문화된 제품 B는 잘해야 주 110천 갤런을 판매할 수 있다고 한다.

회사는 제품 A 1,000갤런을 팔면 30만 원, 제품 B 1,000갤런을 팔면 50만 원의 이익을 남긴다고 한다.

회사가 하려고 하는 것은 선형계획 모델을 사용하여 일주일에 각 제품을 얼마씩 생산해야 총이익이 최대가 되는가를 결정하고자 한다.

03 영양사 김 양은 운동선수들이 먹을 간식을 준비하려고 한다. 김 양은 심사숙고한 끝에 두 가지 상이한 제품을 배합하려고 한다. 제품 A는 온스당 0.2달러, 제품 B는 온스당 0.1달러의 비용이 소요된다고 한다. 다음과 같은 데이터를 이용하여 비용을 최소로 하는 두 제품의 구매량을 결정하는 선형계획 모델을 작성하라.

영양물	최소 요구량(g)	온스당 기여(g)	
		제품 A	제품 B
탄수화물	20	2	5
단백질	12	6	1
칼로리	450	90	50

04 농부 이씨는 700평의 농지를 소유하고 있는데 다음 조건으로 옥수수, 고추, 가지를 모두 심으려고 한다.

- 심으려는 농지의 250평 이상에는 옥수수를 심으려고 한다.
- 150평 이하의 농지에 고추를 심으려고 한다.
- 옥수수와 가지를 심는 농지의 비율은 2 : 1이어야 한다.

옥수수는 평당 25천 원, 고추는 20천 원, 가지는 15천 원의 비용이 소요된다. 총비용을 최소로 하는 각 농작물을 심는 평수를 구하는 선형계획 모델을 작성하라.

05 한국비료주식회사에서는 잔디용 비료로 두 브랜드인 잔디와 그린을 군산에 있는 공장과 울산에 있는 공장에서 생산한다. 군산 공장에서는 하루 8,000kg의 비료를 생산할 자원을 보유하고 있고 울산 공장에서는 하루 6,000kg을 생산할 자원을 보유하고 있다.

각 공장에서 각 비료 1kg을 생산하는 데 소요되는 비용은 다음 표와 같다.

제 품	공 장	
	군 산	울 산
잔 디	2천 원	4천 원
그 린	2천 원	3천 원

회사의 두 공장에서 하루 사용가능한 예산은 24,000천 원으로 제한되어 있다. 두 공장에서 생산하는 잔디에 대한 수요는 하루에 6,000kg이고 그린의 경우에는 4,000kg이다. 잔디 1kg의 판매가는 8천 원이고 그린은 7천 원이다.

회사는 이익을 최대로 하기 위해서 각 공장에서 각 비료를 얼마씩 생산해야 하는지를 결정하려고 한다.

06 태양주조장에서는 고객의 주문을 받아 위스키를 생산한다. 특정 혼합물은 귀리와 옥수수로 구성된다. 회사는 최소한 500kg의 위스키 주문을 받아서 1주일 내에 생산완료하고자 한다.

고객은 주문이 적어도 40%의 귀리를 포함해야 하지만 옥수수는 250kg을 초과해서는 안 된다고 요구하고 있다. 고객은 또한 귀리와 옥수수의 비율은 2:1로 혼합해야 한다고 요구하고 있다.

회사는 매주 600kg의 위스키를 생산할 능력을 갖고 있다. 위스키는 kg당 5만 원씩 받고 판매한다. 회사는 귀리는 kg당 3만 원씩, 그리고 옥수수는 2만 원씩 주고 구매한다.

회사는 고객의 요구를 만족시키고 이익을 최대로 하는 혼합물 배합을 결정하고자 한다. 선형계획 모델을 작성하라.

07 신촌투자회사는 70,000달러를 몇 가지 투자기회에 모두 배분하려고 한다. 연 수익률은 지방채 8.5%, 예금증서 5%, 국채 6.5%, 성장주 펀드 13%라고 한다. 모든 투자는 1년 후에 평가한다. 각 투자기회는 다른 위험부담을 주기 때문에 분산 투자함이 요망된다.

따라서 다음과 같은 분산을 위한 지침이 설정되었다.

- 지방채 구매에 총투자액의 20% 이상을 투자해야 한다.
- 예금증서 투자액이 나머지 투자기회에 대한 투자액보다 초과해서는 안 된다.
- 적어도 투자액의 30%는 국채와 예금증서에 투자해야 한다.
- 지방채와 성장주 펀드보다 예금증서와 국채에 적어도 1.2:1의 비율 이상으로 투자해서는 안 된다.

회사는 수익을 최대로 하기 위하여 각 투자기회에 얼마씩 투자를 해야 할지 선형계획 모델을 작성하라.

08 종로제약주식회사는 두 가지의 혼합물을 섞어 약을 제조하고 있다. 각 혼합물은 동일하게 세 개의 항생제를 포함하고 있는데, 다만 그의 구성 비율이 다를 뿐이다.

혼합물 1의 1g은 세 단위의 항생제 1을 함유하고 혼합물 2의 1g은 두 단위의 항생제 1을 함유한다. 그런데 약은 적어도 12단위의 항생제 1을 함유해야 한다.

혼합물 1의 1g은 두 단위의 항생제 2를 함유하고 혼합물 2의 1g은 네 단위의 항생제 2를 함유하는데 약은 적어도 여섯 단위의 항생제 2를 함유해야 한다.

한편 혼합물 1의 1g은 세 단위의 항생제 3을, 그리고 혼합물 2의 1g은 일곱 단위의 항생제 3을 함유하는데 약은 적어도 21단위의 항생제 3을 함유해야 한다.

혼합물 1의 1g의 비용은 3만 원이고 혼합물 2의 1g의 비용은 4만 원이라고 한다.

비용을 최소로 하면서 항생제 요구량을 만족시키기 위하여 약 속에 함유되어야 하는 각 혼합물의 g수를 결정할 선형계획 모델을 작성하라.

09 국회의원 선거철을 맞이하여 후보자 박씨는 여론조사를 실시하려고 한다. 조사방법은 전화를 걸어 인터뷰를 하는 방법과 직접 유권자를 만나 인터뷰를 하는 두 가지 방법을 사용하려고 한다. 한 사람이 하루에 90명의 전화 인터뷰를 할 수 있고 직접 인터뷰는 50명을 할 수 있다고 한다.

하루에 적어도 4,000명과의 인터뷰를 실시해야 하는데 그 가운데 적어도 2,000명은 전화로 인터뷰하고 1,000명은 직접 인터뷰를 실시하려고 한다.

인터뷰를 담당할 사람은 하루에 한 가지 방법에만 전념한다. 전화 인터뷰를 담당할 사람의 일당은 10만 원이고 직접 인터뷰를 담당할 사람의 일당은 15만 원이라고 한다. 박씨가 비용을 최소로 하기 위해서는 전화 인터뷰 담당할 사람과 직접 인터뷰 담당할 사람 몇 명을 채용해야 하는지를 결정할 선형계획 모델을 작성하라.

10 남산전자주식회사에서는 시계, 라디오, TV 등 세 가지 제품을 생산한다. 각 제품의 단위당 비용, 단위당 노동시간, 수요량, 판매가격 등은 다음과 같다.

제품	단위당 비용	단위당 노동시간	수요량(일)	판매가격
시계	10(만 원)	2	150	20
라디오	15(만 원)	3	200	22
TV	60(만 원)	10	100	90

회사는 매일 생산비용으로 3,000만 원을 책정하고 있으며 노동시간은 800시간으로 제한되어 있다. 한편 재공품 재고공간은 모두 600대분이다. 회사는 이익을 최대로 하기 위해서는 각 제품을 얼마씩 생산해야 할지를 결정할 선형계획 모델을 작성하고자 한다.

11 신촌사료주식회사는 옥수수, 보리, 땅콩, 비타민 보조제 등 혼합물을 섞어 동물에 줄 사료를 생산하고 있다. 사료는 2,000kg 단위로 생산하고 있다. 각 혼합물의 kg당 비용은 옥수수 500원, 보리 400원, 땅콩 800원, 비타민 1,200원이다.

사료 2,000kg 단위는 다음과 같은 요구에 따라 혼합된다.

• 보리는 적어도 30% 함유되어야 한다.
• 땅콩은 20%를 함유해서는 안 된다.
• 비타민 보조제는 적어도 10% 함유되어야 한다.
• 옥수수와 땅콩의 함유량과 보리의 함유량의 비율은 적어도 3 : 2는 되어야 한다.

비용을 최소로 하면서 요구사항을 만족시키기 위해서 회사는 각 혼합물의 kg 수를 결정하고자 한다. 선형계획 모델을 작성하라.

12 수원시 내에 최근에 문을 연 우체국에서는 요일별로 서로 다른 수의 풀타임 직원을 필요로 한다. 아래의 표는 매일 필요한 최소한의 직원의 수를 나타낸다. 노조와의 계약상 풀타임

직원은 5일 연속 근무하고 2일 동안 쉬도록 되어 있다. 예를 들면 월요일부터 금요일까지 연속 근무를 하면 토요일과 일요일은 쉬어야 한다. 직원은 풀타임으로 근무해야 하므로 파트타임 일이나 잔업은 할 수 없다. 고용해야 할 직원의 수를 최소화하는 선형계획 모델을 작성하라.

	월	화	수	목	금	토	일
직 원 수	16	15	15	15	16	18	20

13 남해정유(주)는 세 곳으로부터 원유를 수입하여 고급, 프리미엄, 보통의 세 가지 모터 오일을 생산한다. 수입하는 원유의 하루 가용량(배럴)과 배럴당 수입 가격(만 원)은 아래 표와 같다.

원 유	최대 가용량/일	가격
원유 1	5,000	20
원유 2	3,000	18
원유 3	4,000	25

적절한 혼합을 분명히 하기 위하여 모터 오일의 각 등급은 각 원유를 다음과 같은 규격으로 만족시켜야 한다.

등 급	원유 규격	판매가격/바렐
고 급	원유 1 45% 이상 원유 2 30% 이하	32
프리미엄	원유 1 40% 이상 원유 3 25% 이하	28
보 통	원유 1 60% 이상 원유 2 10% 이상	34

한편 회사는 모터 오일의 각 등급에 대해 3,000배럴 이상을 생산하고자 한다.
이익을 최대로 하는 모터 오일의 각 등급에 혼합해야 할 각 원유의 최적 배합을 결정하라.

14 Excel 은행의 영업부에 근무하는 텔러(teller)들은 하루의 영업시간에 따라 10명부터 20명까지 필요로 한다. 시간대별로 필요한 텔러의 수는 아래의 표와 같다. 은행은 현재 14명의 풀타임 텔러가 있지만 필요하면 언제든지 파트타임 텔러를 채용할 수 있다.
풀타임 텔러들은 오전 9시부터 오후 5시까지 근무하는데 반은 정오부터, 반은 오후 한 시부터 한 시간 동안 점심식사를 한다. 그들의 하루 일곱 시간 임금은 평균 50만 원이다.
한편 파트타임 텔러들은 오전 9시부터 오후 1시 사이에 근무를 시작할 수 있는데 네 시간을 근무해야 한다. 그들의 하루 네 시간 임금은 평균 10만 원이다.
은행은 노조와의 계약상 파트타임 시간 수를 하루 동안 필요한 전체 텔러의 50%를 초과할

수 없다. 그리고 은행은 비용절약이면 풀타임 텔러를 한 명 이상 다른 부서로 배치하려고
한다.

총비용을 최소로 하기 위한 텔러의 채용계획을 수립하라.

시 간	필요한 수
오전 9시~오전 10시	11
10시~ 11시	13
11시~ 12시	15
12시~오후 1시	17
오후 1시~ 2시	20
2시~ 3시	18
3시~ 4시	16
4시~ 5시	12

15 종로구에 있는 명성식당은 값싸고 맛있는 스테이크의 서비스로 유명하다. 매니저 박씨는 손
님들이 특히 몰려오는 토요일에 빠른 서비스를 제공하기 위하여 종업원들의 스케줄에 관심
을 두기 시작하였다. 현재는 풀타임 종업원은 두 명인데 8시간씩 근무한다. 한 명의 풀타임
종업원은 아침 11시에 출근하여 네 시간 근무한 후 한 시간 동안 쉬었다가 다시 네 시간 근
무한다. 다른 풀타임 종업원은 오후 1시에 출근하여 네 시간 근무한 후 한 시간 쉬었다가 다
시 네 시간 근무한다. 나머지는 파트타임 종업원인데 피크타임에 네 시간 교대조로 근무한
다. 토요일에는 오전 11시부터 오후 10시까지 영업을 한다.

전 종업원의 수는 아래와 같이 시간대에 따라 다르다.

시 간	필요한 전 종업원 수
11 A.M.~정오	9
정오~13 P.M.	9
13 P.M.~14 P.M.	9
14 P.M.~15 P.M.	3
15 P.M.~16 P.M.	3
16 P.M.~17 P.M.	3
17 P.M.~18 P.M.	6
18 P.M.~19 P.M.	12
19 P.M.~20 P.M.	12
2 P.M.~21 P.M.	7
21 P.M.~22 P.M.	7

파트타임 종업원의 시간당 평균임금은 7.60달러이다. 매니저 박씨가 원하는 것은 총임금을
최소로 하는 파트타임 종업원들의 스케줄을 작성하려는 것이다.

16 강남타이(주)는 네 가지 타이를 전문적으로 판매하는 회사이다. 실크 타이, 폴리에스터 타이 외에 폴리에스터 반, 코튼 반으로 만든 타이, 폴리에스터 30%, 코튼 70%로 만든 타이들이다. 회사는 자동화 시설을 이용하여 타이를 생산하지만 개당 0.75천 원을 노무비로 지출한다. 다음 표는 생산에 사용되는 세 옷감의 비용과 월간 사용가능량을 보이고 있다.

옷 감	비용/야드	사용가능량
실크	20천원	1,000
폴리에스터	7	2,000
코튼	10	1,300

회사는 백화점 체인들과 매달 최소한 고정량의 타이를 공급하기로 약속하지만 회사가 허락한다면 계약량보다 더 많은 수요를 받아들이겠다는 계약을 체결하였다. 다음 표는 각 타이에 대한 한 개당 판매가격, 계약내용과 타이당 옷감 소요량(야드)을 보이고 있다.

타이	판매가격	계약량	수요량	옷감 소요량
실크	6.70	6,000	7,500	0.13
폴리에스터	3.55	10,000	14,000	0.08
폴리-코튼 혼합1	4.31	13,000	16,000	0.10(=0.05+0.05)
폴리-코튼 혼합2	4.81	6,000	8,500	0.10(=0.03+0.07)

회사는 월 총이익을 최대로 하는 각 타이의 생산량을 결정하고자 한다.

17 서울시내에 새로운 몰(mall)을 오픈한 최 사장은 매일 개장하기 전에 청소를 할 사람들을 충분히 확보하고자 한다. 몰은 1주일 7일 개장하는데 청소부들은 매일 새벽 12:30A.M.에서 8:30 A.M.까지 일을 한다. 최 사장은 매일 필요한 청소부의 수를 다음과 같이 추산하였다.

요 일	청소부 수
월	23
화	14
수	17
목	20
금	18
토	23
일	27

최 사장이 사용하는 작업 스케줄과 이에 따른 주당 임금은 다음과 같다.

작업 스케줄	임금(단위: 천 원)
1. 토, 일 휴무	370
2. 토, 화 휴무	380
3. 화, 수 휴무	400
4. 월, 목 휴무	425
5. 화, 금 휴무	425
6. 목, 금 휴무	400
7. 일, 목 휴무	375
8. 일, 수 휴무	375

최 사장은 연휴를 즐길 청소부 수는 전체 청소부들의 75% 이상이어야 하고 적어도 하루의 주말을 휴무할 청소부 수는 전체 청소부들의 50% 이상이어야 한다고 생각한다. 최 사장은 몰의 요구조건을 만족시킬 청소부 스케줄을 작성하고자 한다.

18 민주은행은 네 개의 지점을 소유하는데 그들의 투입요소와 산출요소는 다음과 같다.

    투입 1: 텔러의 근무시간(단위: 100시간)
    투입 2: 공간(단위: $100\,ft^2$)
    투입 3: 비용(단위: 1,000달러)
    산출 1: 예금, 인출, 수표 처리(단위: 1,000건)
    산출 2: 대출신청
    산출 3: 새로운 구좌개설(단위: 100건)

각 지점의 월 투입가치와 산출가치는 다음과 같다.

지점	투입			산출		
	1	2	3	1	2	3
가	16	22	12	76	125	12
나	12	19	10	82	105	8
다	17	26	16	69	98	9
라	14	18	14	72	117	14

DEA 방법을 이용하여 어느 지점이 비효율적인지 결정하라.

CHAPTER 3

선형계획법: 그래프 방법

3.1 서 론

우리는 지금까지 선형계획법에 관한 일반적인 이론과 모델화 방법을 공부하였다. 선형계획 모델을 풀어 최적해를 구하는 방법으로서는

- 그래프 방법
- 심플렉스법
- 컴퓨터를 이용하는 방법

등 세 가지가 널리 이용된다.

그래프 방법(graphical method)은 결정변수의 수가 세 개인 경우에도 사용할 수는 있으나 사실상 그래프상에 문제를 그린다는 것은 어렵기 때문에 두 개인 경우에 사용된다.

심플렉스법(simplex method)과 컴퓨터를 이용하는 방법은 결정변수의 수가 두 개 이상인 경우에 이용할 수 있다. 그러나 결정변수의 수가 증가할수록 계산과정이 복잡하기 때문에 심플렉스법보다 컴퓨터를 이용하게 된다. 심플렉스법은 계산과정이 복잡하여 오늘날 Excel의 활용이 보편화되었기 때문에 경영과학 저서에서 점차 사라져가고 있다. 따라서 본서에서는 제3장의 보론으로 박영사 Homepage에 수록하고자 한다.

제4장에서는 Excel을 이용하여 해를 구하는 방법을 자세히 설명할 것이다.

본장에서는 두 개의 결정변수를 갖는 선형계획 모델의 해를 기하학적 관점에서 찾으려고 한다. 그래프 방법으로 선형계획 모델을 풀게 되면 결정변수가 세 개 이상인 모델을 대수학적으로 풀게 되는 방법을 쉽게 이해할 수 있다. 심플렉스법은 그래프 방법의 원리로부터 시작하여 모델의 해를 대수학적으로 풀어 나간다.

그래프 방법은 모델의 제약조건식 하나하나를 같은 그래프에 그려 가능한 해들의 영역(가해영역)을 형성한 후 이 영역을 검토하여 목적함수를 최적화하는 최적해를 찾는 것이다.

3.2 최대화 문제: 평화전자(주) 모델

결정변수 두 개를 갖는 선형계획 모델의 최적해를 구하는 과정을 예시하기 위하여 제2장에서 모델화한 평화전자(주)의 최대화 문제와 풍년사료(주)의 최소화 문제를 이용하고자 한다.

평화전자(주)의 최대화 문제는 다음과 같다.

최대화 $Z = 6x_1 + 7x_2$

제약조건:

$$10x_1 + 4x_2 \leq 80$$
$$1x_1 + 2x_2 \leq 22$$
$$3x_1 + 3x_2 \leq 39$$
$$x_1 \geq 0, \ x_2 \geq 0$$

선형계획 모델을 그래프 방법으로 풀기 위해서는 다음과 같은 세 단계를 거친다.

• 한 그래프에 모든 제약조건식의 도해
• 가해영역의 결정
• 최적해의 탐색

가해영역은 모델의 모든 제약조건식을 동시에 만족시키는 가능해 영역을 말한다. 최적해는 가해영역의 한 꼭지점에 존재하기 때문에 일단 가해영역이 구해지면 이를 찾기 위한 탐색이 이루어져야 한다.

제약조건식의 도해

    그래프 방법을 사용하기 위해서는 결정변수의 값이 양수이어야 한다는 비음조건 $x_1 \geq 0$과 $x_2 \geq 0$을 만족시키는 사분면(quadrant)은 〈그림 3-1〉에서 보는 바와 같이 제1사분면이기 때문에 제1사분면에 제약조건식을 하나씩 그려 넣어야 한다.

    편의상 횡축을 x_1이라 하고 종축을 x_2라 하면 제1사분면에 있는 모든 점, 즉 x_1과 x_2의 좌표는 비음조건을 만족시키기 때문에 가능한 해가 될 수 있으므로 이러한 점을 해점(solution point)이라고 한다. 특히 $x_1=0$, $x_2=0$인 해점을 원점(origin)이라고 한다.

    〈그림 3-2〉는 제1사분면에 있는 결정변수의 값이 $x_1=300$, $x_2=500$인 해점을 보여 주고 있다.

    다음에는 모델의 첫째 제약조건식(조립) $10x_1+4x_2 \leq 80$을 제1사분면에 그려 넣는다. 이 식은 다음과 같이 분류할 수 있다.

그림 3-1 가능한 사분면과 불가능한 사분면

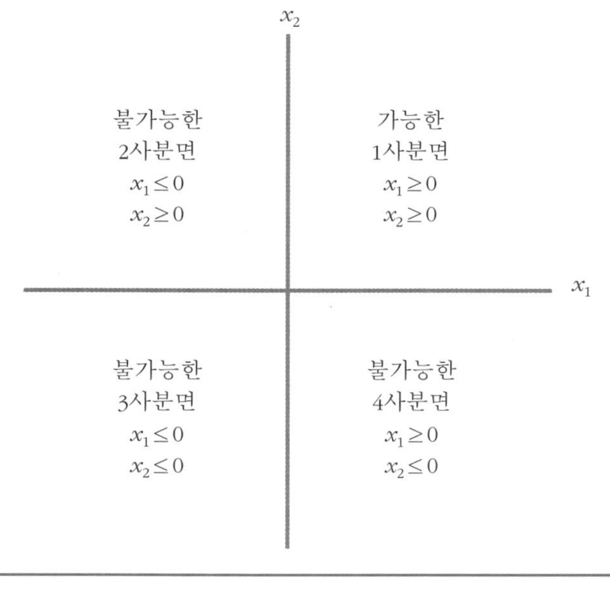

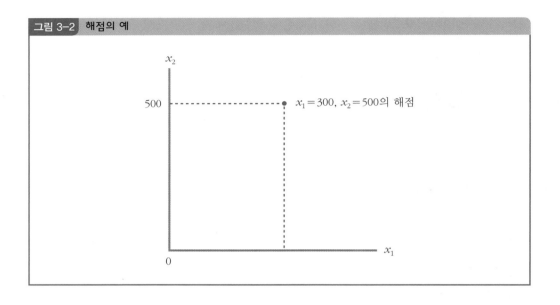

그림 3-2 해점의 예

$$10x_1+4x_2=80$$
$$10x_1+4x_2<80$$

우선 등식($10x_1+4x_2=80$)을 그래프에 그려 넣는다. 등식의 그래프는 직선이기 때문에 직선을 그리기 위해서는 두 점의 좌표를 찾아 이들을 연결한다. $x_1=0$일 때 $4x_2=80$이므로 $x_2=20$이다. 이는 〈그림 3-3〉에서 점 A에 해당한다. $x_2=0$일 때 $10x_1=80$이므로 $x_1=8$이다. 이는 〈그림 3-3〉에서 점 B에 해당한다. 점 A와 B를 연결하면 이는 등식

$$10x_1+4x_2=80$$

의 그래프가 된다. 점 A와 B는 물론 직선 위에 있는 x_1과 x_2의 어떤 좌표도 등식에 대입하면 등호를 만족시킨다.

다음에는 부등식 $10x_1+4x_2<80$을 만족시키는 모든 해점을 찾는다. 〈그림 3-4〉에서와 같이 임의의 점 $P(x_i=4, x_2=16)$가 해점인지 밝혀 보자. 점 P는 직선의 우변에 위치한다. 점 P의 좌표를 부등식의 좌변에 대입하여 보자.

$$10(4)+4(16)=104$$

104는 80보다 크므로 점 P의 좌표는 부등식의 부등호를 위반하고 있다. 따라서 점 P는

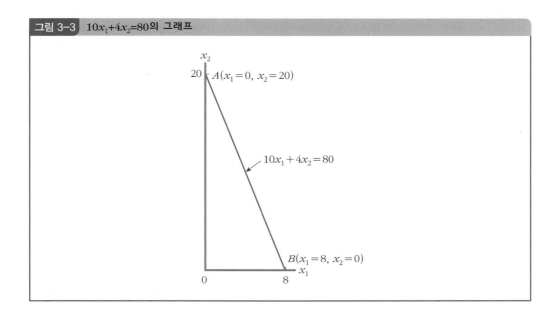

그림 3-3 $10x_1+4x_2=80$의 그래프

해점이 될 수 없다. 이와 같이 〈그림 3-4〉에서 직선 AB의 우변에 있는 모든 해점은 가능한 해가 될 수 없다.

또 다른 임의의 점 $W(x_1=4,\ x_2=4)$가 해점인지 밝혀 보자. 점 W는 직선의 좌변에 위

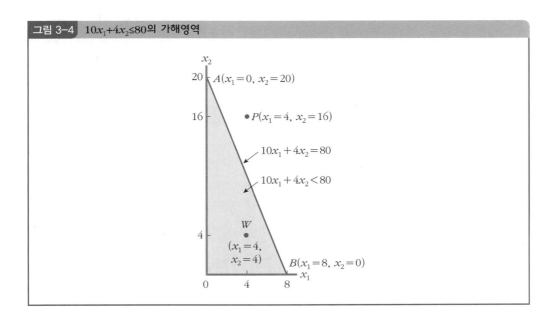

그림 3-4 $10x_1+4x_2 \leq 80$의 가해영역

치한다. 점 W의 좌표를 부등식의 좌변에 대입하여 보자.

$$10(4)+4(4)=56$$

56은 80보다 작으므로 점 W의 좌표는 부등식의 부등호를 만족시킨다. 따라서 점 W는 하나의 해점이다. 그러므로 $10x_1+4x_2<80$의 해점은 〈그림 3−4〉에서 직선의 좌변에 있는 색칠한 부분에 존재한다.

결국 제약조건식 $10x_1+4x_2\leq80$의 모든 해점은 〈그림 3−4〉에서 직선 AB선상에, 그리고 그의 좌변의 색칠한 부분에 무수히 존재한다. 즉 제약조건식 $10x_1+4x_2\leq80$을 만족시키는 모든 해점이 존재하는 영역인 가해영역(feasible region)은 〈그림 3−4〉에서 색칠한 $0AB$선상 그리고 그 안의 색칠한 부분이다.

똑같은 요령으로 모델의 둘째 제약조건식(검사) $1x_1+2x_2\leq22$를 만족시키는 가해영역을 표시한다. 이를 위해 우선 등식 $1x_1+2x_2=22$에서 두 점을 찾는다. $x_1=0$으로 놓으면 $x_2=11$이 된다. 이는 〈그림 3−5〉에서 점 C에 해당한다.

다음에는 $x_2=0$으로 놓으면 $1x_1=22$에서 $x_1=22$가 된다. 이는 〈그림 3−5〉에서 점 D에 해당한다. 따라서 $1x_1+2x_2\leq22$를 만족시키는 가해영역은 〈그림 3−5〉에서 직선 $0CD$선상 그리고 그의 좌변인 색칠한 부분이다.

마지막으로 모델의 셋째 제약조건식(저장공간) $3x_1+3x_2\leq39$를 만족시키는 가해영역을 표시한다. 이는 〈그림 3−6〉에서 직선 EF선상 그리고 그의 좌변인 색칠한 부분이다.

선형계획 모델의 그래프 방법은 모든 제약조건식을 하나씩 같은 그래프에 그려 공통되는 가해영역을 우선 밝히고 가해영역의 꼭지점을 검토하여 최적해를 찾는다는 것은 이미

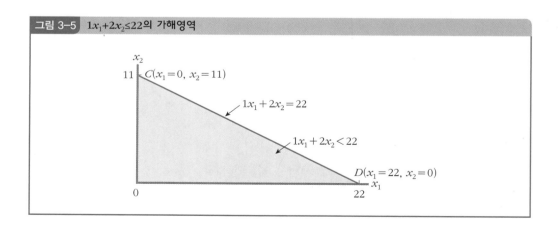

그림 3−5 $1x_1+2x_2\leq22$의 가해영역

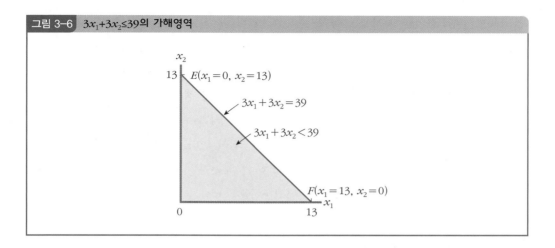

그림 3-6 $3x_1+3x_2 \leq 39$의 가해영역

설명한 바와 같다.

이제 세 개의 제약조건식을 같은 그래프에 그려 세 제약조건식을 동시에 만족시키는 공통영역인 가해영역을 찾도록 하자. 〈그림 3-7〉은 이 모델의 가해영역을 보여 주고 있다. 일반적으로 선형계획 모델의 가해영역은 볼록집합(convex set)을 이룬다. 즉 그림에서 $0CGHB$선상에, 그리고 그 안에 있는 색칠한 영역에 속한 (x_1, x_2)의 해점은 평화전자㈜의 선형계획 모델에서 비음조건 및 세 개의 제약조건식을 모두 동시에 만족시킨다.

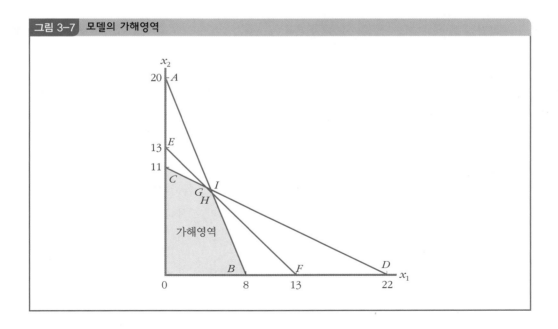

그림 3-7 모델의 가해영역

모든 제약조건식을 동시에 만족시키는 x_1과 x_2의 값을 실행가능해(feasible solution)라고 하는데 이는 가해영역 안에 또는 그의 둘레에 무수히 존재한다. 가해영역 안에 있는 어떠한 x_1과 x_2의 값을 세 개의 제약조건식에 대입하더라도 부등호를 모두 위반하지 않기 때문에 실행가능해라고 한다. 따라서 가해영역 밖에 있는 어떤 점도 세 개의 제약조건식을 동시에 만족시킬 수 없기 때문에 실행불가능해(infeasible solution)라고 한다.

최적해는 이러한 무수한 실행가능해 속에 포함되어 있다. 최적해는 목적함수 값(Z)을 최적화하는 실행가능해이다. 우리가 구하려고 하는 해는 무수한 실행가능해 중에서 목적함수 값을 최적화하는 최적해이다.

최적해의 결정: 목적함수의 도해

모든 제약조건식을 만족시키는 가해영역이 결정되면 최적해를 찾도록 한다. 선형계획모델의 최적해(optimal solution)는 가해영역 속에 있는 수많은 실행가능해 중에서 목적함수 값 Z를 최적화(최대화 또는 최소화)하는 실행가능해를 말한다. 따라서 최적해는 가해영역을 절대로 벗어나서는 존재하지 않는다.

최적해를 찾는 방법으로 본서에서는 다음과 같은 두 가지 방법을 설명하고자 한다.

• 목적함수선
• 꼭지점 탐색

첫째, 가해영역이 그려진 그래프에 목적함수를 그려 넣는다. 최대화 문제인 경우에는 등이익선(isoprofit line)을 이용하고 최소화 문제인 경우에는 등비용선(isocost line)을 이용하여 최적해를 찾는다. 등이익선 또는 등비용선은 목적함수선(objective function line, level line)이라고도 한다.

둘째, 최적해는 가해영역의 꼭지점(extreme point)에 존재하기 때문에 꼭지점들의 좌표를 구하여 목적함수에 각각 대입하였을 때 최적화하는 좌표를 최적해로 정하는 방법이다. 꼭지점을 탐색하는 방법에 대해서는 다음 절에서 설명하기로 한다.

평화전자(주) 문제의 목적함수는

최대화 $Z = 6x_1 + 7x_2$

이다.

이 목적함수식을 x_2에 관하여 정리하면 다음과 같다.

$$7x_2 = Z - 6x_1$$
$$x_2 = \frac{Z}{7} - \frac{6}{7}x_1$$

이는 기울기가 $-\frac{6}{7}$이며 x_2의 절편(intercept)은 $\frac{Z}{7}$임을 의미한다.

이 함수는 Z의 값에 따라 수많은 등식으로 표현할 수 있으므로 이를 하나의 직선으로 나타내기는 곤란하다. 따라서 Z에 임의의 값을 부여하여 하나의 목적함수선을 그린다. 임의로 $Z = 42$라고 가정하자. 그러면 목적함수식은 다음과 같다.

$$6x_1 + 7x_2 = 42$$

이 직선은 〈그림 3-8〉에서 IJ로 표시되는데 이 직선 위에 있는 어떠한 x_1과 x_2의 좌표도 등이익 42를 갖게 된다. 따라서 직선 IJ를 등이익선이라 한다.

$Z = 63$일 때의 등이익선을 그리면 〈그림 3-8〉에서 KL과 같다.

두 등이익선 IJ와 KL로부터 다음과 같은 특성을 찾을 수 있다.

- 두 등이익선의 기울기는 $-\frac{C_1}{C_2} = -\frac{6}{7}$으로 같다.[1] 따라서 두 등이익선은 평행이다.
- 더 많은 이익(Z)을 나타내는 등이익선은 원점으로부터 더욱 멀리 있다.

기울기 $-\frac{6}{7}$을 가진 등이익선을 원점으로부터 더욱 멀리 직선 IJ와 평행이동하게 되면 이들은 더욱 많은 이익(목적함수 값)을 가지게 된다. 최적해는 가해영역 위에 있기 때문에 이를 벗어나지 않고 평행이동하게 되면 결국 꼭지점 G에서 등이익선은 가해영역에 마지막으로 접하게 된다. 따라서 꼭지점 G가 실행가능해이며 최적해가 된다.

만일 등이익선이 가해영역의 한 꼭지점에서 접하게 되면 유일한 최적해를 갖지만 등이익선의 기울기와 어떤 제약조건식의 기울기가 같을 경우에는 등이익선을 평행이동하게 되면 그 제약조건식을 나타내는 직선과 겹치게 되므로 최적해는 다수최적해를 갖게 된다. 이런 특수한 경우에 대해서는 다음 절에서 공부할 것이다.

---

1   $Z = C_1 x_1 + C_2 x_2 \rightarrow C_2 x_2 = Z - C_1 x_1 \rightarrow x_2 = \frac{Z}{C_2} - \frac{C_1}{C_2}x_1$

그림 3-8 등이익선

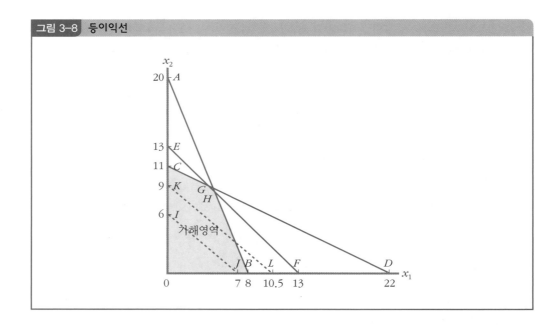

그러면 꼭지점 G의 (x_1, x_2) 좌표는 무엇인가? 〈그림 3-8〉에서 꼭지점 G를 교차하는 직선은 두 개이므로 이들을 연립하여 풀면 x_1과 x_2의 값을 구할 수 있다.

$$\begin{cases} 1x_1+2x_2=22 \ \dots\dots① \\ 3x_1+3x_2=39 \ \dots\dots② \end{cases}$$

$$\begin{array}{ll} ①\times3 & 3x_1+6x_2=66 \\ ② & \underline{3x_1+3x_2=39} \end{array} \Bigg) \ -$$

$$3x_2=27$$
$$x_2=9$$

$x_2=9$를 식 ①에 대입하면

$$1x_1+2(9)=22$$
$$1x_1=4$$

이다.

$x_1=4$, $x_2=9$를 목적함수에 대입하면

$$Z=6x_1+7x_2$$

$$=6(4)+7(9)$$
$$=87$$

이다.

따라서 평화전자㈜ 모델의 최적해는 다음과 같다.

$$x_1=4$$
$$x_2=9$$
$$Z=87만 원$$

최적해의 결정: 꼭지점 탐색

앞절에서 모든 제약조건식을 동시에 만족시키는 가해영역이 결정되면 최적해는 꼭지점 G에서 결정됨을 보았다. 사실 선형계획 모델의 최적해는 가해영역의 한 꼭지점에서 결정되기 때문에 모든 꼭지점의 좌표를 찾아 각각 목적함수에 대입하여 목적함수의 값 Z를 최적화하는 꼭지점의 좌표가 최적해가 된다.

〈그림 3-8〉에서 보는 바와 같이 평화전자㈜ 모델의 가해영역은 $0CGHB$이고 그의 꼭지점은 0, C, G, H, B의 다섯 개이다. 꼭지점 H의 좌표를 구하기 위해서는 $10x_1+4x_2=80$과 $3x_1+3x_2=39$를 연립하여 풀면 된다. 이때 $x_1=\frac{14}{3}$, $x_2=\frac{25}{3}$이다.

이들 꼭지점의 좌표를 목적함수 $Z=6x_1+7x_2$에 대입하면 그들의 Z값은 다음과 같다.

꼭지점	좌표	Z값
0	$(0, 0)$	$6(0)+7(0)=0$
C	$(0, 11)$	$6(0)+7(11)=77$
G	$(4, 9)$	$6(4)+7(9)=87$
H	$\left(\frac{14}{3}, \frac{25}{3}\right)$	$6\left(\frac{14}{3}\right)+7\left(\frac{25}{3}\right)=86\frac{1}{3}$
B	$(8, 0)$	$6(8)+7(0)=48$

꼭지점 다섯 개 중에서 목적함수 값 Z를 최대화하는 최적해는 꼭지점 G에서 달성된다. 이때의 최적해는 앞절에서 등이익선을 이용하여 구한 최적해와 같다.

$$x_1=4$$
$$x_2=9$$

$Z = 87$만 원

그래프 방법의 요약: 최대화 문제 |||

지금까지 평화전자(주)의 최대화 모델을 그래프 방법을 이용하여 그의 최적해를 구하는 방법을 공부하였다. 그의 절차를 요약하면 다음과 같다.

(1) 하나의 그래프의 제1사분면에 각 제약조건식을 등식으로 하여 직선을 긋고 가능해 점을 나타내는 부분을 색칠한다.
(2) 각 제약조건식의 부등호를 고려하여 이들을 모두 동시에 만족시키는 가해영역을 결정한다.
(3) 목적함수 값을 임의로 정하고 이의 등이익선을 그린다.
(4) 등이익선을 원점으로부터 멀리 평행이동한다.
(5) 등이익선이 가해영역의 마지막 꼭지점에서 접할 때 최적해는 결정된다.
(6) 그 꼭지점을 교차하는 두 개의 제약조건등식을 연립하여 풀면 최적해인 결정변수들의 값이 구해진다.

그러나 꼭지점의 좌표를 구하여 최적해를 찾는 경우에는 위의 (1)과 (2)에서 결정된 가해영역의 각 꼭지점을 교차하는 두 제약조건등식을 연립하여 풀어 x_1과 x_2의 값을 구한다. 이들 각 꼭지점의 좌표를 목적함수에 대입하여 목적함수 값을 최대로 하는 꼭지점의 좌표를 최적해로 결정한다.

잔여변수 |||

일단 최적해(최적 생산량)가 결정되면 이를 생산하기 위해서 각 공정에서 얼마의 자원이 실제로 사용되는지 또는 사용되지 않고 남는 자원은 얼마나 되는지에 관한 정보를 구할 수 있다.

평화전자(주) 문제에서 최적해는 $x_1 = 4$ (모델 1)이고, $x_2 = 9$ (모델 2)이다. 이들을 생산하게 되면 조립 공정에서의 좌변(left hand side: LHS) 값은

$$10x_1 + 4x_2 = 10(4) + 4(9) = 76$$

시간이 된다. 따라서 사용하지 않고 남는 시간은 80−76=4시간이다.

검사 공정에서는

$$1x_1 + 2x_2 = 1(4) + 2(9) = 22$$

시간이 소요된다. 따라서 이 공정에서는 사용하지 않고 남는 시간은 없다.

저장공간 제약에서는

$$3x_1 + 3x_2 = 3(4) + 3(9) = 39$$

파트[3]이 소요되어 미사용 자원은 없게 된다. 이를 정리하면 다음 표와 같다.

제약조건	x_1=4, x_1=9일 때의 사용시간 및 저장 공간	가능시간 및 공간	미사용 자원
조립	10(4)+4(9)=76	80	4
검사	1(4)+2(9)=22	22	0
저장공간	3(4)+3(9)=39	39	0

조립 공정에서처럼 최적 생산량을 생산할 때 사용가능한 자원을 모두 사용하지 않고 남게 되는 초과 능력(excess capacity), 즉 미사용 자원을 잔여(slack)[2]라고 한다. 검사 공정과 저장공간의 잔여는 0이고 조립 공정에서의 잔여는 4시간이다. 잔여는 ≤형의 제약조건식과 관련이 있다.

이러한 잔여는 언제나 0 아니면 양의 값을 갖는다. 잔여의 크기는 생산량에 따라서 변한다. 만일 평화전자㈜의 최적 생산량이 x_1=10, x_2=7이라면 검사 공정에서 필요한 자원은

$$1(10) + 2(7) = 24$$

시간으로서 24−22=2시간이 사용하지 않고 남게 된다.

생산량의 크기에 따라 변하는 잔여를 결정하기 위하여 잔여변수(slack variable)의 도입이 필요하다. ≤의 제약조건식에서 부등호의 LHS 값이 RHS 값보다 작기 때문에 여기에 잔여변수를 더해 주어야 LHS 값과 같게 된다. 이와 같이 잔여변수는 미사용 자원의 양을 나타낸다.

평화전자㈜의 문제에서 각 제약조건식별로 잔여변수를 도입하면 다음과 같다.

---

2 잔여는 여유, 잔여변수는 여유변수라고도 부른다.

$$10x_1+4x_2+s_1 \qquad =80$$
$$1x_1+2x_2 \quad +s_2 \quad =22$$
$$3x_1+3x_2 \qquad +s_3=39$$

모델에 포함되는 변수는 목적함수에도 표현되어야 한다. 그런데 잔여변수는 목적에 실제로 아무런 기여를 하지 않기 때문에 목적함수에서 각 잔여변수의 계수는 0이 된다.

잔여변수를 포함하여 평화전자㈜의 선형계획 모델을 다시 표현하면 다음과 같다.

최대화 $Z=6x_1+7x_2+0s_1+0s_2+0s_3$

제약조건:

$$10x_1+4x_2+s_1 \qquad =80$$
$$1x_1+2x_2 \quad +s_2 \quad =22$$
$$3x_1+3x_2 \qquad +s_3=39$$
$$x_1,\ x_2,\ s_1,\ s_2,\ s_3 \geq 0$$

특히 모든 제약조건식이 "="이고 모든 변수가 비음인 모델을 표준형(standard form)이라고 한다.

〈그림 3-8〉에서 보는 바와 같이 최적해점 G는 검사 제약조건등식과 저장공간 제약조건등식이 교차하는 점인데 이들 두 공정에서는 사용가능한 모든 자원을 소모하게 되어 현재의 최적 생산량보다 더 많은 모델 1이나 모델 2를 생산하고 싶어도 할 수 없게 된다. 이들 두 공정은 애로공정(bottleneck operation)이라고 하며 부족한 자원(scarce resource)을 가지고 있다. 또한 이들 두 제약조건식은 최적해점 G에서 가해영역을 속박하고 있기 때문에 이러한 제약조건식을 속박제약조건식(binding constraint)이라고 한다. 속박제약조건식은 최적해점에서 교차하므로 최적해에서 등호가 완전히 만족된다. 즉 속박제약조건식의 잔여는 0이지만 비속박제약조건식은 0보다 큰 값을 갖게 된다.

조립 공정에서처럼 최적 생산량을 생산할 때 사용하지 않고 남는 자원, 즉 풍부한 자원(abundant resource)을 갖게 되면 이의 제약조건식을 비속박제약조건식(nonbinding constraint)이라고 한다.

속박제약조건식은 최적해점을 통과하면서 가해영역의 형성에 영향을 미치지만 비속박제약조건식은 최적해점을 통과하지는 않고 다만 가해영역의 형성에만 영향을 미칠 뿐이다.

3.3 최소화 문제: 풍년사료(주) 모델

제2장에서 모델화한 풍년사료(주)의 최소화 문제는 다음과 같다.

최소화 $Z = 6x_1 + 5x_2$

제약조건:

$$3x_1 + 1x_2 \geq 18$$
$$1x_1 + 1x_2 \geq 12$$
$$2x_1 + 6x_2 \geq 30$$
$$x_1 \geq 0, \; x_2 \geq 0$$

제약조건식의 도해

최소화 문제에서도 최대화 문제에서처럼 결정변수의 비음조건을 만족시켜야 하기 때문에 한 그래프의 제1사분면에 제약조건식을 하나씩 그려 넣는다.

단백질에 관한 제약조건식은 다음과 같다.

$$3x_1 + 1x_2 \geq 18$$

우선 직선을 그리기 위해서는 두 점의 좌표를 알면 되는데 $x_1 = 0$일 때 $x_2 = 18$이고 $x_2 = 0$일 때 $x_1 = 6$이다. 이를 그래프에 그리고 가해영역을 색칠하면 〈그림 3-9〉와 같다.

다음에는 비타민 D에 관한 제약조건식을 그리기 위하여 두 점의 좌표를 구한다.

$$1x_1 + 1x_2 \geq 12$$

에서 $x_1 = 0$으로 놓으면 $x_2 = 12$이고 $x_2 = 0$으로 놓으면 $x_1 = 12$가 된다. 이를 그래프에 그리고 가해영역을 색칠하면 〈그림 3-10〉과 같다.

마지막으로 철분에 관한 제약조건식을 그리면 〈그림 3-11〉과 같다.

이제 세 개의 제약조건식을 같은 그래프에 그려 세 제약조건식을 동시에 만족시키는 공통적인 가해영역을 찾아야 하는데 이는 〈그림 3-12〉에서 색칠한 부분이다.

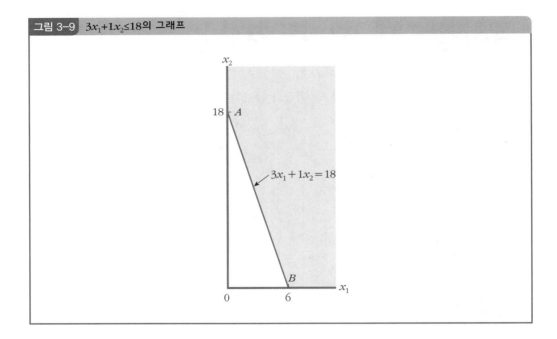

그림 3-9 $3x_1+1x_2\leq18$의 그래프

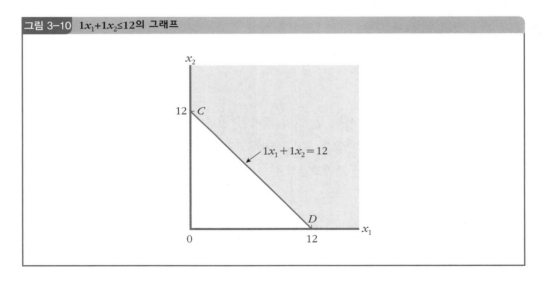

그림 3-10 $1x_1+1x_2\leq12$의 그래프

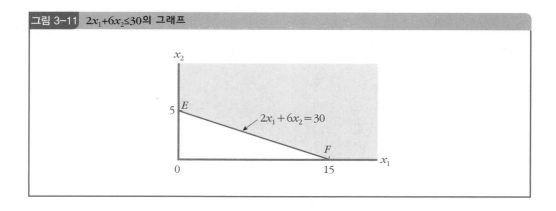

그림 3-11 $2x_1+6x_2\leq30$의 그래프

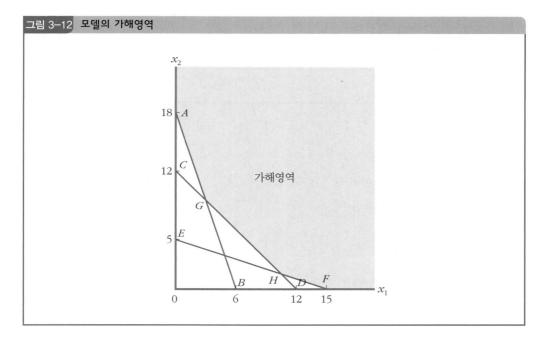

그림 3-12 모델의 가해영역

최적해의 결정: 목적함수의 도해

최적해를 찾는 방법으로는 최대화 문제에서와 같이 두 가지 방법이 있다.

- 목적함수선
- 꼭지점 탐색

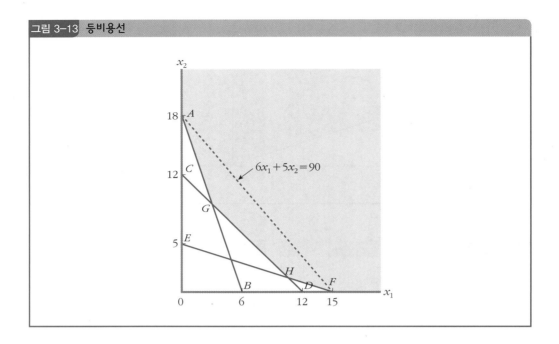

그림 3-13 등비용선

첫째, 가해영역이 그려진 그래프에 등비용선(isocost line)을 그린다. 등비용선은 목적함수선이라고도 한다는 것은 이미 배운 바와 같다.

풍년사료(주) 문제의 목적함수는

$$최소화 \quad Z = 6x_1 + 5x_2$$

이다.

임의로 $Z = 90$이라고 가정하자. 그러면 목적함수식은 다음과 같다.

$$6x_1 + 5x_2 = 90$$

이 직선을 〈그림 3-12〉에 그려 넣으면 〈그림 3-13〉과 같다.

이제 등비용선을 원점의 방향으로 평행이동시키면 마지막으로 가해영역의 꼭지점 G에 접하게 된다. 꼭지점 G가 실행가능해이면서 최적해가 된다.

꼭지점 G의 좌표를 구하기 위해서는 이 점을 교차하는 두 등식을 연립하여 풀면 된다.

따라서 풍년사료(주) 모델의 최적해는 다음과 같다.

$$x_1 = 3$$
$$x_2 = 9$$
$$Z = 63만\ 원$$

최적해의 결정: 꼭지점 탐색

〈그림 3-13〉에서 가해영역의 꼭지점은 A, G, H, F이다.

이제 각 꼭지점의 좌표를 목적함수에 대입하면 다음과 같은 결과를 얻는다.

꼭지점	좌 표	Z값
A	(0, 18)	90
G	(3, 9)	63
H	(10.5, 1.5)	70.5
F	(0, 15)	75

꼭지점 네 개 중에서 목적함수 값 Z를 최소화하는 최적해는 꼭지점 G에서 달성된다. 이는 등비용선을 이용하여 구한 결과와 똑같다.

잉여변수

일단 최적해가 결정되면 이를 모델의 각 제약조건식에 대입하여 모델의 요구조건이 만족되었는지 평가할 수 있다.

풍년사료㈜의 최소화 모델의 최적해는 $x_1 = 3$, $x_2 = 9$이다. 이를 각 제약조건식의 LHS에 대입한다.

$$3x_1 + 1x_2 = 3(3) + 1(9) = 18$$
$$1x_1 + 1x_2 = 1(3) + 1(9) = 12$$
$$2x_1 + 6x_2 = 2(3) + 6(9) = 60$$

단백질과 비타민 D에 관한 요구조건은 모두 그대로 만족시킨 반면 철분에 관한 요구조건은 $60-30=30$단위만큼 초과달성하였다. 이와 같은 초과달성을 잉여(surplus)라 한다. 잉여는 ≥형의 제약조건식과 관련이 있다.

이 잉여는 x_1과 x_2의 값에 따라 변하기 때문에 상수가 아니고 변수이다. 선형계획법에서 "≥" 제약조건식에 해당하는 초과량(예컨대 초과 요구량)을 잉여라 한다. "≥" 제약조건식에서 LHS 값이 RHS 값보다 크기 때문에 LHS의 값에서 잉여변수(surplus variable)를 빼주어야 RHS 값과 같게 된다. 잉여변수는 언제나 0 아니면 양의 값을 갖는다.

풍년사료㈜의 선형계획 모델을 표준형으로 바꾸면 다음과 같다.

최소화 $Z = 6x_1 + 5x_2 + 0s_1 + 0s_2 + 0s_3$
제약조건:

$$3x_1 + 1x_2 - s_1 \qquad\qquad = 18$$
$$1x_1 + 1x_2 \qquad - s_2 \qquad = 12$$
$$2x_1 + 6x_2 \qquad\qquad - s_3 = 30$$

모든 변수 ≥ 0

이 문제의 최적해는 단백질 제약조건식과 비타민 D 제약조건식이 교차하는 점에서 결정되기 때문에 이들 두 제약조건식은 속박제약조건식이다. 그러나 철분 제약조건식은 가해영역의 결정에는 참여하지만 최적해의 결정에는 참여하지 않기 때문에 비속박제약조건식이 된다. 속박제약조건식의 잉여는 0이지만 비속박제약조건식은 0보다 큰 값을 갖게 된다.

3.4 특수한 문제

우리가 이미 공부한 평화전자㈜의 모델이나 풍년사료㈜의 모델에서처럼 대부분의 선형계획 모델은 유일한 최적해를 갖게 된다. 그러나 모델에 따라서는 다수의 최적해를 갖기도 하고 실행불가능해를 갖기도 한다.

다수최적해

어떤 선형계획 모델이 둘 이상의 최적해를 갖는 경우 다수최적해(multiple optimal solution or alternative optimal)를 갖는다고 말한다.

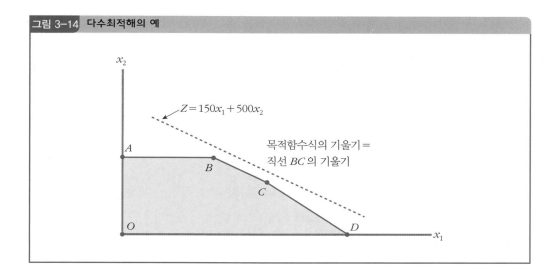

그림 3-14 다수최적해의 예

그래프 방법에서 이는 목적함수의 기울기와 최적해점을 통과하는 하나의 속박제약조건식의 기울기가 동일할 때 발생한다.

예로써 다음의 모델을 고려하자.

최대화 $Z = 150x_1 + 500x_2$
제약조건:

$$x_2 \leq 40$$
$$1.2x_1 + 4x_2 \leq 240$$
$$0.5x_1 + 1x_2 \leq 81$$
$$x_1 \geq 0, \ x_2 \geq 0$$

이 모델을 그래프로 나타내면 〈그림 3-14〉와 같다.

목적함수식의 기울기는 다음과 같이 −0.3이다.

$$500x_2 = Z - 150x_1$$
$$x_2 = 0.002Z - 0.3x_1$$

한편 둘째 제약조건식의 기울기도 다음과 같이 −0.3이다.

$$4x_2 = 240 - 1.2x_1$$
$$x_2 = 60 - 0.3x_1$$

〈그림 3-14〉에서 보는 바와 같이 목적함수식은 직선 BC와 평행하기 때문에 최적해는 점 B와 C를 포함하여 그 선 위에 무수히 많이 존재한다.

　　다수최적해가 발생하면 목적함수에 포함되지 않은 다른 기준에 입각하여 의사결정자가 알맞은 하나의 해를 선택할 수 있다.

무한해

　　무한해(unbounded solution)란 제약조건을 위반하지 않고 목적함수의 값을 무한히 증가(최대화 문제의 경우)할 수 있거나 감소(최소화 문제의 경우)할 수 있는 경우를 말한다. 실제문제에 있어서 이익이나 비용을 무한히 증가시키거나 감소시킬 수 있는 경우는 없으므로 모델을 다시 작성하도록 해야 한다.

　　다음의 모델을 예로 들어 보자.

　　　　최대화　$Z = x_1 + x_2$
　　　　제약조건:

$$5x_1 - x_2 \geq 10$$
$$3x_1 - 2x_2 \leq 9$$
$$x_1,\ x_2 \geq 0$$

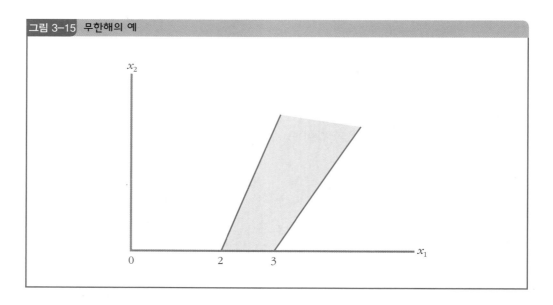

그림 3-15　무한해의 예

〈그림 3-15〉는 이 모델의 그래프이다. 그림에서 보는 바와 같이 가해영역이 최적화의 방향으로 무한히 열려 있어 최적해를 주는 꼭지점이 형성되지 않는다.

결정변수의 값이 무한대로 증가할 수 있으므로 또한 목적함수 값도 무한대로 증가할 수 있기 때문에 최적해는 존재하지 않는다.

실행불가능해

선형계획 모델 중에는 모든 제약조건을 동시에 만족시키는 해가 없을 경우에 이를 실행불가능해(infeasible solution)라고 하기도 하고 또는 실행가능해가 존재하지 않는다고(no feasible solution) 하기도 한다.

다음의 모델을 예로 들어 보자.

최소화 $Z = 2x_1 + x_2$

제약조건:

$$x_1 - x_2 \geq 1$$

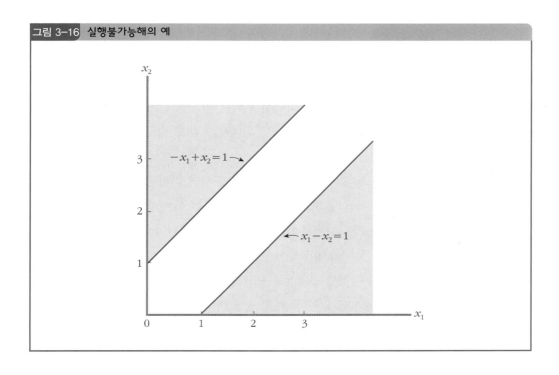

그림 3-16 실행불가능해의 예

$$-x_1+x_2\geq1$$
$$x_1,\ x_2\geq0$$

〈그림 3-16〉은 이 모델의 그래프이다. 그림에서 보는 바와 같이 모든 제약조건을 만족시키는 가해영역이 형성되지 않기 때문에 실행가능해는 존재할 수 없다. 이러한 실행불가능해는 순전히 제약조건식에 잘못이 있거나 또는 상충하는 제약조건식이 동시에 모델에 포함되어 있을 때 발생하므로 이를 발견해서 시정토록 해야 한다.

3.5 민감도 분석

우리는 지금까지 선형계획 모델의 C_j, b_i, a_{ij} 같은 파라미터가 시간의 경과에도 일정하며 확실히 알고 있다는 확정적 전제하에서 모델화하고 그래프 방법으로 최적해를 구하는 방법을 공부하였다. 그러나 이러한 문제의 입력데이터의 값이 시간의 경과에도 고정되고 확실하다는 가정은 현실적으로 적용되지 않는 경우가 많다. 이러한 데이터는 주관적으로 예측하거나, 표본조사를 통해서 또는 실수하기 쉬운 추정을 통해서 구하기 때문에 시간의 경과에 따라 얼마든지 변화할 수 있기 때문이다.

기업경영이 동태적 환경에서 이루어지기 때문에 수요량, 가격, 자원 등에 관한 데이터가 단기간 내 상당히 변화할 수 있는 것이다. 따라서 이와 같이 변화할 수 있는 데이터에 입각하여 구한 최적해가 입력데이터의 변화에 어느 정도 민감한가를 검토하는 것은 매우 중요하다.

민감도 분석(sensitivity analysis)이란 선형계획 모델의 여러 가지 투입 파라미터가 변할 때 최적해 및 목적함수 값이 어떤 영향을 받는지를 연구하는 분야이다. 민감도 분석은 최적해가 구해진 이후에 시작하므로 사후분석(postoptimality analysis)이라고도 한다.

C_j, a_{ij}, b_i 같은 파리미터는 예측치이고 이들은 시간이 경과함에 따라 변한다. 따라서 이들 파라미터의 변화에 따라 수정된 선형계획 모델을 다시 풀지 않고 최적해에 미치는 영향을 분석한다는 것은 매우 중요한 일이다. 예를 들면 어느 제품의 단위당 이익이 10만 원에서 9만 원으로 하락하였다고 할 때 최적해에 어떤 영향을 미치며 현재의 최적해가 더 이

상 최적해가 될 수 없는가? 이를 알기 위하여 변화를 반영하는 새로운 LP 모델을 다시 풀어야 하는가? 민감도 분석은 최적해가 구해지면 이 최적해가 계속 최적해로 남기 위한(비록 목적함수의 값은 변하더라도) 입력데이터 값의 변화범위를 구해준다. 따라서 입력데이터의 값이 이 범위(range)를 벗어나지 않는 한 새로운 모델을 풀 필요는 없는 것이다.

최적해에 영향을 미치는 변화는 다음과 같다.

- 목적함수 계수의 변화(C_j)
- RHS 값의 변화(b_i)
- 기술계수의 변화(a_{ij})
- 새로운 제약조건식의 추가
- 새로운 결정변수의 추가

본서에서는 C_j와 b_i의 변화가 최적해에 미치는 영향에 대해서만 공부할 것이다. 이러한 민감도 분석을 위해서는

- 그래프 방법
- 심플렉스법
- Excel 해법

등이 이용된다.

우선 본장에서는 그래프 방법에 의한 민감도 분석을 공부하고 제4장에서는 Excel 해법을 이용한 민감도 분석을, 그리고 박영사 Homepage에 수록한 제3장의 보론에서 심플렉스법에 의한 민감도 분석을 공부할 것이다.

목적함수 계수의 변화

목적함수의 어떤 한 계수만이 변화하고 다른 모든 계수들은 불변임을 가정하고 이러한 변화가 최적해에 미치는 영향을 검토하기로 하자. 목적함수 계수가 변화하더라도 제약조건식에 아무런 영향을 주지 않기 때문에 가해영역은 그대로 변함 없고 따라서 우리가 구한 현재 해의 실행가능성(feasibility)에는 영향을 끼치지 않는다. 즉 가해영역의 꼭지점들과 그들의 위치에 변화가 없고 다만 목적함수선의 기울기만 변하게 된다.

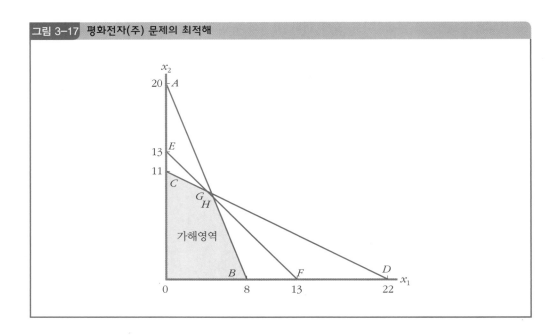

그림 3-17 평화전자(주) 문제의 최적해

목적함수 계수의 변화는 다만 목적함수 값과 해의 최적성에 영향을 끼칠 뿐이다. 평화전자(주)의 최대화 문제를 예로 들어 보자.

최대화 $Z = 6x_1 + 7x_2$
제약조건:

$$10x_1 + 4x_2 \leq 80 \quad \text{(조립 비속박제약조건식)}$$
$$1x_1 + 2x_2 \leq 22 \quad \text{(검사 속박제약조건식)}$$
$$3x_1 + 3x_2 \leq 39 \quad \text{(저장공간 속박제약조건식)}$$
$$x_1, \ x_2 \geq 0$$

이 모델의 최적해점은 〈그림 3-17〉에서 보는 바와 같이 두 개의 속박제약조건식인 검사 제약조건식과 저장공간 제약조건식이 교차하는 점 G이다. 이때의 최적해는 $x_1 = 4$, $x_2 = 9$, $Z = 87$만 원이다.

목적함수식의 기울기는 다음과 같이 $-\dfrac{C_1}{C_2} = -\dfrac{6}{7}$이다.

$$Z = 6x_1 + 7x_2$$

$$7x_2 = Z - 6x_1$$

$$x_2 = -\frac{6}{7}x_1 + \frac{Z}{7}$$

똑같은 방식으로 구하면 검사 속박제약조건식의 기울기는 $-\frac{1}{2}$이고 저장공간 속박제약조건식의 기울기는 $-\frac{3}{3} = -1$이다. 목적함수식의 기울기 $-\frac{6}{7}$은 두 속박제약조건식의 기울기인 $-\frac{1}{2}$과 -1의 사이에 존재한다.

따라서 목적함수식의 기울기가 변화하더라도 $-\frac{1}{2}$과 -1 사이에만 있으면 최적해점은 변함 없이 점 G임을 알 수 있다. 이는 다음과 같이 표현할 수 있다.

$$-1 \leq \text{목적함수식의 기울기} \leq -\frac{1}{2}$$

만일 목적함수식의 기울기가 -1보다 더 작아지면 목적함수는 시계바늘 방향으로 회전하여 점 H가 최적해점으로 바뀐다. 그러나 만일 목적함수식의 기울기가 $-\frac{1}{2}$보다 커지면 목적함수는 시계바늘 반대방향으로 회전하여 점 C가 새로운 최적해점으로 바뀐다.

이와 같이 목적함수 계수의 변화는 목적함수식의 기울기에 변화를 초래하지만 최적성에는 영향을 미칠 수도 있고 미칠 수도 없게 된다. 어떤 경우든 가해영역은 변함 없어 최적해의 실행가능성에 영향을 미치지 않는다.

목적함수식의 기울기는 $-\frac{C_1}{C_2}$이므로 위의 식은 다음과 같이 표현할 수 있다.

$$-1 \leq -\frac{C_1}{C_2} \leq -\frac{1}{2}$$

현재의 최적해를 불변케 하면서 변화할 수 있는 어떤 결정변수의 목적함수 계수의 범위를 최적범위(range of optimality)라고 한다. 즉 어떤 결정변수의 목적함수 계수가 그의 최적범위 내에서 변동하는 한 현재의 최적해(결정변수의 최적값)는 변함 없고 다만 목적함수 값만 변하게 된다. 따라서 어떤 결정변수의 목적함수 계수가 그의 최적범위를 벗어나게 되면 최적해는 물론 목적함수 값도 변하게 되므로 모델을 다시 계산하여 새로운 최적해를 구해야 한다.

결정변수 x_1의 목적함수 계수 C_1의 최적범위는 다음과 같이 구한다.

$$-1 \leq -\frac{C_1}{7} \leq -\frac{1}{2}$$
$$\therefore 3.5 \leq C_1 \leq 7$$

목적함수에서 결정변수 x_1의 계수(단위당 이익)는 현재 6인데 3.5 이상 7 이하까지의 사이에서 변동하는 한 목적함수 값은 변화하지만 현재의 최적해, $x_1=4$, $x_2=9$는 여전히 최적해로 변함 없게 된다. 예컨대 현재 $C_1=6$에서 $C_1=5$로 1만큼 감소하면 $x_1=4$이므로 목적함수 값만 87만 원으로부터 87−1(4)=83만 원으로 감소하게 된다.

똑같은 방식으로 결정변수 x_2의 목적함수 계수 C_2의 최적범위도 구할 수 있다.

$$-1 \leq -\frac{C_1}{C_2} \leq -\frac{1}{2}$$
$$-1 \leq -\frac{6}{C_2} \leq -\frac{1}{2}$$
$$6 \leq C_2 \leq 12$$

RHS 값의 변화

우변(right hand side: RHS)상수의 값의 변화를 분석하는 목적은 현재의 최적해의 실행가능성(feasibility)에 영향을 미치지 않고(불가능해로 바뀌지 않고) 특정 제약조건식의 RHS 값(b_i)이 얼마까지 증감할 수 있는가를 결정하려는 것이다.

이를 위해서는 RHS 값이 속박제약조건식과 관련이 있느냐 또는 비속박제약조건식과 관련이 있느냐에 따라 분석이 다르다. 따라서 우선 속박제약조건식의 RHS 값 변화를 공부하기로 하자.

① 속박제약조건식

평화전자㈜의 선형계획 모델에서 검사 제약조건식과 저장공간 제약조건식이 속박제약조건식이기 때문에 이들 제약조건식의 RHS 값이 조금만 변화하더라도 가해영역이 변화하여 최적해점이 이동하고 결정변수의 최적값과 목적함수 값이 변화하게 된다.

속박제약조건식에 대해서는 잠재가격[3]과 실행가능범위(range of feasibility)를 계산할 수 있다.

잠재가격(shadow price)이란 실행가능범위 내에서 제약조건식의 RHS 값(b_i)이 한 단위 증가할 때 초래하는 목적함수 값의 증가를 말한다.

---

3 잠재가격은 그림자가격(shadow price), 한계가치(marginal value), 또는 부여원가(imputed cost)라고도 부름.

평화전자㈜의 선형계획 모델에서 검사 제약조건등식은 다음과 같다.

$$1x_1+2x_2=22$$

여기서 우변상수(b_2)는 22인데 23으로 한 단위 증가할 때 결정변수 x_1과 x_2의 새로운 최적해를 구해 보도록 하자.

$$\begin{cases} 1x_1+2x_2=23 \quad\cdots\cdots① \\ 3x_1+3x_2=39 \quad\cdots\cdots② \end{cases}$$

새로운 최적해는 $x_1=3$, $x_2=10$이다. 이들을 목적함수에 대입하면

$$Z=6x_1+7x_2=6(3)+7(10)=88$$

로서 목적함수 값 Z는 원래보다 $88-87=1$만 원 증가하였다.[4] 이와 같이 검사 제약조건식의 RHS 값(b_i)이 한 단위 증가함에 따라 최적해에 영향이 미치고 목적함수 값은 1만 원 증가하였다. 여기서 1만 원을 검사 제약조건식의 자원 한 단위의 잠재가격이라고 한다. 그렇다면 검사 제약조건식에서 자원 한 단위씩 계속 증가시키면 목적함수 값은 1만 원씩 한없이 증가하는가? 이는 바로 뒤에서 설명할 것이다.

검사 제약조건식의 자원 한 단위의 잠재가격이 1만 원이라 함은 관리자가 그 자원 한 단위를 추가로 구매하고자 할 때 기꺼이 지불하려는 상한을 꼭 의미하지는 않는다. 이는 목적함수가 어떻게 정의되어 있느냐에 달려 있기 때문이다.

평화전자㈜ 문제에서 사용가능한 모든 자원, 예컨대 80시간의 조립 시간, 22시간의 검사 시간, 저장공간 39피트³에 대해 이미 비용을 지불한 것으로 가정한다면 사용하지 않고 남는 자원에 대해서도 이미 지불한 것이 된다. 이는 잠수비용(sunk cost)이라고 하는데 목적함수 계수를 계산하는 데 포함되지 않는다.

따라서 목적함수에서 각 제품의 단위당 이익은 자원의 얼마가 실제로 사용되었는가에 영향을 받지 않는다. 즉 총이익은 실제 사용된 자원과는 무관하다. 이러한 경우 잠재가격은 관리자가 추가로 자원 한 단위를 구매할 때 기꺼이 지불하고자 하는 최고가격(maximum price)이 된다. 따라서 검사 자원 한 단위를 추가로 구입할 때 관리자는 기꺼이 1만 원까지 지불할 수 있다.

---

4 속박제약조건식의 **RHS** 값이 실행가능범위 내에서 변할 때 목적함수 값 Z는 그 변화의 크기에 비례하여 변동함. 예컨대 b_2가 22로부터 24로 변하면 목적함수 값은 $2(1)=2$만 원 증가하여 89만 원이 됨.

한편 검사 시간의 사용가능한 시간에 따른 원가가 모델 1과 모델 2의 단위당 이익 계산에 이미 포함되어 있다고 가정한다면 이는 포함비용(included cost)으로서 목적함수 계수를 계산하는 데 포함된다. 즉 이익은 자원비용의 함수이다. 이러한 경우 잠재가격은 관리자가 추가로 자원 한 단위를 구입하기 위하여 자원의 시장가격(정상비용) 이상으로 기꺼이 지불하고자 하는 프리미엄 가격(premium price)이 된다.

똑같은 방식으로 저장공간 자원의 잠재가격도 계산할 수 있다. 그런데 저장공간 제약조건식의 실행가능범위는 뒤에서 보는 바와 같이 $33 \leq b_3 \leq 39.75$이기 때문에 자원 한 단위 증가할 때의 잠재가격은 실행가능범위를 벗어나기 때문에 바로 계산할 수 없다. 따라서 자원 한 단위 감소할 때의 잠재가격을 구하도록 하자.

$$1x_1+2x_2=22$$
$$3x_1+3x_2=38$$

새로운 최적해는 $x_1=3\frac{1}{3}$, $x_2=9\frac{1}{3}$이다(컴퓨터 사용). 이들을 목적함수에 대입하면 $Z=6x_1+7x_2=6\left(3\frac{1}{3}\right)+7\left(9\frac{1}{3}\right)=85\frac{1}{3}$로서 목적함수 값 $Z=87-85\frac{1}{3}=1\frac{2}{3}$ 감소하였다. 따라서 b_3가 실행가능범위 내에서 변할 때 1피트³의 잠재가격은 $1\frac{2}{3}$이다.

지금까지 설명한 잠재가격은 속박제약조건식의 RHS 값의 증가가 실행가능범위(range of feasibility) 내에서 이루어질 때 타당하다. 예를 들면 검사 제약조건식의 자원이 한 단위씩 증가하더라도 그의 실행가능범위 내에서만 1만 원이라는 잠재가격에 변함이 없다. 다시 말하면 이 범위를 벗어나면 잠재가격은 더 이상 1만 원이 아니고 변화가 초래된다. 즉 RHS 값의 변화에 따라 최적해점의 위치가 바뀌지만 최적해점이 가해영역 내에만 존재한다면 속박제약조건식이 계속 속박제약조건식으로 유지되고 현재의 최적해가 계속 최적해로 유지될 수 있다.

그래프 방법에서 어떤 속박제약조건식의 실행가능범위를 결정하기 위해서는 다음과 같은 절차를 따른다.[5]

•그 속박제약조건식의 직선에 맞추어 자를 놓는다.
•이 자를 직선에 평행시키면서 원점으로부터 멀리 이동한다. 다른 속박제약조건식과

5 W. Stevenson & Ozgur, C., Introduction to Management Science with Spreadsheets (McGraw-Hill, 2007), p.216.

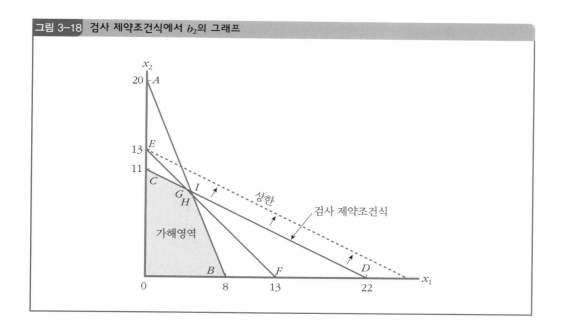

그림 3-18 검사 제약조건식에서 b_2의 그래프

마지막으로 교차하는 점의 좌표를 구한다(상한 결정). 두 속박제약조건식은 계속해서 속박제약조건식으로 유지되어야 한다.

- 자를 원래의 직선에 갖다 맞춘다. 이 자를 직선에 평행시키면서 원점을 향하여 이동한다. 두 속박제약조건식이 유지되면서 교차하는 마지막 점의 좌표를 구한다(하한 결정).

우선 검사 제약조건식의 실행가능범위를 구하기 위하여 위에서 제시한 절차를 따르기로 하자.

〈그림 3-18〉은 검사 제약조건식을 원점으로부터 멀리 평행이동시킬 때 가해영역은 확대되고 새로운 가해영역 안에서 마지막으로 저장공간 속박제약조건식과 점 E에서 교차하고 있음을 보여 주고 있다. 점 E의 좌표는 $x_1=0$, $x_2=13$이다.

〈그림 3-19〉는 검사 제약조건식을 원점을 향하여 평행이동시킬 때 가해영역은 축소되고 축소된 가해영역 안에서 마지막으로 저장공간 속박제약조건식과 점 H에서 교차하고 있음을 보여 주고 있다. 점 H의 좌표는 $x_1=\dfrac{14}{3}$, $x_2=\dfrac{25}{3}$이다.

이제 검사 제약조건식의 실행가능범위를 결정할 수 있다. 이를 위해서는 위에서 구한 두 개의 좌표를 검사 제약조건식의 LHS에 대입한다.

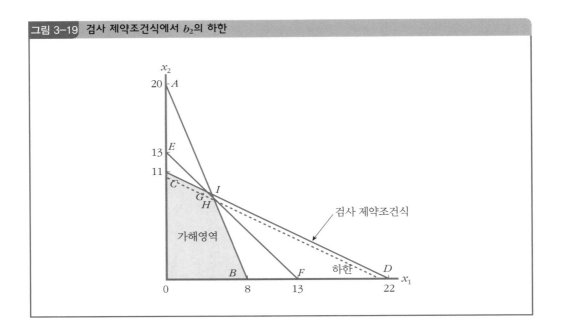

그림 3-19 검사 제약조건식에서 b_2의 하한

$$1x_1+2x_2=1(0)+2(13)=26 \text{ (상한)}$$

$$1x_1+2x_2=1\left(\frac{14}{3}\right)+2\left(\frac{25}{3}\right)=21\frac{1}{3} \text{ (하한)}$$

검사 제약조건식의 RHS 값(b_2)의 실행가능범위는 다음과 같이 표현할 수 있다.

$$21\frac{1}{3} \leq b_2 \leq 26$$

검사 제약조건식의 RHS 값은 현재 22인데 $21\frac{1}{3}$부터 26 사이에서 변동하는 한 최적해의 값에는 영향을 미치지만 최적해의 실행가능성에는 영향을 미치지 않는다.

〈그림 3-20〉은 검사 제약조건식의 실행가능범위를 보여 주고 있다.

저장공간 제약조건식의 실행가능범위를 구하기 위해서는 〈그림 3-21〉에서 위에서 따른 절차를 반복한다.

저장공간 제약조건식을 원점에서 멀리 평행이동시킬 때 마지막으로 점 I에서 검사 속박제약조건식과 교차하는데 이의 좌표는 다음과 같이 $x_1=4.5$, $x_2=8.75$이다.

$$\begin{cases} 10x_1+4x_2=80 \\ 1x_1+2x_2=22 \end{cases}$$

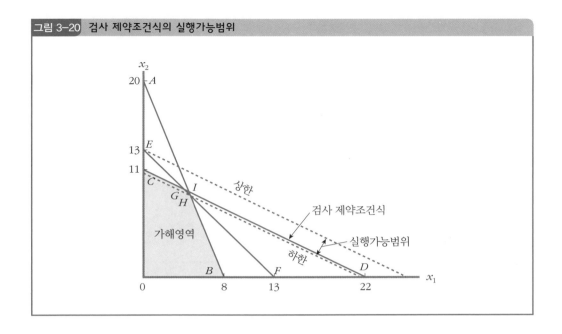

그림 3-20 검사 제약조건식의 실행가능범위

$x_1=4.5$

$x_2=8.75$

한편 저장공간 제약조건식을 원점을 향하여 평행이동시킬 때 가해영역은 축소되고 새로운 가해영역 안에서 마지막으로 점 C에서 검사 제약조건식과 교차하는데 이의 좌표는 $x_1=0$, $x_2=11$이다.

위에서 구한 두 좌표를 저장공간 제약조건식의 LHS에 대입하면 이 제약조건식의 실행가능범위를 구할 수 있다.

$$3x_1+3x_2=3(4.5)+3(8.75)=39.75 \ (상한)$$

$$3x_1+3x_2=3(0)+3(11)=33 \ (하한)$$

$$33 \leq b_3 \leq 39.75$$

〈그림 3-21〉은 저장공간 제약조건식의 실행가능범위를 보여 주고 있다.

제약조건식의 RHS 값이 실행가능범위를 벗어나면 어떤 일이 발생하는가?

첫째, 제약조건식의 RHS 값이 하한을 벗어나면 새로운 최적해를 구하기 위하여 수정된 문제를 풀어야 하고 잠재가격도 새로이 구해야 한다.

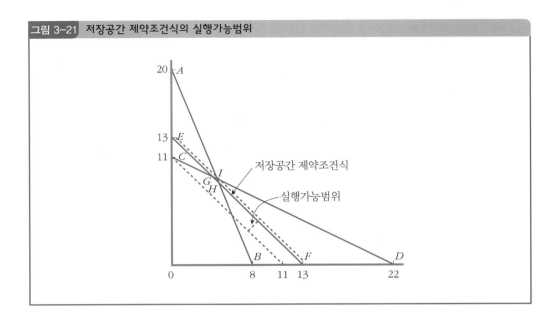

그림 3-21 저장공간 제약조건식의 실행가능범위

둘째, 제약조건식의 RHS 값이 상한을 벗어나면 상한을 벗어나는 초과분은 미사용 자원(slack)이 되고 그의 잠재가격은 0이 된다.

따라서 각 RHS 값의 실행가능범위는 잠재가격의 타당범위(validity range)를 나타낸다.

② 비속박제약조건식

우리는 지금까지 속박제약조건식의 잠재가격과 실행가능범위를 구하는 방법에 관하여 공부하였다. 이제 비속박제약조건식에 대하여 눈을 돌려 보자.

평화전자㈜ 모델에서 비속박제약조건식은 조립 제약조건식이다. 이는 최적해점을 통과하지 않기 때문에 그의 RHS 값이 증가하면 가해영역은 확대되지만 최적해에는 영향을 미치지 않는다. 조립 제약조건식은 다음과 같다.

$$10x_1 + 4x_2 \leq 80$$

이 모델의 최적해인 $x_1 = 4$, $x_2 = 9$를 제약조건식의 LHS에 대입하면 생산에 필요한 자원은 다음과 같다.

$$10x_1 + 4x_2 = 10(4) + 4(9) = 76$$

따라서 최적해에서 조립 공정에서의 미사용 자원은 80−76＝4가 된다. 비속박제약조건식은 최적해에서 최대화 문제의 경우에는 0보다 큰 잔여(slack)를 갖고 최소화 문제의 경우에는 0보다 큰 잉여(surplus)를 갖는다. 그러므로 조립 제약조건식에서 RHS 값(b_i)의 추가 투입(80보다 더 많이)은 현재 초과능력(excess capacity)을 갖고 있기 때문에 미사용 자원의 증가만 초래할 뿐이다. 반대로 자원을 현재의 80으로부터 4보다 많이 감소하지 않는 한 최적해에는 영향을 미치지 않는다. 미사용 자원이 존재하기 때문에 조립 한 시간의 잠재가격은 0이 된다.

따라서 조립 제약조건식의 실행가능범위는 76 이상 무한대이다. 이는 다음과 같이 표현할 수 있다.

$$76 \leq b_1 \leq \infty$$

비속박제약조건식인 조립 제약조건식의 RHS 값이 76 이상 무한대로 증가하는 한 현재의 최적해와 목적함수 값은 아무런 영향을 받지 않는다.

1 다음과 같은 LP 모델이 주어졌을 때 물음에 답하라.

최대화 $Z=6x_1+8x_2$

제약조건:

$$18x_1+7x_2\leq126$$
$$5x_1+4x_2\leq40$$
$$1x_1+2x_2\leq14$$
$$x_1\geq0, \ x_2\geq0$$

(1) 목적함수선을 이용하여 최적해를 구하라.

(2) 꼭지점의 좌표를 이용하여 최적해를 구하라.

(3) 가해영역의 꼭지점 수는 몇 개인가?

(4) 잔여변수를 도입하여 모델의 표준형을 만들어라.

(5) 최적해를 실행할 때 각 제약조건식에서 발생하는 잔여의 값을 구하라.

(6) 속박제약조건식과 비속박제약조건식은 어느 것인가?

해답

(1)

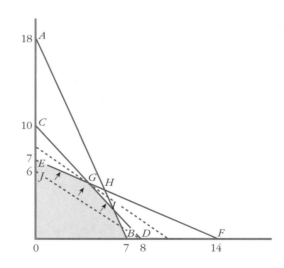

$6x_1 + 8x_2 = 48$이라 하고 이를 그래프로 표현하면 직선 JD가 된다. 이 직선을 원점으로부터 멀리 평행이동시키면 가해영역의 마지막 꼭지점 G에서 접하게 된다.

따라서 최적해점은 꼭지점 G이다. 이의 좌표는 다음과 같이 구한다.

$$\begin{cases} 5x_1 + 4x_2 = 40 \quad \cdots\cdots \text{①} \\ 1x_1 + 2x_2 = 14 \quad \cdots\cdots \text{②} \end{cases}$$

$$\text{②} \times 2 \begin{cases} 5x_1 + 4x_2 = 40 \\ \underline{2x_1 + 4x_2 = 28} \end{cases} -$$

$$3x_1 \quad\quad = 12$$
$$x_1 \quad\quad = 4$$

$x_1 = 4$를 식 ②에 대입한다.

$$4 + 2x_2 = 14$$
$$x_2 = 5$$

$x_1 = 4$, $x_2 = 5$를 목적함수에 대입한다.

$$6x_1 + 8x_2 = 6(4) + 8(5) = 64$$

따라서 최적해는 다음과 같다.

$$x_1 = 4$$
$$x_2 = 5$$
$$Z = 64$$

(2)

꼭지점	좌 표	Z값
0	(0, 0)	$6(0) + 8(0) = 0$
E	(0, 7)	$6(0) + 8(7) = 56$
G	(4, 5)	$6(4) + 8(5) = 64$
I	(6.05, 2.43)	$6(6.05) + 8(2.43) = 55.74$
B	(7, 0)	$6(7) + 8(0) = 42$

$Z = 64$가 최대이므로 꼭지점 G가 최적해점이다.

최적해는 $x_1 = 4$, $x_2 = 5$, $Z = 64$이다.

(3) 0, E, G, I, B 모두 5개이다.

(4) 최대화 $Z = 6x_1 + 8x_2 + 0s_1 + 0s_2 + 0s_3$

제약조건:

$$18x_1+7x_2+s_1=126$$

$$5x_1+4x_2+s_2=40$$

$$1x_1+2x_2+s_3=14$$

모든 변수 ≥ 0

(5) $18(4)+7(5)=107$ 잔여 $=126-107=19$

   $5(4)+4(5)=40$ 잔여 $=40-40=0$

   $1(4)+2(5)=14$ 잔여 $=14-14=0$

(6) 속박제약조건식: 둘째와 셋째 제약조건식

   비속박제약조건식: 첫째 제약조건식

2 다음과 같은 LP 모델이 주어졌을 때 물음에 답하라.

최소화 $Z=5x_1+5x_2$

제약조건:

$$4x_1+3x_2\geq12$$
$$3x_1+6x_2\geq12$$
$$10x_1+4x_2\geq20$$
$$x_1\geq0,\ x_2\geq0$$

(1) 목적함수선을 이용하여 최적해를 구하라.

(2) 꼭지점의 좌표를 이용하여 최적해를 구하라.

(3) 가해영역의 꼭지점 수는 몇 개인가?

(4) 잉여변수를 도입하여 모델의 표준형을 만들어라.

(5) 최적해를 실행할 때 각 제약조건식에서 발생하는 잉여의 값을 구하라.

(6) 속박제약조건식과 비속박제약조건식은 어느 것인가?

해답

(1)

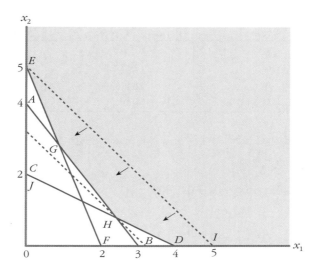

$5x_1+5x_2=25$라 하고 이를 그래프로 표현하면 직선 EI가 된다. 이 직선을 원점을 향하여 평행이동시키면 가해영역의 마지막 꼭지점 H에서 접하게 된다.

따라서 최적해점은 꼭지점 H이다. 이의 좌표는 다음과 같이 구한다.

$$\begin{cases} 4x_1+3x_2=12 \cdots\cdots ① \\ 3x_1+6x_2=12 \cdots\cdots ② \end{cases}$$

$$①×2 \quad \begin{cases} 8x_1+6x_2=24 \\ \underline{3x_1+6x_2=12} \end{cases} -$$

$$5x_1 \quad\;\; =12$$

$$x_1 \quad\;\; =2.4$$

$x_1=2.4$를 식 ①에 대입한다.

$$4(2.4)+3x_2=12$$

$$x_2=0.8$$

$x_1=2.4$, $x_2=0.8$을 목적함수에 대입한다.

$$5x_1+5x_2=5(2.4)+5(0.8)=16$$

따라서 최적해는 다음과 같다.

$$x_1=2.4$$

$x_2 = 0.8$

$Z = 16$

(2)

꼭지점	좌 표	Z값
E	$(0, 5)$	$5(0)+5(5)=25$
G	$\left(\frac{6}{7}, 2\frac{6}{7}\right)$	$5\left(\frac{6}{7}\right)+5\left(2\frac{6}{7}\right)=18\frac{4}{7}$
H	$(2.4, 0.8)$	$5(2.4)+5(0.8)=16$
D	$(4, 0)$	$5(4)+5(0)=20$

$Z=16$이 최소이므로 최적해는 $x_1=2.4$, $x_2=0.8$, $Z=16$이다.

(3) E, G, H, D 모두 4개이다.

(4) 최소화 $Z=5x_1+5x_2+0s_1+0s_2+0s_3$

제약조건:

$$4x_1+3x_2-s_1=12$$

$$3x_1+6x_2-s_2=12$$

$$10x_1+4x_2-s_3=20$$

모든 변수≥0

(5) $4(2.4)+3(0.8)=12$ 잉여$=12-12=0$

$3(2.4)+6(0.8)=12$ 잉여$=12-12=0$

$10(2.4)+4(0.8)=27.2$ 잉여$=27.2-20=7.2$

(6) 속박제약조건식: 첫째와 둘째 제약조건식

비속박제약조건식: 셋째 제약조건식

chapter
3
연/습/문/제

01 다음과 같이 제약조건과 그의 그래프가 주어졌을 때 물음에 답하라.

$$x_2 \leq 2$$
$$2x_1 + x_2 \leq 8$$
$$2x_1 - x_2 \geq 2$$
$$x_1, x_2 \geq 0$$

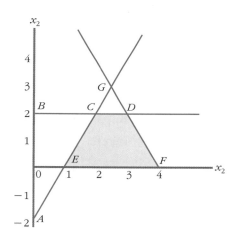

(1) 각 꼭지점의 좌표를 구하라.
(2) 실행가능해점은 어디인가?
(3) 목적함수가 최대화 $Z = 3x_1 + 4x_2$일 때 최적해를 구하라.

02 다음과 같은 모델이 주어졌을 때 물음에 답하라.
최대화 $Z = 9x_1 + 2x_2$
제약조건:

$$3x_1 + 1x_2 \leq 12$$
$$2x_2 + 2x_2 \leq 16$$
$$1x_2 - 1x_2 \leq 2$$
$$x_1 \geq 0, \ x_2 \geq 0$$

(1) 이 모델의 그래프를 그리고 가해영역을 색칠하라.

(2) 목적함수선을 이용하여 최적해점을 찾아라.

(3) 최적해를 구하라.

(4) 각 제약조건식의 잔여를 구하라.

(5) 속박제약조건식과 비속박제약조건식은 어느 것인가?

(6) 이 모델의 표준형을 구하라.

03 다음과 같은 LP 모델이 주어졌을 때 물음에 답하라.

최소화 $Z=4x_1+2x_2$

제약조건:

$$4x_1+3x_2\geq12$$
$$3x_1+5x_2\leq15$$
$$1x_1+1x_2=4$$
$$x_1,\ x_2\geq0$$

(1) 가해영역은 어디인가?

(2) 가해영역의 꼭지점의 좌표를 구하라.

(3) 최적해를 구하라.

04 다음은 목적함수가 최대화 $Z=1x_1+1x_2$인 LP 모델의 제약조건식을 그래프로 나타낸 것이다. 색칠한 부분은 가해영역이다. 물음에 답하라.

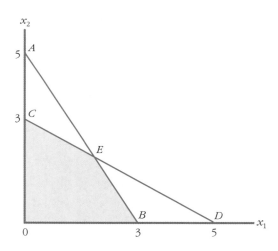

(1) 직선 AB와 CD가 나타내는 제약조건식을 x_1과 x_2로 표현하라.

(2) 가해영역의 꼭지점은 몇 개인가?

(3) 점 E의 좌표를 구하라.

(4) 최적해를 구하라.

(5) 속박제약조건식은 어느 것인가?

(6) 비속박제약조건식은 어느 것인가?

(7) 잔여가 발생하는 제약조건식은 어느 것인가?

(8) 목적함수가 최대화 $Z=6x_1+10x_2$로 바뀌면 어떤 일이 발생하는가?

05 다음 선형계획 모델의 최적해를 그래프 방법에 의하여 구하라.

(1) 최소화 $Z=2x_1+1x_2$
제약조건:
$$1x_1+2x_2\geq10$$
$$2x_1+1x_2\geq8$$
$$1x_1+6x_2\geq12$$
$$x_1,\ x_2\geq0$$

(2) 최대화 $Z=6x_1+8x_2$
제약조건:
$$2x_1+3x_2\leq1{,}500$$
$$3x_1+2x_2\leq900$$
$$1x_1+2x_2\leq800$$
$$x_1,\ x_2\geq0$$

(3) 최대화 $Z=2x_1+4x_2$
제약조건:
$$3x_1+5x_2\leq15$$
$$2x_1+1x_2\leq12$$
$$4x_1+5x_2\geq16$$
$$x_1,\ x_2\geq0$$

(4) 최소화 $Z=3x_1+4x_2$
제약조건:
$$3x_1+2x_2\geq12$$
$$2x_1+1x_2=8$$
$$1x_1+6x_2\geq26$$
$$x_1,\ x_2\geq0$$

06 다음 선형계획 모델은 실행불가능해, 무한해, 다수최적해 가운데서 어느 것에 해당하는가?

(1) 최대화 $Z=3x_1+2x_2$

제약조건:

$$2x_1+3x_2 \geq 18$$
$$x_1+x_2 \leq 5$$
$$x_1 \geq 0,\ x_2 \geq 0$$

(2) 최대화 $Z=2x_1+1x_2$

제약조건:

$$1x_1 \qquad \geq 7$$
$$1x_2 \leq 7$$
$$x_1,\ x_2 \geq 0$$

(3) 최대화 $Z=5x_1+5x_2$

제약조건:

$$x_1+\frac{1}{2}x_2 \leq 600$$
$$x_1+x_2 \leq 500$$
$$x_1+2x_2 \leq 800$$
$$x_1,\ x_2 \geq 0$$

(4) 최대화 $Z=2x_1+1x_2$

제약조건:

$$x_1+x_2 \leq 6$$
$$-1x_1+1x_2 \geq 7$$
$$x_1 \geq 0,\ x_2 \geq 0$$

(5) 최대화 $Z=3x_1+3x_2$

제약조건:

$$4x_1-1x_2 \geq 8$$
$$4x_1-2x_2 \leq 12$$
$$x_1 \geq 0,\ x_2 \geq 0$$

 07 다음과 같은 모델이 주어졌을 때 물음에 답하라.

최대화 $Z=2x_1+3x_2$

제약조건:

$$3x_1+2x_2 \leq 12$$
$$1x_1+2x_2 \leq 8$$
$$x_1,\ x_2 \geq 0$$

(1) 최적해를 구하라.

(2) C_1과 C_2에 대한 최적범위를 구하라.

(3) 각 제약조건식의 RHS 값에 대한 잠재가격과 실행가능범위를 구하라.

(4) 최적해에서 기본변수는 어느 것인가?(기본변수란 0보다 큰 값을 갖는 변수임)

08 다음과 같은 선형계획 모델이 주어졌을 때 그래프 방법을 이용하여 답하라.

최대화 $Z = 6x_1 + 7x_2$

제약조건:

$$1x_1 + 1x_2 \leq 10 \text{ (자원 1)}$$
$$2x_1 + 4x_2 \leq 24 \text{ (자원 2)}$$
$$1x_1 + 4x_2 \leq 20 \text{ (자원 3)}$$

(1) 최적해를 구하라.

(2) 속박제약조건식과 비속박제약조건식은 어느 것인가?

(3) 각 제약조건식의 잔여를 구하라.

(4) C_1과 C_2의 최적범위를 구하라.

(5) 각 제약조건식의 자원의 잠재가격을 구하라.

(6) b_1, b_2, b_3의 실행가능범위를 구하라.

09 다음과 같은 선형계획 모델이 주어졌을 때

최대화 $Z = 8x + 12y$

제약조건:

$$1x + 3y \leq 9$$
$$2x + 2y \leq 10$$
$$6x + 2y \leq 18$$
$$x, y \geq 0$$

(1) 그래프 방법을 이용하여 최적해를 구하라.

(2) 결정변수 x의 목적함수 계수가 8에서 6으로 바뀌면 현재의 최적해는 변하는가? 새로운 최적해를 구하라.

(3) 원래의 모델에서 결정변수 y의 목적함수 계수가 12에서 6으로 바뀌면 현재의 최적해는 변하는가? 새로운 최적해를 구하라.

(4) 원래의 모델에 대한 Excel 활용 결과 두 변수의 최적범위는 다음과 같다.

변수	하한	현재의 값	상한
x	4	8	36
y	$2\frac{2}{3}$	12	24

이 정보를 가지고 위 문제 (2)와 (3)에 대해서 답을 말하라.

10 다음과 같은 최대화 문제가 주어졌을 때 그래프 방법을 사용하여 물음에 답하라.

최대화 $Z = 4x_1 + 6x_2$
제약조건:
$$2x_1 + 1x_2 \leq 12 \quad \text{(자원 1)}$$
$$1x_1 + 1x_2 \leq 7 \quad \text{(자원 2)}$$
$$1x_1 + 2x_2 \leq 12 \quad \text{(자원 3)}$$
$$x_1, \ x_2 \geq 0$$

⑴ C_1의 최적범위를 구하라.
⑵ C_2의 최적범위를 구하라.
⑶ 자원 1의 잠재가격을 구하라.
⑷ 자원 2의 잠재가격을 구하라.
⑸ 자원 3의 잠재가격을 구하라.
⑹ b_1의 실행가능범위를 구하라.
⑺ b_2의 실행가능범위를 구하라.
⑻ b_3의 실행가능범위를 구하라.

CHAPTER 4

선형계획법: Excel 해법

4.1 서 론

우리는 제3장에서 결정변수의 수가 2개인 간단한 선형계획 모델의 최적해를 그래프 방법을 이용하여 구하는 방법을 공부하였다. 그러나 기업의 관리자가 직면하는 경영문제는 결정변수의 수가 많기 때문에 그래프 방법의 적용에는 한계가 있게 된다.

다행스럽게 수리적 기법이 개발되어 수많은 결정변수를 갖는 선형계획 문제를 푸는 데 큰 도움이 되어 왔다. 이러한 기법이 스프레드시트(spreadsheet) 패키지에 내장되어 어떠한 선형계획 모델도 쉽게 풀 수가 있게 되었다.

따라서 우리가 해야 할 일은 선형계획 문제를 정확하게 모델화하고 이를 컴퓨터에 정확하게 입력하고 출력결과를 이해하고 분석하고 활용하는 것이다.

Excel은 다른 소프트웨어 패키지보다 데이터입력 요구가 지루하고 시간 소비적이지만 선형계획 문제를 푸는 데 널리 이용되고 있다. 다른 패키지에서는 모델 파라미터만 입력하면 되지만 Excel에서는 행과 열의 제목도 입력해야 하고 목적함수와 제약조건의 함수를 모두 입력해야 하는 번거로움이 있다.

그럼에도 불구하고 Excel의 사용은 보기 좋은 포맷(format)으로 구성되어 보고서를 작성하거나 사람들 앞에서 발표하는 데 유리하다고 하겠다.

　스프레드시트 모델화는 과학이라기보다 기예에 더욱 가깝다. 하나의 정확한 스프레드시트 모델을 작성하는 데 이용되는 체계적 절차도 없다. 따라서 사용하는 사람의 취향에 따라서 여러 개의 셀(cell)에 데이터를 배열하면 된다.

　본장에서는 선형계획 모델을 스프레드시트 모델로 변형하여 최적해를 구하는 요령을 공부할 것이다.

4.2 스프레드시트 모델의 구성요소

　선형계획 문제의 스프레드시트 모델(spreadsheet model)은 다음과 같은 다섯 개의 기본적인 요소로 구성되어 있다.

- 입력데이터
- 목표 설정
- 변수 셀 변경
- 제한조건에 종속
- 비음조건

　스프레드시트에 입력할 데이터는 목적함수 계수(C_j), 제약조건식에 있는 기술계수(a_{ij}), 그리고 제약조건식의 RHS 값(b_i) 등이다. 데이터를 입력하는 방법이 한 가지만 있는 것은 아니기 때문에 사용자가 취향에 따라 결정하면 되지만 가급적 분명하게 데이터가 배열되어 만일 경영보고서를 작성하게 되면 보기가 좋아야 한다.

　데이터를 입력하면 이를 분명히 하기 위하여 행과 열에 제목(label)을 부여해야 한다.

　결정변수의 이름을 사용하는 대신에 스프레드시트 모델에서는 결정변수의 역할을 수행할 지정된 셀들을 사용한다. 이러한 셀에 나타나는 값은 목적을 최적화하기 위하여 언제든지 변경할 수 있기 때문에 '변수 셀 변경'(changing cells)이라고 한다.

　이 셀은 목적함수 값과 제약조건식의 LHS 값을 구할 수식을 입력하는 데 도움이 되도록 데이터구조와 나란히 배열할 필요가 있다. '변수 셀 변경'은 편의상 굵은 실선으로 테두리한다.

'목표 설정'(objective cell)에는 수식을 입력하면 목적함수 값을 계산해 준다. 「해 찾기」(solver)는 '변수 셀 변경'에 있는 값을 변경하여 목표 설정에 있는 값을 최적화한다. 목표 설정에 입력할 수식은 목적함수 계수가 입력된 셀과 결정변수를 나타내는 관련된 셀(변수 셀 변경)을 연계하여 작성된다. 이 셀은 편의상 이중의 실선으로 테두리한다.

Excel에서는 제약조건식을 스프레드시트에 직접 나타나게 할 수는 없다. 대신 「해 찾기」의 대화상자(dialog box)에서 「추가」 단추를 클릭하고 제약조건식을 나타내는 셀 주소와 부등호를 명시해 준다. 예를 들면

$$=C5 : C6 <= D5 : D6$$

에서 하나의 제약조건식에서 셀 C5에 있는 값은 셀 D5에 있는 값보다 작거나 같음을 의미하고 다른 제약조건식에서 셀 C6에 있는 값은 셀 D6에 있는 값보다 작거나 같음을 의미한다. 여기서 셀 C5와 셀 C6에 있는 값들은 제약조건식의 LHS 값으로서 필요한(사용된) 자원을 의미하고 셀 D5와 셀 D6에 있는 값들은 제약조건식의 RHS 값으로서 사용가능한 자원을 의미한다.

사용가능한 자원은 이미 파라미터로서 입력이 되었지만 필요한 자원(LHS)은 수식을 이용하여 계산하게 된다. 이 수식은 제약조건식의 기술계수가 입력된 셀과 이 기술계수와 관련된 결정변수를 나타내는 셀(변수 셀 변경)을 연계하여 작성된다.

제약조건식의 수식은 동일한 구조를 갖기 때문에 직접 타자하는 데서 오는 오자를 방지하기 위하여 둘째 제약조건식부터는 복사기능을 이용하는 것이 바람직하다.

결정변수의 비음조건을 만족시키기 위해서는 다른 제약조건식과 같이 「해 찾기」의 대화상자에 입력할 수도 있지만 '제한되지 않는 변수를 음이 아닌 수로 설정'에 체크마크(✔)를 해주는 것이 보다 편리하다고 할 수 있다.

〈그림 4-1〉은 「해 찾기 매개변수」 대화상자이다. 여기에

- 목표 설정
- 대상(to)의 선택(최대화 또는 최소화의 선택)
- 변수 셀 변경
- 제한조건에 종속
- 비음조건

그림 4-1 「해 찾기 매개변수」 스크린

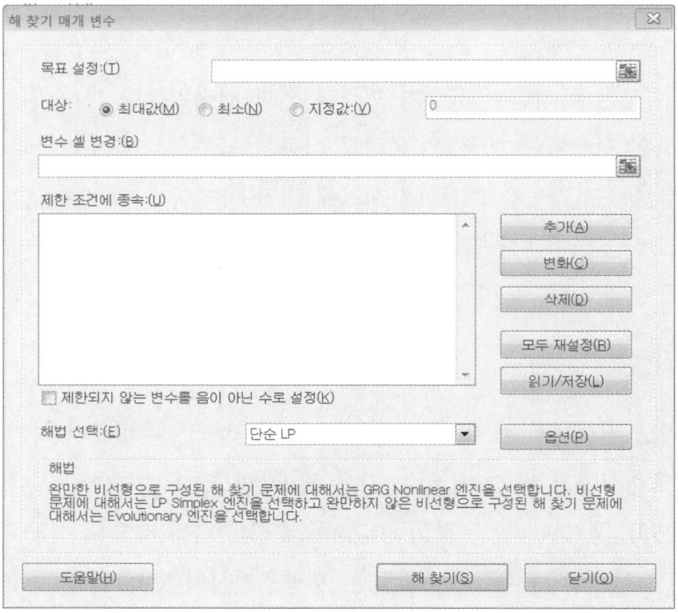

- 해법(solving method)의 선택(단순 LP)

등을 입력 또는 선택한 후 「해 찾기」를 클릭한다.

4.3 스프레드시트 모델: 최대화 문제

우리가 제2장에서 취급한 평화전자(주)의 대수모델(algebraic model)을 스프레드시트 모델로 바꾸고 이의 최적해를 구하는 과정을 설명하기로 하자.

평화전자(주)의 대수모델은 다음과 같다.

최대화 $Z = 6x_1 + 7x_2$

제약조건:

$$10x_1 + 4x_2 \leq 80$$

그림 4-2 「해 찾기 매개변수」 스크린

$$1x_1 + 2x_2 \leq 22$$
$$3x_1 + 3x_2 \leq 39$$
$$x_1 \geq 0, \ x_2 \geq 0$$

① 필요한 데이터를 시트에 입력한다.

선형계획의 대수모델을 스프레드시트 모델로 바꾸기 위해서는 맨 먼저 모델의 파라미터를 시트에 입력해야 한다. 우선 행과 열의 제목을 입력한 후 파라미터, 즉 C_j, a_{ij}, b_i를 차례로 입력한다. 이의 결과가 〈그림 4-2〉이다.

〈그림 4-2〉에서 모든 제목과 셀 영역 E9 : E11에 있는 "≤"들은 그림을 보기 좋고 이해하기 쉽게 넣은 것일 뿐 최적해를 구하는 데 직접 필요한 것은 아니다.

그림에서 셀 영역 B5 : C5는 목적함수 계수 C_j를, 셀 영역 B9 : C11은 제약조건식의 기술계수 a_{ij}를, 그리고 셀 영역 F9 : F11은 제약조건식의 RHS 값 b_i를 나타낸다. 입력한 데이터는 다른 셀과 구분하기 위하여 음영과 함께 실선으로 나타낸다.

아직은 모르지만 우리가 구하려고 하는 결정변수의 값은 셀 B15와 셀 C15에 나타나는데 이는 「해 찾기」를 이용하여 곧 구하게 된다. 선형계획 모델의 결정변수와 이를 나타내는 스프레드시트 상의 셀과의 관계는 다음과 같다.

	모델 1	모델 2
결정변수	x_1	x_2
	↓	↓
스프레드시트 셀	B15	C15

② 필요한 수식을 입력한다.

필요한 데이터가 입력되면 목적함수 값(총이익)과 최적해를 생산했을 때 각 제약조건식에서 실제로 사용한 시간(LHS)을 계산하기 위한 수식을 다음과 같이 입력하고 「Enter」를 누른다. 그러면 〈그림 4-3〉과 같은 결과를 얻는다. 이는 스프레드시트 모델이라고 할 수 있다.

셀주소	수 식	비 고
D9	=SUMPRODUCT(B9 : C9, $B$15 : $C$15)	D11까지 복사
F15	=SUMPRODUCT(B5 : C5, B15 : C15)	

목적함수와 셀 F15에 입력한 수식과의 관계는 다음과 같다.

목적함수	$6x_1$ + $7x_2$	
F15의 수식	=B5*B15+C5*C15 =SUMPRODUCT(B5 : C5, B15 : C15)	

그림 4-3 수식을 입력한 결과

	A	B	C	D	E	F	G	H
1	4장 평화전자㈜ 문제							
2								
3	목적함수:							
4		모델 1	모델 2					
5	단위당 이익	6	7					
6								
7	제약조건:							
8		모델 1	모델 2	LHS		RHS		
9	조립	10	4	0	<=	80		
10	검사	1	2	0	<=	22		
11	저장공간	3	3	0	<=	39		
12								
13	최적해:							
14		모델 1	모델 2			총이익(Z)		
15	생산량					0		
16								

이와 같이 셀 F15에 목적함수를 나타내는 수식을 입력하면 곧 뒤에 결정될 x_1과 x_2의 값에 따라 목적함수 값이 셀 F15에 나타나게 된다.

최적해를 실행했을 때 각 공정에서 실제로 사용한 시간을 계산하기 위하여 셀 영역 D9 : D11에 수식을 입력하였는데 각 제약조건식과 이들 수식과의 관계는 다음과 같다.

조립 제약조건식	$10x_1 + 4x_2$
D9의 수식	=B9*B15+C9*C15 =SUMPRODUCT(B9 : C9, \$B\$15 : \$C\$15)
검사 제약조건식	$1x_1 + 2x_2$
D10의 수식	=B10*B15+C10*C15 =SUMPRODUCT(B10 : C10, \$B\$15 : \$C\$15)
저장공간 제약조건식	$3x_1 + 3x_2$
D11의 수식	=B11*B15+C11*C15 =SUMPRODUCT(B11 : C11, \$B\$15 : \$C\$15)

위 수식들에서 셀 영역 B15 : C15는 변하지 않으므로 절대참조기호 \$를 사용하여야 한다. 수식을 일일이 입력할 수도 있으나 셀 D9에 수식을 입력하고 「Enter」를 누른 후 셀 D9를 셀 D11까지 복사기능을 사용하면 편리하다.

〈그림 4–3〉에서 결정변수의 값이 아직 결정되지 않았으므로 셀 F15에 나타나는 총이익도 0이고 셀 영역 D9 : D11에 나타나는 각 제약조건식에서의 실제 사용시간도 0이다.

〈그림 4–3〉에서 스프레드시트 모델의 용어와 대수모델의 관련 용어를 비교할 수 있다.

대수모델의 용어	스프레드시트의 「해 찾기」가 사용하는 용어
목적함수 값	목표 설정
목적함수 계수	목표 설정 계수
결정변수	변수 셀 변경
제약조건	제한조건
제약조건식의 좌변 식	제약조건식 셀
제약조건식의 우변상수	제한조건 우변 값
(결정변수의) 최적해	(변수 셀 변경의) 계산 값

③ 화면의 윗 부분에 있는 「데이터」 메뉴를 클릭한 후 「해 찾기」를 선택한다. 그러면 〈그림 4–4〉와 같은 「해 찾기 매개변수」 대화상자가 나타난다. 이는 모델의 각 요소가 스프레드시트의 어디에 위치하고 있는가를 「해 찾기」에 알려주는 역할을 수행한다.

그림 4-4 「해 찾기 매개변수」 스크린

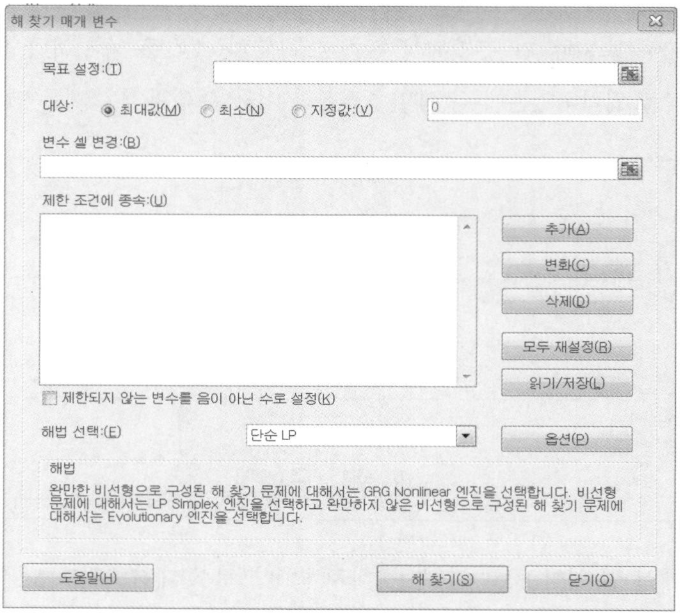

스프레드시트에 필요한 데이터와 수식을 입력한 후에는 최적해를 찾기 위한 단계로 진입한다. 최적해는 「해 찾기」가 찾아주므로 우선 이를 끌어내야 한다.

2007 이후 버전에서는 「해 찾기」는 다음과 같은 과정을 거쳐 찾아야 한다.

- 「데이터」와 「데이터 도구」를 선택한다.
- 팝업메뉴를 실행한다(마우스의 오른쪽 버튼을 누른다).
- 「빠른 실행도구모음 사용자 지정」을 선택한다.
- 좌변에 있는 「추가기능」을 선택한다.
- 「해 찾기 추가기능」을 클릭한다.
- 하변에 있는 「이동」 버튼을 클릭한다.
- 「해 찾기 추가기능」에 체크한다.
- 「확인」을 누르면 화면의 오른쪽 위에 설치된다.

「해 찾기 매개변수」 대화상자에 다음의 요소들을 차례로 입력 또는 선택을 한다.

④ '목표 설정(set objective)'은 총이익을 나타내는 셀로서 셀 F15를 의미한다. '목표 설정'의 '입력란'에 이를 입력하는 방법은 세 가지이다.

첫째, '입력란'에 커서(cursor)를 놓고 직접 타자한다.

둘째, '입력란'에 커서를 놓고 마우스로 스프레드시트의 셀 F15를 클릭한다.

셋째, '입력란' 우변 끝에 있는 버튼을 클릭한 뒤 별도로 나타나는 입력상자에 마우스로 셀 F15를 클릭한다. 입력이 되면 우변 끝에 있는 버튼을 클릭하면 원래의 「해 찾기 매개변수」 스크린으로 돌아온다.

⑤ 「대상」에서 총이익을 최대화하는 문제이므로 '최대값'을 선택한다.

⑥ '변수 셀 변경(changing variable cells)'의 입력란에 커서를 놓고 마우스로 스프레드시트의 셀 영역 B15 : C15 범위를 끌기로 선택한다. 최대 이익을 가져오기 위하여 변경할 수 있는 변수는 두 개이고 이들을 나타내는 셀은 셀 B15와 셀 C15이다. 셀 B15와 셀 C15는 모델 1과 모델 2의 생산량을 나타낸다. 지금까지의 결과는 〈그림 4-5〉가 보여주고 있다.

⑦ 「제한 조건에 종속(subject to the constraint)」으로는 세 개의 제약조건식을 차례로 하

그림 4-5 '목표 설정'과 '변수 셀 변경'을 입력한 결과

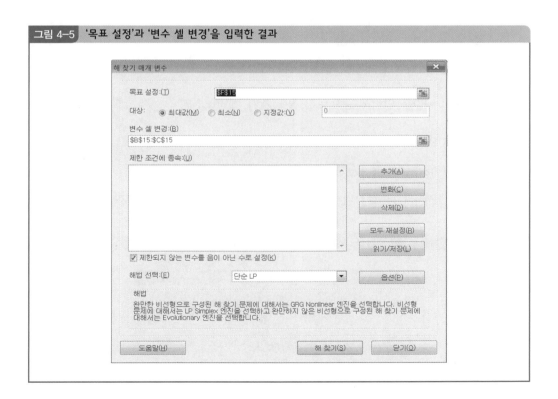

그림 4-6 「제한 조건 추가」 대화상자

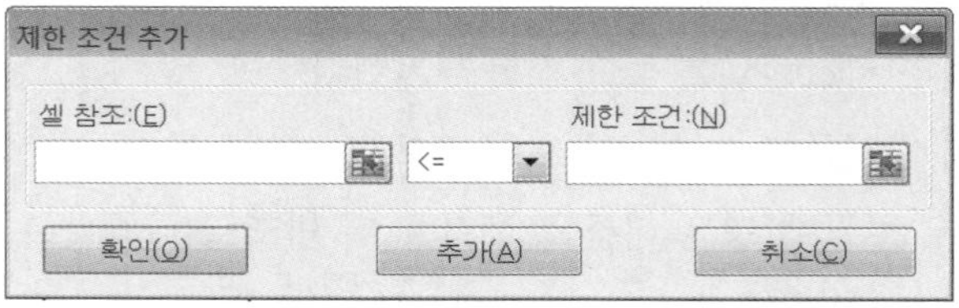

나씩 입력한다. 이를 위해 '제한조건' 상자 옆에 있는 '추가(add)'를 클릭한다. 그러면 〈그림 4-6〉과 같은 「제한 조건 추가」라는 대화상자가 나타난다.

평화전자(주)의 첫째 제약조건식은 조립 제약조건식인데 모델 1과 모델 2를 하루 동안 생산하는 데 필요한(소요된) 시간(hours used)은 부등호의 LHS 값($10x_1+4x_2$)이고 사용가능한 시간(hours available)은 80시간이다. 따라서 다음과 같이 입력한다.

- '셀 참조' 입력란에 커서를 놓고 마우스로 스프레드시트의 셀 D9를 클릭한다. ($10x_1+4x_2$)의 값은 수식으로 셀 D9에 이미 계산해 놓았다.
- 부등호의 방향 '<='를 선택한다.
- 「제한 조건」 입력란에 커서를 놓고 마우스로 스프레드시트의 셀 F9를 클릭한다.

그러면 D9<=F9를 입력해 줌으로써 결국 첫째 제약조건식

$$10x_1+4x_2\leq80$$

의 입력이 끝난 것이다. 그의 결과는 〈그림 4-7〉과 같다.

이와 같이 첫째 제약조건식의 데이터를 입력한 후에는 '추가'를 클릭하고 둘째 제약조

그림 4-7 첫째 제약조건식의 데이터 입력 결과

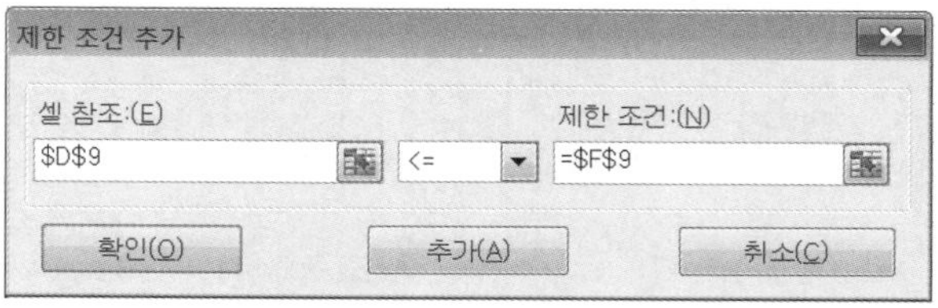

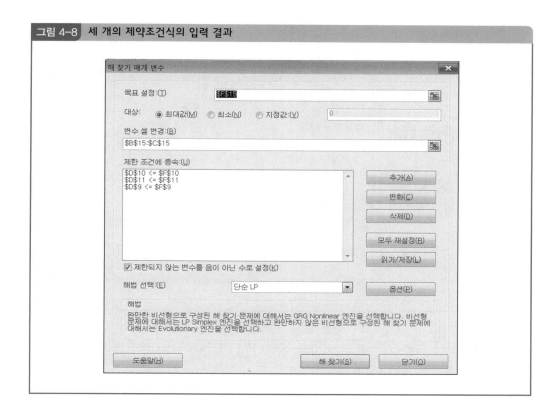

그림 4-8 세 개의 제약조건식의 입력 결과

건식과 셋째 제약조건식에 관한 데이터를 차례로 입력하고 「확인」을 누르면 〈그림 4-8〉과 같은 결과가 나타난다.

　　제약조건식은 하나씩 입력해도 좋지만 모델의 부등호가 모두 동일한 경우에는 끌기기능을 이용하여 세 개의 제약조건식을 한 번에 입력하는 것이 더욱 편리하다. 이의 결과는 〈그림 4-9〉와 같다.

그림 4-9 세 개의 제약조건식을 한 번에 입력한 결과

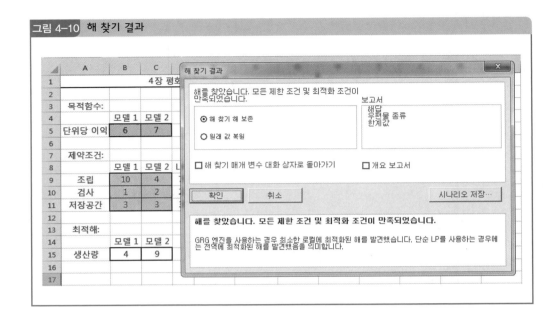

그림 4-10 해 찾기 결과

⑧ 「제한되지 않는 변수를 음이 아닌 수로 설정」에 체크하고 「해법 선택」으로 '단순 LP'를 선택한 후 「해 찾기 매개변수」 스크린의 밑 부분에 있는 「해 찾기」를 클릭한다. 〈그림 4-10〉과 같은 「해 찾기 결과」가 나타난다.

그림 4-11 최 적 해

	A	B	C	D	E	F	G	H
1				4장 평화전자㈜ 문제				
2								
3	목적함수:							
4		모델 1	모델 2					
5	단위당 이익	6	7					
6								
7	제약조건:							
8		모델 1	모델 2	LHS		RHS		
9	조립	10	4	76	<=	80		
10	검사	1	2	22	<=	22		
11	저장공간	3	3	39	<=	39		
12								
13	최적해:							
14		모델 1	모델 2			총이익(Z)		
15	생산량	4	9			87		
16								
17								
18								
19								
20								

해답 보고서 2 | 민감도 보고서 2 | 한계값 보고서 1 | Sheet1 | Sheet1 (2) | Sheet2

⑨ 필요하면 우변에 있는 「해답」을 클릭하고 「확인」을 누른 후 「우편물 종류」와 「한계값」을 위해서는 「데이터 – 해 찾기 – 해 찾기」를 반복하면 〈그림 4-11〉과 같은 최적해의 결과가 나타나고 별도의 시트에는 「해답 보고서」, 「민감도 보고서」, 「한계값 보고서」 등 세 개의 보고서가 만들어진다.

〈그림 4-11〉에서 보는 바와 같이 모델 1의 생산량은 네 개, 모델 2의 생산량은 아홉 개이고 총이익은 87만 원이라는 최적해를 얻을 수 있다. 이는 우리가 제3장에서 그래프 방법으로 구한 결과와 똑같음을 볼 수 있다.

4.4 스프레드시트 모델: 최소화 문제

우리는 지금까지 평화전자㈜의 최대화 대수모델을 스프레드시트 모델로 변형시키고 이의 최적해를 Excel을 사용하여 구하는 과정을 공부하였다.

이제 풍년사료㈜의 최소화 대수모델을 스프레드시트 모델로 변형시키고 이의 최적해를 구하는 과정을 설명하기로 하자.

풍년사료㈜의 대수모델은 다음과 같다.

최소화 $Z = 6x_1 + 5x_2$

제약조건:

$$3x_1 + 1x_2 \geq 18$$
$$1x_1 + 1x_2 \geq 12$$
$$2x_1 + 6x_2 \geq 30$$
$$x_1, x_2 \geq 0$$

① 필요한 데이터를 시트에 입력한다.

모델의 파라미터와 행과 열의 제목을 입력한다. 이의 결과가 〈그림 4-12〉이다.

② 필요한 수식을 입력한다.

「Enter」를 누르면 〈그림 4-13〉과 같은 결과를 얻는다.

그림 4-12 풍년사료(주)의 스프레드시트 모델

	A	B	C	D	E	F	G	H
1	4장 풍년사료(주) 문제							
2								
3	목적함수:							
4		생선	귀리					
5	단위당 비용	6	5					
6								
7	제약조건:							
8		생선	귀리	LHS		RHS		
9	단백질	3	1		>=	18		
10	비타민 D	1	1		>=	12		
11	철분	2	6		>=	30		
12								
13	최적해:							
14		생선	귀리			총비용		
15	함유량							
16								

셀주소	테이블 생산량	의자 생산량
D9	=SUMPRODUCT(B9 : C9, $B$15 : $C$15)	D11까지 복사
F15	=SUMPRODUCT(B5 : C5, B15 : C15)	

③ 「데이터」 메뉴를 클릭한 후 「해 찾기」를 선택한다.

〈그림 4-14〉와 같은 결과를 얻는데 「목표 설정」, 「대상」, 「변수 셀 변경」, 「제한 조건에 종속」, 「비음조건」, 「해법 선택」 등에 입력 또는 필요한 선택을 해야 한다.

그림 4-13 풍년사료(주)의 스프레드시트 모델

	A	B	C	D	E	F	G	H
1	4장 풍년사료(주) 문제							
2								
3	목적함수:							
4		생선	귀리					
5	단위당 비용	6	5					
6								
7	제약조건:							
8		생선	귀리	LHS		RHS		
9	단백질	3	1	0	>=	18		
10	비타민 D	1	1	0	>=	12		
11	철분	2	6	0	>=	30		
12								
13	최적해:							
14		생선	귀리			총비용		
15	함유량					0		
16								

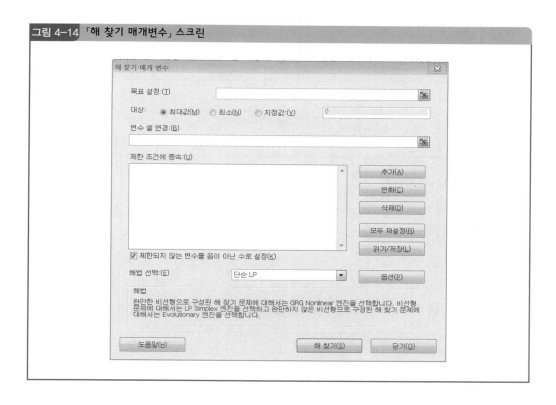

그림 4-14 「해 찾기 매개변수」 스크린

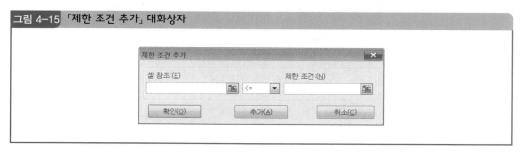

그림 4-15 「제한 조건 추가」 대화상자

④ 「목표 설정」에는 셀 F15를 입력한다.

⑤ 「대상」에서 총비용을 최소화하는 문제이므로 '최소값'을 선택한다.

⑥ 「변수 셀 변경」에는 셀 영역 B15 : C15를 끌기하여 입력한다.

⑦ '제한 조건에 종속'을 입력하기 위해서는 「추가」를 클릭한다. 그러면 〈그림 4-15〉와 같은 「제한 조건 추가」라는 대화상자가 나타난다.

'셀 참조' 입력란에 마우스로 셀 D9부터 셀 D11까지 끌기를 한다.

그림 4-16 「제한 조건 추가」 대화상자

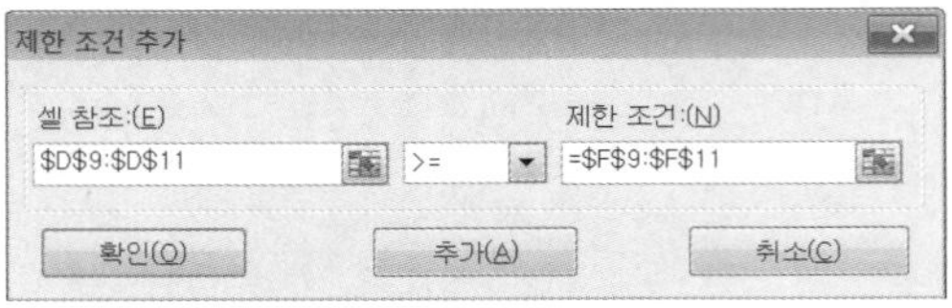

「제한 조건에 종속」 입력란에 마우스를 클릭하고 셀 F9를 클릭한 채로 셀 F11까지 끌기한다. 다음에는 중간에 있는 "<="을 ">="으로 바꾸어 준다. 이의 결과는 〈그림 4-16〉과 같다. 「확인」을 누른다.

⑧ 〈그림 4-17〉과 같은 「해 찾기 매개변수」 대화상자에서 「해 찾기」를 클릭하면 「해 찾기 결과」가 나타난다. 「해답 보고서」, 「우편물 종류」, 「한계값 보고서」를 차례로 하나씩 클릭하고 「확인」을 누르면 〈그림 4-18〉과 같은 최적해가 나타난다.

그림 4-17 「해 찾기 매개변수」 스크린

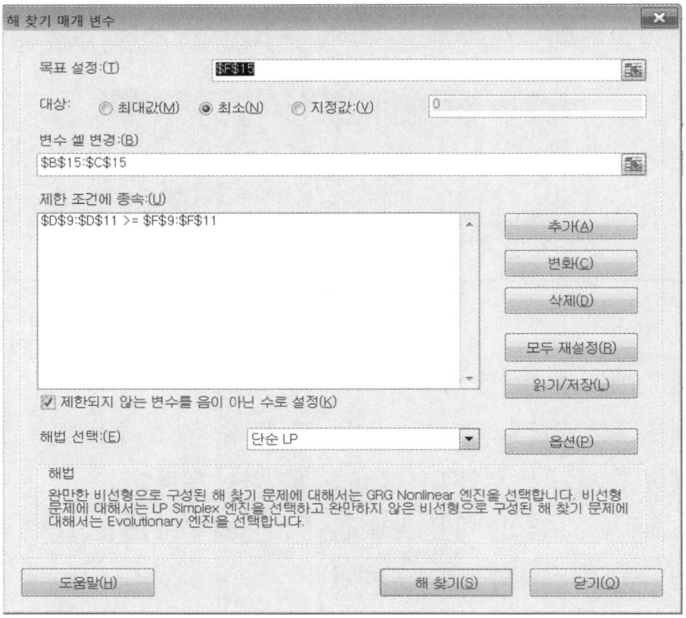

그림 4-18 최적해

	A	B	C	D	E	F	G	H
1			2장 풍년사료(주) 문제					
2								
3	목적함수:							
4		생선	귀리					
5	단위당 비용	6	5					
6								
7	제약조건:							
8		생선	귀리	LHS		RHS		
9	단백질	3	1	18	>=	18		
10	비타민 D	1	1	12	>=	12		
11	철분	2	6	60	>=	30		
12								
13	최적해:							
14		생선	귀리			총비용(Z)		
15	함유량	3	9			63		
16								

4.5 민감도 분석

Excel을 활용하여 선형계획 모델의 최적해를 구하게 되면 민감도 보고서를 얻을 수 있다. 민감도 분석은 목적함수 계수와 제약조건식의 RHS 값에 대해 행하는데

- 결정변수의 한계비용
- 자원의 잠재가격
- 결정변수의 목적함수 계수의 최적범위
- RHS 값의 실행가능범위

등을 구할 수 있다.

한계비용

민감도 보고서에서 결정변수의 최적값(계산값) 우변에는 한계비용이 나타난다.

그림 4-19	평화전자(주) 문제의 민감도 보고서

변수 셀

셀	이름	계산 값	한계 비용	목표 셀 계수	허용 가능 증가치	허용 가능 감소치
$B$15	생산량 모델 1	4	0	6	1	2.5
$C$15	생산량 모델 2	9	0	7	5	1

제한 조건

셀	이름	계산 값	잠재 가격	제한 조건 우변	허용 가능 증가치	허용 가능 감소치
$D$9	조립 LHS	76	0	80	1E+30	4
$D$10	검사 LHS	22	1	22	4	0.666666667
$D$11	저장공간 LHS	39	1.666666667	39	0.75	6

한계비용(reduced cost)이란 현재의 최적해에서 각 결정변수의 값을 한 단위 강제로 증가할 때 결과하는 목적함수 값의 변동을 나타낸다.

최적해에서 결정변수가 0보다 큰 값을 갖게 되면 그의 한계비용은 0이다. 〈그림 4-19〉는 평화전자(주) 문제의 민감도 보고서이다. 최적해는 $x_1=4$, $x_2=9$이기 때문에 그들 변수의 한계비용은 모두 0이다.

모델에 따라서는 어떤 결정변수의 값이 0이고(예컨대 이익을 최대로 하는 제품배합 문제라면 그 제품을 생산하지 않기 때문에) 한계비용이 음수를 갖는데 이는 그의 목적함수 계수(단위당 이익)가 너무 낮아 이 제품을 생산해야 할 타당성이 없기 때문이다.

따라서 이 제품을 한 단위라도 생산해서 이익에 공헌하기 위해서는 그의 단위당 이익을 현재보다 높여야 하는데 이 높이는 정도를 한계비용이라고 한다.

이와 같이 한계비용이란 현재 0의 값을 갖는 결정변수가 최적해에서 0보다 큰 값을 갖기 위해서 그 변수의 목적함수 계수가 현재보다 얼마나 향상(최대화 문제에서는 증가하고 최소화 문제에서는 감소)해야 하는가를 나타낸다.

예를 들어 선형계획 모델의 최적해에서 어떤 결정변수의 목적함수 계수가 5이고 그의 한계비용이 −3이라고 하자. 그 결정변수는 목적에 기여를 할 수 없기 때문에 현재 0의 값을 갖고 있다. 따라서 그의 값을 0보다 큰 값으로 만들기 위해서는 그의 계수를 5+

그림 4-20 풍년사료(주) 문제의 민감도 보고서

변수 셀

셀	이름	계산 값	한계 비용	목표 셀 계수	허용 가능 증가치	허용 가능 감소치
$B$15	함유량 생선	3	0	6	9	1
$C$15	함유량 귀리	9	0	5	1	3

제한 조건

셀	이름	계산 값	잠재 가격	제한 조건 우변	허용 가능 증가치	허용 가능 감소치
$D$9	단백질 LHS	18	0.5	18	15	6
$D$10	비타민 D LHS	12	4.5	12	6	3.75
$D$11	철분 LHS	60	0	30	30	1E+30

$|-3|=8$ 이상으로 올려주고 이 새로운 모델을 풀어 최적해를 구해야 한다. 다시 말하면 그의 계수를 8보다 더 올려주지 않는 한 현재의 최적해는 그대로 변함 없게 된다.

결론적으로 말하면 목적에 기여를 하지 못해 현재의 최적해에서 0의 값을 갖는 결정변수를 억지로 한 단위 증가(생산)시키면 목적함수 값이 한계비용만큼 손해를 보게 된다는 것을 뜻한다.[1] 따라서 이러한 손해(한계비용)를 충당할 만큼의 목적함수 계수의 향상이 있어야만 생산에 참여할 기회를 갖게 된다.

〈그림 4-20〉은 풍년사료(주) 문제의 민감도 보고서이다. 최적해는 $x_1=3$, $x_2=9$이기 때문에 그들 변수의 한계비용은 모두 0이다.

잠재가격

민감도 보고서인 〈그림 4-19〉와 〈그림 4-20〉은 "제한 조건" 영역에 잠재가격을 나타내고 있다.

잠재가격(shadow price)은 제약조건식의 RHS 값 한 단위 증가에 따른(다른 모든 계수가 일정하다고 가정할 때) 목적함수 값의 변화를 말한다. 만일 잠재가격이 양수이면 제약조건식

---

1 위의 예에서 목적함수 값은 3만큼 감소하게 된다. 한편 한계비용이 양수인(예컨대 +4) 경우에는 결정변수의 값을 현재보다 1만큼 증가시키면 목적함수 값은 4만큼 증가하게 된다.

의 RHS 값이 한 단위 증가할 때 목적함수 값이 그만큼 증가하고 잠재가격이 음수이면 제약조건식의 RHS 값이 한 단위 증가할 때 목적함수 값은 그만큼 감소하게 된다.

조립 공정에서는 미사용 자원이 네 시간이나 되기 때문에 한 시간의 추가 구입은 미사용 자원의 증가를 의미할 뿐 모델 1과 모델 2의 생산에 영향을 미치지 않기 때문에 총이익(목적함수 값)에도 아무런 영향을 미치지 않으므로 그의 잠재가격은 0이라고 할 수 있다.

최적해에서 조립 제약조건식처럼 사용가능한 자원을 모두 사용하지 않고 부분적 만족을 통해 미사용 자원(slack)이 존재하는 경우(비속박제약조건식) 그 자원의 잠재가격은 0이고 검사 제약조건식과 저장공간 제약조건식처럼 잔여는 없기 때문에 그들 자원의 잠재가격은 0보다 큰 값, 즉 1과 $1\frac{2}{3}$를 각각 갖는다.

〈그림 4-19〉에서 b_2=22인데 만약 한 단위 증가한 b_2=23이 되면 목적함수 값은 87에서 88로 잠재가격 1만큼 증가하게 된다. 한편 b_3=39인데 만약 한 단위 증가한 b_3=40이 되면 b_3의 실행가능범위 39.75를 벗어나기 때문에 잠재가격이 변하게 되고 목적함수 값은 다시 계산해야 한다. 이와 같이 잠재가격은 제약조건식 RHS 값의 실행가능범위 내에서 타당하게 된다. 만일 b_3=38로 한 단위 감소하면 잠재가격은 $1\frac{2}{3}$가 된다. b_3의 실행가능범위는 33≤b_3≤39.75이기 때문에 이 범위 내에서 한 단위 증가하게 되면 그의 잠재가격은 $1\frac{2}{3}$가 된다.

〈그림 4-20〉에서 b_1=18인데 만약 b_1=19가 되면 목적함수 값은 63에서 잠재가격 0.5만큼 증가한 63.5가 된다. 한편 b_2=12인데 만약 b_2=13이 되면 목적함수 값은 63에서 잠재가격 4.5만큼 증가한 67.5가 된다.

그러나 b_3=30인데 계산 값은 60으로 초과달성하였으므로 b_3자원의 잠재가격은 0이 된다.

최적범위

민감도 보고서를 보면 변수 셀 부문에 있는 목표 셀 계수의 우변에 '허용 가능 증가치'와 '허용 가능 감소치'가 있다.

허용 가능 증가치는 현재의 최적해가 변하기 전에 목적함수 계수가 변동할 수 있는 최적범위, 즉 상한을 나타내고 허용 가능 감소치는 하한을 나타낸다.

〈그림 4-19〉에서 평화전자(주) 모델의 C_1과 C_2의 최적범위는 다음과 같다.

$$6-2.5=3.5 \leq C_1 \leq 6+1=7$$
$$7-1=6 \leq C_2 \leq 7+5=12$$

따라서 C_1이 3.5 이상 7 이하이면 최적 생산량은 $x_1=4$, $x_2=9$로 변함이 없고 다만 목적함수 값만 바뀌게 된다.[2]

다시 말하면 C_1이 이러한 하한과 상한, 즉 최적범위를 벗어나면 최적조건이 깨지므로 새로운 최적해를 구해야 한다.

〈그림 4-20〉에서 풍년사료(주) 모델의 C_1과 C_2의 최적범위는 다음과 같다.

$$6-1=5 \leq C_1 \leq 6+9=15$$
$$5-3=2 \leq C_2 \leq 5+1=6$$

실행가능범위

민감도 보고서를 보면 제한조건 부분에 '허용 가능 증가치'와 '허용 가능 감소치'가 있다.

허용 가능 증가치는 현재의 최적해가 실행가능성을 유지하고 또한 현재의 잠재가격이 타당한(유효한) 한도 내에서 제약조건 RHS 값 b_1의 변동범위, 즉 상한을 나타내고 허용 가능 감소치는 하한을 나타낸다.

〈그림 4-19〉에서 평화전자(주) 모델의 b_1, b_2, b_3의 실행가능범위는 다음과 같다.

$$80-4=76 \leq b_1 \leq 80+(1E+30)=\infty$$
$$22-\frac{2}{3}=21\frac{2}{3} \leq b_2 \leq 22+4=26$$
$$39-6=33 \leq b_3 \leq 39+0.75=39.75$$

따라서 b_1이 76 이상 무한대 범위 내에서 변동하는 한 최적해는 변하지만 현재의 기본변수의 구성(예컨대 제품배합)에는 변함이 없다. 한편 검사 제약조건식의 RHS 값이 이 실행가능 범위 내에서 변동하는 한 목적함수 값은 1만 원씩 증감하게 되고 1만 원이라는 잠재가격은 타당하며 변함이 없게 된다.

〈그림 4-20〉 풍년사료(주) 모델에서 b_1, b_2, b_3의 실행가능범위는 다음과 같다.

---

2 Excel에서는 C_1이 3.5 또는 7로 바뀌면 최적해는 변함.

$$18-6=12\leq b_1\leq 18+15=33$$
$$12-3.75=8.25\leq b_2\leq 12+6=18$$
$$30-(1E+30)=-\infty\leq b_3\leq 30+30=60$$

LP 모델에서 RHS 값의 실행가능범위는 그 RHS 값의 잠재가격의 타당범위(validity range)인 것이다.

EXCEL
MANAGEMENT
SCIENCE

예제 & 해답

1 다음은 선형계획 모델이다. Excel을 사용하여 최적해를 출력하라.

최대화 $Z=3x_1+5x_2$ (이익)

제약조건:

$$1x_1+0.5x_2\leq50 \text{ (자원 1)}$$
$$1x_1+0.1x_2\leq50 \text{ (자원 2)}$$
$$1x_1+0.2x_2\leq80 \text{ (자원 3)}$$
$$x_1,\ x_2\geq0$$

해답

① 필요한 데이터를 시트에 입력한다.

	A	B	C	D	E	F	G	H
1			4장 예제와 해답 1					
2								
3	목적함수:							
4		X1	X2					
5	목적함수 계수	3	5					
6								
7	제약조건:							
8		X1	X2	LHS		RHS		
9	첫째 제약식	1	0.5		<=	50		
10	둘째 제약식	1	1		<=	50		
11	셋째 제약식	1	2		<=	80		
12								
13	최적해:							
14		X1	X2			Z		
15	값							
16								

② 필요한 수식을 입력한다.

셀주소	수 식	비 고
D9	=SUMPRODUCT(B9 : C9, $B$15 : $C$15)	D11까지 복사
F15	=SUMPRODUCT(B5 : C5, B15 : C15)	

③ 「데이터」 메뉴와 「해 찾기」를 클릭하면 「해 찾기 매개변수」 대화상자가 나타난다. 다음과 같이 입력하도록 한다.

④ '제한되지 않는 변수를 음이 아닌 수로 설정'에 체크하고 「해법 선택」으로 '단순 LP'를 선택한다.

⑤ 「해 찾기 매개변수」 스크린이 나타나면 「해 찾기」를 클릭한다.

⑥ 「해 찾기 결과」가 나타나면 「확인」을 클릭한다. 그러면 다음과 같은 최적해를 얻는다.

	A	B	C	D	E	F	G	H
1			4장 예제와 해답 1					
2								
3	목적함수:							
4		X1	X2					
5	목적함수 계수	3	5					
6								
7	제약조건:							
8		X1	X2	LHS		RHS		
9	첫째 제약식	1	0.5	35	<=	50		
10	둘째 제약식	1	1	50	<=	50		
11	셋째 제약식	1	2	80	<=	80		
12								
13	최적해:							
14		X1	X2			Z		
15	값	20	30			210		
16								

2 다음과 같은 선형계획 최소화 문제를 Excel로 최적해를 구하라.

최소화 $Z = -1x_1 + 4x_2 + 5x_3$

제약조건:

$$1x_1 - 3x_2 + 2x_3 \leq 12$$
$$2x_2 + 1x_3 \geq -10$$
$$1x_1 \qquad - 2x_3 = 18$$
$$x_1,\ x_2,\ x_3 \geq 0$$

해답

① 다음과 같이 시트에 데이터를 입력한다.

	A	B	C	D	E	F	G	H
1				4장 예제와 해답 2				
2								
3	목적함수:							
4		X1	X2	X3				
5	목적함수 계수	-1	4	5				
6								
7	제약조건:							
8		X1	X2	X3	LHS		RHS	
9	첫째 제약식	1	-3	2		<=	12	
10	둘째 제약식		2	1		>=	-10	
11	셋째 제약식	1		-2		=	18	
12								
13	최적해:							
14		X1	X2	X3			Z	
15	값							
16								

② 다음과 같이 수식을 입력한다.

셀주소	수 식	비 고
E9	=SUMPRODUCT(B9 : D9, $B$15 : $D$15)	E11까지 복사
G15	=SUMPRODUCT(B5 : D5, B15 : D15)	

③ 「데이터」메뉴와 「해 찾기」를 클릭하면 「해 찾기 매개변수」 대화상자가 나타난다. 다음과 같이 입력하도록 한다.

④ '제한되지 않는 변수를 음이 아닌 수로 설정'에 체크하고 「해법 선택」으로 '단순 LP'를 선택한 후 「확인」을 클릭한다.

⑤ 「해 찾기 매개변수」 스크린이 나타나면 「해 찾기」를 클릭한다.

⑥ 「확인」을 클릭하면 다음과 같은 최적해를 얻는다.

	A	B	C	D	E	F	G	H
1				4장 예제와 해답 2				
2								
3	목적함수:							
4		X1	X2	X3				
5	목적함수 계수	-1	4	5				
6								
7	제약조건:							
8		X1	X2	X3	LHS		RHS	
9	첫째 제약식	1	-3	2	12	<=	12	
10	둘째 제약식		2	1	4	>=	-10	
11	셋째 제약식	1		-2	18	=	18	
12								
13	최적해:							
14		X1	X2	X3			Z	
15	값	18	2	0			-10	
16								

3 선형계획 문제의 스프레드시트 모델과 그의 민감도 보고서가 다음과 같다. 물음에 답하라.

4장 예제와 해답 3

목적함수:

	X1	X2
단위당 이익	4	3

제약조건:

	X1	X2	LHS		RHS
자원 1	1	0.5	10	<=	30
자원 2	2	1	20	<=	20
자원 3	1	3	50	<=	50

최적해:

	X1	X2		Z
값				

변수 셀

셀	이름	계산 값	한계 비용	목표 셀 계수	허용 가능 증가치	허용 가능 감소치
$B$15	값 X1	2	0	4	2	3
$C$15	값 X2	16	0	3	9	1

제한 조건

셀	이름	계산 값	잠재 가격	제한 조건 우변	허용 가능 증가치	허용 가능 감소치
$D$9	자원 1 LHS	10	0	30	1E+30	20
$D$10	자원 2 LHS	20	1.8	20	40	3.333333333
$D$11	자원 3 LHS	50	0.4	50	10	40

(1) 선형계획 모델을 작성하라.

(2) x_1, x_2, Z값을 구하라.

(3) 사용량 20을 나타내는 셀(D10)에 입력해야 할 Excel 수식은?

(4) 셀 F15에 입력해야 할 Excel 수식은?

(5) 해 찾기를 이용할 때 목표설정에 해당하는 셀주소는?

(6) 해 찾기를 이용할 때 변수 셀 변경란에 입력하는 셀주소는?

(7) 결정변수 x_1과 x_2의 계수의 한계비용은 0이다. 그 이유를 설명하라.

(8) 어떤 경우에 결정변수의 한계비용이 0보다 작은 값을 갖는가?

(9) 어떤 결정변수의 한계비용이 −3이라고 할 때 이는 무엇을 의미하는가?

(10) C_1과 C_2의 최적범위를 구하라.

(11) 자원 1의 잠재가격이 0인 이유를 설명하라.

(12) b_1, b_2, b_3의 실행가능범위를 구하라.

(13) 잔여변수의 값을 구하라.

(14) 비속박제약조건식은 어느 것인가?

해답

(1) 최대화 $Z = 4x_1 + 3x_2$

제약조건:

$$1x_1 + 0.5x_2 \leq 30$$
$$2x_1 + 1x_2 \leq 20$$
$$1x_1 + 3_2 \leq 50$$
$$x_1, \ x_2 \geq 0$$

(2) $x_1 = 2$, $x_2 = 16$, $Z = 4(2) + 3(16) = 56$

(3) =SUMPRODUCT(B10 : C10, B15 : C15)

(4) =SUMPRODUCT(B5 : C5, B15 : C15)

(5) 셀 F15

(6) 셀 영역 B15 : C15

(7) $x_1 = 2 > 0$, $x_2 = 26 > 0$이기 때문에 목적함수 계수의 한계비용은 각각 0이다.

(8) 최대화 모델의 최적해에서 결정변수의 값이 0으로 비기본변수인 경우이다.

(9) 그 변수는 현재 비기본변수로서 0의 값을 갖고 있지만 그 변수의 목적함수 계수가 현재에 비하여 절대값 3보다 더 증가해야만 기본변수로 바뀌어 0보다 큰 값을 가질 수 있다(비기본변수란 최적해에서 0의 값을 갖는 결정변수를 말하고 기본변수란 0보다 큰 값을 갖는 결정변수를 말함).

(10) $1 \leq C_1 \leq 6$

$2 \leq C_2 \leq 12$

(11) 자원 1의 잔여는 $30 - 10 = 20$이기 때문이다. 즉 자원 1은 풍부한 자원이기 때문이다.

(12) $10 \leq b_1 \leq \infty$

$16\dfrac{2}{3} \leq b_2 \leq 60$

$10 \leq b_3 \leq 60$

(13) $s_1 = 30 - 10 = 20$

$s_2 = 20 - 20 = 0$

$s_3 = 50 - 50 = 0$

(14) 첫째 제약조건식

chapter
4

연/습/문/제

01 다음 선형계획 모델의 최적해를 Excel을 사용하여 구하라.

(1) 최소화 $Z=3x_1+2x_2$
제약조건:
$$2x_1+3x_2 \leq 12$$
$$3x_1+1x_2 \geq 13$$
$$1x_1-1x_2 = 3$$
$$x_1, \ x_2 \geq 0$$

(2) 최대화 $Z=3x_1+6x_2$
제약조건:
$$4x_1+3x_2 \leq 12$$
$$2x_1+3x_2 \geq -12$$
$$2x_2 \leq 3$$
$$x_1, \ x_2 \geq 0$$

(3) 최대화 $Z=3x_1+1x_2+4x_2$
제약조건:
$$3x_1+1x_2+2x_3 \leq 120$$
$$1x_1+2x_2+3x_3 \leq 50$$
$$1x_1+2x_2+3x_3 \geq 30$$
$$x_1, \ x_2, \ x_3 \geq 0$$

(4) 최대화 $Z=8x_1+10x_2+5x_3+7x_4$
제약조건:
$$4x_1+1x_2+3x_3+1x_4 = 120$$
$$2x_1+1x_2+3x_3+1x_4 \geq 15$$
$$1x_1+2x_2 \qquad +3x_4 \leq 72$$
$$x_1, \ x_2, \ x_3, \ x_4 \geq 0$$

02 제2장에서 공부한 2.6 제품배합 문제의 최적해를 Excel을 사용하여 구하라.

03 제2장에서 공부한 2.7 광고매체결정 문제의 최적해를 Excel을 사용하여 구하라.

04 제2장에서 공부한 2.8 직원채용 문제의 최적해를 Excel을 사용하여 구하라.

05 제2장에서 공부한 2.9 포트폴리오 문제의 최적해를 Excel을 사용하여 구하라.

06 제2장에서 공부한 2.10 영양섭취 문제의 최적해를 Excel을 사용하여 구하라.

07 제2장에서 공부한 2.11 혼합물 문제의 최적해를 Excel을 사용하여 구하라.

08 제2장에서 공부한 2.12 버스배차 문제의 최적해를 Excel을 사용하여 구하라.

09 제2장에서 공부한 2.13 DEA 문제의 최적해를 Excel을 사용하여 구하라.

10 다음과 같은 모델이 주어졌을 때 Excel을 사용하여 최적해를 구하라.

(1) 최소화 $Z = 2x_1 + 3x_2 + 4x_3$
제약조건:
$$5x_1 - 8x_2 + 6x_3 \geq 80$$
$$6x_1 + 4x_2 + 8x_3 \leq 120$$
$$4x_1 + 2x_2 + 4x_3 \geq 60$$
$$x_1, \ x_2, \ x_3 \geq 0$$

(2) 최소화 $Z = 2x_1 + 3x_2 + 4x_3$
제약조건:
$$1x_1 - 3x_2 + 3x_3 \geq 54$$
$$2x_1 + 4x_2 + 4x_3 \leq 120$$
$$3x_1 + 2x_2 + 1x_3 = 90$$
$$x_1, \ x_2, \ x_3 \geq 0$$

(3) 최대화 $Z = 4x_1 + 3x_2 + 2x_3$
제약조건:
$$3x_1 + 2x_2 - 1x_3 \geq 36$$
$$2x_1 + 3x_2 + 4x_3 \leq 60$$
$$4x_1 + 1x_2 + 2x_3 \leq 80$$
$$x_1, \ x_2, \ x_3 \geq 0$$

(4) 최대화 $Z = 2x_1 + 5x_2 + 3x_3$

제약조건:

$$1x_1 - 3x_2 + 3x_3 \leq 55$$
$$2x_1 + 3x_2 - 4x_3 = 120$$
$$4x_1 + 1x_2 + 1x_3 = 95$$
$$x_1, \ x_2, \ x_3 \geq 0$$

11 다음과 같은 선형계획 모델이 주어졌을 때 Excel을 사용한 후 물음에 답하라.

최대화 $Z = 6x_1 + 5x_2 + 4x_3$ (이익)

제약조건:

$$1x_1 + 1x_2 + 2x_3 \leq 10 \text{ (자원 1)}$$
$$3x_1 + 2x_2 + 1x_3 \leq 24 \text{ (자원 2)}$$
$$1x_1 + 1x_2 + 1x_3 \leq 12 \text{ (자원 3)}$$
$$x_1, \ x_2, \ x_3 \geq 0$$

⑴ 최적해를 구하라.

⑵ C_1과 C_2의 한계비용은 0이다. 왜?

⑶ C_3의 한계비용은 -3이다. 왜 음수인가?

⑷ 최적해에서 $x_3 = 0$이다. 그의 C_3가 얼마로 변화할 때 $x_3 > 0$의 값을 가질 수 있는가?

⑸ C_2의 최적범위를 구하라.

⑹ 잠재가격이 0인 자원은 어느 것인가? 왜?

⑺ b_2의 실행가능범위를 구하라.

⑻ b_2의 잠재가격의 타당범위를 구하라.

⑼ 속박제약조건식은 어느 것인가?

⑽ 각 제약조건식의 잔여는 얼마인가?

⑾ 사용가능한 모든 자원에 대해 비용을 이미 지불하여 단위당 이익을 계산하는데 이를 포함하지 않았다고 가정할 때 관리자가 자원 1단위를 추가로 구입하고자 한다면 어떤 자원을 얼마까지 기꺼이 지불할 수 있는가?

12 다음과 같은 LP 모델이 주어졌을 때 Excel을 사용한 후 물음에 답하라.

최대화 $Z = 20x_1 + 12x_2 + 10x_3$ (이익: 만 원)

제약조건:

$$4x_1 + 6x_2 + 8x_3 \leq 50 \text{ (자원 } A)$$
$$2x_1 + 6x_2 + 4x_3 \leq 44 \text{ (자원 } B)$$
$$12x_1 + 6x_2 + 8x_3 \leq 64 \text{ (자원 } C)$$
$$x_1, \ x_2, \ x_3 \geq 0$$

x_1: 제품 1, x_2: 제품 2, x_3: 제품 3

(1) 각 제약조건식의 RHS 값의 실행가능범위를 구하라.

(2) 기본변수의 목적함수 계수의 최적범위를 구하라.

(3) 최적해에서 기본변수의 값을 구하라.

(4) 결정변수 x_3의 한계비용은 음수이다. 왜?

(5) 결정변수 x_3의 목적함수 계수가 얼마가 될 때 x_3는 0보다 큰 값을 갖게 되는가?

(6) 목적함수에서 단위당 이익에 변화가 없도록 자원 C의 한 단위를 기존단위들과 똑같은 비용으로 구매한다면 총이익에 미치는 영향은 무엇인가?

(7) 자원 C의 여덟 단위를 기존단위들과 같은 원래의 가격으로 구입한다면 총이익에 미치는 영향은 무엇인가?

(8) 자원 C의 한 단위를 프리미엄 가격 1만원을 주고 구매할 때 총이익에 미치는 영향은 무엇인가?

(9) 셋째 제약조건식의 RHS 값이 64로부터 78로 증가한다면 무슨 일이 발생하는가?

13 다음과 같은 LP 모델이 주어졌을 때 Excel을 사용한 후 물음에 답하라.

최소화 $Z = 76x_1 + 38x_2 + 120x_3$ (비용)

제약조건:

$$5x_1 + 8x_2 + 6x_3 \geq 1{,}588 \ (\text{자원 } A)$$
$$6x_1 + 4x_2 + 8x_3 \geq 1{,}208 \ (\text{자원 } B)$$
$$4x_1 + 2x_2 + 4x_3 \geq 1{,}200 \ (\text{자원 } C)$$
$$x_1, \ x_2, \ x_3 \geq 0$$

(1) 최적해를 구하라.

(2) 결정변수 가운데 기본변수와 비기본변수는 무엇인가?

(3) 속박제약조식은 어느 것인가?

(4) 한계비용이 44라는 것은 무엇을 의미하는가?

(5) 잠재가격이 19라는 것은 무엇을 의미하는가?

(6) 기본변수의 목적함수 계수의 최적범위를 구하라.

(7) b_1, b_2, b_3의 실행가능범위를 구하라.

(8) 자원 C의 RHS 값이 1,200으로부터 1,150으로 감소할 때 목적함수 값에 미치는 영향은 무엇인가?

(9) 결정변수 x_1의 목적함수 계수가 76으로부터 0으로 감소할 때 결정변수의 최적해 및 목적함수 값에 미치는 영향은 무엇인가?

(10) 자원 C의 잠재가격은 얼마이고 이는 어떤 범위 안에서 타당한가?

(11) 자원 B의 RHS 값이 여섯 단위 감소할 때 총비용에 미치는 영향은 무엇인가?

(12) 자원 C의 RHS 값이 다섯 단위 감소할 때 결정변수의 값 및 총비용에 영향을 미치는가?

14 다음과 같이 선형계획 모델이 주어졌을 때 물음에 답하라.

최대화 $Z = 15x_1 + 20x_2 + 18x_3$ (이익)

제약조건:

$$2x_1 + 3x_2 + 4x_3 \leq 240 \text{ (자원 1)}$$
$$1x_1 + 2x_2 + 2x_3 \leq 100 \text{ (자원 2)}$$
$$3x_1 + 1x_2 + 2x_3 \leq 90 \text{ (자원 3)}$$
$$x_1,\ x_2,\ x_3 \geq 0$$
x_1: 제품 1의 생산량
x_2: 제품 2의 생산량
x_3: 제품 3의 생산량

(1) Excel을 사용하여 해답 보고서와 민감도 보고서를 출력하라.
(2) 결정변수 x_1과 x_2의 한계비용은 0이다. 그 이유를 설명하라.
(3) 결정변수 x_3의 한계비용은 −4이다. 그 의미를 설명하라.
(4) C_3가 23으로 바뀔 때의 최적해를 출력하라.
(5) 원래의 문제에서 단위당 이익 C_1, C_2, C_3의 최적범위를 구하라.
(6) 자원 1의 잠재가격이 0인 이유를 설명하라.
(7) 각 제약조건식의 잔여는 얼마인가?
(8) 비속박제약조건식은 어느 것인가?
(9) 최적해에서 기본변수와 비기본변수는 어느 것인가?

15 다음과 같은 선형계획 모델이 주어졌을 때 물음에 답하라.

최대화 $Z = 7x_1 + 3x_2 + 9x_3$ (이익)

제약조건:

$$4x_1 + 5x_2 + 6x_3 \leq 360 \text{ (노동)}$$
$$2x_1 + 4x_2 + 6x_3 \leq 300 \text{ (기계)}$$
$$9x_1 + 5x_2 + 6x_3 \leq 600 \text{ (자재)}$$
$$x_1,\ x_2,\ x_3 \geq 0$$

(1) Excel을 이용하여 최적해와 민감도 보고서를 구하라.
(2) 최적해에서 결정변수 가운데 기본변수와 비기본변수는 어느 것인가?
(3) 결정변수 x_2의 목적함수 계수의 한계비용은 −4.50이다. 이의 의미는 무엇인가?
(4) C_1, C_2, C_3의 최적범위를 구하라.
(5) 현재의 $C_1 = 7$에서 3만큼 증가하면 목적함수 값은 얼마가 되는가?
(6) 현재의 $C_2 = 3$에서 $C_2 = 7$로 변화하면 어떤 일이 발생하는가?
(7) 각 자원의 잠재가격을 구하라.
(8) 잠재가격이 0이란 무엇을 의미하는가?

(9) 노동의 잠재가격이 타당하기 위해서는 어떤 조건이 만족되어야 하는가?

(10) 어떤 자원이 가장 값진 자원인가?

(11) b_1, b_2, b_3의 실행가능범위를 구하라.

(12) 현재의 $b_1 = 360$에서 $b_1 = 350$으로 변화하면 어떤 일이 발생하는가?

(13) 만일 b_2가 310으로 증가하게 되면 그의 잠재가격은 어떻게 되는가?

(14) 추가로 자원 1단위를 취득할 수 있을 때 어떤 자원을 취득해야 하는가?

(15) 자재 100단위를 통상가격으로 취득한다면 목적함수 값에 미치는 영향은 무엇인가?

(16) 자재 100단위를 프리미엄 가격/단위로 5를 더 주고 취득한다면 목적함수 값은 얼마인가?

CHAPTER

5

수송모델과 할당모델

5.1 서 론

　　우리는 지금까지 선형계획 모델의 작성과 그의 해법에 관하여 공부하였다. 우리는 본장에서 선형계획 모델의 특수한 구조인 수송모델, 경유 수송모델, 할당모델에 관하여 공부할 것이다.

　　이러한 모델은 네트워크 모델에 속하는데 네트워크 모델에 관해서는 제8장에서 자세히 설명할 것이다. 네트워크(network)는 흐름의 방향을 표시하는 화살표로 표시하는 가지(arc or branch)를 이용하여 마디(node) 사이를 서로 연결함으로써 구성된다.

　　일반적으로 수송문제(transportation problem)는 다수의 공급처(source or origin)로부터 다수의 수요처(destination)로 동질의 한 가지 제품을 최소의 총비용으로 수송하려고 할 때 각 공급처에서 각 수요처에 얼마를 수송해야 할 것인가를 결정하려는 것이다.

　　여기서 공급처란 예컨대 제품을 생산하는 공장을 말할 수 있는데 그의 시설능력상 공급능력(공급가능량)은 일정 기간 동안 일정하다고 할 수 있으며 수요처란 예컨대 유통센터나 소매 아웃렛을 말할 수 있는데 그의 수요량은 일정하다고 할 수 있다. 공급처는 공급마디, 수요처는 수요 마디, 경유지는 경유 마디라고 할 수 있다. 생산되는 제품은 공급 마디에서 네트워크에 진입하여 다른 마디에 수송된다. 한편 제품은 다른 마디에서 수요 마디로 수송되어 온 후 네트워크를 떠난다.

수송모델은 기업이 새로운 시설을 어디에 입지할 것인가를 결정하고자 할 때에도 사용될 수 있다. 새로운 창고, 공장, 사무실 등을 오픈하기 전에 많은 부지를 고려할 수 있다. 시설 입지를 고려할 때 기업 전체의 생산비와 수송비를 최소로 하는 재무결정을 내릴 수 있다.

할당문제는 한 그룹의 할당주체와 다른 그룹의 할당주체 사이에서 1 : 1로 짝을 짓는 문제이다. 이는 경영문제 해결에 널리 이용되는 분야이다.

본장에서는 수송모델, 경유 수송모델, 할당모델에 관해 설명한 후 Excel을 사용하여 최적해를 구하고 수송 심플렉스법(수송법)과 할당모델을 위한 헝가리법에 관해서는 박영사의 Homepage에서 확인할 수 있을 것이다.

5.2 수송모델의 구조

일반적 수송문제는 다음과 같은 세 가지 정보가 있어야 한다.
- m개의 공급처가 있으며 각 공급처에서 공급가능한 동질의 제품의 공급능력은 일정 기간 동안 일정하다.
- n개의 수요처가 있으며 각 수요처에서 요구하는 제품의 수요량은 일정 기간 동안 일정하다.
- 공급처 i에서 수요처 j(각 수송경로)에 제품 한 단위를 수송하는 데 소요되는 수송비용은 일정하다. 또한 수송비용은 수송량의 선형함수이다.

이를 수학적 기호를 사용하여 표시하면 다음과 같다.

S_i: 공급처 i에서 공급가능한 제품의 공급능력

D_j: 수요처 j에서 요구하는 제품의 수요량

C_{ij}: 공급처 i에서 수요처 j(각 수송경로)에 제품 한 단위를 수송하는 데 소요되는 수송비용

x_{ij}: 공급처 i에서 수요처 j에 수송되어야 할 수송량

수송문제를 선형계획 모델로 표현하면 다음과 같다.

최소화 $Z = \sum_{i=1}^{m} \sum_{j=1}^{n} C_{ij} x_{ij}$

제약조건:

$$\sum_{j=1}^{n} x_{ij} = S_i \qquad S_i > 0 \quad (i=1, 2, \cdots, m)$$

$$\sum_{i=1}^{m} x_{ij} = D_j \qquad D_j > 0 \quad (j=1, 2, \cdots, n)$$

$$x_{ij} \geq 0$$

여기에서 m개의 공급처에서 공급가능한 총공급량($\sum S_i$)과 n개의 수요처에서 요구하는 총수요량($\sum D_i$)이 같은 경우를 균형모델(balanced model)이라 하고 그렇지 않은 경우를 불균형모델(unbalanced model)이라고 한다. 불균형모델의 경우에는 가상적 공급처 또는 가상적 수요처를 포함시켜 균형모델로 만들어야 한다. 본서에서는 균형모델에 한하여 설명하고자 한다.

위의 세 가지 정보가 주어지면 수송표(transportation table)에 적어 넣는데 이를 위해 사용하는 선형계획 모델의 일반적 포맷은 공급처와 수요처가 각각 세 군데인 경우 〈표 5−1〉과 같다.

표 5−1 수송표

공급처＼수요처	1		2		3		공급능력
1	X_{11}	C_{11}	X_{12}	C_{12}	X_{13}	C_{13}	S_1
2	X_{21}	C_{21}	X_{22}	C_{22}	X_{23}	C_{23}	S_2
3	X_{31}	C_{31}	X_{32}	C_{32}	X_{33}	C_{33}	S_3
수요량	D_1		D_2		D_3		

5.3 제품의 수송문제

수송모델

각 공급처와 각 수요처가 지역적으로 분리된 제품수송 문제를 예로 들어보자.

한국시멘트회사는 서로 다른 도시에 있는 공장 A, B, C에서 동일한 시멘트를 매일 생산하여 전국에 흩어져 있는 창고 1, 2, 3에 수송하고 있다. 각 공장의 하루 공급능력, 각 창고의 하루 수요량, 각 공장에서 각 창고까지의 1톤 수송비용(단위: 만 원)은 〈표 5-2〉와 같다.

세 공장에서 세 창고까지 총수송비용이 최소가 되도록 수송하려면 각 공장에서 각 창고에 수송해야 할 시멘트의 수송량(공급량)은 얼마일까?

한국시멘트의 수송문제는 〈그림 5-1〉과 같은 네트워크로 표현할 수 있다. 여기서 마디는 공장과 창고를 나타내고 각 공장과 각 창고를 연결하는 가지 위의 숫자는 단위당 수송비용을 나타낸다.

〈표 5-2〉와 같은 수송표의 각 칸(cell)은 네트워크에서 각 가지(경로)에 해당한다. 예를 들면 공장 A에서 창고 1로의 연결은 수송경로를 뜻하기 때문에 이 네트워크에는 모두 3×3=9개의 수송경로가 있다.

한국시멘트 문제의 대수적 모델은 다음과 같이 구한다.

표 5-2   한국시멘트 문제의 수송표

공장 \ 창고	1		2		3		공급능력
A		6		4		3	150
B		8		5		3	300
C		9		7		6	250
수요량	300		200		200		700 / 700

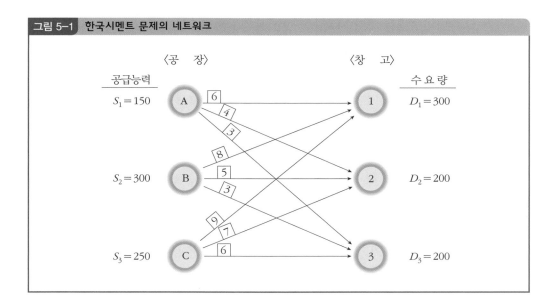

그림 5-1 한국시멘트 문제의 네트워크

〈공 장〉 〈창 고〉

공급능력 수요량
$S_1 = 150$ (A) [6] (1) $D_1 = 300$
[4]
[3]
[8]
$S_2 = 300$ (B) [5] (2) $D_2 = 200$
[3]
[9]
[7]
$S_3 = 250$ (C) [6] (3) $D_3 = 200$

결정변수

수송모델과 같은 모든 네트워크 흐름모델에서 목적하는 것은 여러 가지를 흐르는 제품의 수송량을 결정하려는 것이다. 따라서 수송모델에서 각 가지는 결정변수를 나타낸다. 각 가지에 대하여 최적 흐름을 결정하는 것은 상응하는 결정변수의 최적치를 결정하는 것과 똑같다.

〈그림 5-1〉에서 가지(수송경로)는 모두 9개이므로 결정변수의 수는 9개이다. 한편 〈표 5-2〉의 수송표에서 각 칸은 수송경로를 의미하므로 결정변수에 해당한다. 한국시멘트 문제에서 각 가지에 대해 하나의 결정변수를 정의하면 다음과 같다.

x_{ij}=가지 i에서 가지 j로 수송하는(흐르는) 시멘트의 수송량

〈그림 5-1〉에서 가지는 모두 아홉 개이므로 이 문제를 LP 모델로 작성하기 위해서는 아홉 개의 결정변수를 다음과 같이 정의한다.

x_{A1}=마디 A에서 마디 1로 수송하는 시멘트의 수송량
x_{A2}=마디 A에서 마디 2로 수송하는 시멘트의 수송량
x_{A3}=마디 A에서 마디 3으로 수송하는 시멘트의 수송량

x_{B1}=마디 B에서 마디 1로 수송하는 시멘트의 수송량

x_{B2}=마디 B에서 마디 2로 수송하는 시멘트의 수송량

x_{B3}=마디 B에서 마디 3으로 수송하는 시멘트의 수송량

x_{C1}=마디 C에서 마디 1로 수송하는 시멘트의 수송량

x_{C2}=마디 C에서 마디 2로 수송하는 시멘트의 수송량

x_{C3}=마디 C에서 마디 3으로 수송하는 시멘트의 수송량

목적함수 |||

수송모델에서 마디 i에서 마디 j로 흐르는 각 단위는 항상 비용 C_{ij}를 수반한다. 이러한 비용은 금전지불이라든가 거리 등을 의미한다. 수송모델에서의 목적은 이러한 총비용이나 거리를 최소로 각 마디 위의 수송량을 결정하려는 것이다.

〈그림 5-1〉에서 각 마디 위에서 1톤의 시멘트를 운반하는 데는 상이한 비용을 지불해야 한다. 예를 들면 공장 A에서 창고 1로 시멘트 1톤을 운반하는 데는 6만 원이 소요된다. 따라서 공장 A에서 창고 1로 운반하는 시멘트의 양이 x_{A1}이므로 이 가지에서 발생하는 비용은 $6x_{A1}$이다. 다른 가지에 대해서도 똑같은 방식으로 비용을 계산할 수 있다.

한국시멘트 문제에서의 목적은 총운반비용을 최소화하려는 것이므로 목적함수는 다음과 같이 표현할 수 있다.

$$최소화\ Z=6x_{A1}+4x_{A2}+3x_{A3}+8x_{B1}+5x_{B2}+3x_{B3}+9x_{C1}+7x_{C2}+6x_{C3}$$

제약조건 |||

수송모델에서 가지의 수가 LP 모델 작성에 있어서 결정변수의 수를 결정하듯 마디의 수가 제약조건의 수를 결정한다. 따라서 각 마디에는 하나의 제약조건이 따르게 된다.

이때 각 마디에는 순 흐름(net flow)을 다음과 같이 계산한다.

공급 마디에의 순 흐름=마디로부터의 총유출량-마디에의 총유입량

수요 마디에의 순 흐름=마디에의 총유입량-마디로부터의 총유출량

공장 A와 같은 순수한 공급 마디(공급처)에서 총유출량(total outflow)은 이 마디에서 제품이 생산되기 때문에 총유입량(total inflow)보다 크게 된다. 이런 순수한 공급 마디에서 총유출량은 양수이지만 총유입량은 이 마디에 진입하는 가지가 없으므로 0이기 때문에 순흐름이란 이 마디에서의 생산량(공급량)을 나타낸다. 공급 마디에서 유출량이 유입량보다 크기 때문에 결과적인 순 흐름은 양수가 된다.

반면 수요 마디(수요처)에서 총유출량은 이 마디에서 제품이 소비되기 때문에 총유입량보다 작게 된다. 수요 마디에서의 순 흐름은 제품의 소비량(수요량)을 의미하고 항상 양수가 된다. 순수한 수요 마디에서의 총유출량은 이 마디로부터 떠나는 가지가 없으므로 항상 0이다. 수송모델의 경우 제약조건에서 결정변수 앞에 놓이는 계수(coefficient)는 0 아니면 1이다. 즉 결정변수가 제약조건식에 나타나게 되면 제약조건 계수는 항상 1이다.

한국시멘트 문제는 균형모델이기 때문에 각 공장에서 생산되는 모든 시멘트는 공장을 떠나게 되고 창고에서의 모든 수요는 만족된다. 각 공장으로부터 수송되는 모든 시멘트의 양은 공급가능한 시멘트의 양과 같게 되고 각 창고에서 받아들이는 시멘트의 양은 요구하는 시멘트의 양과 같게 된다.

한국시멘트 문제의 LP 모델에서 공급 제약조건식은 각 공장에 대해서 구하면 다음과 같다.

$$x_{A1}+x_{A2}+x_{A3}=150 \qquad \text{(공장 A의 공급량)}$$
$$x_{B1}+x_{B2}+x_{B3}=300 \qquad \text{(공장 B의 공급량)}$$
$$x_{C1}+x_{C2}+x_{C3}=250 \qquad \text{(공장 C의 공급량)}$$

한편 수요 제약조건식은 각 창고에 대해서 구하면 다음과 같다.

$$x_{A1}+x_{B1}+x_{C1}=300 \qquad \text{(창고 1의 수요량)}$$
$$x_{A2}+x_{B2}+x_{C2}=200 \qquad \text{(창고 2의 수요량)}$$
$$x_{A3}+x_{B3}+x_{C3}=200 \qquad \text{(창고 3의 수요량)}$$

안전한 모델

최소화 $Z=6x_{A1}+4x_{A2}+3x_{A3}+8x_{B1}+5x_{B2}+3x_{B3}+9x_{C1}+7x_{C2}+6x_{C3}$
제약조건:

$$x_{A1}+x_{A2}+x_{A3}=150$$

$$x_{B1}+x_{B2}+x_{B3}=300$$

$$x_{C1}+x_{C2}+x_{C3}=250$$

$$x_{A1}+x_{B1}+x_{C1}=300$$

$$x_{A2}+x_{B2}+x_{C2}=200$$

$$x_{A3}+x_{B3}+x_{C3}=200$$

$$x_{ij}\geq0 \quad (i=A,\ B,\ C \quad j=1,\ 2,\ 3)$$

Excel 활용 ⫼

① 데이터와 수식을 시트에 입력한다.

셀주소	수식	비고
B15	=SUM(B12 : B14)	D15까지 복사
E12	=SUM(B12 : D12)	E14까지 복사
G17	=SUMPRODUCT(B5 : D7, B12 : D14)	

② 다음과 같은 결과를 얻는다.

	A	B	C	D	E	F	G
1	5장 5.3 제품의 수송문제						
2							
3		단위당 수송비용					
4		1	2	3			
5	A	6	4	3			
6	B	8	5	3			
7	C	9	7	6			
8							
9							
10		수송량					
11		1	2	3	실제 공급량		공급능력
12	A				0	=	150
13	B				0	=	300
14	C				0	=	250
15	실제 수송량	0	0	0			
16		=	=	=			총수송비용
17	수요량	300	200	200			0

③ 「데이터」−「해 찾기」를 선택한다.

④ 다음과 같이 입력한다.

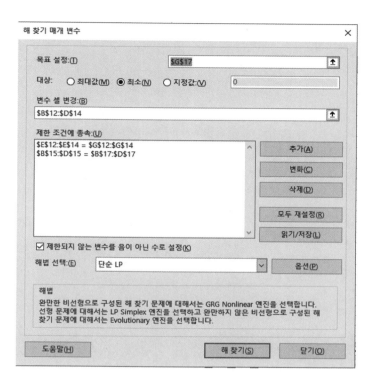

⑤ 「해 찾기」를 클릭하면 다음과 같은 최적해를 얻는다.

	A	B	C	D	E	F	G
1			5장 5.3 제품의 수송문제				
2							
3			단위당 수송비용				
4		1	2	3			
5	A	6	4	3			
6	B	8	5	3			
7	C	9	7	6			
8							
9							
10			수송량				
11		1	2	3	실제 공급량		공급능력
12	A	150	0	0	150	=	150
13	B	0	100	200	300	=	300
14	C	150	100	0	250	=	250
15	실제 수송량	300	200	200			
16		=	=	=			총수송비용
17	수요량	300	200	200			4050

⑥ 최적해를 네트워크로 나타내면 다음과 같다.

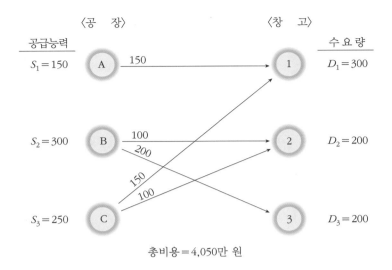

<공 장>   <창 고>

공급능력   수요량

$S_1 = 150$ A ──150──→ 1 $D_1 = 300$

$S_2 = 300$ B ──100──→ 2 $D_2 = 200$
                  200
                  150
                  100

$S_3 = 250$ C ────────→ 3 $D_3 = 200$

총비용 = 4,050만 원

5.4 경유 수송문제

지금까지 설명한 수송문제는 공급처로부터 직접 제품의 수요처로 수송하는 경우이었다. 그러나 제품이 최종 수요처에 이르기 전에 중간에 창고 또는 유통센터와 같은 경유지가 있다든지 공급처에서 다른 공급처를 또는 수요처가 다른 수요처를 경유지(transshipment point)로 생각할 수 있다. 여기서 공급처(supply point)란 공장처럼 다른 지점에 제품을 공급하지만 다른 지점으로부터 제품을 공급받지 않는 지점을 말하고 수요처(demand point)란 소매 아웃렛처럼 제품을 공급받기만 하는 지점을 말한다. 한편 경유지란 경유 마디라고도 하는데 공장으로부터 제품을 공급받아서 일시적으로 보관하였다가 이를 소매점 같은 지점에 수송하는 지점을 말한다.

기업은 규모의 경제를 통한 비용의 절감을 위해 여러 공장으로부터 화물을 중간 창고에 모았다가 이들을 모두 소매 아웃렛에 발송할 수도 있는 것이다.

경유 수송문제는 공급처와 수요처 사이에 경유지가 있는 경우와 공급처와 수요처 사이에 별도의 경유지는 없지만 공급처 또는 수요처가 경유지가 될 수 있는 경우의 두 가지로 나누어 공부할 수 있다.

공급처와 수요처 사이에 경유지가 있는 경우

〈그림 5-2〉는 경유 수송문제를 나타내는 네트워크의 예이다.

공급처와 수요처는 각각 세 곳이고 경유지는 중간에 두 곳이 있으며 각 수송경로에 따른 단위당 비용과 각 공급처의 공급능력 및 각 수요처의 수요량이 그림에서 보는 바와 같다고 가정하자.

이 그림에서 각 공급 마디에서의 수송량은 그의 공급능력 이하이어야 하고 수요 마디에서의 수요량은 모두 만족되어야 한다. 한편 창고들은 공급처로부터 제품을 공급받아 수요처에 모두 수송하기 때문에 각 창고에서 보면 유입량과 유출량은 똑같아야 한다. 예를 들면 창고 4의 경우 공급처 1, 2, 3으로부터의 유입량은 수요처 6, 7, 8로의 유출량과 언제나 같아야 한다. 즉 각 창고에 대해

공급받은 양(유입량)−공급한 양(유출량)=0

이 성립한다.

경유 수송문제를 일반적인 LP 모델로 나타내면 다음과 같다.

최소화 $\underset{\text{모든 가지}}{Z=C_{ij}\,x_{ij}}$

제약조건:

$$\sum_{\text{퇴출 마디}} x_{ij} - \sum_{\text{진입 마디}} x_{ij} \leq S_i \qquad \text{(공급 마디 } i)$$

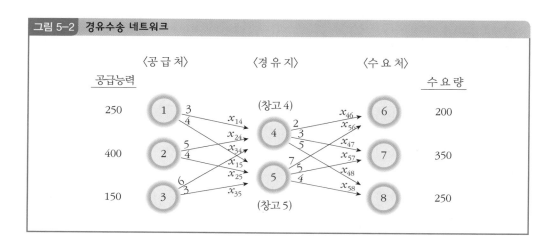

그림 5-2 경유수송 네트워크

$$\sum_{\text{퇴출 마디}} x_{ij} - \sum_{\text{진입 마디}} x_{ij} = 0 \qquad \text{(경유 마디)}$$

$$\sum_{\text{진입 마디}} x_{ij} - \sum_{\text{퇴출 마디}} x_{ij} = D_j \qquad \text{(수요 마디 } j\text{)}$$

$$x_{ij} \geq 0 \qquad \text{(모든 } i \text{ 와 } j \text{ 에 대하여)}$$

이에 따라 〈그림 5–3〉의 경유 수송문제를 선형계획 모델로 표현하면 다음과 같다.

x_{ij} = 마디 i에서 마디 j에의 수송량

최소화 $Z = 3x_{14} + 4x_{15} + 5x_{24} + 4x_{25}$

$$+ 6x_{34} + 3x_{35} + 2x_{46} + 3x_{47}$$

$$+ 5x_{48} + 7x_{56} + 5x_{57} + 4x_{58}$$

제약조건:

$$x_{14} + x_{15} \qquad\qquad\qquad \leq 250 \quad \text{(공급처 1의 공급능력)}$$

$$x_{24} + x_{25} \qquad\qquad\qquad \leq 400 \quad \text{(공급처 2의 공급능력)}$$

$$x_{34} + x_{35} \qquad\qquad \leq 150 \quad \text{(공급처 3의 공급능력)}$$

$$x_{14} + x_{24} + x_{34} = x_{46} + x_{47} + x_{48} \quad \text{(창고 4의 유입량과 유출량)}$$

$$x_{15} + x_{25} + x_{35} = x_{56} + x_{57} + x_{58} \quad \text{(창고 5의 유입량과 유출량)}$$

$$x_{46} + x_{56} \quad = 200 \quad \text{(수요처 6의 수요량)}$$

$$x_{47} + x_{57} = 350 \quad \text{(수요처 7의 수요량)}$$

$$x_{48} + x_{58} = 250 \quad \text{(수요처 8의 수요량)}$$

$$x_{ij} \geq 0$$

Excel 활용

① 데이터와 수식을 시트에 입력한다.

셀주소	수식	비고
B19	=SUM(B14 : B18)	F19까지 복사
B20	=G17	C20까지 복사
C20	=G18	
B21	=B19−B20	C21까지 복사
G14	=SUM(B14 : F14)	G18까지 복사
I23	=SUMPRODUCT(B14 : F18, B5 : F9)	

② 다음과 같은 결과를 얻는다.

	A	창고 4	창고 5	수요처 6	수요처 7	수요처 8	실제 공급량		공급능력
				5장 5.5 경유 수송문제					
				단위당 수송비용					
공급처 1		3	4	100	100	100			
공급처 2		5	4	100	100	100			
공급처 3		6	3	100	100	100			
창고 4		100	100	2	3	5			
창고 5		100	100	7	5	4			

수송량

	창고 4	창고 5	수요지 6	수요지 7	수요지 8	실제 공급량		공급능력
공급처 1						0	<=	250
공급처 2						0	<=	400
공급처 3						0	<=	150
창고4						0		
창고5								
유입량	0	0	0	0	0	0		
유출량	0	0						
잔량	0	0						
	=	=	=	=	=			총수송비용
수요량	0	0	200	350	250			0

③ 「데이터」-「해 찾기」를 선택하고 다음과 같이 입력한다.

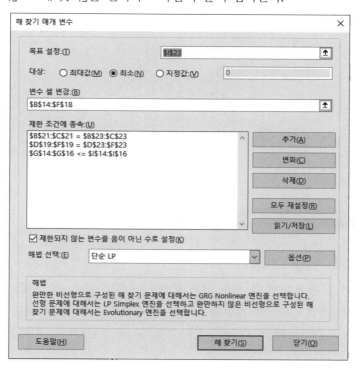

④ 「해 찾기」를 클릭하면 다음과 같은 최적해를 얻는다.

	A	B	C	D	E	F	G	H	I	J
1				5장 5.5 경유 수송문제						
2										
3				단위당 수송비용						
4		창고 4	창고 5	수요처 6	수요처 7	수요처 8				
5	공급처 1	3	4	100	100	100				
6	공급처 2	5	4	100	100	100				
7	공급처 3	6	3	100	100	100				
8	창고 4	100	100	2	3	5				
9	창고 5	100	100	7	5	4				
10										
11										
12				수송량						
13		창고 4	창고 5	수요지 6	수요지 7	수요지 8	실제 공급량		공급능력	
14	공급처 1	250	0	0	0	0	250	<=	250	
15	공급처 2	300	100	0	0	0	400	<=	400	
16	공급처 3	0	150	0	0	0	150	<=	150	
17	창고4	0	0	200	350	0	550			
18	창고5	0	0	0	0	250	250			
19	유입량	550	250	200	350	250				
20	유출량	550	250							
21	잔량	0	0							
22		=	=	=	=	=			총수송비용	
23	수요량	0	0	200	350	250			5550	
24										

⑤ 이를 그림으로 나타내면 다음과 같다.

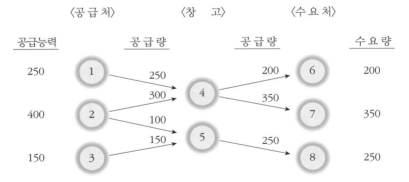

〈공 급 처〉   〈창   고〉   〈수 요 처〉

공급능력   공 급 량   공 급 량   수 요 량

공급처 또는 수요처가 경유지가 될 수 있는 경우

공급처와 수요처 사이에 창고라든지 유통센터 같은 경유지가 없지만 공급처가 다른 공급처를 거쳐 수요처에 수송할 수도 있고 또한 수요처도 다른 수요처를 거쳐 공급받을 수 있어 공급처와 수요처도 경유지가 될 수 있는 경우에도 결합된 비용표를 만들 수 있다.

〈그림 5-3〉은 공급처와 수요처가 경유지가 될 수 있는 네트워크의 한 예이다.

그림 5-3 경유수송 네트워크

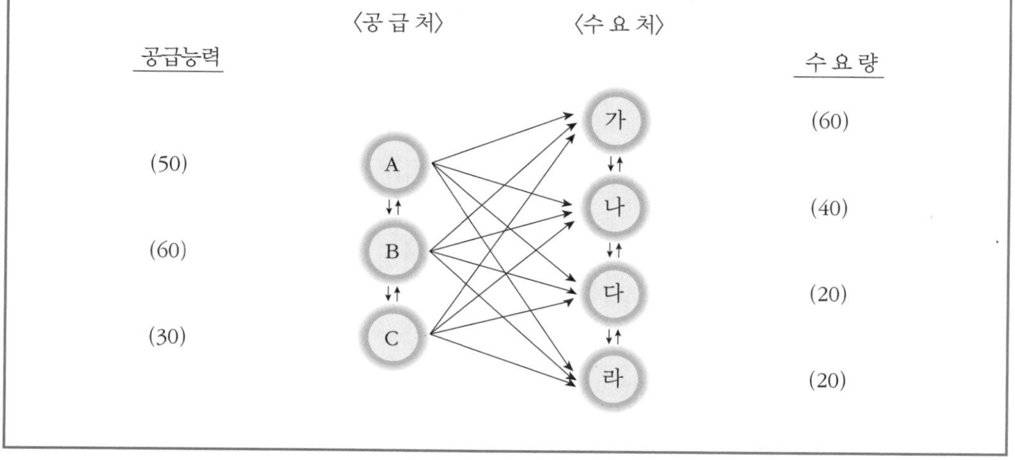

이 네트워크에서 공급처(m)는 세 개, 수요처(n)는 네 개일 때 공급처와 수요처도 경유지가 될 수 있기 때문에 경유 수송표는 (7×7)이다. 경유 수송표는

- 공급처와 공급처 사이의 수송표
- 공급처와 수요처 사이의 수송표
- 수요처와 공급처 사이의 수송표
- 수요처와 수요처 사이의 수송표

로 구성된다. 이때 공급처간, 수요처간, 공급처와 수요처간, 수요처와 공급처간 비용에 있어 역방향과 동일하다고 가정한다. 예를 들면 A에서 가까지의 비용과 가에서 A까지의 비용은 동일하다고 가정한다. 이러한 수송표가 다음과 같이 주어졌다고 가정하자.

	A	B	C
A	0	4	18
B	4	0	13
C	18	13	0

	가	나	다	라	공급능력
A	13	15	28	38	200
B	18	10	6	14	245
C	24	18	13	9	310
수요량	280	150	165	160	755

	가	나	다	라
가	0	10	20	30
나	10	0	10	20
다	20	10	0	10
라	30	20	10	0

위의 수송표들을 이용하여 결합 비용표를 작성하면 다음과 같다.

에서\으로	A	B	C	가	나	다	라	공급능력
A	0	4	18	13	15	28	38	200
B	4	0	13	18	10	6	14	245
C	18	13	0	24	18	13	9	310
가	13	18	24	0	10	20	30	
나	15	10	18	10	0	10	20	
다	28	6	13	20	10	0	10	
라	38	14	9	30	20	10	0	
수요량				280	150	165	160	

원래의 수송모델은 위 표의 동북 코너에 있다. 다른 새로운 셀들은 경유지의 가능성을 나타낸다. 예컨대 셀 A에서 셀 C로의 수송이란 공급처 A에서 최종 목적지로 수송하기 전에 공급처 C로 제품이 수송될 수 있음을 의미한다.

위 표에서 새로운 컬럼에 대한 수요 요구량은 총수요량(755 = 200 + 245 + 310)과 같고 각 행에 대한 공급 요구량은 총공급량(755)과 같다는 사실이 중요하다. 다시 말하면 수요처 가의 수요량은 280이지만 나머지 755 − 280 = 475는 최종 목적지에 도착하기 전에 경유지 가를 통해 수송될 수도 있다. 따라서 755가 수요처 가를 실제로 통해 수송될 수 있다. 그러므로 공급 요구량은 총공급량만큼 증가되어야 하고 수요 요구량은 총수요량만큼 증가되어야 한다. 이 문제에서 755를 원래의 각 행의 공급량에, 그리고 각 열의 수요량에 더해 주어야 한다. 또한 새롭게 추가한 각 행의 공급량으로, 새롭게 추가한 각 열의 수요량으로 755를 끼워넣어야 한다. 결합 수송표는 다음 표와 같다.

에서＼으로	A	B	C	가	나	다	라	공급능력
A	0	4	18	13	15	28	38	955
B	4	0	13	18	10	6	14	1,000
C	18	13	0	24	18	13	9	1,065
가	13	18	24	0	10	20	30	755
나	15	10	18	10	0	10	20	755
다	28	6	13	20	10	0	10	755
라	38	14	9	30	20	10	0	755
수요량	755	755	755	1,035	905	920	915	

이러한 경우에 선형계획 모델로 표현할 수 있으나 복잡하기 때문에 이를 생략하고 바로 Excel을 이용하여 최적해를 구하는 요령을 공부하도록 할 것이다.

Excel 활용

① 데이터와 수식을 시트에 입력한다.

셀주소	수식	비고
B23	=SUM(B16:B22)	H23까지 복사
I16	=SUM(B16:H16)	I22까지 복사
K25	=SUMPRODUCT(B5:H11, B16:H22)	

② 다음과 같은 결과를 얻는다.

	A	B	C	가	나	다	라		실제 공급량		공급능력
5장 5.5 경유 수송문제 2											
				단위당 수송비용							
	A	B	C	가	나	다	라				
A	0	4	18	13	15	28	38				
B	4	0	13	18	10	6	14				
C	18	13	0	24	18	13	9				
가	13	18	24	0	10	20	30				
나	15	10	18	10	0	10	20				
다	28	6	13	20	10	0	10				
라	38	14	9	30	20	10	0				
				수송량							
	A	B	C	가	나	다	라		실제 공급량		공급능력
A									0	=	955
B									0	=	1000
C									0	=	1065
가									0	=	755
나									0	=	755
다									0	=	755
라									0	=	755
실제 수송량	0	0	0	0	0	0	0				
	=	=	=	=	=	=	=				총수송비용
수요량	755	755	755	1035	905	920	915				0

③ 「데이터」-「해 찾기」를 선택하고 다음과 같이 입력한다.

해 찾기 매개 변수	×
목표 설정:(T)	$K$25
대상: ○ 최대값(M) ◉ 최소(N) ○ 지정값:(V) 0	
변수 셀 변경:(B)	
$B$16:$H$22	
제한 조건에 종속:(U)	
$I$16:$I$22 = $K$16:$K$22 $B$23:$H$23 = $B$25:$H$25	추가(A) 변화(C) 삭제(D) 모두 재설정(R) 읽기/저장(L)
☑ 제한되지 않는 변수를 음이 아닌 수로 설정(K)	
해법 선택:(E) 단순 LP	옵션(P)
해법	
완만한 비선형으로 구성된 해 찾기 문제에 대해서는 GRG Nonlinear 엔진을 선택합니다. 선형 문제에 대해서는 LP Simplex 엔진을 선택하고 완만하지 않은 비선형으로 구성된 해 찾기 문제에 대해서는 Evolutionary 엔진을 선택합니다.	
도움말(H) 해 찾기(S) 닫기(O)	

④ 「해 찾기」를 클릭하면 다음과 같은 최적해를 얻는다.

	A	B	C	가	나	다	라	실제 공급량		공급능력
5장 5.5 경유 수송문제 2										
단위당 수송비용										
	A	B	C	가	나	다	라			
A	0	4	18	13	15	28	38			
B	4	0	13	18	10	6	14			
C	18	13	0	24	18	13	9			
가	13	18	24	0	10	20	30			
나	15	10	18	10	0	10	20			
다	28	6	13	20	10	0	10			
라	38	14	9	30	20	10	0			
수송량										
	A	B	C	가	나	다	라	실제 공급량		공급능력
A	675	0	0	280	0	0	0	955	=	955
B	80	755	0	0	150	15	0	1000	=	1000
C	0	0	755	0	0	150	160	1065	=	1065
가	0	0	0	755	0	0	0	755	=	755
나	0	0	0	0	755	0	0	755	=	755
다	0	0	0	0	0	755	0	755	=	755
라	0	0	0	0	0	0	755	755	=	755
실제 수송량	755	755	755	1035	905	920	915			
	=	=	=	=	=	=	=			
수요량	755	755	755	1035	905	920	915			총수송비용
										8940

⑤ 이를 그림으로 나타내면 다음과 같다.

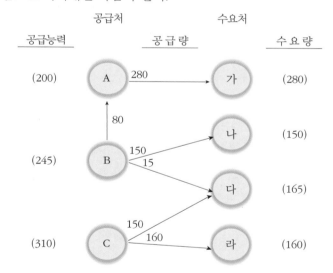

5.6 할당모델

할당모델의 구조

할당문제(assignment problem)는 선형계획 문제의 특수한 형태이다. 할당문제는 한 그룹의 할당주체와 다른 그룹의 할당주체에서 1:1로 짝을 짓는 문제이다. 예를 들면 네 명의 작업자를 네 대의 기계에 할당할 때 한 사람의 작업자를 한 대의 기계에 짝을 짓는 것이다.

이러한 예는 경영문제에서 흔히 발생하는 것이다. 작업을 기계에 할당한다든지, 작업자를 직무에 할당한다든지, 판매요원을 판매지역에 할당하는 문제는 모두 할당문제에 해당한다.

할당모델의 특징은 하나의 작업자를 하나의 기계에 할당하기 때문에 모든 공급량과 수요량은 언제나 1이라는 것이다. 이러한 특수구조 때문에 헝가리법(Hungarian method)이 널리 사용되어 최적해를 구할 수 있는데 본장에서는 Excel을 활용한 최적해 구하기를 공부할 것이다.

직무 또는 프로젝트를 수행하는 데 소요되는 비용 또는 시간은 사용하는 기계의 성능이나 작업자의 능력에 따라 다를 수 있다. 이러한 경우 할당문제의 목적은 총비용 또는 총시간을 최소로 하는 할당 짝을 구하려는 것이다. 할당문제의 목적은 경우에 따라 여행한 총거리의 최소화라든지 총이익 또는 총수입의 최대화가 될 수 있다.

할당모델도 선형계획 모델로 표현할 수 있다. 우선 결정변수 x_{ij}와 비용계수 C_{ij}를 다음과 같이 정의한다.

$x_{ij}=1$ (할당주체 i를 할당대상 j에 할당할 때)

$x_{ij}=0$ (할당주체 i를 할당대상 j에 할당하지 않을 때)

C_{ij}=할당주체 i를 할당대상 j에 할당할 때 소요되는 비용

할당문제의 수리모델은 다음과 같다.

$$\text{최소화 } Z = \sum_{i=1}^{m} \sum_{j=1}^{n} C_{ij} x_{ij}$$

제약조건:

$$\sum_{j=1}^{n} x_{ij} = 1 \quad (j=1, 2, ..., n)$$

$$\sum_{i=1}^{m} x_{ij} = 1 \quad (i=1, 2, ..., m)$$

$$x_{ij} \geq 0 \text{ 혹은 } x_{ij} = 1$$

위 모델은 $m=n$인 균형된 모델이다. 불균형모델의 경우에는 가상적 주체 또는 가상적 대상을 도입하여 $m=n$으로 만든 후 최적해를 구하면 된다.

일단 할당이 이루어지면 할당된 칸(assignment cell)과 할당되지 않은 칸(nonassignment cell)으로 나타난다. 할당된 칸 x_{ij}의 값은 1이고 할당되지 않은 칸 x_{ij}의 값은 0이다. 최적 할당표에서 각 행과 각 열은 하나의 할당된 칸만을 갖게 된다. 따라서 최적해에서 각 행 또는 각 열에서 x_{ij}의 합은 언제나 1이다. 할당문제 선형계획 모델은 수송문제 선형계획 모델에서 RHS 값이 모두 1인 특수한 형태이다.

간단한 예를 들어 할당문제의 최적해를 구해 보자.

삼부회계법인에서는 최근에 고객으로부터 주문을 받은 세 개의 회계처리 프로젝트를 세 명의 CPA에게 할당하려고 한다. CPA의 능력에 따라 각 프로젝트를 완료하는 데 소요되는 기간(일)이 서로 다르다.

따라서 총완료기간을 최소로 하면서 각 회계사를 각 프로젝트에 할당하는 최적해를 구하려고 한다.

회계사별 프로젝트별 완료기간표는 〈표 5−3〉과 같다.

삼부회계법인의 문제를 선형계획 모델로 표현하면 다음과 같다.

$$\text{최소화 } Z = 10x_{11} + 15x_{12} + 9x_{13}$$
$$+ 9x_{21} + 18x_{22} + 5x_{23}$$
$$+ 6x_{31} + 14x_{32} + 3x_{33}$$

표 5−3 **삼부회계법인의 프로젝트별 완료기간**

프로젝트 회계사	프로젝트 I	프로젝트 II	프로젝트 III
회계사 A	10	15	9
회계사 B	9	18	5
회계사 C	6	14	3

제약조건:

$$x_{11}+x_{12}+x_{13} \qquad\qquad =1$$
$$x_{21}+x_{22}+x_{23} \qquad\quad =1$$
$$x_{31}+x_{32}+x_{33}=1$$
$$x_{11}+x_{21}+x_{31} \qquad\qquad =1$$
$$x_{12}+x_{22}+x_{32} \qquad\quad =1$$
$$x_{13}+x_{23}+x_{33}=1$$

모든 $x_{ij} \geq 0$

Excel 활용

① 데이터와 수식을 시트에 입력한다.

셀주소	수식	비고
B15	=SUM(B12 : B14)	D15까지 복사
E12	=SUM(B12 : D12)	E14까지 복사
G17	=SUMPRODUCT(B5 : D7, B12 : D14)	

② 다음과 같은 결과를 얻는다.

	A	B	C	D	E	F	G
1				5장 5.6 할당문제			
2							
3			프로젝트				
4		I	II	III			
5	회계사 A	10	15	9			
6	회계사 B	9	18	5			
7	회계사 C	6	14	3			
8							
9							
10			프로젝트				
11		I	II	III	할당된 회계사 수		가능한 회계사 수
12	회계사 A				0	=	1
13	회계사 B				0	=	1
14	회계사 C				0	=	1
15	할당된 프로젝트 수	0	0	0			
16		=	=	=			총완료기간
17	가능한 프로젝트 수	1	1	1			0

③「데이터」-「해 찾기」를 선택하고 다음과 같이 입력한다.

④「해 찾기」를 클릭하면 다음과 같은 최적해를 얻는다.

	A	B	C	D	E	F	G
1			5장 5.6 할당문제				
2							
3			프로젝트				
4		Ⅰ	Ⅱ	Ⅲ			
5	회계사 A	10	15	9			
6	회계사 B	9	18	5			
7	회계사 C	6	14	3			
8							
9							
10			프로젝트				
11		Ⅰ	Ⅱ	Ⅲ	할당된 회계사 수		가능한 회계사 수
12	회계사 A	0	1	0	1	=	1
13	회계사 B	0	0	1	1	=	1
14	회계사 C	1	0	0	1	=	1
15	할당된 프로젝트 수	1	1	1			
16		=	=	=			총완료기간
17	가능한 프로젝트 수	1	1	1			26

EXCEL
MANAGEMENT
SCIENCE

1 다음과 같이 수송 네트워크가 주어졌을 때 선형계획 모델을 사용하여 최적해를 구하라.

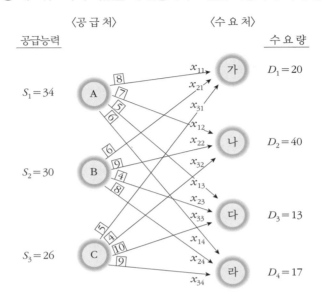

〈공급처〉　　　　　　　〈수요처〉

해답

x_{ij}＝각 공급처 i에서 각 수요처 j에의 수송량

최소화 $Z=8x_{11}+7x_{12}+5x_{13}+6x_{14}$

$\qquad +6x_{21}+9x_{22}+4x_{23}+8x_{24}$

$\qquad +5x_{31}+4x_{32}+10x_{33}+9x_{34}$

제약조건:

$$x_{11}+x_{12}+x_{13}+x_{14}=34$$
$$x_{21}+x_{22}+x_{23}+x_{24}=30$$
$$x_{31}+x_{32}+x_{33}+x_{34}=26$$
$$x_{11}+x_{21}+x_{31}\quad=20$$
$$x_{12}+x_{22}+x_{32}\quad=40$$
$$x_{13}+x_{23}+x_{33}\quad=13$$

$$x_{14}+x_{24}+x_{34} \quad =17$$

모든 변수≥0

	A	B	C	D	E	F	G	H
1				5장 예제와 해답 1				
2								
3				단위당 수송비용				
4		가	나	다	라			
5	A	8	7	5	6			
6	B	6	9	4	8			
7	C	5	4	10	9			
8								
9								
10				수송량				
11		가	나	다	라	실제 공급량		공급능력
12	A	0	14	3	17	34	=	34
13	B	20	0	10	0	30	=	30
14	C	0	26	0	0	26	=	26
15	실제 수요량	20	40	13	17			
16		=	=	=	=			총수송비용
17	수요량	20	40	13	17			479

2 작업자 네 명을 기계 네 대에 총비용이 최소가 되도록 할당하려고 한다. Excel을 사용하여 최적해를 구하라.

작업자 \ 기계	가	나	다	라
1	26	40	22	31
2	30	27	26	20
3	18	29	20	23
4	25	38	32	33

해답

	A	B	C	D	E	F	G	H
1				5장 예제와 해답 2				
2								
3				단위당 비용				
4		기계 가	기계 나	기계 다	기계 라			
5	작업자 1	26	40	22	31			
6	작업자 2	30	27	26	20			
7	작업자 3	18	29	20	23			
8	작업자 4	25	38	32	33			
9								
10								
11				단위당 비용				
12		기계 가	기계 나	기계 다	기계 라	할당된 작업자 수		가능한 작업자 수
13	작업자 1	0	0	1	0	1	=	1
14	작업자 2	0	0	0	1	1	=	1
15	작업자 3	0	1	0	0	1	=	1
16	작업자 4	1	0	0	0	1	=	1
17	할당된 기계 수	1	1	1	1			
18		=	=	=	=			총비용
19	가능한 기계 수	1	1	1	1			96

3 Excel㈜는 최근 세 가지 동일한 제품에 대한 주문을 받았다.

제품	주문량(단위)
A	2000
B	500
C	1200

세 대의 기계가 똑같은 생산율로 세 제품을 생산할 수 있다. 그런데 각 기계가 저지르는 각 제품에 대한 불량률이 달라 제품의 단위당 비용(만 원)은 기계마다 다르다. 각 기계의 생산능력과 단위당 비용은 다음과 같다.

기계	생산능력(단위)
1	1,500
2	1,500
3	1,000

기계	제품		
	A	B	C
1	1.0	1.2	0.9
2	1.3	1.4	1.2
3	1.1	1.0	1.2

(1) LP 모델을 작성하라.

(2) 수송모델을 사용하여 제품과 기계의 최소비용 생산 스케줄을 구하라.

해답

(1) x_{1A}=기계 1에서의 제품 A의 생산량

x_{1B}=기계 1에서의 제품 B의 생산량

x_{1C}=기계 1에서의 제품 C의 생산량

x_{2A}=기계 2에서의 제품 A의 생산량

x_{2B}=기계 2에서의 제품 B의 생산량

x_{2C}=기계 2에서의 제품 C의 생산량

x_{3A}=기계 3에서의 제품 A의 생산량

x_{3B}=기계 3에서의 제품 B의 생산량

x_{3C}=기계 3에서의 제품 C의 생산량

최소화 $Z = x_{1A} + 1.2x_{1B} + 0.9x_{1C} + 1.3x_{2A} + 1.4x_{2B} + 1.2x_{2C} + 1.1x_{3A} + x_{3B} + 1.2x_{3C}$

제약조건:

$$x_{1A}+x_{1B}+x_{1C} \qquad\qquad\qquad\qquad \leq 1{,}500$$
$$x_{2A}+x_{2B}+x_{2C} \qquad\qquad \leq 1{,}500$$
$$x_{3A}+x_{3B}+x_{3C}\leq 1{,}000$$
$$x_{1A} \qquad +x_{2A} \qquad +x_{3A} \qquad = 2{,}000$$
$$x_{1B} \qquad +x_{2B} \qquad +x_{3B} \qquad = 500$$
$$x_{1C} \qquad +x_{2C} \qquad +x_{3C} = 1{,}200$$

$$x_{ij} \geq 0 \text{ 모든 } i, j$$

(2)

	A	B	C	D	E	F	G
1			5장 예제와 해답 3				
2							
3			단위당 생산비용				
4		1	2	3			
5	A	1	1.2	0.9			
6	B	1.3	1.4	1.2			
7	C	1.1	1	1.2			
8							
9							
10			생산량				
11		1	2	3	실제 생산량		생산능력
12	A	300	0	1200	1500	<=	1500
13	B	1200	0	0	1200	<=	1500
14	C	500	500	0	1000	<=	1000
15	실제 수요량	2000	500	1200			
16		>=	>=	>=			총생산비용
17	수요량	2000	500	1200			3990

4 옥수㈜의 운송시스템은 공장 세 군데, 창고 두 군데, 고객 네 명으로 구성되어 있다. 공장 생산능력과 각 공장으로부터 각 창고에 한 단위 수송하는 데 따르는 비용(만 원) 데이터가 다음과 같다.

공장	창고		생산능력
	4	5	
1	5	8	400
2	8	5	600
3	5	6	400

한편 고객의 수요량과 각 창고로부터 각 고객에 한 단위 수송하는 데 따르는 비용 데이터가 다음과 같다.

창고	고객			
	6	7	8	9
4	6	4	8	4
5	3	6	7	7
수요량	350	300	300	400

(1) 이 문제를 네트워크로 나타내라.

(2) LP 모델을 작성하라.

(3) 최적해를 구하라.

(4) 위 문제에서 두 창고 사이에 단위당 2만 원의 비용으로 수송이 허용됨과 동시에 공장 3에서 고객 9로 단위당 7만 원의 비용으로 직송이 가능케 되었다. 이 문제를 네트워크로 나타내고 LP 모델을 작성한 후 총비용을 최소로 하는 최적 수송계획을 구하라.

해답

(1)

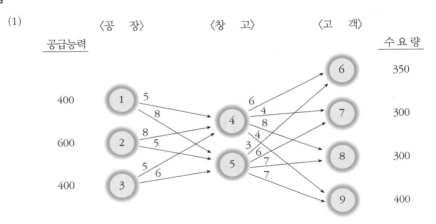

(2) 최소화 $Z = 5x_{14} + 8x_{15} + 8x_{24} + 5x_{25} + 5x_{34} + 6x_{35} + 6x_{46} + 4x_{47} +$
$8x_{48} + 4x_{49} + 3x_{56} + 6x_{57} + 7x_{58} + 7x_{59}$

제약조건:

$$x_{14} + x_{15} \leq 400$$

$$x_{24} + x_{25} \leq 600$$

$$x_{34} + x_{35} \leq 400$$

$$x_{46} + x_{47} + x_{48} + x_{49} - x_{14} - x_{24} - x_{34} = 0$$

$$x_{56} + x_{57} + x_{58} + x_{59} - x_{15} - x_{25} - x_{35} = 0$$

$$x_{46} + x_{56} = 350$$

$$x_{47}+x_{57}=300$$

$$x_{48}+x_{58}=300$$

$$x_{49}+x_{59}=400$$

$$x_{ij}\geq 0 \text{ 모든 } i, j$$

(3)

	A	B	C	D	E	F	G	H	I	J
1					5장 예제와 해답 4					
2										
3					단위당 수송비용					
4		창고 4	창고 5	고객 6	고객 7	고객 8	고객 9			
5	공장 1	5	8	100	100	100	100			
6	공장 2	8	5	100	100	100	100			
7	공장 3	5	6	100	100	100	100			
8	창고 4	100	100	6	4	8	4			
9	창고 5	100	100	3	6	7	7			
10										
11										
12					수송량					
13		창고 4	창고 5	고객 6	고객 7	고객 8	고객 9	실제 공급량		공급능력
14	공장 1	350	0	0	0	0	0	350	<=	400
15	공장 2	0	600	0	0	0	0	600	<=	600
16	공장 3	350	50	0	0	0	0	400	<=	400
17	창고4	0	0	0	300	0	400	700		
18	창고5	0	0	350	0	300	0	650		
19	유입량	700	650	350	300	300	400			
20	유출량	700	650							
21	잔량	0	0							
22		=	=	=	=	=	=			총수송비용
23	수요량	0	0	350	300	300	400			12750

(4)

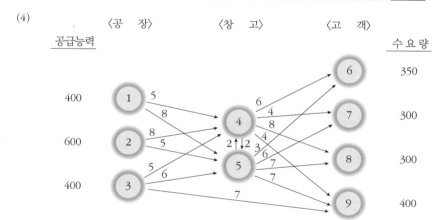

$$\text{최소화 } Z=5x_{14}+8x_{15}+8x_{24}+5x_{25}+5x_{34}+6x_{35}+6x_{46}+4x_{47}+$$

$$8x_{48}+4x_{49}+3x_{56}+6x_{57}+7x_{58}+7x_{59}+7x_{39}+2x_{45}+2x_{54}$$

제약조건:

$$x_{14}+x_{15}\leq 400$$

$$x_{24}+x_{25} \leq 600$$

$$x_{34}+x_{35}+x_{39} \leq 400$$

$$x_{45}+x_{46}+x_{47}+x_{48}+x_{49}-x_{14}-x_{24}-x_{34}-x_{54}=0$$

$$x_{54}+x_{56}+x_{57}+x_{58}+x_{59}-x_{15}-x_{25}-x_{35}-x_{45}=0$$

$$x_{46}+x_{56}=350$$

$$x_{47}+x_{57}=300$$

$$x_{48}+x_{58}=300$$

$$x_{39}+x_{49}+x_{59}=400$$

	A	B	C	D	E	F	G	H	I	J
1	5장 예제와 해답 4									
2										
3				단위당 수송비용						
4		창고 4	창고 5	고객 6	고객 7	고객 8	고객 9			
5	공장 1	5	8	100	100	100	100			
6	공장 2	8	5	100	100	100	100			
7	공장 3	5	6	100	100	100	7			
8	창고 4	100	2	6	4	8	4			
9	창고 5	2	100	3	6	7	7			
10										
11										
12				수송량						
13		창고 4	창고 5	고객 6	고객 7	고객 8	고객 9	실제 공급량		공급능력
14	공장 1	350	0	0	0	0	0	350	<=	400
15	공장 2	0	600	0	0	0	0	600	<=	600
16	공장 3	0	0	0	0	0	400	400	<=	400
17	창고4	0	0	0	300	50	0	350		
18	창고5	0	0	350	0	250	0	600		
19	유입량	350	600	350	300	300	400			
20	유출량	350	600							
21	잔량	0	0							
22		=	=	=	=	=	=			총수송비용
23	수요량	0	0	350	300	300	400			11950

chapter
5

연/습/문/제

01 다음과 같이 수송표가 주어졌을 때 선형계획 모델로 표현하고 Excel을 사용하여 최적해를 구하라.

수요처 공급처	A		B		C		공급능력
가		10		8		11	250
나		15		13		10	350
다		12.5		11		14	450
수요량	420		380		250		1,050 / 1,050

02 다음과 같이 비용표가 주어졌을 때 최적할당을 결정하라.

기계 작업자	A	B	C	D
김	10	16	17	19
이	13	15	17	11
박	12	10	8	19
강	14	14	12	9

03 다음과 같이 경유 수송문제의 네트워크가 주어졌을 때 물음에 답하라.

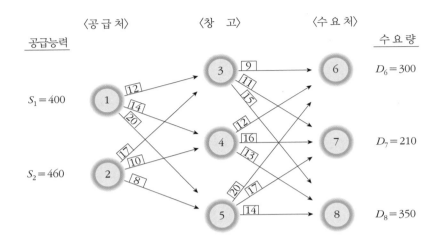

(1) 선형계획 모델을 작성하라.
(2) Excel을 사용하여 최적해를 구하라.

04 다음과 같이 경유 수송표가 주어졌을 때

	가	나	다	공급능력
A	12	11	7	70
B	8	6	14	80
C	9	10	12	50
수요량	60	100	40	200

	A	B	C
A	0	14	8
B	3	0	5
C	7	10	0

	A	B	C
가	2	1	11
나	6	5	3
다	10	9	11

	가	나	다
가	0	8	3
나	1	0	2
다	7	2	0

(1) 결합 수송표를 작성하라.

(2) Excel을 사용하여 최적해를 구하라.

(3) 최적해를 네트워크로 표현하라.

05 다음과 같이 경유 수송문제의 네트워크가 주어졌을 때 물음에 답하라.

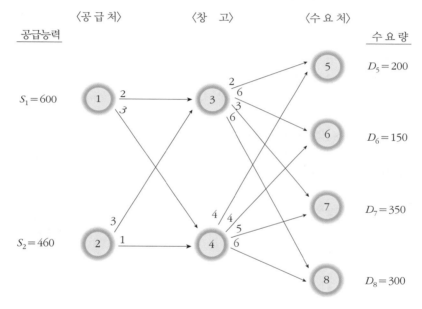

(1) 선형계획 모델을 작성하라.

(2) Excel을 사용하여 최적해를 구하라.

06 어떤 회사는 세 공장에서 제품을 생산하여 세 곳의 수요처에 수송한다. 단위당 수송비용, 공급량, 수요량은 다음과 같다.

으로 에서	A	R	N	공급량
D	4	6	10	1,000
S	7	5	4	300
C	8	7	6	100
수요량	200	400	800	1,400 1,400

그런데 회사는 수송비용만 절약할 수 있다면 공급처와 수요처를 경유지로 사용하려고 한다. 공급처간, 수요처간 단위당 수송비용은 다음 표와 같다. .

으로 에서	D	S	C
D	0	5	7
S	4	0	3
C	6	2	0

으로 에서	A	R	N
A	0	3	5
R	2	0	4
N	6	6	0

⑴ 이 경유 수송문제를 Excel을 사용하여 최적해를 구하라.
⑵ 이 최적해를 네트워크로 나타내라.

07 김치 냉장고를 생산하는 응봉전자㈜는 세 군데 공장에서 생산하는 대로 세 곳의 소매 아웃렛으로 수송한다. 그런데 각 아웃렛은 경유지로 사용될 수 있다. 공장과 아웃렛간, 아웃렛간 단위당 수송비용이 다음 표와 같다고 한다.

공장	소매 아웃렛			공급능력
	1	2	3	
A	13	11	8	70
B	8	6	14	90
C	9	10	12	50
수요량	60	100	50	

소매 아웃렛	소매 아웃렛		
	1	2	3
1	–	8	3
2	1	–	2
3	7	3	–

⑴ 총비용을 최소로 하는 공장과 아웃렛간 최적 수송량을 결정하라.
⑵ 이 최적해를 네트워크로 나타내라.

CHAPTER

6

정수계획법

6.1 서 론

　　우리는 지금까지 선형계획법을 공부하면서 결정변수가 소수점 이하의 값을 갖는 문제를 취급하였다. 이는 선형계획법의 분할성(divisibility)이라는 전제를 인정하는 것이다. 부피, 시간, 길이, 무게와 같이 측정할 수 있는 변수와 관련된 문제에서는 아무런 어려움이 없었다.

　　그러나 현실적으로 결정변수가 정수(integer)값을 가져야만 의미가 있는 문제가 많이 존재한다. 예를 들면 선박, 비행기, 대형컴퓨터, 자동차 등을 구입하는 경우에 이들을 분수로 나타낼 수는 없는 것이다. 또한 구한 분수를 정수로 반올림하는 경우에는 최적 정수해가 될 수 없는 것이 일반적이다.

　　또한 결정변수가 0 또는 1의 값으로 표현되는 문제는 일반 선형계획법으로 풀 수가 없다. 예를 들면 어떤 프로젝트가 선택되면 결정변수가 1의 값을 갖고 선택되지 않으면 0의 값을 갖는 경우이다.

　　최적 정수해를 얻기 위해서 그동안 일반적인 선형계획 모델에 새로운 제약조건식을 추가하는 방법과 분단탐색법 등이 사용되어 왔다. Excel의 해 찾기(solver)는 이러한 분단탐색법을 이용하여 최적 정수해를 찾아준다.

본장에서는 정수계획법의 기본적 형태와 0-1 정수문제를 다루고 Excel을 사용하여 최적 정수해를 구하는 방법을 공부할 것이다. 정수계획 모델의 최적해를 구하는 분단탐색법은 생략하고자 한다.

6.2 정수계획 모델의 형태와 해법

정수계획 모델을 작성하는 기본적인 절차는 선형계획 모델을 작성하는 경우와 차이는 없다. 다만 추가적인 요구조건은 결정변수의 하나 이상이 최적해에서 정수 값을 취해야 한다는 것이다.

정수계획 모델에는 세 가지 형태의 모델이 있다.

• 순수 정수계획 모델
• 혼합 정수계획 모델
• 0-1 정수계획 모델

모든 정수계획 모델은 결정변수의 일부 또는 전부가 정수일 것을 요구한다.

모든 결정변수의 값이 정수일 것을 요구하는 모델은 순수 정수계획 모델(pure-integer or all-integer model)이라 하고 일부의 변수만 정수일 것을 요구하는 모델을 혼합 정수계획 모델(mixed integer model)이라고 한다.

그리고 모든 결정변수의 값이 0 또는 1을 취하도록 요구하는 모델을 0-1 정수계획 모델(zero-one integer model)이라고 한다.

이러한 세 가지 형태의 정수계획 모델의 예를 들면 다음과 같다.

순수 정수계획 모델

최대화 $Z = 5x_1 + 3x_2$

제약조건:

$$4x_1 + 3x_2 \leq 20$$
$$3x_1 + 1x_2 \leq 12$$
$$x_1, x_2 : 정수$$

혼합 정수계획 모델

최대화 $Z=2x_1+3x_2$

제약조건:

$$130x_1+182x_2 \leq 910$$
$$4x_1+ 40x_2 \leq 140$$
$$1x_1 \qquad \leq 4$$
$$x_1 \geq 0, \quad x_2: 정수$$

0−1 정수계획 모델

최대화 $Z=3x_1+2x_2$

제약조건:

$$5x_1+6x_2 \leq 30$$
$$4x_1+3x_2 \leq 24$$
$$x_1, \ x_2=0 \ 또는 \ 1$$

세 가지 다른 형태의 모델은 결정변수에 대한 정수조건의 성격에 차이가 있기 때문에 서로 다른 해법절차를 따라 최적 정수해를 구하게 된다. 이 중에서 0−1 정수모델이 가장 풀기 쉬운데 이것은 결정변수 값들의 조합이 적기 때문이다.

최적 정수해를 얻기 위해서는

- 완전한 열거법
- 반올림법
- 그래프 방법
- 절면법
- 분단탐색법
- Excel 해법

등이 사용된다.

그래프를 이용하여 정수계획 문제를 풀기 위해서는 결정변수의 수가 둘 이하여야 한다. 이 방법은 간단하며 순수 및 혼합 정수계획 문제에 모두 적용할 수 있다.

6.3 그래프 방법과 Excel 해법

그래프 방법

그래프 방법은 순수 및 혼합 정수계획 문제에 적용할 수 있다.

그래프 방법에 따라 정수해를 구하기 위하여 앞절에서 보여준 순수 정수계획 모델을 예로 들자.

모델의 마지막 조건에서 "x_1, x_2: 정수" 대신에 "x_1, $x_2 \geq 0$"이라고 가정하는 일반 선형계획 모델의 최적해는 〈그림 6-1〉에서 보는 바와 같이 $x_1=3.2$, $x_2=2.4$, $Z=23.2$이다.

그러나 "x_1, x_2: 정수"라는 조건이 추가되는 순수 정수계획 문제의 최적해는 그림에서 보는 바와 같이 $x_1=2$, $x_2=4$, $Z=22$이다. 이와 같이 정수계획 문제의 목적함수 값 Z는 $23.2-22=1.2$만큼 감소하였다. 최적 정수해의 Z값은 일반 최적해의 Z값보다 언제나 작거나 같은데 이는 정수계획 문제의 중요한 특성이다.

정수계획 문제의 그래프 방법과 일반적인 선형계획 문제의 그래프 방법의 차이는 가해

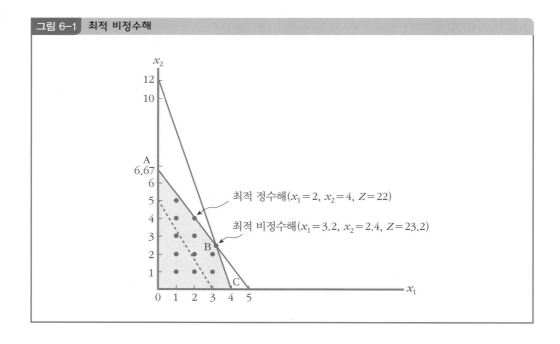

그림 6-1 최적 비정수해

영역(feasible region)의 성격에 있다. 일반 선형계획 문제에서 가해영역은 $0ABC$이지만 정수 계획에 있어서 가해영역은 $0ABC$ 내에 있는 모든 정수점(integer)들이다. 이는 〈그림 6-1〉 에서 굵은 점으로 표시되어 있다.

따라서 최적 정수해는 등이익선을 평행이동하여 원점으로부터 마지막에 정수좌표 (lattice point)와 만나는 점에서 결정된다. 이와 같이 가해영역의 꼭지점에서 최적해가 결정되는 선형계획 문제와 달리 정수계획 문제에서의 최적해는 꼭지점에서 결정되지 않는 특성을 갖는다.

Excel 활용

[1] 순수 정수계획 모델

① 필요한 데이터를 시트에 입력한다.

	A	B	C	D	E	F	G
1			6장 순수 정수계획 모델				
2							
3		X1	X2				
4	목적함수계수	5	3				
5							
6							
7		X1	X2	LHS		RHS	
8	기술계수	4	3		<=	20	
9	기술계수	3	1		<=	12	
10							
11							
12		X1	X2			Z	
13	값						
14							

② 필요한 수식을 입력한다.

셀주소	수 식	비 고
D8	=SUMPRODUCT(B8:C8, $B$13:$C13)	D9까지 복사
F13	=SUMPRODUCT(B4:C4, B13:C13)	

③ 「데이터」메뉴와 「해 찾기」를 클릭하면 「해 찾기 매개변수」스크린이 나타난다. 다음과 같이 입력한다.

제한 조건에서 정수조건을 입력하기 위해서는 「추가」를 클릭한 후 셀 영역 B13˙:C13 을 끌기한다. 그리고 가운데 부등호에서 'int'를 선택한 후 확인을 클릭한다.

④ '옵션'을 클릭하고 '정수 제한조건 무시'에 체크를 지우고 「확인」을 클릭한다.

⑤ 「해 찾기 매개변수」 스크린이 나타나면 「해 찾기」를 클릭한다.

⑥ 「해 찾기 결과」가 나타나면 「확인」을 클릭한다.

⑦ 다음과 같은 최적 정수해를 얻는다.

	A	B	C	D	E	F	G
1			6장 순수 정수계획 모델				
3		X1	X2				
4	목적함수계수	5	3				
7		X1	X2	LHS		RHS	
8	기술계수	4	3	20	<=	20	
9	기술계수	3	1	10	<=	12	
12		X1	X2			Z	
13	값	2	4			22	

[2] 혼합 정수계획 모델

① 필요한 데이터를 시트에 입력한다.

	A	B	C	D	E	F	G
1			6장 혼합 정수계획 모델				
2							
3		X1	X2				
4	목적함수계수	2	3				
5							
6							
7		X1	X2	LHS		RHS	
8	기술계수	130	182		<=	910	
9	기술계수	4	40		<=	140	
10	기술계수	1			<=	4	
11							
12							
13		X1	X2			Z	
14	값						
15							

② 필요한 수식을 입력한다.

셀주소	수 식	비 고
D8	=SUMPRODUCT(B8 : C8, $B$14 : $C$14)	D10까지 복사
F14	=SUMPRODUCT(B4 : C4, B14 : C14)	

③ 「데이터」 메뉴와 「해 찾기」를 클릭하면 「해 찾기 매개변수」 스크린이 나타난다. 다음과 같이 입력한다.

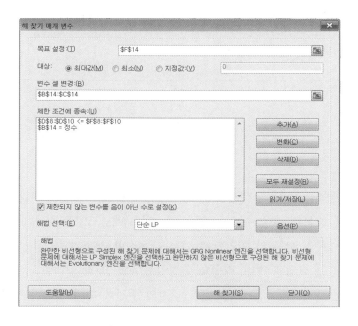

④ '옵션'을 클릭하고 '정수 제한조건 무시'에 체크를 지우고 「확인」을 클릭한다.

⑤ 「해 찾기 매개변수」 스크린이 나타나면 「해 찾기」를 클릭한다.

⑥ 「해 찾기 결과」가 나타나면 「확인」을 클릭한다.

⑦ 다음과 같은 최적 정수해를 얻는다.

	A	B	C	D	E	F	G
1		6장 혼합 정수계획 모델					
2							
3		X1	X2				
4	목적함수계수	2	3				
5							
6							
7		X1	X2	LHS		RHS	
8	기술계수	130	182	910	<=	910	
9	기술계수	4	40	126.28571	<=	140	
10	기술계수	1		3	<=	4	
11							
12							
13		X1	X2			Z	
14	값	3	2.8571429			14.571429	
15							

6.4 배낭문제

배낭문제(knapsack problem)란 배낭에 넣을 수 있는 여러 가지 품목이 가치와 무게를 가지고 있으며 배낭의 무게가 한정되어 있는 경우에 총가치를 최대로 하기 위하여 배낭에 넣을 품목들을 선택하는 문제이다.

작업형태	처리기간	가치평점
I	1	3
II	2	18
III	4	15
IV	7	20

배낭모델은 품목들이 한 개씩만 있는 경우에는 0-1 정수모델로 취급하고 여러 개 있어서 같은 품목을 중복해 넣을 수 있는 경우에는 정수 배낭모델로 취급해야 한다.

예로써 다음 2주(10일) 동안 처리할 작업들을 선정할 제조기업의 0-1 정수문제를 보기로 하자. 위의 표는 작업의 형태, 작업의 완성일수, 그리고 각 형태별 작업의 가치를 나타내고 있다. 여기서 가치평점(value rating)은 관리자의 주관에 따라 결정되는데 높은 값을 갖는 작업이 선호된다.

여기서 결정해야 할 문제는 "선정된 작업들이 10일 내에 처리가 되어야 하고 그들의 총 가치가 최대가 되도록 하기 위해서는 어떤 작업들을 선정해야 하는가"이다.

배낭문제는 선형계획 모델로 표현할 수 있는데 목적함수는 그의 계수가 모두 양수인 이익이나 가치를 최대화하는 것이고 제약조건은 모두 양수인 a_{ij}를 가지며 부등호는 항상 "≤"이다.

배낭문제의 선형계획 모델은 다음과 같다.

x_j=처리해야 할 작업형태(j=1, 2, ..., 4)

최대화 $Z = 3x_1 + 18x_2 + 15x_3 + 20x_4$

제약조건:

$$1x_1 + 2x_2 + 4x_3 + 7x_4 \leq 10$$

x_j=0 또는 1

이제는 정수 배낭문제를 공부하기로 하자. 배낭문제에 작업형태에 따른 작업 수가 다음과 같이 추가된다고 하자.

작업형태	작업 수	처리기간	가치평점
I	4	1	3
II	3	2	18
III	2	4	15
IV	2	7	20

작업형태에 따라 작업 수가 여러 개씩 있는 경우에는 이에 관한 제약조건이 추가된다.

x_j=처리해야 할 작업형태(j=1, 2, ..., 4)

최대화 $Z = 3x_1 + 18x_2 + 15x_3 + 20x_4$

제약조건:

$$1x_1 + 2x_2 + 4x_3 + 7x_4 \leq 10$$

$$x_1 \qquad\qquad\qquad \leq 4$$

$$x_2 \qquad\qquad \leq 3$$

$$x_3 \quad\;\; \leq 2$$

$$x_4 \leq 2$$

$x_1, x_2 \geq 0$ 그리고 정수

Excel 활용 |||

① 필요한 데이터를 시트에 입력한다.

	A	B	C	D	E	F	G	H	I
1				6장 배낭문제					
2									
3		X1	X2	X3	X4	LHS		RHS	
4	가치	3	18	15	20				
5	처리기간	1	2	4	7		<=	10	
6									
7									
8		X1	X2	X3	X4			총가치	
9	값								
10									

② 필요한 수식을 입력한다.

셀주소	수 식	비 고
F5	=SUMPRODUCT(B5:E5, B9:E9)	
H9	=SUMPRODUCT(B4:E4, B9:E9)	

③ 「데이터」 메뉴와 「해 찾기」를 클릭하고 「해 찾기 매개변수」 스크린이 나타나면 다음과 같이 입력한다.

위 그림에서 '추가'를 클릭하고 '제한 조건 추가'라는 대화상자가 나타나면 '셀 참조 영역'에는 셀 영역 B9：E9 범위를 끌기하여 입력한다. 중심상자의 부등호 대신 'bin'을 선택하면 우변 '제한 조건'란에는 '2진수'가 자동적으로 나타난다. 「확인」을 클릭한다.

④ '옵션'을 클릭하고 '정수 제한조건 무시'에 체크를 지운 후 「확인」을 클릭한다.

⑤ 「해 찾기 매개변수」 스크린이 나타나면 「해 찾기」를 클릭한다.

⑥ 「해 찾기 결과」가 나타나면 「확인」을 클릭한다.

⑦ 다음과 같은 최적 정수해를 얻는다.

⑧ 필요한 데이터를 시트에 입력한다.

⑨ 필요한 수식을 입력한다.

셀주소	수 식	비 고
F5	=SUMPRODUCT(B5：E5, B9：E9)	
H9	=SUMPRODUCT(B4：E4, B9：E9)	

⑩ 「데이터」 메뉴와 「해 찾기」를 클릭하고 「해 찾기 매개변수」 스크린이 나타나면 다음과 같이 입력한다.

⑪ '옵션'을 클릭하고 '정수 제한조건 무시'에 체크를 지운 후 「확인」을 클릭한다.

⑫ 「해 찾기 매개변수」 스크린이 나타나면 「해 찾기」를 클릭한다.

⑬ 「해 찾기 결과」가 나타나면 「확인」을 클릭한다.

⑭ 다음과 같은 최적 정수해를 얻는다.

	A	B	C	D	E	F	G	H	I
1				6장 배낭문제					
2									
3		X1	X2	X3	X4	LHS		RHS	
4	가치	3	18	15	20				
5	처리기간	1	2	4	7	10	<=	10	
6									
7									
8		X1	X2	X3	X4			총가치	
9	값	0	3	1	0			69	
10		<=	<=	<=	<=				
11	작업수	4	3	2	2				
12									

6.5 자본예산 문제

자본예산 문제(capital-budgeting problem)는 배낭문제와 아주 흡사하다. 그러나 자본예산 문제에 있어서는 제약조건식이 몇 개가 되고 목적은 자본이나 개발자금을 몇 개의 프로젝트에 배분하는 것이다.

자본예산 문제에서 선정된 프로젝트는 필요한 투자액을 전액 지원하기 때문에 0−1 정수계획 모델로 취급할 수 있다.

자본예산 문제는 연도별 자본예산의 범위 내에서 여러 프로젝트 중에서 이익(가치)이 큰 프로젝트들을 선정하는 모델이다.

프로젝트	자금 소요액(억 원)		이 익
	금 년	내 년	
A	4	3	9
B	5	5	13
C	2	4	8
D	4	2	9

영동중공업(주)는 금년에 10억 원, 내년에 11억 원을 투자하여 프로젝트를 건설하려고 한다. 고려대상 프로젝트, 자금 소요액, 수익 등에 관한 데이터가 위의 표와 같다고 하자.

이 자본예산 문제를 선형계획 모델로 표현하면 다음과 같다.

x_j=프로젝트j (j=1, 2, ..., 4)

최대화 $Z=9x_1+13x_2+8x_3+9x_4$

제약조건:

$$4x_1+5x_2+2x_3+4x_4 \leq 10$$
$$3x_1+5x_2+4x_3+2x_4 \leq 11$$
$$x_j=0 \text{ 또는 } 1$$

Excel 활용 ▏▏▏

① 필요한 데이터를 시트에 입력한다.

	A	B	C	D	E	F	G	H	I
1				6장 자본예산 문제					
2									
3				프로젝트					
4		X1	X2	X3	X4	LHS		자본예산	
5	수익	9	13	8	9				
6	소요액(금년)	4	5	2	4		<=	10	
7	소요액(내년)	3	5	4	2		<=	11	
8									
9									
10				프로젝트					
11		X1	X2	X3	X4			총가치	
12	값								
13									

② 필요한 수식을 입력한다.

셀주소	수 식	비 고
F6	=SUMPRODUCT($B6:E6$, \$B\$12:\$E\$12)	F7까지 복사
H12	=SUMPRODUCT($B5:E5$, B12:E12)	

③ 「데이터」 메뉴와 「해 찾기」를 클릭하고 「해 찾기 매개변수」 스크린이 나타나면 다음과 같이 입력한다.

④ '옵션'을 클릭하고 '정수 제한조건 무시'에 체크를 지운 후 「확인」을 누른다.

⑤ 「해 찾기 매개변수」 스크린이 나타나면 「해 찾기」를 클릭한다.

⑥ 「해 찾기 결과」가 나타나면 「확인」을 누른다.

⑦ 다음과 같은 최적 정수해를 얻는다.

	A	B	C	D	E	F	G	H	I
1				6장 자본예산 문제					
2									
3			프로젝트						
4		X1	X2	X3	X4	LHS		자본예산	
5	수익	9	13	8	9				
6	소요액(금년)	4	5	2	4	10	<=	10	
7	소요액(내년)	3	5	4	2	9	<=	11	
8									
9									
10			프로젝트						
11		X1	X2	X3	X4			총가치	
12	값	1	0	1	1			26	
13									

6.6 고정비용 문제

대부분의 선형계획 모델은 각 결정변수와 단위당 비용 또는 단위당 이익을 연관시켜 목적함수를 만든다. 그러나 경우에 따라서는 제품을 생산하려는 결정은 단위당 비용이나 단위당 이익 외에도 고정비용(fixed charge, fixed cost)을 수반하게 된다.

예를 들면 서로 다른 제품생산을 위하여 기계 또는 생산라인을 변경하는 데 필요한 준비비용(setup cost)이라든가 새로운 생산라인이나 시설을 건설하는 데 소요되는 비용 등은 여기에 속한다.

이러한 경우에 고정비용은 어떤 결정이 이루어지면 발생하는 새로운 비용이다. 변동비용(variable cost)은 생산량의 증감에 비례해서 발생하지만 고정비용은 생산을 하지 않으면 발생하지 않으나 생산을 하게 되면 생산량에 관계 없이 고정적으로 발생한다.

이러한 경우에 총비용은 생산량이 0이면 0이고 생산량이 0보다 크면 (고정비용+단위당 비용×생산량)으로 계산하게 된다. 따라서 총비용은 생산량에 따라 비례해서 증가하지 않기 때문에 목적함수의 선형성(linearity)이 적용되지 않는다. 이는 〈그림 6-2〉에서 보는 바와 같다.

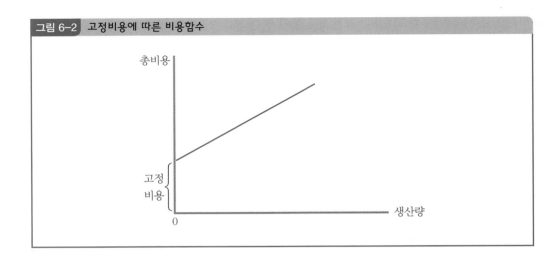

그림 6-2 고정비용에 따른 비용함수

고정비용 문제는

- 생산량에 따라 고정비용의 발생여부를 결정해 주는 0−1 변수의 도입
- 총비용=(단위당 비용×생산량)과 0-1변수를 사용하여 결정되는 고정비용의 합으로 구성
- 생산량 변수와 도입한 0-1변수를 관련시키는 연결제약조건식(link constraint)의 도입 등을 통하여 고정비용 모델로 모델화할 수 있다.

모델화를 위하여 다음과 같이 정의하자.

x_j=제품 j의 생산량   (j=1, 2, $\cdots$, n)

C_j=변동비용

f_j=고정비용

$$y_j = \begin{cases} 1 & x_j > 0 \text{일 경우} \\ 0 & x_j = 0 \text{일 경우} \end{cases}$$

그러면

총비용=$C_j x_j + f_j y_j$

연결제약조건식:

$$x_j \le M y_j \text{ (또는 } x_j - M y_j \le 0 \text{)}$$

으로 표현할 수 있다.

간단한 예를 들어 보기로 하자. 청양제조(주)는 새로운 생산주기로 세 가지 제품을 생산하려고 하는데 모두 공정 A, B, C를 거치며 생산준비가 꼭 필요하다고 한다.

다음 표는 공정별 제품별 필요생산시간, 공정별 총가능시간, 제품별 단위당 이익, 제품별 생산준비비용 등을 나타내고 있다. 회사는 이익을 최대로 하기 위해 각 제품을 얼마씩 생산해야 할 것인가를 결정하고자 한다.

공 정	단위당 생산시간			총가능시간
	제품 1	제품 2	제품 3	
A	2	3	6	700
B	6	3	4	600
C	5	6	2	600
단위당 이익	58	65	60	
준비비용	1,100	800	1,000	

여섯 개의 변수를 다음과 같이 정의한다.

$$x_j = \text{제품 } j \text{의 생산량} \quad (j=1, 2, 3)$$

$$y_j = \begin{cases} 1 & x_j > 0 \text{일 경우} \\ 0 & x_j = 0 \text{일 경우} \end{cases} \quad (j=1, 2, 3)$$

최대화 $Z = 58x_1 + 65x_2 + 60x_3 - 1{,}100y_1 - 800y_2 - 1{,}000y_3$

제약조건:

$$2x_1 + 3x_2 + 6x_3 \leq 700 \quad (\text{공정 A})$$
$$6x_1 + 3x_2 + 4x_3 \leq 600 \quad (\text{공정 B})$$
$$5x_1 + 6x_2 + 2x_3 \leq 600 \quad (\text{공정 C})$$

$$\left. \begin{array}{l} x_1 \qquad\qquad\quad \leq My_1 \\ \qquad x_2 \qquad\quad \leq My_2 \\ \qquad\qquad x_3 \leq My_3 \end{array} \right\} \text{(연결제약조건식)}$$

$$y_j = 0 \text{ 또는 } 1$$
$$x_j \geq 0 \text{ 그리고 정수}$$

y_j 변수의 값은 x_j 변수로부터 결정되기 때문에 이들을 연결시켜 주는 제약조건식이 필요하다.

여기서 M은 결정변수 x_j의 최적값의 상한이다. 그런데 M에 임의로 큰 수치를 부여할 수 있기 때문에 'Big M' 값이라고도 한다. 그러함에도 M 값은 적으면 적을수록 계산하기가 쉽기 때문에 문제에서 결정변수 x_j의 상한을 찾도록 해야 한다.

청양제조㈜ 문제에서 x_1, x_2, x_3의 상한은 얼마일까? 제품 x_1만을 생산한다면 공정 A에서는 700/2=350, 공정 B에서는 600/6=100, 공정 C에서는 600/5=120을 생산할 수 있지만 회사는 최대로 최소(350, 100, 120)=100을 생산할 수 있다.

똑같은 논리로 제품 x_2만을 생산한다면 최대로 최소(700/3=233.3, 600/3=200, 600/6=100)=100을 생산할 수 있고 제품 x_3만을 생산한다면 최대로 최소(700/6=116.7, 600/4=150, 600/2=300)=116.7을 생산할 수 있다.

따라서 위의 정수계획 모델 가운데서 연결제약조건식을

$$x_1 \qquad -100y_1 \leq 0$$
$$x_2 \qquad -100y_2 \leq 0$$
$$x_3 -116.7y_3 \leq 0$$

으로 교체해야 한다.

Excel 활용

① 필요한 데이터를 시트에 입력한다.

	A	B	C	D	E	F	G	H
1				6장 고정비용 문제				
2								
3		X1	X2	X3				
4	단위당 이익	58	65	60				
5	고정비용	1100	800	1000				
6								
7								
8		X1	X2	X3	사용시간		가능시간	
9	공정 A	2	3	6		<=	700	
10	공정 B	6	3	4		<=	600	
11	공정 C	5	6	2		<=	600	
12								
13								
14		X1	X2	X3			총이익	
15	값							
16								
17		Y1	Y2	Y3				
18	값							
19								
20	연결제약조건식							
21								

② 필요한 수식을 입력한다.

셀주소	수 식	비 고
E9	=SUMPRODUCT(B9 : D9, $B$15 : $D$15)	E11까지 복사
G15	=SUMPRODUCT(B4 : D4, B15 : D15)-	
	SUMPRODUCT(B5 : D5, B18 : D18)	
B20	=B15-MIN($G$9/B9, $G$10/B10, $G$11/B11)*B18	D20까지 복사

③ 「데이터」 메뉴와 「해 찾기」를 클릭하고 「해 찾기 매개변수」 스크린이 나타나면 다음과 같이 입력한다.

④ '옵션'을 클릭하고 '정수 제한조건 무시'에 체크를 지운 후 「확인」을 클릭한다.
⑤ 「해 찾기 매개변수」 스크린이 나타나면 「해 찾기」를 클릭한다.
⑥ 「해 찾기 결과」가 나타나면 「확인」을 클릭한다.
⑦ 다음과 같은 최적 정수해를 얻는다.

	A	B	C	D	E	F	G	H
1				6장 고정비용 문제				
2								
3		X1	X2	X3				
4	단위당 이익	58	65	60				
5	고정비용	1100	800	1000				
6								
7								
8		X1	X2	X3	사용시간		가능시간	
9	공정 A	2	3	6	699	<=	700	
10	공정 B	6	3	4	539	<=	600	
11	공정 C	5	6	2	598	<=	600	
12								
13								
14		X1	X2	X3			총이익	
15	값	0	73	80			7745	
16								
17		Y1	Y2	Y3				
18	값	0	1	1				
19								
20	연결제약조건식	0	-27	-36.66667				
21								

6.7 위치선정 문제

우리가 공부한 수송문제는 공장이나 창고 같은 공급처로부터 소매점이나 고객 같은 수요처로 완제품을 수송하는 문제였다.

그러나 경우에 따라서는 물류비용을 감축하기 위하여 공장이나 창고를 확대하고자 하는 노력이 필요할 때가 있다. 물론 공급처의 확대는 상당한 자본투자와 고정비용을 수반할 것이다. 이때 공장이 몇 군데 필요하며 어디에 입지해야 할 것인가를 결정하기 위하여 정수계획법이 사용될 수 있다.

희망전자(주)는 새로운 마이크로 컴퓨터를 생산할 공장을 신축하기 위한 계획을 수립하고 있다. 지금까지는 전국에 네 곳의 유통센터에 공급하여 왔으나 최근 수요가 급증하여 새로운 조립공장을 신축하려고 한다. 공장의 후보지는 네 곳이다.

네 곳 후보지의 공급능력과 고정비용, 각 유통센터의 수요량 그리고 각 후보지와 유통센터 사이의 대당 수송비용은 다음 표와 같다.

유통센터 후보지	1	2	3	4	공급능력(월)	고정비용(월)
A	4	5	2	6	3,500	800
B	6	7	8	9	4,000	900
C	9	5	4	8	3,200	700
D	10	8	7	5	3,900	780
수 요 량	1,000	3,000	2,500	3,200		

한편 이 문제를 네트워크로 표현하면 다음과 같다.

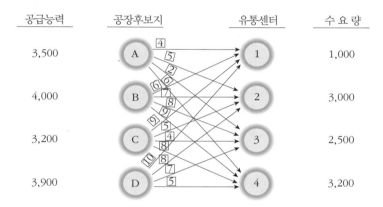

이 문제는 수송비용과 고정비용 등 총비용을 최소로 하면서 어느 후보지에 공장을 신축할 것이며 신축한 후 각 공장으로부터 각 유통센터에의 수송량은 얼마인가를 결정하려는 것이다.

다음과 같이 결정변수를 정의하고 선형계획을 모델화하기로 하자.

x_{ij}＝공장 i에서 유통센터 j에의 수송량

$$y_j = \begin{cases} 1 & x_j > 0\text{일 경우} \\ 0 & x_j = 0\text{일 경우} \end{cases}$$

최소화 $Z = 4x_{11} + 5x_{12} + 2x_{13} + 6x_{14} +$
$\qquad\qquad 6x_{21} + 7x_{22} + 8x_{23} + 9x_{24} +$
$\qquad\qquad 9x_{31} + 5x_{32} + 4x_{33} + 8x_{34} +$
$\qquad\qquad 10x_{41} + 8x_{42} + 7x_{43} + 5x_{44} +$
$\qquad\qquad 800y_1 + 900y_2 + 700y_3 + 780y_4$

제약조건:

$$x_{11}+x_{12}+x_{13}+x_{14} \leq 3{,}500y_1$$

$$x_{21}+x_{22}+x_{23}+x_{24} \leq 4{,}000y_2$$

$$\left. \begin{array}{l} \end{array} \right\} \text{(공급능력)}$$

$$x_{31}+x_{32}+x_{33}+x_{34} \leq 3{,}200y_3$$

$$x_{41}+x_{42}+x_{43}+x_{44} \leq 3{,}900y_4$$

$$x_{11}+x_{21}+x_{31}+x_{41} = 1{,}000$$

$$x_{12}+x_{22}+x_{32}+x_{42} = 3{,}000$$

$$\left. \begin{array}{l} \end{array} \right\} \text{(수요량)}$$

$$x_{13}+x_{23}+x_{33}+x_{43} = 2{,}500$$

$$x_{14}+x_{24}+x_{34}+x_{44} = 3{,}200$$

$$y_j = 0 \text{ 또는 } 1$$

$$x_{ij} \geq 0 \text{ 그리고 정수}$$

Excel 활용

① 필요한 데이터를 시트에 입력한다.

	A	B	C	D	E	F	G	H
1				6장 위치선정 문제				
2								
3		유통센터 1	유통센터 2	유통센터 3	유통센터 4	고정비용		y
4	공장후보지 A	4	5	2	6	800		
5	공장후보지 B	6	7	8	9	900		
6	공장후보지 C	9	5	4	8	700		
7	공장후보지 D	10	8	7	5	780		
8								
9								
10		유통센터 1	유통센터 2	유통센터 3	유통센터 4	실제공급량		공급능력
11	공장후보지 A						<=	3500
12	공장후보지 B						<=	4000
13	공장후보지 C						<=	3200
14	공장후보지 D						<=	3900
15	실제수요량							
16		=	=	=	=			총비용
17	수요량	1000	3000	2500	3200			
18								
19								
20	연결제약조건식							

② 필요한 수식을 입력한다.

셀주소	수 식	비 고
F11	=SUM(B11 : E11)	F14까지 복사
B15	=SUM(B11 : B14)	E15까지 복사
H17	=SUMPRODUCT(B4 : E7, B11 : E14)+	
	SUMPRODUCT(F4 : F7, H4 : H7)	
B20	=F11−H11*H4	
C20	=F12−H12*H5	
D20	=F13−H13*H6	
E20	=F14−H14*H7	

③ 「데이터」 메뉴와 「해 찾기」를 클릭하고 「해 찾기 매개변수」 스크린이 나타나면 다음과 같이 입력한다.

④ '옵션'을 클릭하고 '정수 제한조건 무시'에 체크를 지운 후 「확인」을 클릭한다.

⑤ 「해 찾기 매개변수」 스크린이 나타나면 「해 찾기」를 클릭한다.

⑥ 「해 찾기 결과」가 나타나면 「확인」을 클릭한다.

⑦ 다음과 같은 최적 정수해를 얻는다.

	A	B	C	D	E	F	G	H
1				6장 위치선정 문제				
2								
3		유통센터 1	유통센터 2	유통센터 3	유통센터 4	고정비용		y
4	공장후보지 A	4	5	2	6	800		1
5	공장후보지 B	6	7	8	9	900		0
6	공장후보지 C	9	5	4	8	700		1
7	공장후보지 D	10	8	7	5	780		1
8								
9								
10		유통센터 1	유통센터 2	유통센터 3	유통센터 4	실제공급량		공급능력
11	공장후보지 A	1000	0	2500	0	3500	<=	3500
12	공장후보지 B	0	0	0	0	0	<=	4000
13	공장후보지 C	0	3000	0	0	3000	<=	3200
14	공장후보지 D	0	0	0	3200	3200	<=	3900
15	실제수요량	1000	3000	2500	3200			
16		=	=	=	=			총비용
17	수요량	1000	3000	2500	3200			42280
18								
19								
20	연결제약조건식	0	0	-200	-700			

6.8 집단커버 문제

소방서, 경찰 관할구역, 진료소 등을 설치할 때 특정 지역의 일련의 고객들을 서브하도록 몇몇의 최적 위치를 결정하는 문제에 직면하게 된다. 이때 이러한 시설은 비용이나 시간 요구를 최소로 하면서 커버(서브)하고자 하는 지역의 고객들을 모두 포함하도록 분산하여 설치해야 한다.

본장에서는 집단커버 문제로서 일곱 면(행정구역: A부터 G까지)으로 구성된 조그만 군에서 진료소를 설치하는 예를 공부하고자 한다. 각 진료소는 반경 운전시간 30분 내에 사는 면민들을 서브하며 한 면민은 두 진료소에서 서비스를 받을 수 있다.

〈표 6–1〉은 일곱 면 사이에서 운전하는 데 소요되는 시간을 나타낸다.

설치해야 할 진료소의 수는 얼마이며 어느 면에 설치해야 할까? 각 면에 관한 결정은 진료소를 그 면에 설치하느냐 또는 설치하지 않느냐이다. 따라서 예컨대 면 A에 대한 결정변수는 다음과 같이 정의한다.

　　　　$A=1$ (진료소를 면 A에 설치하는 경우)
　　　　$=0$ (진료소를 면 A에 설치하지 않는 경우)

| 표 6-1 | 각 면 사이의 운전시간(분) | | | | | | |

에서 \ 으로	A	B	C	D	E	F	G
A	0	15	20	35	35	45	40
B	15	0	35	20	35	40	40
C	20	35	0	15	50	45	30
D	35	20	15	0	35	20	20
E	35	35	50	35	0	15	40
F	45	40	45	20	15	0	35
G	40	40	30	20	40	35	0

다른 면에 대해서도 결정변수를 똑같이 정의하면 진료소의 수를 최소화하는 목적함수는 다음과 같다.

최소화 Z＝A＋B＋C＋D＋E＋F＋G

다음에는 특정 진료소에서 서비스를 받을 수 있는 면은 어느 것인지 규명해야 한다. 예를 들면 면 A에 설치되는 진료소는 운전시간 30분 내에 거주하기 때문에 A, B, C 면 주민들을 서브할 수 있다. 〈표 6-2〉는 모든 일곱 면에 설치되는 진료소에 의해 커버(서브)되는 면들을 보여주고 있다.

각 면은 적어도 하나 이상의 진료소로부터 서비스를 받기 때문에 제약조건은 다음과 같다.

A＋B＋C   ≥ 1 (면 A)
A＋B＋D   ≥ 1 (면 B)

| 표 6-2 | 커버되는 면 |

면	30분 내의 면
A	A, B, C
B	A, B, D
C	A, C, D, G
D	B, C, D, F, G
E	E, F
F	D, E, F
G	C, D, G

$$A+C+D+G \quad \geq 1 \quad (면\ C)$$

$$B+C+D+F+G \quad \geq 1 \quad (면\ D)$$

$$E+F \quad \geq 1 \quad (면\ E)$$

$$D+E+F \quad \geq 1 \quad (면\ F)$$

$$C+D+G \quad \geq 1 \quad (면\ G)$$

모든 변수=0 또는 1

Excel 활용

① 필요한 데이터를 시트에 입력한다.

▲	A	B	C	D	E	F	G	H	I	J	K
1					6장 6.8 집단커버 문제						
2											
3		A	B	C	D	E	F	G			
4	목적함수 계수	1	1	1	1	1	1	1			
5											
6											
7		A	B	C	D	E	F	G	LHS		RHS
8	A	1	1	1						>=	1
9	B	1	1		1					>=	1
10	C	1		1	1			1		>=	1
11	D		1	1	1		1	1		>=	1
12	E					1	1			>=	1
13	F				1	1	1			>=	1
14	G			1	1			1		>=	1
15											
16											
17		A	B	C	D	E	F	G			목적함수 값
18	최적해										

② 필요한 수식을 입력한다.

셀주소	수 식	비 고
I8	=SUMPRODUCT(B8 : H8, $B$18 : $H$18)	I14까지 복사
K18	=SUMPRODUCT(B4 : H4, B18 : H18)	

③ 「데이터」 메뉴와 「해 찾기」를 클릭하고 「해 찾기 매개변수」 스크린이 나타나면 다음과 같이 입력한다.

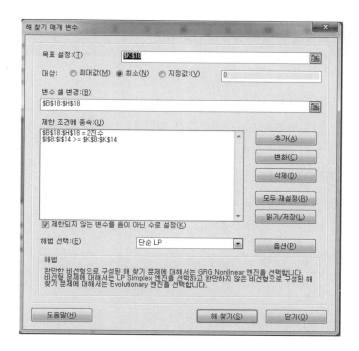

④ '옵션'을 클릭하고 '정수 제한조건 무시'에 체크를 지운 후 「확인」을 클릭한다.

⑤ 「해 찾기 매개변수」 스크린이 나타나면 「해 찾기」를 클릭한다.

⑥ 「해 찾기 결과」가 나타나면 「확인」을 클릭한다.

⑦ 다음과 같은 최적 정수해를 얻는다.

	A	B	C	D	E	F	G	H	I	J	K	L
1					6장 집단커버 문제							
2												
3		A	B	C	D	E	F	G				
4	목적함수 계수	1	1	1	1	1	1	1				
5												
6												
7		A	B	C	D	E	F	G	LHS		RHS	
8	A	1	1	1					2	>=	1	
9	B	1	1		1				1	>=	1	
10	C	1		1	1			1	2	>=	1	
11	D		1	1	1		1	1	1	>=	1	
12	E				1	1			1	>=	1	
13	F			1	1	1			1	>=	1	
14	G		1			1	1		1	>=	1	
15												
16												
17		A	B	C	D	E	F	G			목적함수 값	
18	최적해	1	0	1	0	1	0	0			3	
19												

6.9 작업자 일정계획

많은 작업자가 근무하는 직장에서 작업자들이 조를 이루어 주 5일 근무하는 경우 작업자들의 일정계획을 수립하는 일은 쉽지 않은 일이다.

XYZ택배㈜는 미국 같이 넓은 지역에서 짐을 밤새 배송하는 큰 기업으로서, 일주일 7일 작업을 한다. 회사는 작업자들의 일정계획을 효과적으로 수립하여 인건비를 줄이고자 한다. 회사가 취급하는 짐의 수는 매일 다른데 과거의 데이터를 분석한 결과 짐을 취급하는 데 필요한 작업자의 수는 다음과 같다.

일	작업자 수
월	18
화	27
수	22
목	26
금	25
토	21
일	19

회사에는 노조가 있어서 작업자들은 주 5일 작업하고 연속 2일은 휴무한다. 주의 기본급은 655달러인데 토요일이나 일요일에 근무하는 작업자에게는 25달러를 보너스로 지급한다. 각 조별 임금은 다음과 같다.

조	휴무	임금
1	일, 월	680
2	월, 화	705
3	화, 수	705
4	수, 목	705
5	목, 금	705
6	금, 토	680
7	토, 일	655

회사는 매일 충분한 수의 작업자를 확보하고자 한다고 할 때 각 조에 할당할 작업자의 수는 얼마인지 알고자 한다.

결정변수는 다음과 같이 정의할 수 있다.

x_1=1조의 작업자 수

x_2=2조의 작업자 수

x_3=3조의 작업자 수

x_4=4조의 작업자 수

x_5=5조의 작업자 수

x_6=6조의 작업자 수

x_7=7조의 작업자 수

이 문제의 목적은 지불되는 총임금을 최소화하는 것이므로 목적함수는 다음과 같다.

최소화 $Z=680x_1+705x_2+705x_3+705x_4+705x_5+680x_6+655x_7$

다음에 제약조건식은 각 요일별로 작성한다. 예를 들면 일요일에 일하는 조는 2~6조이고 1조와 7조는 휴무이다. 따라서 요일별 제약조건식은 다음과 같다.

$0x_1+1x_2+1x_3+1x_4+1x_5+1x_6+0x_7 \geq 18$　(일요일 필요 작업자 수)

$0x_1+0x_2+1x_3+1x_4+1x_5+1x_6+1x_7 \geq 27$　(월요일 필요 작업자 수)

$1x_1+0x_2+0x_3+1x_4+1x_5+1x_6+1x_7 \geq 22$　(화요일 필요 작업자 수)

$1x_1+1x_2+0x_3+0x_4+1x_5+1x_6+1x_7 \geq 26$　(수요일 필요 작업자 수)

$1x_1+1x_2+1x_3+0x_4+0x_5+1x_6+1x_7 \geq 25$　(목요일 필요 작업자 수)

$1x_1+1x_2+1x_3+1x_4+0x_5+0x_6+1x_7 \geq 21$　(금요일 필요 작업자 수)

$1x_1+1x_2+1x_3+1x_4+1x_5+0x_6+0x_7 \geq 19$　(토요일 필요 작업자 수)

끝으로 결정변수의 비음조건은 다음과 같다.

$x_1,\ x_2,\ x_3,\ x_4,\ x_5,\ x_6,\ x_7 \geq 0$ 또는 정수

Excel 활용

① 필요한 데이터를 시트에 입력한다.

	A	B	C	D	E	F	G	H	I	J	K	L
1					6장 작업자 일정계획							
2												
3			A	B	C	D	E	F	G			
4	목적함수 계수	680	705	705	705	705	680	655				
5												
6												
7			A	B	C	D	E	F	G	LHS		RHS
8	A		0	1	1	1	1	1	0		>=	18
9	B		0	0	1	1	1	1	1		>=	27
10	C		1	0	0	1	1	1	1		>=	22
11	D		1	1	0	0	1	1	1		>=	26
12	E		1	1	1	0	0	1	1		>=	25
13	F		1	1	1	1	0	0	1		>=	21
14	G		1	1	1	1	1	0	0		>=	19
15												
16											목적함수 값	
17			1	2	3	4	5	6	7			
18	최적해											
19												

② 필요한 수식을 입력한다.

셀주소	수 식	비 고
I8	=SUMPRODUCT(B8 : H8, $B$18 : $H$18)	I14까지 복사
K18	=SUMPRODUCT(B4 : H4, B18 : H18)	

③ 「데이터」 메뉴와 「해 찾기」를 클릭하고 「해 찾기 매개변수」 스크린이 나타나면 다음과 같이 입력한다.

④ '옵션'을 클릭하고 '정수 제한조건 무시'에 체크를 지운 후 「확인」을 클릭한다.

⑤ 「해 찾기 매개변수」 스크린이 나타나면 「해 찾기」를 클릭한다.

⑥ 「해 찾기 결과」가 나타나면 「확인」을 클릭한다.

⑦ 다음과 같은 최적 정수해를 얻는다.

	A	B	C	D	E	F	G	H	I	J	K	L
1	6장 작업자 일정계획											
2												
3		A	B	C	D	E	F	G				
4	목적함수 계수	680	705	705	705	705	680	655				
5												
6												
7		A	B	C	D	E	F	G	LHS		RHS	
8	A	0	1	1	1	1	1	0	18	>=	18	
9	B	0	0	1	1	1	1	1	27	>=	27	
10	C	1	0	0	1	1	1	1	24	>=	22	
11	D	1	1	0	0	1	1	1	27	>=	26	
12	E	1	1	1	0	0	1	1	26	>=	25	
13	F	1	1	1	1	0	0	1	24	>=	21	
14	G	1	1	1	1	1	0	0	19	>=	19	
15												
16												
17		1	2	3	4	5	6	7			목적함수 값	
18	최적해	3	3	6	0	7	2	12			22540	
19												

1 하이리스크(High-Risk) 벤처캐피털 투자회사는 다섯 개의 프로젝트를 대상으로 10억 원을 투자할 기회를 고려하고 있다. 이들 프로젝트는 위험을 정당화할 높은 투자수익률(expected rate of return)을 나타내고 있기 때문이다. 각 프로젝트의 투자액과 예상 수익률이 다음 표와 같다. 투자의 예상 수익을 최대로 하기 위해서는 어떤 프로젝트를 선정해야 할 것인가? 선형계획 모델을 작성하라.

프로젝트	투자액(백만 원)	수익률(%)	예상수익
1	300	10	30
2	270	11	29.7
3	250	13	32.5
4	200	14	28
5	100	18	18

해답

x_j=프로젝트 j (j=1, 2, …, 5)

최대화 $Z=30x_1+29.7x_2+32.5x_3+28x_4+18x_5$

제약조건: $300x_1+270x_2+250x_3+200x_4+100x_5 \leq 1,000$

   $x_j=0$ 또는 1

2 성동구 의회는 관내에 사는 주민들이 사용할 수 있도록 수영장, 테니스 센터, 운동장, 체육관 등 네 가지 오락시설의 신축을 고려하고 있다. 이러한 시설의 신축은 예산(비용)과 토지의 확보에 따라 결정된다. 각 시설의 예상 사용인원, 신축비용, 필요한 면적 등에 관한 데이터는 다음과 같다.

시 설	예상 사용인원(일)	비용(억 원)	면적(m²)
수영장	500	3	1,000
테니스 센터	300	2	1,500
운동장	600	1	3,000
체육관	200	3.5	2,000

구 의회는 예산으로 7.5억 원을 책정하였으며, 6,000m²의 토지를 매입하였다. 그런데 수영장과 테니스 센터는 한 구획의 땅에 같이 신축해야 한다. 그러나 두 시설 가운데 하나만 신축할 수 있다(두 시설을 신축하지 않을 수도 있다).

(1) 사용 인원을 최대로 하기 위해서는 어떤 시설을 신축해야 할지 0-1 정수계획 모델을 작성하라.

(2) 네 시설 가운데서 세 시설을 반드시 신축해야 한다면 이 제약조건식은 어떻게 작성되는가?

(3) 네 시설 가운데서 두 시설을 초과할 수 없다면 이 제약조건식은 어떻게 작성되는가?

(4) 테니스 센터는 수영장 신축이 전제될 때에만 신축 가능하다면 제약조건식은 어떻게 작성되는가?

(5) 수영장과 테니스 센터는 어느 하나가 신축되면 나머지 하나도 반드시 신축해야 한다면 이 제약조건식은 어떻게 작성되는가?

해답

(1) x_1=수영장 신축

x_2=테니스 센터 신축

x_3=운동장 신축

x_4=체육관 신축

최대화 $Z=500x_1+300x_2+600x_3+200x_4$

제약조건:

$$3x_1+ \quad 2x_2+ \quad 1x_3+ \quad 3.5x_4 \leq 7.5$$
$$1,000x_1+1,500x_2+3,000x_3+2,000x_4 \leq 6,000$$
$$1x_1+ \quad 1x_2 \qquad\qquad\qquad \leq 1$$
$$x_1, \ x_2, \ x_3, \ x_4 = 0 \ 또는 \ 1$$

(2) $x_1+x_2+x_3+x_4=3$

(3) $x_1+x_2+x_3+x_4 \leq 2$

(4) $x_2 \leq x_1$

(5) $x_2 = x_1$

3 청호텔레콤(주)은 새로운 지역에 케이블과 인터넷 서비스 운영을 확장하려고 한다. 그 지역은 열 개의 동으로 구성되는데 일곱 개의 지점을 설치하여 이들 동의 고객들을 서브하려고 한다. 지점을 설치하는 데는 동의 특성상 비용에 있어 차이가 있는데 다음과 같다.

1	2	3	4	5	6	7
95	80	70	75	90	100	105

각 지점이 커버하는 동은 다음과 같다.

지점 \ 동	동
1	1, 3, 4, 6, 9, 10
2	2, 4, 6, 8
3	1, 2, 5
4	3, 6, 7, 10
5	2, 3, 7, 9
6	4, 5, 8, 10
7	1, 5, 7, 8, 9

최소의 비용으로 열 개 동의 고객들을 커버할 지점은 어느 것인가? 정수계획 모델을 작성하라.

해답

$x_i = 1$ (지점 j를 설치할 때)

  $= 0$ (지점 j를 설치하지 않을 때)

$C_j =$ 지점 j를 설치할 때의 비용

최소화 $Z = 95x_1 + 80x_2 + 70x_3 + 75x_4 + 90x_5 + 100x_6 + 105x_7$

제약조건:

$$x_1 + x_3 + x_7 \geq 1 \quad (\text{동1})$$

$$x_2 + x_3 + x_5 \geq 1 \quad (\text{동2})$$

$$x_1 + x_4 + x_5 \geq 1 \quad (\text{동3})$$

$$x_1 + x_2 + x_6 \geq 1 \quad (\text{동4})$$

$$x_3 + x_6 + x_7 \geq 1 \quad (\text{동5})$$

$$x_1 + x_2 + x_4 \geq 1 \quad (\text{동6})$$

$$x_4 + x_5 + x_7 \geq 1 \quad (\text{동7})$$

$$x_2 + x_6 + x_7 \geq 1 \quad (\text{동8})$$

$$x_1 + x_5 + x_7 \geq 1 \quad (\text{동9})$$

$$x_1 + x_4 + x_6 \geq 1 \quad (\text{동10})$$

모든 변수 $= 0$ 또는 1

4 청호항공㈜는 서울에서 부산까지 중장비를 수송하기로 계약을 체결하였다. 비행기는 8.5톤의 수용능력을 갖고 있다. 수송하려고 하는 네 가지 종류의 중장비의 단위당 무게와 가치는 다음 표와 같다.

중장비	무게	가치
A	2	70
B	4	90
C	1.5	50
D	1	35

(1) 회사가 중장비 수송에 따르는 총가치를 최대로 하기 위해서는 각 중장비 몇 대씩을 수송해야 할지 정수계획 모델을 작성하라.

(2) Excel을 사용하여 총가치를 최대로 하는 수송계획을 결정하라.

해답

(1) x_i = 수송할 중장비 i의 수

최대화 $Z = 70x_1 + 90x_2 + 50x_3 + 35x_3$

제약조건:

$$2x_1 + 4x_2 + 1.5x_3 + x_4 \leq 8.5$$

$$x_i \geq 0 \text{ 그리고 정수}$$

(2)

▲	A	B	C	D	E	F	G	H	I
1				6장 예제와 해답 4					
2									
3		X1	X2	X3	X4	LHS		RHS	
4	가치	70	90	50	35				
5	무게	2	4	1.5	1	8.5	<=	8.5	
6									
7									
8		X1	X2	X3	X4			총가치	
9	중장비의 수	3	0	1	1			295	
10									

5 최 사장은 기계 두 대를 사용하여 동일한 제품을 생산한다. 기계에 대한 정보는 다음 표와 같다.

기계	단위당 이익	준비 비용(천 원)	원자재 1 사용량/단위	원자재 2 사용량/단위
1	60	300	2파운드	5쿼트
2	50	400	4	2
		사용가능량	36	42

이익을 최대로 하기 위해서는 어떤 기계를 사용하여 얼마씩 생산하여야 하는가?

해답

x_i＝기계 1, 2로부터의 생산량

$$y_1 = \begin{cases} 1 & x_1 > 0\text{인 경우} \\ 0 & x_1 = 0\text{인 경우} \end{cases}$$

$$y_2 = \begin{cases} 1 & x_2 > 0\text{인 경우} \\ 0 & x_2 = 0\text{인 경우} \end{cases}$$

최대화 $Z = 60x_1 + 50x_2 - 300y_1 - 400y_2$

제약조건:

$$2x_1 + 4x_2 \leq 36$$
$$5x_1 + 2x_2 \leq 42$$
$$x_1 \qquad -My_1 \leq 0$$
$$x_2 - My_2 \leq 0$$
$$x_1, \ x_2 = \text{정수}$$
$$y_1, \ y_2 = 2\text{진수}$$

① 데이터와 수식을 시트에 입력한다.

셀주소	수식	비고
B14	=B11−1,000*G7	
C14	=C11−1,000*H7	
D4	=SUMPRODUCT(B4 : C4, $B$11 : $C$11)	D5까지
H11	=SUMPRODUCT(B6 : C6, B11 : C11)	복사
	−SUMPRODUCT(B7 : C7, G7 : H7)	

② 「해 찾기 매개 변수」 대화상자가 나타나면 다음과 같이 입력한다.

③ 「해 찾기」를 클릭하면 다음과 같은 최적해를 얻는다.

	A	B	C	D	E	F	G	H
1				6장 예제와 해답 5				
2								
3		기계 1	기계 2	사용량		사용가능량		
4	원자재 1	2	4	16	<=	36		
5	원자재 2	5	2	40	<=	42		
6	단위당 이익	60	50					
7	고정비용	300	400			y	1	0
8								
9								
10		기계 1	기계 2					총이익
11	생산량	8	0					180
12								
13								
14	연결제약조건식	-992	0					

chapter
6

연/습/문/제

01 민주은행 옥수지점에서는 9:30부터 17:30까지 근무하는 풀타임 텔러와 파트타임 텔러를 고용하고 있다. 고용인원은 시간대에 따라 다음 표에서 보는 바와 같이 다르다. 풀타임 텔러는 오전 9:30부터 8시간 계속해서 시간당 2만 원씩 받고 근무하며 파트타임 텔러는 9:30, 11:30, 13:30에 시작하여 시간당 1만 원씩 받고 4시간 계속해서 근무한다. 그런데 노조와의 계약에 의하여 텔러의 60%는 항상 풀타임 텔러여야 한다. 하루의 총임금을 최소로 하면서 근무해야 하는 풀타임 텔러와 파트타임 텔러의 수를 결정하는 정수계획 모델을 작성하라.

시 간	최소인원
09:30~11:30	10
11:`30~13:30	15
13`:30~15:30	13
15:30~17:30	10

02 종로제조(주)는 재료 1, 2, 3을 정해진 비율에 따라 혼합하여 제품 A, B, C를 생산한다.

재 료	단위당 사용량(kg)			사용가능량 (kg)
	A	B	C	
1	2	5	3	30
2	0	3	1	12
3	8	2	6	24
단위당 이익	50	40	60	

위의 표는 각 제품의 단위당 이익, 각 제품 10kg 생산에 소요되는 각 재료의 사용량, 각 재료의 사용가능량을 나타내고 있다.

(1) 총이익을 최대로 하는 각 제품의 생산량을 결정하기 위한 선형계획 모델을 작성하라.

(2) 각 제품을 생산하기 위해서는 준비비용이 소요되며 최대 생산량에는 다음 표와 같이 제한이 있을 때 총이익을 최대로 하는 각 제품의 생산량을 결정하기 위한 정수계획 모델을 작성하라.

제 품	준비비용	최대 생산량(kg)
A	70	50
B	90	25
C	150	30

03 다음 정수계획 모델의 최적해를 그래프 방법으로 구하라.

(1) 최대화 $Z = 5x_1 + 4x_2$
제약조건:

$$3x_1 + 5x_2 \leq 30$$
$$7x_1 + 4x_2 \leq 28$$
$$1x_1 + 2x_2 \leq 11$$

$x_1, x_2 \geq 0$ 그리고 정수

(2) 최대화 $Z = 4x_1 + 5x_2$
제약조건:

$$3x_1 + 5x_2 \leq 30$$
$$5x_1 + 4x_2 \leq 30$$
$$3x_1 + 2x_2 \leq 18$$

$x_2 \geq 0$ 그리고 $x_1 =$ 정수

04 종로제조(주)는 세 가지 제품을 생산하는데 모두 재단, 재봉, 염색 공정을 거친다. 제품별 공정별 단위당 시간, 각 공정에서의 사용가능시간, 제품별 단위당 이익은 다음 표와 같다.

공 정	단위당 시간			사용가능시간
	제품 1	제품 2	제품 3	
재 단	2	4	2.5	350
재 봉	3	2	1.5	450
염 색	1.5	1	1	250
단위당 이익	25	35	30	

⑴ 이익을 최대화하는 선형계획 모델을 작성하라.

⑵ 위 모델의 최적해를 Excel을 사용하여 구하라.

⑶ 위 문제에 각 제품별 준비비용과 최대 생산량을 고려하기로 하자.

	제품 1	제품 2	제품 3
준비비용	300	380	500
최대 생산량	155	175	125

이익을 최대화하는 정수계획 모델을 작성하라.

⑷ 위 정수계획 모델의 정수 최적해를 구하라.

05 종로제조(주)는 제품 1, 2, 3을 두 개의 공정 A, B를 사용하여 생산한다. 각 제품의 단위당 이익, 제품별 공정별 생산시간, 공정별 총사용 가능시간(주), 제품별 예상 수요량(주)은 다음 표와 같다.

제품 공정	1	2	3	사용가능시간
A	3	6	5	2,000
B	5	7	4	1,800
단위당 이익(원)	7	9	8	
예상 수요량	50~120	150~190	100~180	

회사는 제품생산을 위하여 두 공정 가운데서 하나를 사용할 수 있다. 그런데 공정 A를 사용하게 되면 준비비용 200원과 준비시간 30시간이 요구되며 공정 B를 사용하게 되면 준비비용 150원과 준비시간 36시간이 요구된다.

⑴ 이익을 최대로 하는 정수계획 모델을 작성하라.

⑵ Excel을 사용하여 최적 정수해를 구하라. 어느 공정이 사용되는지를 결정하라.

06 종로제조(주)는 하나의 제품을 생산하는데 기계 세 대 중에서 어느 것을 사용할 수 있다. 각 기계에 관한 데이터는 다음과 같다.

기 계	준비비용	단위당 이익	생산능력(일)
1	500	20	1,000
2	275	18	1,200
3	335	25	800

각 기계는 한 사람의 작업자가 있어야 하는데 현재 작업자는 두 명뿐이다. 단위당 이익은 준비비용을 포함하지 않으며 생산준비는 매일 일을 시작하기 전에 완료해야 한다.

(1) 이익을 최대로 하는 정수계획 모델을 작성하라.

(2) Excel을 이용하여 최적 정수해를 구하라. 사용하는 기계는?

07 세종전자(주)는 전자부품 도매상이다. 네 개 지역에 부품을 판매하기 위하여 세 개의 창고 후보 중에서 임대하려고 한다. 창고와 지역을 왕래하는 수송단위는 한 트럭분이다.

각 창고와 각 지역 사이의 단위당 수송비용, 각 창고의 보관능력(월), 임대료(월), 각 지역의 수요량에 관한 데이터는 다음과 같다.

창 고	판매지역				보관능력	임대료
	가	나	다	라		
1	70	40	70	60	300	975
2	50	95	100	150	350	500
3	40	60	40	60	320	650
수요량	150	130	160	180		

(1) 총비용을 최소로 하면서 임대해야 할 창고는 어느 것이며 각 창고에서 각 지역으로 수송할 양은 얼마인지를 결정하기 위한 정수계획 모델을 작성하라.

(2) Excel을 사용하여 최적 정수해를 구하라.

08 Excel 전자(주)에서는 새로운 두 판매계획을 수립하고 이 두 계획에 기존 판매원의 일부인 열 명 한도 내에서 투입시키려고 한다. 한 판매원의 평균 연간비용은 계획에 따라 서로 상이한데 계획 1의 비용은 1,000만 원이고 계획 2의 비용은 800만 원이다. 회사에서 책정한 연간 비용은 7,500만 원이다.

한편 계획 1에서 각 판매원은 연간 9,000만 원의 판매고를 올리고 계획 2에서는 7,000만 원을 올릴 것으로 예상한다.

회사는 연간 판매고를 최대로 올리기 위해서는 각 계획에 몇 명의 판매원을 투입시킬 것인지 결정하고자 정수계획법을 수립하려고 한다.

09 재벌이라고 우겨대는 강 회장은 250,000만 원을 땅, 채권, 콘도미니엄에 투자하려고 한다. 그는 1년 후 투자수익을 최대로 하는 것을 목적으로 한다. 땅은 에이커당 12,000만 원이고 1년 후 1,500만 원의 이익을, 각 채권은 8,000만 원에 구매하여 1년 후 팔면 1,000만 원의 이익을, 각 콘도미니엄은 50,000만 원에 구매하여 1년 후 팔면 9,000만 원의 이익을 보장한다고 한다.

한편 강 회장이 구매할 수 있는 땅은 15에이커, 채권은 20개, 콘도미니엄은 네 개뿐이라고 한다. 여기서 채권과 콘도미니엄은 정수이어야 한다고 한다. 혼합 정수계획법을 수립하라.

10 남산백화점은 24시간 영업하기로 결정하였다. 회사는 24시간을 한 기간을 네 시간씩 여섯 기간으로 나누고 각 기간별 필요 인원 수를 다음과 같이 추산하였다.

기 간	필요 인원 수
자정~오전 4시	90
오전 4시~오전 8시	215
오전 8시~정오	250
정오~오후 4시	65
오후 4시~오후 8시	300
오후 8시~자정	125

각 직원은 기간 초에 출근하여 여덟 시간 계속 근무해야 한다. 회사는 총인원 수를 최소로 하면서 각 기간에 몇 명씩 할당해야 할 것인가를 결정하고자 한다.

11 강남유통(주)는 다음 열 개 후보도시에 유통센터를 건립하여 $30km$ 안에 있는 도시의 식료품상에 납품하려고 한다. 각 지역에 유통센터를 건립하면 연간 고정비가 필요한데 회사가 사용할 수 있는 연간 비용은 900이다.
다음 데이터를 사용하여 물음에 답하라.

후보 도시	고정비	30km 안의 도시
1	276	1, 2, 7
2	253	1, 2, 9
3	394	3, 4, 5, 6, 7, 8
4	408	3, 4, 5, 8
5	282	3, 4, 5, 6, 7, 10
6	365	3, 5, 6, 7, 10
7	268	1, 3, 5, 6, 7, 10
8	323	3, 4, 8, 9
9	385	2, 8, 9
10	298	5, 6, 7, 10

(1) 연간 비용을 최소로 하는 정수계획 모델의 해를 구하라.
(2) 고정비를 고려하지 않는 정수계획 모델의 해를 구하라.
(3) 두 모델에 있어 총비용의 차이는 얼마인가?

CHAPTER

7

다기준 의사결정

7.1 서 론

　　우리가 지금까지 공부하여 온 선형계획 모델은 이익의 최대화라든지 비용의 최소화라
는 단일 목적이었다. 그러나 이러한 단일 기준의 목적은 오늘날 많은 경영문제가 안고 있
는 다수 목표(multiple objective) 또는 다수 목적에 의하여 제한을 받고 있다. 심지어 이러한
목적들은 서로 양립할 수 없거나 서로 상충하는(conflicting) 것이 일반적이다.

　　예를 들면 이익이나 비용 외에도 품질향상, 고용안정, 시장점유율 증가, 생산성 향상,
조직의 성장, 대기오염 감소, 노동자 복지, 사회 복지, 소비자의 욕구 만족 등 여러 가지 경
제적 목적을 동시에 추구하는 것이다. 어떤 기업이 몇 가지 가능한 R&D 프로젝트를 평가
한다면 각 프로젝트의 성공확률, 각 프로젝트에 요구되는 시간과 비용, 각 프로젝트의 수
익성을 동시에 고려해야 한다. 예를 들면 기업이 비용을 최소로 하면서 동시에 시장점유율
을 최대로 하기를 원한다든지 기계 가동율을 최대로 하고자 한다든지 또는 완전고용을 유
지하기를 원하는 경우이다.

　　이와 같이 다수의 상충하는 목적을 동시에 추구해야 한다면 단일 기준(single criterion)
의 목적을 전제로 하는 선형계획법이나 정수계획법은 현실문제의 응용에 제약을 받는 것

이다.

다기준(multiple criteria)에 따라 의사결정을 해야 하는 문제를 해결하는 기법으로서는 목적계획법(goal programming: GP), 다목적 선형계획법(multi-objective linear programming), 계층분석 과정(analytic hierarchy process: AHP) 모델, 다기준 점수모델(scoring model) 등이 있다.

본장에서는 이들 모델에 관해서 설명하고 Excel을 사용하여 해를 구하고자 한다.

7.2 목적계획법과 선형계획법

선형계획법이 해결할 수 없는 다수 목적을 취급하기 위하여 개발된 이론이 목적계획법이다. 따라서 목적계획법은 선형계획법의 연장에 불과하다. 목적계획법의 모델화 과정도 선형계획법의 그것과 비슷하다. 목적계획법의 가정도 선형계획법 그것과 동일하다. 그러나 목적계획법은 몇 가지 점에서 선형계획법과 차이가 있다.

목적계획법은 선형계획법과 같이

- 결정변수
- 목적함수
- 제약조건식

을 갖지만 목적함수와 제약조건식의 작성에 있어서 차이가 있다. 목적계획법에서는 다수 목표가 목적함수에서 고려된다. 각 목적은 성과의 목표 값(target value), 즉 목표수준을 의미한다. 예를 들면 일주일에 50시간 이상을 근무해서는 안 된다고 할 때 목적은 노동시간 이용이고 50시간은 목표 값이다.

목적계획법에서 모든 목적은 제약조건식으로 표현된다. 선형계획법에서 제약조건식은 모두 동시에 만족되어야 하는 반면 목적계획법에서 목적제약조건식은 성과의 바람직한 수준(desirable levels)을 제시한다.

목적계획법에서는 목적제약조건식(goal constraint)이 대부분이지만 경우에 따라서는 비목적제약조건식(nongoal constraints)[1]을 포함하기도 한다. 이때 해는 비목적제약조건식을 모

---

1 비목적제약조건식은 시스템제약조건식이라고도 함.

두 우선 만족시켜야 하지만 목적제약조건식의 목표 값은 꼭 만족시키지 않아도 된다.

　　모든 목적이 달성되지 않는 것은 그들 목적이 상충하기 때문이다. 즉 가해영역을 형성할 수 없는 문제이기 때문이다.

　　해를 구하기 위해서는 목표 값으로부터의 편차(deviation)를 허용한다. 이와 같이 목적계획법에서 목적은 비목적제약조건식이 존재하면 이들을 반드시 만족시키고 목적제약조건식에 대해서는 바람직한 수준을 달성하려는 것이다.

　　각 목적에 대하여 달성하고자 하는 목표 값을 결정하면 모든 목적에 대하여 그의 중요성에 따라 우선순위를 서수로 부여한다. 따라서 높은 순위의 목적은 그보다 낮은 순위의 목적보다 무한히 더 중요하다는 것을 의미한다.

　　목적계획법에서 목적함수는 선형계획법에서처럼 모든 항목을 합쳐 총가치(Z)와 같도록 하지는 않는다. 이는 목적함수에 포함되는 모든 편차변수(deviational variable)의 측정단위가 다를 수 있기 때문이다.

　　목적계획법에서 목적함수는 이에 포함되는 다수 목적들로부터의 편차를 그와 관련된 목적의 우선순위에 따라 개별적으로 최소화할 것을 명시한다. 가장 중요한 목적의 목표를 달성하였거나 더 이상 달성할 수 없는 점에 도달하면 다음으로 중요한 목적으로 이행한다. 이리하여 편차의 최소화는 가장 낮은 목적을 달성할 때까지 계속한다.

　　이와 같이 선형계획법에서는 목적함수에 하나의 목적만을 포함하지만 목적계획법에서는 다수의 상충하는 목적을 포함할 수 있는 것이다. 선형계획법에서는 단일 목적에 대하여 최적값을 추구하는 반면에 목적계획법에서는 각 목표에 대하여 원하는 목표수준(목적)을 설정하고 우선순위가 높은 목적은 다른 나머지 목적들의 희생하에 달성될 수 있는 것이다. 목적계획법에 있어서는 다수 목적에 대해 중요성에 있어 계층을 둠으로써 낮은 순위의 목적은 높은 순위의 목적에 비하여 관심이 덜하게 된다. 이러한 순위에 따라 각 목적의 만족수준(satisfaction level)을 추구하려고 한다. 이와 같이 선형계획법에서는 단일 목적의 최적해를 추구하는 반면에 목적계획법에서는 다수 목적의 만족해(satisficing solution)를 추구하게 된다.

7.3 목적계획법의 모델화

목적계획법 모델도 목적함수, 제약조건, 결정변수의 비음조건으로 구성되어 있다. 제약조건은 목적제약조건식 외에 비목적제약조건식을 포함하는 경우도 있다.

목적계획법의 모델화 과정을 설명하기 위하여 하나의 예를 들기로 하자.

우리가 제2장에서 공부한 평화전자㈜의 선형계획 모델은 다음과 같다.

최대화 $Z = 6x_1 + 7x_2$ (이익)

제약조건:

$$10x_1 + 4x_2 \leq 80 \ (\text{조립})$$
$$1x_1 + 2x_2 \leq 22 \ (\text{검사})$$
$$3x_1 + 3x_2 \leq 39 \ (\text{저장공간})$$
$$x_1, \ x_2 \geq 0$$

회사는 다음과 같은 목적을 우선순위(중요성)에 따라 결정하였다.

1. 조립 공정에서 잔업시간(overtime)을 최소화한다.

2. 검사 공정에서 잔업시간을 최소화한다.

3. 총이익 126만 원 이상의 만족스런 수준을 달성하고자 한다.

순 위	목 적
P_1	조립 공정 80시간 초과사용 제한
P_2	검사 공정 22시간 초과사용 제한
P_3	총이익 목표 126만 원 달성

편차변수

목적계획법과 선형계획법의 기본적 차이는 목적이 목적함수에 포함되지 않고 제약조건식으로 표현된다는 것이다. 목적으로부터의 가능한 편차를 나타내기 위하여 편차변수가 도입된다.

편차변수는 목적 또는 목표를 나타내는 각 제약조건식에 그 목적이 달성되는 정도를 측정한다. 목표로부터의 초과달성(overachievement)을 나타내는 편차변수는 d^+로 표현하고 미달성(underachievement)을 나타내는 편차변수는 d^-로 표현한다.

편차변수 d^-는 선형계획법에서 잔여변수와 같고 d^+는 잉여변수와 같은 의미를 갖는다. 어떤 목적은 미달성할 수도 있지만 초과달성할 수도 있기 때문에 d^-와 d^+를 제약조건식에 포함한다. 이때 최적해를 구했을 경우 각 목적의 두 편차변수의 값은 적어도 하나는 0이어야 한다.

목적제약조건식

목적제약조건식은 어떤 목적 또는 목표에 목표수준을 설정한 제약조건식을 의미한다.

평화전자(주) 문제에서 조립 공정의 사용가능한 시간은 80시간이다. 회사는 80시간을 넘는 잔업시간을 최소화하고자 하므로 80시간은 목표수준이고 잔업시간의 최소화는 목적이 된다. 따라서 조립 공정의 목적제약조건식은 다음과 같이 표현할 수 있다.

$$10x_1 + 4x_2 + d_1^- - d_1^+ = 80$$

d_1^-=조립 공정 80시간 미달성 (미사용)

d_1^+=조립 공정 80시간 초과달성 (초과사용)

여기서 회사는 조립 공정에서 잔업시간의 최소화가 제 I 목적이므로 $P_1 d_1^+$를 최소화해야 한다.

똑같은 방식으로 검사 공정의 목적제약조건식은 다음과 같이 표현할 수 있다.

$$1x_1 + 2x_2 + d_2^- - d_2^+ = 22$$

d_2^-=검사 공정의 22시간 미달성

d_2^+=검사 공정의 22시간 초과달성

여기서 회사는 검사 공정에서의 잔업시간의 최소화가 제 II 목적이므로 $P_2 d_2^+$를 최소화해야 한다.

회사는 총이익으로 126만 원 이상을 달성하고자 하므로 그의 목적제약조건식은 다음과 같이 표현할 수 있다.

$$6x_1 + 7x_2 + d_3^- - d_3^+ = 126$$

d_3^-=총이익 126만 원 미달성

$$d_3{}^+ = \text{총이익 126만 원 초과달성}$$

여기서 회사는 총이익의 초과달성이 제Ⅲ목적이므로 $P_3 d_3{}^-$를 최소화해야 한다.

비목적제약조건식

모든 목적계획 모델은 목적제약조건식 외에도 비목적제약조건식(시스템제약조건식)을 가질 수 있다. 이는 목적제약조건식에 우선해서 만족되어야 하는 절대적 제약을 나타내는데 선형계획 모델의 제약조건식과 똑같다.

평화전자㈜ 문제에서 회사는 저장공간에 대해서는 아무런 목적을 제시하지 않기 때문에 이의 제약조건식은 그대로 비목적제약조건식이 된다.

$$3x_1 + 3x_2 \leq 39$$

목적함수

목적계획법에서 목적함수는 모든 목적으로부터의 편차를 그와 관련된 목적의 우선순위에 따라 차례로 최소화하는 것이다.

평화전자㈜ 목적계획 모델의 목적함수는 다음과 같이 표현할 수 있다.

$$\text{최소화} \quad P_1 d_1{}^+, \; P_2 d_2{}^+, \; P_3 d_3{}^-$$

완전한 모델

평화전자㈜ 목적계획 문제의 완전한 모델은 다음과 같이 정리할 수 있다.

$$\text{최소화} \quad P_1 d_1{}^+, \; P_2 d_2{}^+, \; P_3 d_3{}^-$$
제약조건:
$$10x_1 + 4x_2 + d_1{}^- - d_1{}^+ = 80$$
$$1x_1 + 2x_2 + d_2{}^- - d_2{}^+ = 22$$
$$6x_1 + 7x_2 + d_3{}^- - d_3{}^+ = 126$$
$$3x_1 + 3x_2 \leq 39$$

$$x_1,\ x_2,\ d_1^-,\ d_1\pm,\ d_2^-,\ d_2^+,\ d_3^-,\ d_3^+ \geq 0$$

7.4 목적계획법의 해법

목적계획법을 푸는 데 사용되는 기법으로는 선형계획법에서처럼

- 그래프 방법
- 심플렉스법
- Excel 해법

등이 있다. 그래프 방법은 결정변수의 수가 두 개인 경우에 사용된다.

그래프 방법

그래프 방법과 Excel 활용에 의해 평화전자㈜ 목적계획 모델의 해를 구하는 절차를 설명하고자 한다.

우선 비목적제약조건식부터 하나의 그래프에 표시하고 가해영역(feasible solution)을 색칠하여 표시한다. 문제의 비목적제약조건식은

$$3x_1 + 3x_2 \leq 39$$

이다. 이를 그래프에 그린 결과가 〈그림 7-1〉이다.

다음에는 비목적제약조건식이 더 이상 없으므로 목적함수에서 우선순위가 가장 높은 목적제약조건식을 그래프에 그리고 공통되는 가해영역을 색칠하여 표시한다. P_1과 관련있는 목적제약조건식은

$$10x_1 + 4x_2 + d_1^- - d_1^+ = 80$$

이다. 이를 그래프에 나타내기 위해서는 편차변수를 제외한 다음과 같은 제약조건식을 〈그림 7-2〉와 같이 그래프에 그린다.

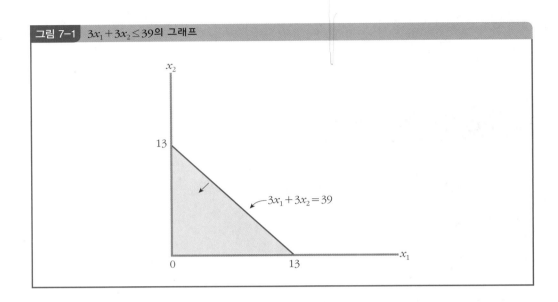

그림 7-1 $3x_1 + 3x_2 \leq 39$의 그래프

$$10x_1 + 4x_2 = 80$$

〈그림 7-2〉에서 d_1^-는 직선의 좌변을 의미하고 d_1^+는 우변을 의미한다. P_1에서는 d_1^+를 최소화하려는 것이므로 그림에서 직선의 좌변이 가해영역이 된다.

〈그림 7-2〉를 〈그림 7-1〉과 함께 그리면 〈그림 7-3〉이 된다. 두 제약조건식을 만족시키는 가해영역은 색칠한 부분이다.

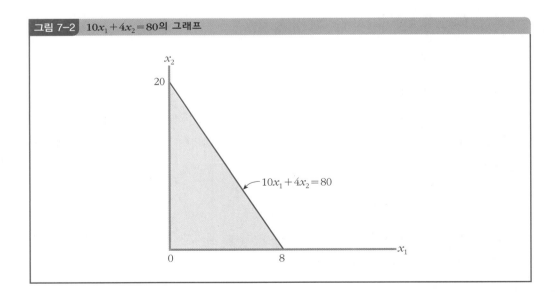

그림 7-2 $10x_1 + 4x_2 = 80$의 그래프

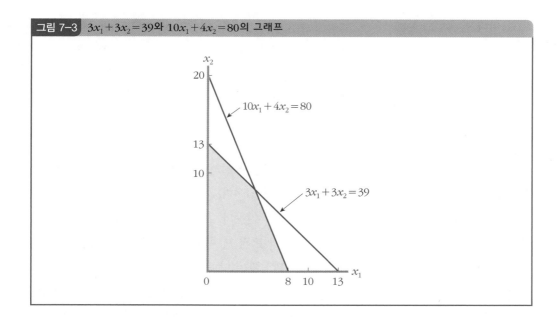

그림 7-3 $3x_1 + 3x_2 = 39$와 $10x_1 + 4x_2 = 80$의 그래프

이제 P_2와 관련있는 목적제약조건식

$$1x_1 + 2x_2 + d_2^- - d_2^+ = 22$$

를 〈그림 7-3〉에 그려 넣고 공통되는 가해영역을 색칠하여 표시한다. 그의 결과가 〈그림

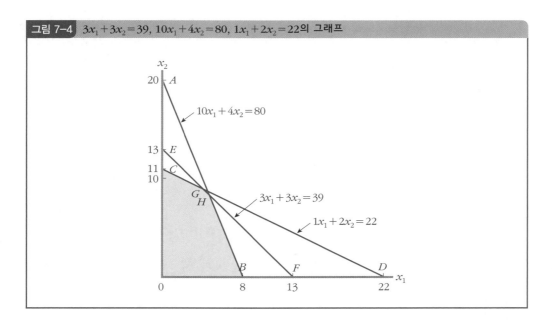

그림 7-4 $3x_1 + 3x_2 = 39$, $10x_1 + 4x_2 = 80$, $1x_1 + 2x_2 = 22$의 그래프

7-4)이다.

이제 가해영역은 0, C, G, H, B로 축소되었다. 가해영역 속에 있는 어떤 해점도 비목적 제약조건식과 목적 P_1과 P_2와 관련있는 목적제약조건식을 만족시킨다.

마지막으로 P_3와 관련 있는 목적제약조건식

$$6x_1+7x_2+d_3^- -d_3^+=126$$

을 〈그림 7-4〉에 그려 넣고 공통되는 가해영역을 색칠하여 표시힌다. 그러나 가해영역은 여전히 0, C, G, H, B이다. 그의 결과가 〈그림 7-5〉이다.

P_3 목적을 만족시키는 가해영역은 존재하지 않는다. P_1과 P_2 목적을 만족시키는 해가 우선이기 때문에 P_3 목적을 만족시키기 위해서 P_1과 P_2 목적을 희생시킬 수는 없다. 따라서 가해영역은 변경할 수 없다. P_3 목적은 미달성할 수밖에 없다.

〈그림 7-5〉에서 해점 0, C, G, H, B 가운데서 P_3 목적과 관련 있는 목적제약조건식에 가장 가까운 점은 G이다. 즉 평화전자㈜ 목적계획 모델의 최적해점은 점 G이다. 점 G에서 이미 P_1, P_2 목적을 만족시켰고 한편 P_3 목적을 가장 크게 만족시킬 수 있기 때문이다.

점 G의 좌표는 $x_1=4$, $x_2=9$이다.

이 좌표를 P_3 목적과 관련 있는 목적제약조건식에 대입하면

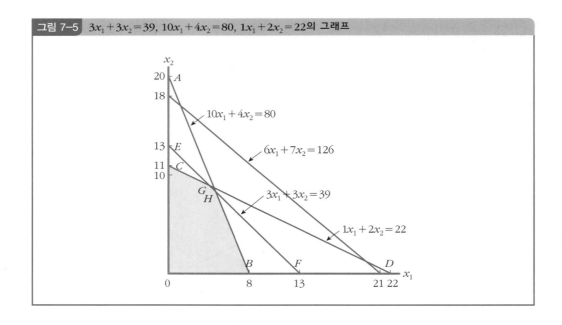

그림 7-5 $3x_1+3x_2=39$, $10x_1+4x_2=80$, $1x_1+2x_2=22$의 **그래프**

$$6x_1 + 7x_2 = 6(4) + 7(9) = 87$$

이다.

따라서 P_3 목적은 $126-87=39$만큼 미달성하게 된다.

따라서 최적해는 다음과 같이 정리할 수 있다.[2]

$x_1 = 4$

$x_2 = 9$

P_1: 목표의 완전 달성

P_2: 목표의 완전 달성

P_3: 목표의 39 미달성

Excel 활용

① 필요한 데이터를 시트에 입력한다.

	A	B	C	D	E	F	G	H	I	J
1				7장 평화전자㈜ 모델						
2										
3		X1	X2		d-	d+	LHS		목표수준	
4	조립	10	4					=	80	
5	검사	1	2					=	22	
6	이익	6	7					=	126	
7	저장공간	3	3					<=	39	
8										
9										
10		X1	X2							
11	값									
12										
13										
14	목적 1									
15	목적 2									
16	목적 3									
17										

---

2 목적계획법에서는 서로 상충하는 목적을 우선순위에 따라 만족시켜 나가기 때문에 어떤 목적은 완전히 달성하지 못하는 경우가 발생한다. 따라서 목적계획법의 해는 최적해라기보다는 만족해 또는 가장 좋은 해(best solution)라고 하는 것이 타당함.

② 필요한 수식을 입력한다.

셀주소	수 식	비 고
D4	=SUMPRODUCT(B4 : C4, $B$11 : $CS11)	D7까지 복사
G4	=D4+E4−F4	G6까지 복사
B14	=F4	
B15	=F5	
B16	=E6	

③ 「데이터」 메뉴를 클릭하고 「해 찾기」를 선택한다.

④ 「해 찾기 매개변수」 스크린이 나타나면 다음과 같이 입력한다.

⑤ '제한되지 않는 변수를 음이 아닌 수로 설정'하고 「해법 선택」으로 '단순 LP'를 선택한다.

⑥ 「해 찾기」를 클릭한다.

⑦ 「해 찾기 결과」 대화상자가 나타나면 「확인」을 클릭한다.

⑧ 다음과 같은 결과를 얻는다.

	A	B	C	D	E	F	G	H	I	J
1				7장 평화전자(주) 모델						
2										
3		X1	X2		d-	d+	LHS		목표수준	
4	조립	10	4	76	4	0	80	=	80	
5	검사	1	2	22	0	0	22	=	22	
6	이익	6	7	87	39	0	126	=	126	
7	저장공간	3	3	39				<=	39	
8										
9										
10		X1	X2							
11	값	4	9							
12										
13										
14	목적 1	0								
15	목적 2	0								
16	목적 3	39								
17										

목적 1과 목적 2는 완전 달성되었지만 목적 3은 39만큼 미달성되었다. 목적 3의 완전 달성이 가능한지 알기 위하여 다음 절차를 계속한다.

⑨ 「데이터」 메뉴를 클릭하고 「해 찾기」를 선택한다.

⑩ 「해 찾기 매개변수」 스크린이 나타나면 「목표 설정」에 목적 3을 나타내는 셀 B16을 입력한다.

⑪ 「제한 조건에 종속」에서 「추가」를 클릭하고 셀 영역 B14:B15＝0을 입력하고 「확인」과 「해 찾기」를 차례로 클릭하면 다음과 같은 결과를 얻는다.

셀 영역 B14：B15＝0을 입력하는 이유는 이미 달성된 P_1 목적과 P_2 목적을 희생해서 P_3 목적을 달성하지 못하도록 하기 위함이다.

⑫ 「해 찾기」를 클릭하면 다음과 같은 최적해를 얻는다.

	A	B	C	D	E	F	G	H	I	J
1				7장 평화전자(주) 모델						
2										
3		X1	X2		d-	d+	LHS		목표수준	
4	조립	10	4	76	4	0	80	=	80	
5	검사	1	2	22	0	0	22	=	22	
6	이익	6	7	87	39	0	126	=	126	
7	저장공간	3	3	39				<=	39	
8										
9										
10		X1	X2							
11	값	4	9							
12										
13										
14	목적 1	0								
15	목적 2	0								
16	목적 3	39								
17										

7.5 경영문제에의 응용

목적계획법은 여러 가지의 경영 의사결정 문제를 해결하는 데 사용되어 왔다. 예를 들면 생산부문에서는 생산계획, 수송문제, 창고입지 문제, 병원문제, 마케팅부문에서는 광고매체의 선택과 판매원 할당문제, 재무부문에서는 포트폴리오 선택문제와 자본예산 문제 등이다.

본절에서는 간단한 마케팅전략 문제를 목적계획법으로 모델화하는 방법을 설명하고자 한다.

자유전자(주)는 송수신겸용 방식의 휴대용 라디오를 생산하려고 계획하고 있다. 30km까지 송수신할 수 있는 이 새로운 라디오는 사무실과 판매원 사이 또는 사무실과 수리공사이 그리고 선원 사이의 연락을 용이하게 하므로 이동차량이나 선박 등에 이용하면 아주 효과적인 것이다.

우선적으로 고려할 수 있는 제품의 유통로는 산업통신장비 도매상이지만 이 회사는 전국적인 할인점과 해상장비 도매상을 곧 설치할 것을 고려하고 있다.

유통비와 판매촉진비가 다르기 때문에 제품의 수익성, 단위당 광고비, 판매시간 등도 세 가지 유통로에 따라 각각 다르다. 이 회사가 과거의 경험에 의하여 작성한 데이터는 다음과 같다. 한편 회사의 생산능력은 월 1,000단위이다.

유통경로	단위당 이익	단위당 광고비	단위당 판매시간
산업통신장비 도매상	500	43	2
전국적인 할인점	400	35	2.4
해상장비 도매상	460	28	2.8

이 회사의 경영방침은 다음과 같다.

P_1: 제품 가운데 최소한 500단위는 3개월 동안에 전국적인 할인점을 통하여 유통되어야 한다.

P_2: 3개월 동안 지출할 수 있는 광고비는 34,500원이다.

P_3: 3개월 동안 이용할 수 있는 판매시간은 최대로 1,500시간이다.

P_4: 총이익으로 3개월 동안 500,000원 이상을 벌고자 한다.

위의 목적을 달성하기 위해 각각 유통경로별 할당된 수량을 결정할 목적계획 모델을 작성하도록 하자.

우선 결정변수를 다음과 같이 정의한다.

x_1=산업통신장비 도매상에 할당하는 수량

x_2=전국적인 할인점에 할당하는 수량

x_3=해상장비 도매상에 할당하는 수량

P_1 목적

회사의 제1의 목적은 생산량 가운데 최소한 500개 이상은 전국적인 할인점에 할당하여 판매하고자 하는 것이다. 이를 선형계획 모델의 제약조건식으로 표현하면 다음과 같다.

$x_2 \geq 500$

이를 목적계획 모델의 목적제약조건식으로 변형하면 다음과 같다.

$$x_2+d_1^--d_1^+=500$$

$$d_1^-=500개\ 이하의\ 미달성$$
$$d_1^+=500개\ 이상의\ 초과달성$$

회사의 목적은 500개 이하의 미달성을 최소화하고자 하는 것이므로 목적함수는 $P_1d_1^-$이다.

P_2 목적 |||

회사의 제2의 목적은 세 가지 제품의 광고에 사용되는 총광고비가 34,500원을 초과해서는 안 된다는 것이다. 이를 선형계획 모델의 제약조건식으로 표현하면 다음과 같다.

$$43x_1+35x_2+28x_3\leq34{,}500$$

이를 목적제약조건식으로 변형하면 다음과 같다.

$$43x_1+35x_2+28x_3+d_2^--d_2^+=34{,}500$$

$$d_2^-=광고비\ 34.500원\ 이하의\ 미달성$$
$$d_2^+=광고비\ 34.500원\ 이상의\ 초과달성$$

회사의 목적은 광고비 34,500원 이상의 초과달성을 최소화하고자 하는 것이므로 목적함수는 $P_2d_2^+$이다.

P_3 목적 |||

회사가 추구하는 제3의 목적은 판매시간 1,500시간으로의 제한이다. 선형계획 제약조건식으로 표현하면 다음과 같다.

$$2x_1+2.4x_2+2.8x_3\leq1{,}500$$

이를 목적제약조건식으로 표현하면 다음과 같다.

$$2x_1+2.4x_2+2.8x_3+d_3^--d_3^+=1{,}500$$

$$d_3^-=1{,}500시간\ 이하의\ 미달성$$
$$d_3^+=1{,}500시간\ 이상의\ 초과달성$$

회사의 목적은 1,500시간 이상의 초과달성을 최소화하려는 것이므로 목적함수는 $P_3d_3{}^+$이다.

P_4 목적

회사가 추구하는 제4의 목적은 총이익으로 500,000원 이상을 벌고자 하는 것이다. 이를 선형계획 제약조건식으로 표현하면 다음과 같다.

$$500x_1+400x_2+460x_3 \geq 500,000$$

이를 목적제약조건식으로 변형하면 다음과 같다.

$$500x_1+400x_2+460x_3+d_4{}^- - d_4{}^+ = 500,000$$

회사의 목적은 이익 500,000원 미달성을 최소화하려는 것이므로 목적함수는 $P_4d_4{}^-$이다.

비목적제약조건식

회사는 제품을 생산하여 세 유통경로에 할당하여 판매하고자 하는데 총 생산량은 생산능력을 초과할 수 없는 게 사실이다. 회사는 생산능력에 관한 목적을 설정하지 않았으므로 이는 비목적제약조건식이 되며 다음과 같이 표현할 수 있다.

$$x_1+x_2+x_3 \leq 1,000$$

완전한 모델

자유전자(주)의 마케팅전략 문제를 종합하면 다음과 같다.

최소화 $P_1d_1{}^-$, $P_2d_2{}^+$, $P_3d_3{}^+$, $P_4d_4{}^-$
제약조건:

$$
\begin{aligned}
x_2+d_1{}^- - d_1{}^+ &= 500 \\
43x_1+35x_2+28x_3+d_2{}^- - d_2{}^+ &= 34,500 \\
2x_1+2.4x_2+2.8x_3+d_3{}^- - d_3{}^+ &= 1,500
\end{aligned}
$$

$$500x_1+400x_2+460x_3+d_4^--d_4^+=500{,}000$$

$$x_1+x_2+x_3\leq1{,}000$$

모든 변수≥0

Excel 활용

① 필요한 데이터를 시트에 입력한다.

	A	B	C	D	E	F	G	H	I	J	K
1					7장 자유전자㈜ 문제						
2											
3		X1	X2	X3		d-	d+	LHS		목표수준	
4	할인점		1						=	500	
5	총광고비	43	35	28					=	34500	
6	판매시간	2	2.4	2.8					=	1500	
7	총이익	500	400	460					=	500000	
8	생산능력	1	1	1					<=	1000	
9											
10											
11		X1	X2	X3							
12	값										
13											
14											
15	목적 1										
16	목적 2										
17	목적 3										
18	목적 4										

② 필요한 수식을 입력한다.

셀주소	수 식	비 고
E4	=SUMPRODUCT(B4 : D4, $B$12 : $D$12)	E8까지 복사
H4	=E4+F4−G4	H7까지 복사
B15	=F4	
B16	=G5	
B17	=G6	
B18	=F7	

③ 「데이터」 메뉴를 클릭하고 「해 찾기」를 선택한다.

④ 「해 찾기 매개변수」 대화상자가 나타나면 다음과 같이 입력한다.

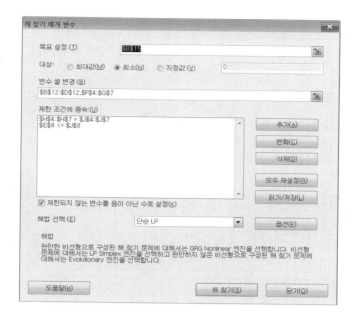

⑤ '제한되지 않는 변수를 음이 아닌 수로 설정'에 체크하고 「해법 선택」으로 '단순 LP'를 선택한다.

⑥ 「해 찾기 매개변수」 스크린에서 「해 찾기」를 클릭한다.

⑦ 「해 찾기 결과」 대화상자가 나타나면 「확인」을 클릭한다.

⑧ 다음과 같은 결과를 얻는다.

	A	B	C	D	E	F	G	H	I	J	K
1					7장 자유전자㈜ 문제						
2											
3		X1	X2	X3		d-	d+	LHS		목표수준	
4	할인점		1		500	0	0	500	=	500	
5	총광고비	43	35	28	39000	0	4500	34500	=	34500	
6	판매시간	2	2.4	2.8	2200	0	700	1500	=	1500	
7	총이익	500	400	460	450000	50000	0	500000	=	500000	
8	생산능력	1	1	1	1000				<=	1000	
9											
10											
11		X1	X2	X3							
12	값	500	500	0							
13											
14											
15	목적 1	0									
16	목적 2	4500									
17	목적 3	700									
18	목적 4	50000									
19											

목적 1은 완전 달성이 되었지만 나머지 목적은 아직 완전 달성이 되지 않았다. 따라서 목적 2의 완전 달성이 가능한지 알기 위하여 다음 절차를 계속한다.

⑨ 「데이터」 메뉴를 클릭하고 「해 찾기」를 선택한다.

⑩ 「해 찾기 매개변수」 스크린이 나타나면 「목표 설정」에 목적 2를 나타내는 셀 B16을 입력한다.

⑪ 「제한 조건에 종속」에 「추가」를 클릭하고 셀 B15=0을 입력하고 「해 찾기」를 누르면 다음과 같은 결과를 얻는다.

	A	B	C	D	E	F	G	H	I	J	K
1					7장 자유전자㈜ 문제						
2											
3		X1	X2	X3		d-	d+	LHS		목표수준	
4	할인점		1		500	0	0	500	=	500	
5	총광고비	43	35	28	34500	0	0	34500	=	34500	
6	판매시간	2	2.4	2.8	1990.698	0	491	1500	=	1500	
7	총이익	500	400	460	397674.4	102326	0	500000	=	500000	
8	생산능력	1	1	1	895.3488				<=	1000	
9											
10											
11		X1	X2	X3							
12	값	395.3488	500	0							
13											
14											
15	목적 1	0									
16	목적 2	0									
17	목적 3	491									
18	목적 4	102326									
19											

⑫ 「데이터」 메뉴를 클릭하고 「해 찾기」를 선택한다.

⑬ 「목표 설정」에 목적 3을 나타내는 셀 B17을 입력하고 「제한 조건에 종속」에서 「추가」를 클릭한 후 셀 B16=0을 입력하고 「확인」과 「해 찾기」를 차례로 클릭하면 다음과 같은 결과를 얻는다.

	A	B	C	D	E	F	G	H	I	J	K
1					7장 자유전자㈜ 문제						
2											
3		X1	X2	X3		d-	d+	LHS		목표수준	
4	할인점		1		500	0	0	500	=	500	
5	총광고비	43	35	28	23950	10550	0	34500	=	34500	
6	판매시간	2	2.4	2.8	1500	0	0	1500	=	1500	
7	총이익	500	400	460	275000	225000	0	500000	=	500000	
8	생산능력	1	1	1	650				<=	1000	
9											
10											
11		X1	X2	X3							
12	값	150	500	0							
13											
14											
15	목적 1	0									
16	목적 2	0									
17	목적 3	0									
18	목적 4	225000									
19											

⑭ 목적 4의 완전 달성이 가능한지 알기 위하여 위에서 거친 절차를 반복한다.
「목표 설정」에 셀 B18을 입력하고 「제한 조건」으로 셀 B17=0을 추가한다.

⑮ 최적해는 다음과 같다.

$x_1 = 150$

$x_2 = 500$

목적 1, 2, 3=완전 달성

목적 4=225,000 미달성

7.6 계층분석 과정

목적계획법은 여러 목적을 달성하는 결정변수의 크기를 제공하는 기법이다. 계층분석 과정(analytical hierarchy process: AHP)은 의사결정자가 그의 선호를 반영하는 여러 기준에 의해서 몇 가지 결정대안 중에서 하나를 선정하고자 할 때 각 대안의 순위를 제시함으로써 가장 좋은 대안을 선정할 수 있도록 도와주는 기법이다. 따라서 목적계획법은 얼마?에 대한 대답을 제시하는 반면 계층분석 과정은 어느 것?에 대한 대답을 제시한다.

대학교를 졸업하는 학생이 몇 개의 회사에 취업하고자 할 때 고려하는 기준은 봉급, 승진, 규모, 근무지 등이 될 수 있다. 자동차를 사려는 사람이 몇 가지 모델로 압축하고 고려하는 기준은 가격, 개스 마일리지, 외관, 안락함, 스타일, 옵션 등이 될 수 있다. 의사결정자는 이러한 기준에 입각하여 각 대안을 비교한 후 의사결정을 하게 된다.

계층분석 과정은 의사결정자가 고려하는 기준에 각 대안이 얼마나 부합하는가에 입각하여 각 대안의 순위를 매기는 점수를 계산해 줌으로써 좋은 대안의 결정을 내릴 수 있도록 도와준다.

하나의 예를 가지고 계층분석 과정을 설명하기로 하자. 시골에서 그동안 살다가 서울로 이사를 하려고 집을 구입하려는 강 회장은 서로 다른 지역에 있는 아파트, 단독주택, 빌라 중에서 하나를 선정하려고 한다. 강 회장이 고려하는 기준은 가격, 학군, 주위환경, 교통 등 네 가지이다. 어떤 기준에 의하면 빌라가 유리하고, 다른 기준에 의하면 아파트를 사고 싶어서 최종 결정하기가 쉽지 않다.

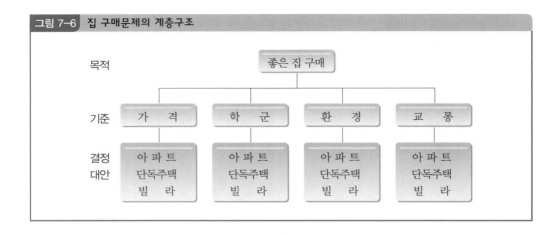

그림 7-6　집 구매문제의 계층구조

강 회장이 결정하려는 집 구매문제의 계층구조는 〈그림 7-6〉과 같다.

계층분석 과정에서는 계층구조에 따라 의사결정자로 하여금 추구하려는 목적에 비추어 각 기준의 상대적 중요성(선호도)을 제시하도록 한다. 예를 들면 어떤 기준이 가장 중요하고 어떤 기준이 가장 덜 중요한 것인지를 주관적으로 평가하도록 한다.

다음에는 의사결정자로 하여금 각 기준에 대해 결정대안의 상대적 중요성을 제시하도록 한다.

이와 같이 각 기준간 쌍비교(pairwise comparison) 행렬(matrix)과 각 대안 간 쌍비교 행렬을 만든 후에는 이들을 종합하여 각 대안의 종합순위를 제시하는 것이다.

쌍비교

각 기준의 중요도를 알기 위해서는 의사결정자로 하여금 기준들에 대해 두 개 기준의 쌍비교를 하도록 한다. 두 개의 기준을 쌍비교할 때 이들이 목적을 달성하는 기여도에 따라 어느 기준이 더욱 중요한지 선호도를 제시해야 한다.

기준이나 대안의 중요도를 측정하는 비교척도를 선호도 측도(preference scale)라고 한다. 쌍비교의 선호도 측도는 선호도의 수준에 따라 수치를 부여한다. 〈표 7-1〉은 계층분석 과정을 위해 사용되는 선호도 측도이다.

강 회장이 고려하는 기준은 네 가지이므로 모두 6개의 쌍을 만들 수 있다. 각 쌍에 대해 강 회장이 개인적 선호도를 밝힌 결과는 〈표 7-2〉와 같다.

표 7-1   선호도 측도

중요도 수치	의 미
1	똑같이 중요함
2	
3	약간 더 중요함
4	
5	상당히 더 중요함
6	
7	매우 더 중요함
8	
9	절대적으로 더 중요함

표 7-2   쌍비교 평가표

쌍비교	더 중요한 기준	중요도 수치
가격-학군	가격	2
가격-환경	가격	4
가격-교통	가격	6
학군-환경	학군	3
학군-교통	학군	5
환경-교통	교통	2

기준의 쌍비교 행렬

쌍비교 평가표가 만들어지면 이를 근거로 각 기준간 쌍비교 행렬을 만든다. 이때 같은 기준 간의 쌍비교 수치는 1이다. 예컨대 가격과 가격의 쌍비교 수치는 1이다. 한편 예컨대 가격과 학군의 쌍비교에서 가격이 더 중요한 기준이고 그의 수치가 2이므로 학군과 가격의 쌍비교에서 학군이 덜 중요한 기준이므로 그의 수치는 역수인 1/2이 된다. 이와 같이 작성한 기준의 쌍비교 행렬은 다음 표와 같다.

	가격	학군	환경	교통
가격	1	2	4	6
학군	$\frac{1}{2}$	1	3	5
환경	$\frac{1}{4}$	$\frac{1}{3}$	1	2
교통	$\frac{1}{6}$	$\frac{1}{5}$	$\frac{1}{2}$	1

종합화 1

각 기준간 쌍비교 행렬이 만들어지면 좋은 집을 구매하는 목적에 기여하는 정도에 따라 각 기준의 가중치를 계산할 수 있는데 이를 종합화(synthesization)라고 한다. 종합화의 절차는 다음과 같다.

- 각 기준간 쌍비교 행렬에서 각 열에 있는 모든 수치들의 합계를 구한다.
- 각 열에 속해 있는 수치들을 각 열별 합계로 나눈다. 이를 표준행렬(normalized matrix)이라 한다.
- 표준행렬에서 각 행별로 수치들의 평균을 구한다. 이는 각 기준의 가중치를 나타낸다.

위의 절차에 따라 종합화 과정을 따라 하기로 하자.

단계 ①: 각 열별로 수치들의 합계를 구한다.

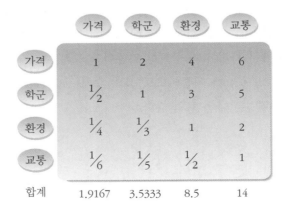

	가격	학군	환경	교통
가격	1	2	4	6
학군	$\frac{1}{2}$	1	3	5
환경	$\frac{1}{4}$	$\frac{1}{3}$	1	2
교통	$\frac{1}{6}$	$\frac{1}{5}$	$\frac{1}{2}$	1
합계	1.9167	3.5333	8.5	14

단계 ②: 각 열에 있는 수치를 그의 열별 합계로 나눈다.

	가격	학군	환경	교통
가격	0.5217	0.5660	0.4706	0.4286
학군	0.2609	0.2830	0.3529	0.3571
환경	0.1304	0.0943	0.1176	0.1429
교통	0.0870	0.0566	0.0588	0.0714

단계 ③: 각 행별로 수치들의 평균을 구하여 기준들의 가중치를 얻는다.

	가격	학군	환경	교통	가중치
가격	0.5217	0.5660	0.4706	0.4286	0.4967
학군	0.2609	0.2830	0.3529	0.3571	0.3135
환경	0.1304	0.0943	0.1176	0.1429	0.1213
교통	0.0870	0.0566	0.0588	0.0714	0.0685

이상의 과정을 정리하면 〈표 7-3〉과 같다.

종합화의 결과 강 회장이 추구하는 좋은 집 구매라는 목적에 부합하는 기준의 상대적 중요성(가중치)을 얻었다. 이는 중요한 기준이 무엇인지 그의 순위를 나타낸다. 강 회장의 집 구매문제에서는 가격>학군>환경>교통의 순서로 중요한 기준이 된다.

표 7-3   기준들의 가중치

기준	쌍비교 행렬				표준행렬				가중치
	가격	학군	환경	교통	가격	학군	환경	교통	
가격	1	2	4	6	0.5217	0.5660	0.4706	0.4286	0.4967
학군	1/2	1	3	5	0.2609	0.2830	0.3529	0.3571	0.3135
환경	1/4	1/3	1	2	0.1304	0.0943	0.1176	0.1429	0.1213
교통	1/6	1/5	1/2	1	0.0870	0.0566	0.0588	0.0714	0.0685

일관성 검사

　　의사결정자가 제시하는 쌍비교 평가에 일관성(consistency)이 있는지를 검사하는 것은 매우 중요한 과정이다. 일관성이 결여되어 있으면 다시 평가하도록 해야 한다.

　　예를 들면 기준 A가 기준 B에 비해 중요도의 수치가 3이고 기준 B가 기준 C에 비해 수치가 2라고 하면 기준 A가 기준 C에 비해 3×2＝6의 수치를 가지면 이는 완전한 일관성을 갖는다고 할 수 있다. 그러나 완전한 일관성을 유지하는 것은 어려운 일이기 때문에 의사결정자가 제시한 쌍비교의 일관성 정도를 측정하도록 해야 한다.

　　단계 ①: 각 기준간 쌍비교 행렬과 가중치를 곱하여 가중합계(weighted sum)를 구한다.

$$
\begin{bmatrix} 1 & 2 & 4 & 6 \\ 1/2 & 1 & 3 & 5 \\ 1/4 & 1/3 & 1 & 2 \\ 1/6 & 1/5 & 1/2 & 1 \end{bmatrix} \times \begin{bmatrix} 0.4967 \\ 0.3135 \\ 0.1213 \\ 0.0685 \end{bmatrix} = \begin{bmatrix} 1(0.4967)+2(0.3135)+4(0.1213)+6(0.0685)=2.0197 \\ 1/2(0.4967)+1(0.3135)+3(0.1213)+5(0.0685)=1.2681 \\ 1/4(0.4967)+1/3(0.3135)+1(0.1213)+2(0.0685)=0.4869 \\ 1/6(0.4967)+1/5(0.3135)+1/2(0.1213)+1(0.0685)=0.2746 \end{bmatrix}
$$

　　단계 ②: 각 기준별 가중합계를 그의 가중치로 나누어 일관성 측도를 구한다.

　　　　가격 일관성 측도＝2.0197/0.4967＝4.0660
　　　　학군 일관성 측도＝1.2681/0.3135＝4.0450
　　　　환경 일관성 측도＝0.4869/0.1213＝4.0134
　　　　교통 일관성 측도＝0.2746/0.0685＝4.0115

　　단계 ③: 각 기준별 일관성 측도들의 평균 λ를 구한다.

　　　　$\lambda=(4.0660+4.0450+4.0134+4.0115)/4=4.0340$

　　단계 ④: 다음 공식을 사용하여 일관성 지수(consistency index: CI)를 계산한다.

　　　　$CI=\dfrac{\lambda-n}{n-1}=\dfrac{4.0340-4}{3}=0.0113$
　　　　　n＝기준의 수

표 7-4　확률지수표

n	2	3	4	5	6	7	8	9	10
RI	0	0.58	0.9	1.12	1.24	1.32	1.41	1.45	1.51

쌍비교 행렬에 완전한 일관성이 있다면 $\lambda=n$이 성립하고 $CI=0$이 된다.

단계 ⑤: 다음 공식을 사용하여 일관성 비율(consistency ratio: CR)을 구한다.

$$CR=CI/RI=0.0113/0.9=0.013$$

여기서 확률지수(random index: RI)는 〈표 7−4〉로부터 얻는다.

$CR\leq0.1$일 경우 의사결정자의 일관성 정도는 만족할 만한 수준이라고 평가한다. 따라서 강 회장의 문제에서 $CR=0.013<0.1$이므로 강 회장의 기준별 쌍비교 평가에서 일관성이 유지된 것으로 판단된다.

대안의 쌍비교 행렬

각 기준별 세 대안 간의 쌍비교를 통해서 상대적 중요도를 대안간 쌍비교 행렬로 만든다. 강 회장이 제시한 각 기준별 대안간 쌍비교 행렬은 〈표 7−5〉와 같다.

종합화 2

각 대안 간 쌍비교 행렬이 만들어지면 각 대안의 가중치를 계산하기 위한 종합화 과정으로 들어간다. 이의 절차는 앞에서 설명한 각 기준의 가중치를 계산한 경우와 같다.

표 7−5   확률지수표

가 격

	아파트	단독주택	빌 라
아 파 트	1	1/5	3
단독주택	5	1	7
빌 라	1/3	1/7	1

학 군

	아파트	단독주택	빌 라
아 파 트	1	4	5
단독주택	1/4	1	3
빌 라	1/5	1/3	1

환 경

	아파트	단독주택	빌 라
아 파 트	1	1/3	1/5
단독주택	3	1	1/2
빌 라	5	2	1

교 통

	아파트	단독주택	빌 라
아 파 트	1	3	3
단독주택	1/3	1	2
빌 라	1/3	1/2	1

각 대안별 중요도의 가중치는 각 열별로 합을 구하고 이 합으로 해당하는 열에 속한 수치들을 나누어 표준행렬을 우선 구한다. 표준행렬의 행별로 평균을 구하면 이것이 대안별 가중치이다.

가격을 기준으로 한 각 대안의 가중치를 계산하면 다음과 같다.

	아파트	단독주택	빌라
아파트	1	1/5	3
단독주택	5	1	7
빌라	1/3	1/7	1
합계	6.3333	1.3429	11

	아파트	단독주택	빌라	가중치
아파트	0.1579	0.1489	0.2727	0.1932
단독주택	0.7895	0.7447	0.6364	0.7235
빌라	0.0526	0.1064	0.0909	0.0833

이들을 정리하면 〈표 7-6〉과 같은 가격을 기준으로 평가한 대안별 가중치가 된다.

학군을 기준으로 평가한 각 대안별 가중치는 〈표 7-7〉과 같다.

환경을 기준으로 평가한 각 대안별 가중치는 〈표 7-8〉과 같다.

교통을 기준으로 평가한 각 대안별 가중치는 〈표 7-9〉와 같다.

표 7-6   가격을 기준으로 평가한 가중치

대 안	쌍비교 행렬			표준행렬			가중치
	아파트	단독주택	빌라	아파트	단독주택	빌라	
아 파 트	1	1/5	3	0.1579	0.1489	0.2727	0.1932
단독주택	5	1	7	0.7895	0.7447	0.6364	0.7235
빌 라	1/3	1/7	1	0.0526	0.1064	0.0909	0.0833
합 계	6.3333	1.3429	11				

| 표 7-7 | 학군을 기준으로 평가한 가중치 |

대 안	쌍비교 행렬			표준행렬			가중치
	아파트	단독주택	빌라	아파트	단독주택	빌라	
아 파 트	1	4	5	0.6897	0.7500	0.5556	0.6651
단독주택	1/4	1	3	0.1724	0.1875	0.3333	0.2311
빌 라	1/5	1/3	1	0.1379	0.0625	0.1111	0.1038
합 계	1.45	5.3333	9				

| 표 7-8 | 환경을 기준으로 평가한 가중치 |

대 안	쌍비교 행렬			표준행렬			가중치
	아파트	단독주택	빌라	아파트	단독주택	빌라	
아 파 트	1	1/3	1/5	0.1111	0.1000	0.1176	0.1096
단독주택	3	1	1/2	0.3333	0.3000	0.2941	0.3092
빌 라	5	2	1	0.5556	0.6000	0.5882	0.5813
합 계	9	3.3333	1.45				

| 표 7-9 | 교통을 기준으로 평가한 가중치 |

대 안	쌍비교 행렬			표준행렬			가중치
	아파트	단독주택	빌라	아파트	단독주택	빌라	
아 파 트	1	3	3	0.6000	0.6667	0.5000	0.5889
단독주택	1/3	1	2	0.2000	0.2222	0.3333	0.2519
빌 라	1/3	1/2	1	0.2000	0.1111	0.1667	0.1593
합 계	1.6667	4.5	6				

각 대안의 우선순위 결정

각 기준으로 평가한 대안별 가중치를 정리하면 〈표 7-10〉과 같다.

이제 〈표 7-3〉이 나타내는 기준들의 가중치와 〈표 7-10〉이 나타내는 대안들의 가중치를 종합하면 각 대안들의 종합점수를 구할 수 있다.

아 파 트: $0.1932(0.4967)+0.6651(0.3135)+0.1096(0.1213)$

표 7-10   각 기준으로 평가한 대안별 가중치

	가 격	학 군	환 경	교 통
아 파 트	0.1932	0.6651	0.1096	0.5889
단독주택	0.7235	0.2311	0.3092	0.2519
빌 라	0.0833	0.1038	0.5813	0.1593

표 7-11   각 대안의 종합점수

대 안	우선순위
아 파 트	0.3581
단독주택	0.4866
빌 라	0.1554

$$+0.5889(0.0685)=0.3581$$

$$단독주택:\ 0.7235(0.4967)+0.2311(0.3135)+0.3092(0.1213)$$

$$+0.2519(0.0685)=0.4866$$

$$빌\quad 라:\ 0.0833(0.4967)+0.1038(0.3135)+0.5813(0.1213)$$

$$+0.1593(0.0685)=0.1554$$

계산 결과를 종합하면 〈표 7-11〉과 같다.

강 회장은 단독주택을 매입하는 것이 그가 고려하고 있는 여러 가지 기준에 가장 잘 부합한다고 결론을 내릴 수 있다.

Excel 활용 ▐▐▐

① 셀 영역 A1 : O44를 블럭으로 잡은 후 오른쪽 버튼을 눌러 「셀 서식」을 클릭하고 '표시형식'과 '숫자'를 선택하고 '소수 자리수'로 4를 선택한다. 「확인」을 클릭한다.

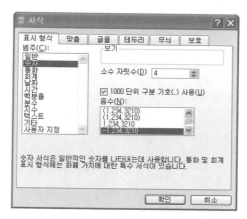

② 필요한 데이터를 시트에 입력한다.

	A	B	C	D	E	F	G	H	I	J	K	L	M	N	O	P
1							집 구매 계층분석 과정 모델									
2																
3				쌍비교행렬				표준행렬				가중치		일관성 검사		
4																
5	기준			기준												
6		가격	학군	환경	교통		가격	학군	환경	교통		가중치		가중치 곱	일관성측도	
7	가격	1.0000	2.0000	4.0000	6.0000											
8	학군	0.5000	1.0000	3.0000	5.0000											
9	환경	0.2500	0.3333	1.0000	2.0000											
10	교통	0.1667	0.2000	0.5000	1.0000											
11																
12	가격													CI		
13		아파트	단독주택	빌라			아파트	단독주택	빌라			가중치		CR		
14	아파트	1.0000	0.2000	3.0000												
15	단독주택	5.0000	1.0000	7.0000												
16	빌라	0.3333	0.1429	1.0000												
17																
18	학군													CI		
19		아파트	단독주택	빌라			아파트	단독주택	빌라			가중치		CR		
20	아파트	1.0000	4.0000	5.0000												
21	단독주택	0.2500	1.0000	3.0000												
22	빌라	0.2000	0.3333	1.0000												
23																
24	환경													CI		
25		아파트	단독주택	빌라			아파트	단독주택	빌라			가중치		CR		
26	아파트	1.0000	0.3333	0.2000												
27	단독주택	3.0000	1.0000	0.5000												
28	빌라	5.0000	2.0000	1.0000												
29																
30	교통													CI		
31		아파트	단독주택	빌라			아파트	단독주택	빌라			가중치		CR		
32	아파트	1.0000	3.0000	3.0000												
33	단독주택	0.3333	1.0000	2.0000												
34	빌라	0.3333	0.5000	1.0000												
35														CI		
36														CR		
37		가격	학군	환경	교통											
38	기준의 가중치															
39																
40	대안의 가중치						종합점수									
41		가격	학군	환경	교통		(우선순위)									
42	아파트															
43	단독주택															
44	빌라															
45																

③ 필요한 수식을 입력한다.

셀주소	수 식	비 고
G7	=B7/SUM(B$7 : B$10)	J10까지 복사
L7	=AVERAGE(G7 : J7)	L10까지 복사
*N7	=MMULT(B7 : E10, L7 : L10)	O10까지 복사
O7	=N7/L7	
O11	=(AVERAGE(O7 : O10)−4)/3	
O12	=O11/0.9	
G14	=B14/SUM(B$14 : B$16)	I16까지 복사
L14	=AVERAGE(G14 : I14)	L16까지 복사
N14	=MMULT(B14 : D16, L14 : L16)	O16까지 복사
O14	=N14/L14	
O17	=(AVERAGE(O14 : O16)−3)/2	
O18	=O17/0.58	
G20	=B20/SUM(B$20 : B$22)	I22까지 복사
L20	=AVERAGE(G20 : I20)	L22까지 복사
N20	=MMULT(B20 : D22, L20 : L22)	O22까지 복사
O20	=N20/L20	
O23	=(AVERAGE(O20 : O22)−3)/2	
O24	=O23/0.58	
G26	=B26/SUM(B$26 : B$28)	I28까지 복사
L26	=AVERAGE(G26 : I26)	L28까지 복사
N26	=MMULT(B26 : D28, L26 : L28)	O28까지 복사
O26	=N26/L26	
O29	=(AVERAGE(O26 : O28)−3)/2	
O30	=O29/0.58	
G32	=B32/SUM(B$32 : B$34)	I34까지 복사
L32	=AVERAGE(G32 : I32)	L34까지 복사
N32	=MMULT(B32 : D34, L32 : L34)	O34까지 복사
O32	=N32/L32	
O35	=(AVERAGE(O32 : O34)−3)/2	
O36	=O35/0.58	
B38	=L7	
C38	=L8	
D38	=L9	
E38	=L10	
B42	=L14	
C42	=L20	
D42	=L26	
E42	=L32	
B43	=L15	
C43	=L21	
D43	=L27	
E43	=L33	
B44	=L16	
C44	=L22	
D44	=L28	
E44	=L34	
G42	=SUMPRODUCT($B$38 : $E$38, B42 : E42)	G44까지 복사

N7에 입력하기 전에 먼저 N7 : N10의 범위를 블럭으로 지정한 후 수식을 타자하고 「Control」과 「Shift」를 동시에
누른 상태에서 「Enter」를 친다.

④ 다음과 같은 결과를 얻는다.

집 구매 계층분석과정 모델

#	A	B	C	D	E	F	G	H	I	J	K	L	M	N	O	P
2			쌍비교 행렬			표준행렬						가중치		일관성 검사		
5	기준															
6		가격	환경	교통	평통	가격	환경	교통	평통	평균		가중치		가중치 곱	일관성속도	
7	가격	1.0000	2.0000	4.0000	6.0000	0.5217	0.4706	0.5660	0.4286	0.4967		0.4967		2.0197	4.0660	
8	환경	0.5000	1.0000	3.0000	5.0000	0.2609	0.3529	0.2830	0.3571	0.3135		0.3135		1.2681	4.0450	
9	교통	0.2500	0.3333	1.0000	2.0000	0.1304	0.1176	0.0943	0.1429	0.1213		0.1213		0.4869	4.0134	
10	평통	0.1667	0.2000	0.5000	1.0000	0.0870	0.0588	0.0566	0.0714	0.0685		0.0685		0.2746	4.0115	
11														CI	0.0113	
12														CR	0.01	
13	가격	아파트	단독주택	빌라		아파트	단독주택	빌라	평균			가중치				
14	아파트	1.0000	0.2000	3.0000		0.1579	0.1489	0.2727	0.1932			0.1932		0.5878	3.0427	
15	단독주택	5.0000	1.0000	7.0000		0.7895	0.7447	0.6364	0.7235			0.7235		2.2726	3.1411	
16	빌라	0.3333	0.1429	1.0000		0.0526	0.1064	0.0909	0.0833			0.0833		0.2511	3.0137	
17														CI	0.0329	
18														CR	0.0567	
19	환경	아파트	단독주택	빌라		아파트	단독주택	빌라	평균			가중치				
20	아파트	1.0000	4.0000	5.0000		0.6897	0.7500	0.5556	0.6651			0.6651		2.1086	3.1705	
21	단독주택	0.2500	1.0000	3.0000		0.1724	0.1875	0.3333	0.2311			0.2311		0.7089	3.0677	
22	빌라	0.2000	0.3333	1.0000		0.1379	0.0625	0.1111	0.1038			0.1038		0.3139	3.0226	
23														CI	0.0435	
24														CR	0.0750	
25	교통	아파트	단독주택	빌라		아파트	단독주택	빌라	평균			가중치				
26	아파트	1.0000	0.3333	0.2000		0.1111	0.1000	0.1176	0.1096			0.1096		0.3289	3.0012	
27	단독주택	3.0000	1.0000	0.5000		0.3333	0.3000	0.2941	0.3092			0.3092		0.9285	3.0035	
28	빌라	5.0000	2.0000	1.0000		0.5556	0.6000	0.5882	0.5813			0.5813		1.7475	3.0064	
29														CI	0.0018	
30														CR	0.0032	
31	평통	아파트	단독주택	빌라		아파트	단독주택	빌라	평균			가중치				
32	아파트	1.0000	3.0000	3.0000		0.6000	0.6667	0.5000	0.5889			0.5889		1.8222	3.0943	
33	단독주택	0.3333	1.0000	2.0000		0.2000	0.2222	0.3333	0.2519			0.2519		0.7667	3.0441	
34	빌라	0.3333	0.5000	1.0000		0.2000	0.1111	0.1667	0.1593			0.1593		0.4815	3.0233	
35														CI	0.0270	
36														CR	0.0465	
37		가격	환경	교통	평통											
38	기준의 가중치	0.4967	0.3135	0.1213	0.0685											
40	대안의 가중치															
41		가격	환경	교통	평통		종합점수 (우선순위)									
42	아파트	0.1932	0.6651	0.1096	0.5889		0.3581									
43	단독주택	0.7235	0.2311	0.3092	0.2519		0.4866									
44	빌라	0.0833	0.1038	0.5813	0.1593		0.1554									

7.7 점수모델

점수모델(scoring model)은 의사결정자로 하여금 각 결정기준의 상대적 중요성에 따라 가중치를 부여토록 하고 또 각 기준에 따라 여러 결정대안들의 평점을 부여토록 함으로써 가중치와 평점(rating)을 곱하여 가장 많은 점수를 갖는 대안을 선택토록 하는 주관적 다기준 의사결정 모델이다.

이러한 간단한 점수모델은

- 시설입지
- 제품선정
- 직무선정

등에 널리 응용되고 있다.

점수모델은 눈에 보이는, 보이지 않는 요소들을 고려하는 신축적인 모델로서 여러 가지 기준을 동시에 고려할 수 있는 이점을 제공한다.

점수모델은 다음과 같은 공식을 이용하여 종합점수를 구한다.

$$S_i = \Sigma w_j g_{ij}$$

w_j = 기준 j에 부여하는 가중치. 가중치는 0부터 1까지의 값을 갖는데 상대적 중요도가 높을수록 1에 가까운 값을 갖는다. 모든 가중치의 합은 1이다.

g_{ij} = 결정대안 i가 기준 j를 만족시키는 평점으로서 0부터 100까지의 값을 갖는다. 만족시키는 정도가 높을수록 높은 평점을 부여한다.

S_i = 대안 i의 종합점수

간단한 예를 들어 설명하기로 하자.

종로제조㈜는 세 개의 신제품 아이디어 중에서 가장 점수가 높은 아이디어를 선정하려고 한다. 회사가 고려하는 기준은 다섯 가지이고 그들의 중요성에 따른 가중치가 다음 표와 같으며 각 기준에 대한 세 아이디어의 평점 또한 다음 표와 같이 주관적으로 결정하였다.

기 준	가중치	아이디어		
		1	2	3
현 제품라인에의 적합성	0.30	60	90	70
현 유통채널과의 일치성	0.20	90	65	80
판매량 예측	0.25	80	79	85
크기, 형태, 무게의 고려	0.15	100	80	60
장기자금 소요량	0.10	30	50	60

각 아이디어에 대한 종합점수는 다음과 같이 계산한다.

$$S_1 = 0.30(60) + 0.20(90) + 0.25(80) + 0.15(100) + 0.10(30) = 74$$

$$S_2 = 0.30(90) + 0.20(65) + 0.25(79) + 0.15(80) + 0.10(50) = 76.75$$

$$S_3 = 0.30(70) + 0.20(80) + 0.25(85) + 0.15(60) + 0.10(60) = 73.25$$

아이디어 2가 가장 높은 76.75점을 얻었기 때문에 회사는 아이디어 2를 선정해야 한다.

Excel 활용

① 필요한 데이터를 시트에 입력한다.

	A	B	C	D	E	F
1	7장 점수모델					
2						
3						
4	기준	가중치	1	2	3	
5	현 제품라인에의 적합성	0.3	60	90	70	
6	현 유통채널과의 일치성	0.2	90	65	80	
7	판매량 예측	0.25	80	79	85	
8	크기, 형태, 무게의 고려	0.15	100	80	60	
9	장기자금 소요량	0.1	30	50	60	
10						
11	종합점수					
12						

② 필요한 수식을 입력한다.

셀주소	수 식	비 고
C11	=SUMPRODUCT($B$5 : $B$9, C5 : C9)	E11까지 복사

③ 다음과 같은 결과를 얻는다.

	A	B	C	D	E	F
1	7장 점수모델					
2						
3						
4	기준	가중치	1	2	3	
5	현 제품라인에의 적합성	0.3	60	90	70	
6	현 유통채널과의 일치성	0.2	90	65	80	
7	판매량 예측	0.25	80	79	85	
8	크기, 형태, 무게의 고려	0.15	100	80	60	
9	장기자금 소요량	0.1	30	50	60	
10						
11	종합점수		74	76.75	73.25	
12						

1 다음과 같이 목적계획 모델이 주어졌을 때 그래프 방법으로 최적해를 구하라.

최소화 $P_1d_3^+, P_2d_1^-, P_3d_2^+$
제약조건:
$$1x_1+2x_2+d_1^- -d_1^+ =22$$
$$4x_1+3x_2+d_2^- -d_2^+ =24$$
$$3x_1+1x_2+d_3^- -d_3^+ =21$$
모든 변수 ≥ 0

해답

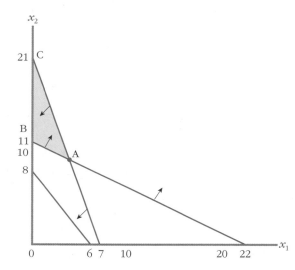

가해영역은 ABC이다.

가해영역에 있는 세 점은 목적 1과 목적 2를 만족시킨다. 목적 3과 관련 있는 목적제약조건식은 가해영역에 영향을 미치지 못한다. 세 점 가운데서 목적 3과 관련 있는 목적제약조건식과 가장 가까운 점은 점 B이다. 따라서 최적해점은 점 B이다.

최적해는

$$x_1=0$$
$$x_2=11$$
목적 1, 2=완전 달성
목적 3=9 미달성

2 Excel 전자㈜에서는 두 가지 제품 A와 B를 생산하는데 두 제품 생산은 서로 분리된 두 머신
센터(machine center)에서 이루어진다. 각 제품이 머신 센터에서 소요되는 시간과 매월 사용
가능한 각 머신 센터에서의 작업시간은 다음 표와 같다.
한편 각 제품은 생산하는 과정에서 재공품 재고를 사용하는데 그의 데이터가 다음과 같다.

제품	센터 1	센터 2	재공품 재고/단위
A	2시간	1시간	40원
B	1시간	3시간	30원
사용가능량	150	200	4,200

판매부에 따르면 다음 달 제품 A는 60개, 제품 B는 70개가 판매될 것으로 예상된다.
회사는 다음과 같은 다수 목적을 달성하기를 원한다.

1. 제품 A는 60개 이상 팔고 싶다.
2. 4,200원 이상 재공품 재고에 투자하고 싶지 않다.
3. 두 머신 센터에서 주어진 작업시간을 모두 사용하고 싶다.
4. 머신 센터 1에서의 작업시간은 20시간을 초과해서는 안 된다.
5. 제품 B는 70개 이상 팔고 싶다.
6. 두 머신 센터에서의 잔업시간의 합을 제한하고자 한다.

⑴ 회사가 이익의 최대화를 원한다면 이에 따르는 LP 모델을 작성하라.
⑵ 회사가 다수 목적을 달성하고자 원한다면 이에 따르는 목적계획 모델을 작성하라.
⑶ Excel을 사용하여 만족해를 구하라.

해답 ⑴ x_1＝제품 A의 생산량

x_2＝제품 B의 생산량

최대화 $Z = 40x_1 + 30x_2$

제약조건:

$$2x_1 + x_2 \leq 150$$
$$x_1 + 3x_2 \leq 200$$
$$40x_1 + 30x_2 \leq 4,000$$
$$x_1 \leq 60$$
$$x_2 \leq 70$$
$$x_1, \ x_2 \geq 0$$

(2) 최소화 $Z=P_1 d_5^- + P_2 d_3^+ + P_3(d_1^- + d_2^-) + P_4 d_4^+ + P_5 d_6^- + P_6(d_1^+ + d_2^+)$

제약조건:

$$2x_1 + \quad x_2 + d_1^- - d_1^+ = 150$$

$$x_1 + 3x_2 + d_2^- - d_2^+ = 200$$

$$40x_1 + 30x_2 + d_3^- - d_3^+ = 4{,}200$$

$$2x_1 + \quad x_2 + d_4^- - d_4^+ = 170$$

$$x_1 + \quad\quad + d_5^- - d_5^+ = 60$$

$$x_2 + d_6^- - d_6^+ = 70$$

모든 변수 ≥ 0

	A	B		d-	d+	LHS		목표수준
1			7장 예제와 해답 2					
제약조건식 1	2	1	170	0	0	150	=	150
제약조건식 2	1	3	210	0	0	200	=	200
제약조건식 3	40	30	3900	300	0	4200	=	4,200
제약조건식 4	2	1	170	0	0	170	=	170
제약조건식 5	1		60	0	0	60	=	60
제약조건식 6		1	50	20	0	70	=	70

	X1	X2
값	60	50

목적 1	0
목적 2	0
목적 3	0
목적 4	0
목적 5	20
목적 6	0

3 결혼 적령기를 넘긴 미스 김은 결혼 소개소의 도움으로 총각 세 명과 맞선을 보고 교제를 해 오고 있는데 고려하고 있는 기준에 의하면 한 명을 고르기가 쉽지 않아 계층분석 과정을 이용하려고 한다.

미스 김이 생각하는 기준은 학력(직장), 가문, 외모(건강과 체격)이다. 총각간 쌍비교 행렬과 기준간 쌍비교 행렬이 다음과 같이 제시되었을 때

(1) 각 쌍비교 행렬에 일관성이 있는가?

(2) 미스 김은 어느 총각을 배우자로 선택해야 하는가?

가 문	최 총각	박 총각	정 총각	학 력	최 총각	박 총각	정 총각
최 총각	1	3	6	최 총각	1	5	4
박 총각	1/3	1	1/2	박 총각	1/5	1	3
정 총각	1/6	2	1	정 총각	1/4	1/3	1

가 문	최 총각	박 총각	정 총각	학 력	최 총각	박 총각	정 총각
최 총각	1	1/5	1/7	최 총각	1	1/4	3
박 총각	5	1	1/3	박 총각	4	1	2
정 총각	7	3	1	정 총각	1/3	1/2	1

해답

(1)

	A	B	C	D	E	F	G	H	I	J	K	L	M	N
1														
2														
3			쌍비교 행렬				표준행렬			가중치		일관성 검사		
4														
5	기준													
6		최총각	박총각	정총각		최총각	박총각	정총각		가중치		가중치 곱	일관성측도	
7	최총각	1.0000	3.0000	6.0000		0.6667	0.5000	0.8000		0.6556		2.2667	3.4576	
8	박총각	0.3333	1.0000	0.5000		0.2222	0.1667	0.0667		0.1519		0.4667	3.0732	
9	정총각	0.1667	2.0000	1.0000		0.1111	0.3333	0.1333		0.1926		0.6056	3.1442	
10												CI	0.1125	
11	학력											CR	0.1940	
12		최총각	박총각	정총각		최총각	박총각	정총각		가중치				
13	최총각	1.0000	5.0000	4.0000		0.6897	0.7895	0.5000		0.6597		2.2445	3.4022	
14	박총각	0.2000	1.0000	3.0000		0.1379	0.1579	0.3750		0.2236		0.7056	3.1555	
15	정총각	0.2500	0.3333	1.0000		0.1724	0.0526	0.1250		0.1167		0.3561	3.0523	
16												CI	0.1017	
17	가문											CR	0.1753	
18		최총각	박총각	정총각		최총각	박총각	정총각		가중치				
19	최총각	1.0000	0.2000	0.1429		0.0769	0.0476	0.0968		0.0738		0.2223	3.0127	
20	박총각	5.0000	1.0000	0.3333		0.3846	0.2381	0.2258		0.2828		0.8662	3.0624	
21	정총각	7.0000	3.0000	1.0000		0.5385	0.7143	0.6774		0.6434		2.0083	3.1215	
22												CI	0.0328	
23	외모											CR	0.0565	
24		최총각	박총각	정총각		최총각	박총각	정총각		가중치				
25	최총각	1.0000	0.2500	3.0000		0.1875	0.1429	0.5000		0.2768		0.9296	3.3584	
26	박총각	4.0000	1.0000	2.0000		0.7500	0.5714	0.3333		0.5516		2.0020	3.6295	
27	정총각	0.3333	0.5000	1.0000		0.0625	0.2857	0.1667		0.1716		0.5397	3.1445	
28												CI	0.1887	
29												CR	0.3254	
30		학력	가문	외모										
31	기준의 가중치	0.6556	0.1519	0.1926										
32														
33	대안의 가중치					종합점수								
34		학력	가문	외모		(우선순위)								
35	최총각	0.6597	0.0738	0.2768		0.4970								
36	박총각	0.2236	0.2828	0.5516		0.2958								
37	정총각	0.1167	0.6434	0.1716		0.2072								
38														

　　　기준과 대안의 쌍비교에 있어서 $CR>0.1$이 있기 때문에 일관성이 결여되어 있다.

(2) 미스 김은 배우자를 선정할 수 없다.

연/습/문/제

01 다음과 같은 목적계획 모델의 최적해를 구하라.

(1) 최소화 $P_1d_1^-$, $P_2d_2^+$, $P_3d_3^-$, $P_4d_4^-$
제약조건:
$$14x_1+ 6x_2+d_1^- -d_1^+=84$$
$$x_1\qquad +d_2^- -d_2^+=5$$
$$12x_1+12x_2+d_3^- -d_3^+=240$$
$$14x_1+ 6x_2+d_4^- -d_4^+=168$$
$$x_1+ x_2\qquad\qquad \leq20$$
모든 변수≥0

(2) 최소화 $P_1d_1^+$, $P_2d_2^-$, $P_3d_3^-$, $P_4d_4^-$
제약조건:
$$1x_1+2x_2+3x_3+d_1^- -d_1^+=1{,}200$$
$$2x_1+1x_2+2x_3+d_2^- -d_2^+=400$$
$$3x_1+4x_2+1x_3+d_3^- -d_3^+=2{,}450$$
$$1x_1+3x_2+4x_3+d_4^- -d_4^+=1{,}790$$
모든 변수≥0

02 어느 뚱뚱한 한 아가씨는 다음 주 식탁에 포함되어야 할 다섯 가지 음식물을 결정하였는데, 그것은 치즈, 과일, 요구르트, 빵, 과자 등이다. 이에 대한 단위당 칼로리 함유량, 단백질 함유량 및 단위당 원가는 다음 표와 같다.

음식물	칼로리 함유량	단백질 함유량	단위당 원가
치 즈	225칼로리	0.15g	1,000원
과 일	200	0.25	50
요구르트	175	0.15	550
빵	150	0.05	40
과 자	400	0.08	375

그녀의 다음 주 예산은 100,000원으로 한정되어 있고, 역도선수인 그녀의 몸무게(90kg)를 유지하기 위해서는 최소한 50,000칼로리와 단백질을 최소한 35g 소비해야 한다. 한편 각

음식물은 30단위 이상을 먹어야 하는데 그녀가 좋아하는 음식물의 순서는 과자, 치즈, 과일, 빵 그리고 요구르트 순이다. 그녀의 만족도를 최대화하도록 이 문제에 대해 모델을 작성하라.

03 남산전자회사는 AM라디오와 FM라디오를 생산한다. 두 가지 제품 모두 한 단위 생산하는데 평균 4시간이 소요된다. 공장은 주당 60시간의 정규생산능력을 갖고 있다. 판매부에 의하면 AM라디오는 매주 30대, FM라디오는 25대를 판매할 수 있다고 한다. 관리자는 가장 중요한 순서부터 나열한 다음과 같은 목적을 달성하고자 한다.

- 생산능력의 미달을 최소로 한다.
- 판매부에서 예측한 AM라디오를 생산코자 한다.
- 판매부에서 예측한 FM라디오를 생산코자 한다.
- 주 60시간을 넘는 잔업시간을 최소화한다.

이 문제를 목적계획 모델로 작성하라.

04 부모로부터 250천만 원을 유산으로 물려받은 어떤 청년은 이 돈을 투자하여 일하지 않고 편안히 생활하고자 한다. 그는 다음과 같이 가장 중요한 목적부터 나열하였다.

- 배당이나 이자로 들어오는 연소득이 적어도 14천만 원은 되어야 한다.
- 한편 휴가나 특별 구매를 위해 자본이득으로 적어도 연 10천만 원은 받고 싶다.
- 주식에 적어도 100천만 원을 투자한다.
- 사채에 적어도 100천만 원을 투자한다.
- 우선주에 35천만 원 이상 투자하지 않는다.
- 상업어음에 10천만 원 이상 투자하지 않는다.
- 저축예금으로 은행에 적어도 15천만 원을 예금하고자 한다.

각 투자대상에 대한 기대소득률과 자본이득률이 다음과 같을 때 이 문제를 GP 모델로 작성하라.

	소 득	자본이득
주 식	3%	10%
사 채	8%	–
우 선 주	5%	5%
상 업 어 음	9%	–
저 축 예 금	6%	–

05 대한축구협회는 축구대표팀 감독을 선정하려고 하는데 현재 브라질의 A씨와 독일의 B씨로 압축한 상태이다. 그런데 선정위원들의 의견이 서로 팽팽하게 맞서 계층분석 과정을 이용하여 선임하려고 한다.

협회는 감독의 기준으로 감독경험, 능력, 지도력을 고려하고 있다. 선정위원회서 제시한 기준의 쌍비교와 각 기준에 있어 각 후보간 쌍비교는 다음 표와 같다.

	경 험	능 력	지도력
경 험	1	4	6
능 력	1/4	1	3
지도력	1/6	1/3	1

경 험	A씨	B씨
A씨	1	3
B씨	1/3	1

능 력	A씨	B씨
A씨	1	1/5
B씨	5	1

지도력	A씨	B씨
A씨	1	1/4
B씨	4	1

(1) 모든 쌍비교에 일관성이 있는가?
(2) 각 후보의 최종점수를 계산하라.

 강 양은 회사에 취직하여 자동차 신형 모델을 구매하려고 한다. 강 양이 고려하는 모델은 엑셀, 워드, 파워포인트이다. 한편 강 양이 고려하는 세 가지 기준은 가격, 개스 마일리지, 외관 등이다. 강 양이 제시한 기준의 쌍비교와 각 기준에 있어 모델 사이의 쌍비교는 다음 표와 같다. 어느 모델을 구매해야 하는가?

	가 격	개스 마일리지	외 관	스타일
가 격	1	3	4	2
개스 마일리지	1/3	1	1/3	1/4
외 관	1/4	3	1	1/2
스타일	1/2	4	2	1

가 격	엑 셀	워 드	파워포인트
엑 셀	1	1/3	1/4
워 드	3	1	1/2
파워포인트	4	2	1

개스 마일리지	엑 셀	워 드	파워포인트
엑 셀	1	1/4	1/6
워 드	4	1	1/3
파워포인트	6	3	1

외 관	엑 셀	워 드	파워포인트
엑 셀	1	2	7
워 드	1/2	1	6
파워포인트	1/7	1/6	1

스타일	엑 셀	워 드	파워포인트
엑 셀	1	1/3	4
워 드	3	1	7
파워포인트	1/4	1/7	1

07 다음과 같이 목적계획 모델이 주어졌을 때 그래프 방법에 의해 최적해를 구하라.

최소화 $P_1 d_1^-,\ P_2 d_2^+,\ P_3 d_3^-$
제약조건:

$$4x_1 + 5x_2 + d_1^- - d_1^+ = 40$$
$$4x_1 + 3x_2 + d_2^- - d_2^+ = 36$$
$$x_1 \qquad + d_3^- - d_3^+ = 6$$
$$4x_1 + 4x_2 \qquad \leq 36$$
$$모든\ 변수\ \geq 0$$

08 강남제조㈜에서는 세 가지 제품을 생산하는데 자재, 조립, 포장에 관한 데이터가 다음과 같다.

제 품	A	B	C	사용가능량
자재(kg/단위)	3	4	5	250kg
조립(분/단위)	9	8	7	700분
포장(분/단위)	1	2	3	300분

회사는 다음과 같은 목적을 달성하고자 한다.

1. 조립부에서의 잔업을 최소로 한다.
2. 조립부에서의 유휴시간을 최소로 한다.
3. 포장부에서 잔업과 유휴시간의 합을 최소로 한다.

목적계획 모델을 작성하고 Excel을 이용하여 만족해를 구하라.

EXCEL MANAGEMENT SCIENCE

PART

03

확률적 모델

CHAPTER

8

네트워크 모델

8.1 서 론

우리는 이미 제6장 수송모델과 할당모델에서 네트워크(network)에 관해 공부한 바 있다. 네트워크란 하나 또는 많은 제품이 한 지점에서 다른 지점으로 움직이는 경우 각 지점 사이를 연결해 주는 길들의 배열을 말한다.

네트워크 모델은 현실적인 경영문제 해결에 널리 사용되고 있다. 네트워크는 분석하고 자 하는 시스템의 그림을 그대로 나타내기 때문에 이는 관리자로 하여금 시스템을 쉽게 이해하는 데 도움을 준다.

네트워크 모델은 전화와 텔레비전 같은 통신 시스템, 하이웨이 시스템, 철도 시스템, 송유관 시스템, 교통신호 시스템, 물자수송 시스템, 생산조립라인 시스템 등의 문제해결에 사용되고 있다.

본장과 다음 장에서 여러 가지 형태의 네트워크 모델을 공부할 것이다. 우선 본장에서 는 시스템을 통한 제품의 흐름에 초점을 맞추는 네트워크 모델을 공부할 것이다. 이는 네 트워크 흐름모델(network flow model)이라고 한다.

여기에는

- 최단경로 문제
- 최대흐름 문제
- 최소 걸침나무 문제

등이 포함된다. 이러한 문제를 해결하는 데는 고유한 알고리즘이 있는데 이는 보론(박영사 Homepage)에 수록하였고 본장에서는 Excel을 활용하여 최적해를 구하는 요령을 공부할 것이다.

8.2 네트워크 구성요소

네트워크는 마디(node)와 가지(branch, arc)라는 두 개의 구성요소로 이루는 그림으로 표현된다. 마디는 몇 개의 길이 서로 만나는 교차점을 나타낸다. 예를 들면 마디는 도로 네트워크상에 있는 도시라든가 수도 공급 네트워크상에 있는 가옥을 의미한다. 가지는 마디들을 연결하여 네트워크의 한 지점에서 다른 지점으로의 라인을 나타낸다. 가지의 예를 들면 도시들을 연결하는 도로라든가 각 가옥에 수돗물을 공급하는 파이프라인 등이다. 가지는 일방통행일 수도 있지만 양방향 통행이 일반적이다. 가지는 도로나 수도관처럼 수용능력이 제한된 경우도 있지만 항공로처럼 무제한적 흐름을 가능케 하는 가지도 있다.

마디는 네트워크에서 원으로 나타내고 가지는 마디를 연결하는 선으로 나타낸다. 마디는 일반적으로 도시, 교차로, 철도역, 공항 같은 지역을 나타내고 가지는 지역의 터미널을

그림 8-1   네트워크

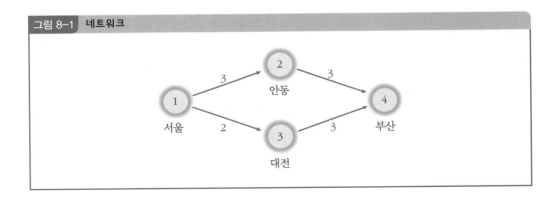

연결하는 고속도로, 철로, 항공로 같은 마디를 연결해 주는 길을 나타낸다.

〈그림 8-1〉은 서울과 부산까지의 철로와 중간역을 나타내고 있다. 그림에서 마디는 모두 네 개이고 가지도 모두 네 개이다. 서울을 나타내는 마디는 출발지(origin)이고 나머지 세 개의 마디는 우리가 네트워크로부터 결정하려는 것이 무엇이냐에 따라 목적지(destination)가 될 수 있다.

마디에는 숫자가 부여된다. 출발지에는 ①이 부여된다. 각 지역 사이의 가지는 두 개의 숫자로 표현한다. 예컨대 가지 ①-②는 서울과 안동 사이의 가지를 의미한다.

일반적으로 거리, 시간의 길이, 비용 등을 나타내는 가치가 각 가지에 부여된다. 이와 같이 네트워크의 목적은 네트워크상의 각 지점 간의 최단거리, 최단시간, 최저비용 등을 계산하려는 것이다.

〈그림 8-1〉에서 가지가 나타내는 숫자가 두 지점 사이의 소요시간을 나타낸다고 한다면 서울에서 대전까지는 2시간이 소요되고 부산까지는 5시간이 소요된다는 것을 의미한다.

8.3 최단 경로문제

최단 경로문제(shortest route problem)는 하나의 출발지와 몇 개의 목적지 사이의 최단 경로를 결정하는 문제이다. 여기서 최단 경로는 거리, 시간, 비용이 될 수 있음은 이미 공부한 바와 같다.

간단한 예를 들어 설명하기로 하자. 〈그림 8-2〉는 각 마디 사이를 거리(km)로 나타내는 네트워크이다. 출발지 마디 ①에서 마디 ⑦까지의 최단거리는 얼마인가?

최단 경로문제를 선형계획 모델로 작성하기 위해서는 우선 네트워크의 각 가지에 대한 결정변수를 정의해야 한다.

$$x_{ij} = \begin{cases} 1 & \text{마디 } i\text{에서 마디 } j\text{로의 흐름(가지 } i-j)\text{이 선택될 경우} \\ 0 & \text{마디 } i\text{에서 마디 } j\text{로의 흐름이 선택되지 않을 경우} \end{cases}$$

우리는 모델의 크기와 복잡성을 줄이기 위하여 낮은 번호의 마디에서 큰 번호의 마디

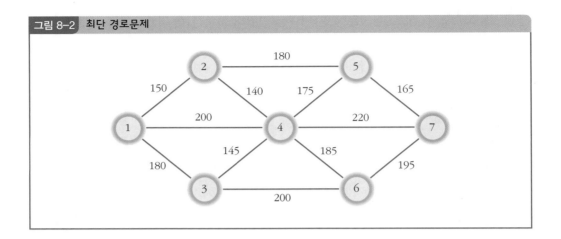

그림 8-2 ┃ 최단 경로문제

로 제품이 흐른다고 가정한다. 예컨대 마디 ②에서 ③으로는 흐를 수 있지만 마디 ③에서 ②로 흐를 수는 없다.

목적은 마디 ①과 나머지 마디 6개 사이의 거리를 최소화하는 것이므로 목적함수는 다음과 같이 표현할 수 있다.

$$\text{최소화} \quad Z = 150x_{12} + 180x_{13} + 200x_{14} + 140x_{24} + 180x_{25}$$
$$+ 145x_{34} + 200x_{36} + 175x_{45} + 185x_{46} + 220x_{47}$$
$$+ 165x_{57} + 195x_{67}$$

제약조건식은 각 마디에 하나씩 작성한다. 마디 ①에 대한 제약조건식을 작성함에 있어 그의 RHS 값은 1인데 이는 마디 ①에서의 유출량은 1이라고 가정하기 때문이다. 출발점에서 유출량이 1이므로 이는 세 개의 경로를 거쳐 최종 목적지인 마디 ⑦에 이르는데 이의 제약조건식의 RHS 값도 1이 된다.

마디 ①에 대한 제약조건식의 좌변은 마디 ①로부터 파생되는 세 개의 가능한 경로를 가르킨다. 따라서 마디 ①에 대한 제약조건식은 다음과 같다.

$$x_{12} + x_{13} + x_{14} = 1$$

마디 ②에 대한 제약조건식은 마디 ②에의 유입량은 마디 ②로부터의 유출량과 같다는 것을 표현한다.

마디 ②에 대한 제약조건식은 다음과 같다.

$$x_{12}=x_{24}+x_{25} \Rightarrow x_{12}-x_{24}-x_{25}=0$$

마디 ③, ④, ⑤, ⑥, ⑦에 대한 제약조건식도 같은 방식으로 작성하면 된다.

완전한 모델

최소화 $Z=150x_{12}+180x_{13}+200x_{14}+140x_{24}+180x_{25}+145x_{34}$

$$+200x_{36}+175x_{45}+185x_{46}+220x_{47}+165x_{57}+195x_{67}$$

제약조건:

$$x_{12}+x_{13}+x_{14}=1$$
$$x_{12}-x_{24}-x_{25}=0$$
$$x_{13}-x_{34}-x_{36}=0$$
$$x_{14}+x_{24}+x_{34}-x_{45}-x_{46}-x_{47}=0$$
$$x_{25}+x_{45}-x_{57}=0$$
$$x_{36}+x_{46}-x_{67}=0$$
$$x_{47}+x_{57}+x_{67}=1$$
$$x_{ij}=0 \text{ 또는 } 1$$

Excel 활용

① 필요한 데이터를 시트에 입력한다.

② 필요한 수식을 입력한다.

셀 주 소	수 식	비 고
I14	=SUM(B14 : H14)	I20까지 복사
B21	=SUM(B14 : B20)	H21까지 복사
B23	=SUMPRODUCT(B4 : H10, B14 : H20)	
K14	=C14+D14+E14	
K15	=C14−E15−F15	
K16	=D14−E16−G16	
K17	=E14+E15+E16−F17−G17−H17	
K18	=F15+F17−H18	
K19	=G16+G17−H19	
K20	=H17+H18+H19	

③ 「데이터」 메뉴를 클릭하고 「해 찾기」를 선택한다.

④ 「해 찾기 매개변수」 스크린이 나타나면 다음과 같이 입력한다.

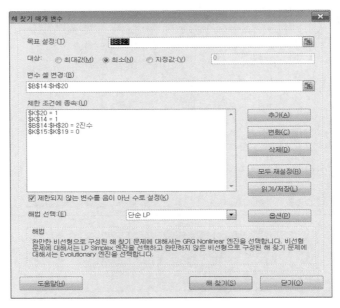

⑤ '제한되지 않는 변수를 음이 아닌 수로 설정'에 체크하고 「해법 선택」으로 '단순
LP'를 선택한다.

⑥ 「해 찾기」와 「확인」을 클릭하면 다음과 같은 최적해를 얻는다.

	1	2	3	4	5	6	7
				8장 최단경로 문제			
1		150	180	200			
2				140	180		
3				145		200	
4					175	185	220
5							165
6							195
7							

	1	2	3	4	5	6	7	총유입량	제약조건식 마디	흐름
1	0	0	0	1	0	0	0	1	1	1
2	0	0	0	0	0	0	0	0	2	0
3	0	0	0	0	0	0	0	0	3	0
4	0	0	0	0	0	0	1	1	4	0
5	0	0	0	0	0	0	0	0	5	0
6	0	0	0	0	0	0	0	0	6	0
7	0	0	0	0	0	0	0	0	7	1
총유출량	0	0	0	1	0	0	1			

총거리	420

마디 ①에서 출발하여 ④를 거쳐 마디 ⑦까지의 총 거리는 420km이다.

우리는 지금까지 출발지인 마디 ①에서 목적지인 마디 ⑦까지의 최단 거리를 구했다. 그러면 마디 ①에서 마디 ⑥까지의 최단거리는 몇 km인가?

이를 위해서는 우선 마디 ⑦에서 마디 ⑥까지의 거리인 195km를 데이터에 입력해야 한다. 다음에는 마디 ⑥과 마디 ⑦에 대한 제약조건식을 수정하고 이에 따라 수식도 수정해 주어야 한다.

마디 ⑥에 대한 제약조건식은 다음과 같다.

$$x_{26} + x_{46} + x_{76} = 1$$

마디 ⑦에 대한 제약조건식은 다음과 같다.

$$x_{47} + x_{57} + x_{67} - x_{74} - x_{75} - x_{76} = 0$$

필요한 수식을 다음과 같이 입력한다.

셀 주 소	수 식	비 고
K19	=G16+G17+G20	
K20	=H17+H18−G20	

「해 찾기 매개변수」 대화상자에 다음과 같이 입력한다.

다음과 같은 최적해를 얻는다.

마디 ①에서 출발하여 마디 ③을 거쳐 마디 ⑥까지의 최단거리는 380km이다.

8.4 최대 흐름문제

최대 흐름문제(maximal flow problem)는 출발지(source node)와 목적지(sink node)가 각각 하나씩인 네트워크로 들어오고 나가는 최대 유통량이 일정 기간 동안 얼마인가를 계산하는 문제이다.

네트워크 내에는 많은 가지가 있는데 이러한 가지를 흐르는 용량은 제한되어 있는 것이 특징이다. 예를 들면 파이프 라인이라든가 고속도로가 가지가 될 수 있는데 이 가지를 따라 흐르는 최대 용량은 파이프 라인의 굵기라든가 고속도로의 차선의 수에 따라 제한을 받는다. 이 가지를 따라 흐르는 용량에 제한이 있기 때문에 출발지에서 목적지까지 흐르는 일정 기간 동안의 최대 흐름용량도 제한되어 있다.

최대 흐름문제는 여러 가지 경영문제에 응용되고 있다. 네트워크의 파이프 라인을 통한 물, 가스, 오일, 맥주 등의 흐름, 철도 네트워크를 통한 교통량의 흐름, 생산라인 시스템을 통한 제품의 흐름문제 등을 해결하는 데 이용된다.

최대 흐름문제에서 구하려는 목적은 시스템 전체를 통해 흐르는 용량을 최대로 하기 위해서는 각 가지들을 통해 흐르는 용량은 얼마이어야 하는가를 결정하려는 것이다.

최대 흐름문제에서는 출발지와 목적지가 각각 하나씩이라는 가정 외에도 한 마디에의 유입량과 유출량은 동일하다는 가정도 필요하다.

최대 흐름 네트워크의 예로서 〈그림 8–3〉을 고려하자. 목적지인 마디 ⑦의 총흐름량과 각 가지의 흐름량은 얼마인지 결정하도록 하자.

최대 흐름문제도 우리가 취급하였던 최단 경로문제처럼 정수계획 모델을 작성할 수 있다.

결정변수는 다음과 같이 정의한다.

x_{ij}=마디 i에서 마디 j로의 흐름량

i=1, 2, ..., 7 j=1, 2, ..., 7

모델의 복잡성과 크기를 줄이기 위하여 역방향으로 가지를 따라 흐르는 경우는 무시하기로 한다. 예를 들면 마디 ④로부터 마디 ②로의 흐름은 0이라고 가정한다.

최대 흐름문제를 선형계획 모델로 변형시키기 위해서는 마지막 마디 ⑦로부터 시작마

그림 8-3 │ 흐름 네트워크

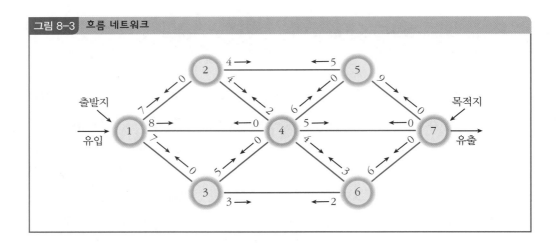

디 ①로의 가상가지, x_{71}을 하나 도입해야 한다.

마디 ⑦로부터 마디 ①로의 흐름량은 이 네트워크의 최대 흐름량이 된다.

따라서 선형계획 모델의 목적함수는 다음과 같이 표현할 수 있다.

최대화 $Z = x_{71}$

각 마디에 대한 제약조건식은 최단 경로문제에서 취했던 방식과 같이 작성한다. 즉 각
마디에의 유입량과 유출량은 동일하다.

마디 ⑦로부터 마디 ①로의 유입량은 가지 ①−②, ①−③, ①−④로 모두 유출되어야
하므로 마디 ①에 대한 제약조건식은 다음과 같이 표현한다.

$$x_{71} = x_{12} + x_{13} + x_{14} \Rightarrow x_{71} - x_{12} - x_{13} - x_{14} = 0$$

마디 ②에 대한 제약조건식은 다음과 같다.

$$x_{12} = x_{24} + x_{25} \Rightarrow x_{12} - x_{24} - x_{25} = 0$$

마디 ③, ④, ⑤, ⑥, ⑦에 대한 제약조건식도 같은 방식으로 작성하면 된다.

완전한 모델

최대화 $Z = x_{71}$

제약조건:

$$x_{71} - x_{12} - x_{13} - x_{14} = 0$$

$$x_{12} - x_{24} - x_{25} = 0$$

$$x_{13} - x_{34} - x_{36} = 0$$

$$x_{14} + x_{24} + x_{34} - x_{45} - x_{46} - x_{47} = 0$$

$$x_{25} + x_{45} - x_{57} = 0$$

$$x_{36} + x_{46} - x_{67} = 0$$

$$x_{47} + x_{57} + x_{67} - x_{71} = 0$$

$$x_{12} \leq 7$$

$$x_{13} \leq 7$$

$$x_{14} \leq 8$$

$$x_{24} \leq 4$$

$$x_{25} \leq 4$$

$$x_{34} \leq 5$$

$$x_{36} \leq 3$$

$$x_{45} \leq 6$$

$$x_{46} \leq 4$$

$$x_{47} \leq 5$$

$$x_{57} \leq 9$$

$$x_{67} \leq 6$$

$$x_{ij} \geq 0 \text{ 그리고 정수}$$

Excel 활용 ░▐▐▐

① 필요한 데이터를 시트에 입력한다.

	A	B	C	D	E	F	G	H
1				8장 최대 흐름문제				
2								
3		마디		가지				
4	에서	으로	흐름량	용량		마디	흐름량	
5	1	2		7		1		
6	1	3		7		2		
7	1	4		8		3		
8	2	4		4		4		
9	2	5		4		5		
10	3	4		5		6		
11	3	6		3		7		
12	4	5		6				
13	4	6		4				
14	4	7		5				
15	5	7		9				
16	6	7		6				
17	7	1		100				
18		합계						

마디 ⑦에서 마디 ①로의 가지는 가상마디이므로 이의 용량은 임의로 큰 수치를 입력한다.

② 필요한 수식을 입력한다.

셀 주 소	수 식	비 고
G5	=C17−C5−C6−C7	
G6	=C5−C8−C9	
G7	=C6−C10−C11	
G8	=C7+C8+C10−C12−C13−C14	
G9	=C9+C12−C15	
G10	=C11+C13−C16	
G11	=C14+C15+C16−C17	
C18	=C17	

③ 「데이터」 메뉴를 클릭하고 「해 찾기」를 선택한다.

④ 「해 찾기 매개변수」 스크린이 나타나면 다음과 같이 입력한다.

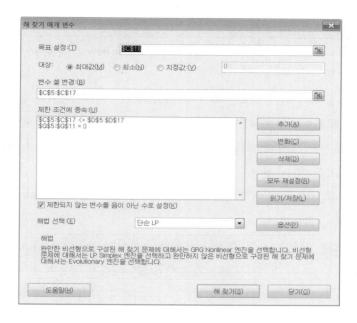

⑤ '제한되지 않는 변수를 음이 아닌 수로 설정'에 체크하고 「해법 선택」으로 '단순 LP'를 선택한다.

⑥ 「해 찾기」와 「확인」을 누르면 다음과 같은 결과를 얻는다.

	A	B	C	D	E	F	G	H
1				8장 최대 흐름문제				
2								
3		마디		가지				
4	에서	으로	흐름량	용량		마디	흐름량	
5	1	2	7	7		1	0	
6	1	3	5	7		2	0	
7	1	4	8	8		3	0	
8	2	4	4	4		4	0	
9	2	5	3	4		5	0	
10	3	4	3	5		6	0	
11	3	6	2	3		7	0	
12	4	5	6	6				
13	4	6	4	4				
14	4	7	5	5				
15	5	7	9	9				
16	6	7	6	6				
17	7	1	20	100				
18		합계	20					
19								

8.5 최소 걸침나무 문제

우리가 이미 공부한 최단 경로문제는 네트워크상의 출발지 마디와 목적지 마디 사이의 최단 경로를 결정하는 문제이었다. 최소 걸침나무(minimal spanning tree) 문제는 최단 경로 문제와 유사하지만 그의 목적은 네트워크의 모든 마디를 서로 연결할 때 가지들의 총 길이가 최소가 되도록 하는 것이다.

최소 걸침나무 문제는 버스나 지하철 같은 교통망, 그리고 배급망과 케이블 TV와 같은 통신망의 설계에 응용된다.

네트워크에 있는 모든 마디를 연결하여 연결된 가지의 총거리가 최소가 되도록 한 네트워크의 모양을 걸침나무라 한다. 네트워크에 n개의 마디가 있으면 이 마디들을 연결하는 가지의 수는 $(n-1)$개가 된다. 문제에 따라서는 가지가 거리 또는 자재의 양 이외에 시간이나 비용을 의미하기도 한다.

간단한 예를 들어 최소 걸침나무 문제를 설명하기로 하자. 〈그림 8-4〉는 각 가지가 기름 저장 탱크를 나타내고 가지는 파이프 라인을 나타내는 네트워크이다. 가지 위에 써 있는 수치는 두 마디 사이의 거리(km)를 나타낸다. 여기서 분석의 목적은 모든 저장 탱크를 연결하는 파이프 라인의 최단 시스템을 구하려는 것이다.

최소 걸침나무 문제는 선형계획 모델로 표현할 수 없기 때문에 Excel을 사용하여 최적해를 구할 수 없다. 따라서 본장에서는 고유한 알고리즘을 이용하기로 한다.

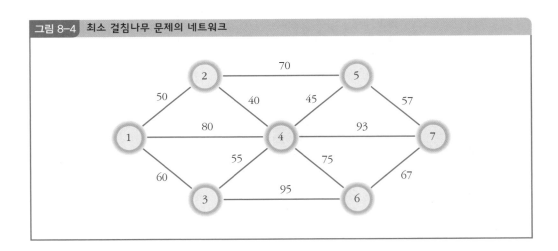

그림 8-4 최소 걸침나무 문제의 네트워크

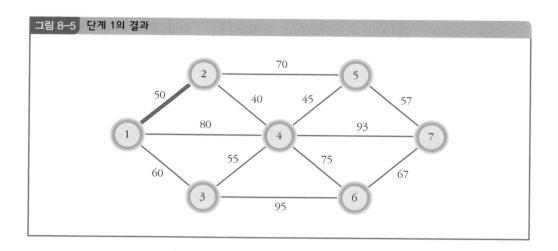

그림 8-5 단계 1의 결과

- 어떤 마디로부터 시작해도 좋으나 보통 마디 ①에서 시작한다. 이 선택된 마디에서 가장 가까운 마디를 찾아 이들을 연결한다.
- 연결된 마디로부터 아직 연결되지 않은 마디까지의 최단 가지를 찾아 이들을 연결한다.
- 모든 마디가 연결되어 나무가 될 때까지 계속한다.
- 걸침나무의 총거리를 구하기 위해서는 그들의 값을 합친다.

단계 1 : 〈그림 8-4〉에서 마디 ①을 선택하기로 하자. 마디 ①에서 바로 연결할 수 있는 가장 가까운 거리에 있는 마디는 최소 (50, 60, 80)=50인 마디 ②이다. 단계 1의 결과는 〈그림 8-5〉와 같다.

단계 2 : 연결된 마디 ①과 ②로부터 가장 가까운 거리에 있는 연결되지 않은 마디는 최소(60, 80, 40, 70)=40인 마디 ④이다. 따라서 마디 ②와 ④를 연결한다. 단계 2의 결과는 〈그림 8-6〉과 같다.

단계 3 : 연결된 마디 ①, ②, ④로부터 가장 가까운 거리에 있는 연결되지 않은 마디는 최소(60, 80, 70, 55, 45, 75, 93)=45인 마디 ⑤이다. 따라서 마디 ④와 ⑤를 연결한다. 단계 3의 결과는 〈그림 8-7〉과 같다.

단계 4 : 연결된 마디 ①, ②, ④, ⑤로부터 가장 가까운 거리에 있는 마디는 최소(60, 80, 70, 55, 75, 93, 57)=55이므로 마디 ③이다. 따라서 마디 ④와 ③을 연결한다. 단계 4의 결과는 〈그림 8-8〉과 같다.

단계 5 : 연결된 마디 ①, ②, ③, ④, ⑤로부터 가장 가까운 거리에 있는 마디는 최소

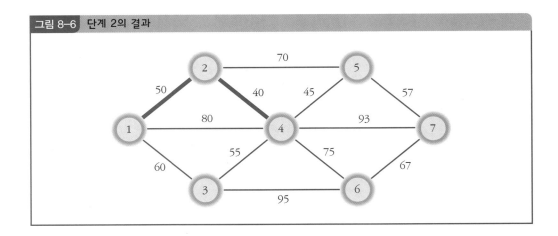

그림 8-6   단계 2의 결과

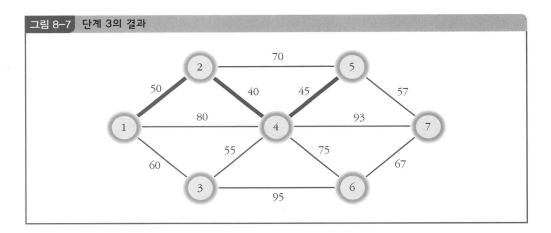

그림 8-7   단계 3의 결과

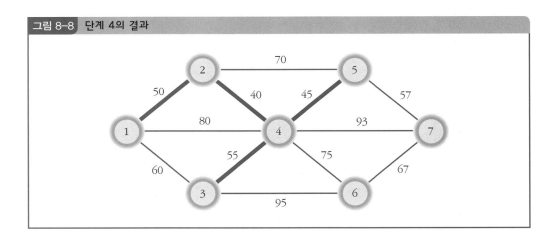

그림 8-8   단계 4의 결과

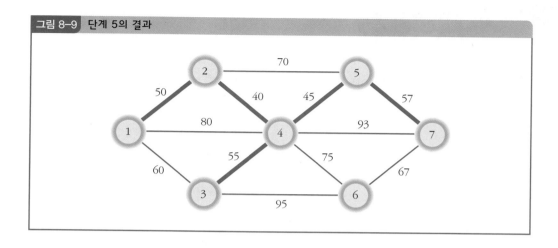

그림 8-9 단계 5의 결과

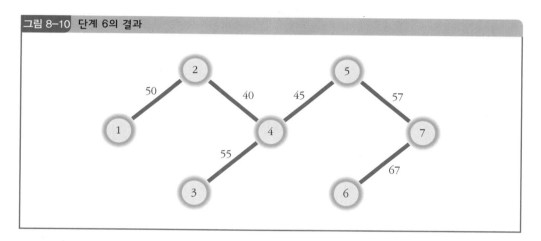

그림 8-10 단계 6의 결과

(95, 75, 93, 57)=57이므로 마디 ⑦이다. 따라서 마디 ⑤와 ⑦을 연결한다. 단계 5의 결과는 〈그림 8-9〉와 같다.

단계 6: 연결된 마디 ①, ②, ③, ④, ⑤, ⑦로부터 가장 가까운 거리에 있는 마디는 최소(95, 75, 67)=67이므로 마디 ⑥이다. 따라서 마디 ⑦과 ⑥을 연결한다. 이의 결과는 〈그림 8-10〉과 같으며 최적해이다.

모든 마디를 연결하는 최단 거리는 50+40+55+45+57+67=314km이다.

1 다음과 같은 네트워크가 주어졌을 때 출발지 ①에서 목적지 ⑦까지의 최단경로 및 거리를 구할 선형계획 모델을 작성하라.

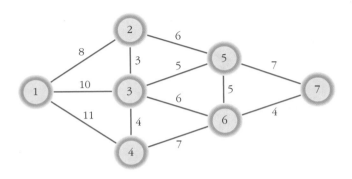

해답

$$x_{ij} = \begin{cases} 1 & \text{마디 } i \text{에서 마디 } j \text{로의 흐름이 선택될 경우} \\ 0 & \text{마디 } i \text{에서 마디 } j \text{로의 흐름이 선택되지 않을 경우} \end{cases}$$

최소화 $Z = 8x_{12} + 10x_{13} + 11x_{14} + 3x_{23} + 6x_{25} + 4x_{34} + 5x_{35}$
$\qquad\qquad + 6x_{36} + 7x_{46} + 5x_{56} + 7x_{57} + 4x_{67}$

제약조건:

$$x_{12} + x_{13} + x_{14} \qquad\qquad = 1$$
$$x_{12} - x_{23} - x_{25} \qquad\qquad = 0$$
$$x_{13} + x_{23} - x_{34} - x_{35} - x_{36} = 0$$
$$x_{14} + x_{34} - x_{46} \qquad\qquad = 0$$
$$x_{25} + x_{35} - x_{56} - x_{57} \qquad = 0$$
$$x_{36} + x_{46} + x_{56} - x_{67} \qquad = 0$$
$$x_{57} + x_{67} \qquad\qquad\qquad = 1$$
$$x_{ij} = 0 \text{ 또는 } 1$$

Excel 활용

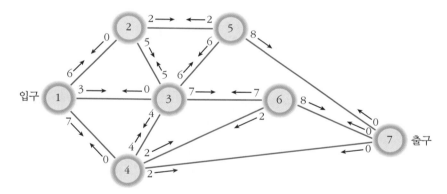

2 다음과 같은 네트워크에서

(1) 선형계획 모델을 작성하라.

(2) 최대 흐름량을 구하라.

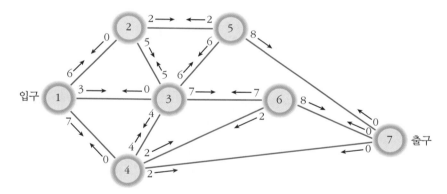

해답

(1) x_{ij}=마디 i에서 마디 j로의 흐름량

최대화 $Z=x_{71}$

제약조건:

$$x_{71}-x_{12}-x_{13}-x_{14}\qquad =0$$
$$x_{12}-x_{23}-x_{25}\qquad\qquad =0$$
$$x_{13}+x_{23}-x_{34}-x_{35}-x_{36}=0$$

$$x_{14} + x_{34} - x_{46} - x_{47} \quad = 0$$

$$x_{25} + x_{35} - x_{57} \quad = 0$$

$$x_{36} + x_{46} - x_{67} \quad = 0$$

$$x_{47} + x_{57} + x_{67} - x_{71} \quad = 0$$

$$x_{12} \leq 6$$

$$x_{13} \leq 3$$

$$x_{14} \leq 7$$

$$x_{23} \leq 5$$

$$x_{25} \leq 2$$

$$x_{34} \leq 4$$

$$x_{35} \leq 6$$

$$x_{36} \leq 7$$

$$x_{47} \leq 2$$

$$x_{57} \leq 8$$

$$x_{67} \leq 8$$

$$x_{ij} \geq 0 \text{ 그리고 정수}$$

(2)

	A	B	C	D	E	F	G
1	8장 예제와 해답 2						
2							
3	마디		가지				
4	에서	으로	흐름량	용량		마디	흐름량
5	1	2	6	6		1	0
6	1	3	3	3		2	0
7	1	4	4	7		3	0
8	2	3	4	5		4	0
9	2	5	2	2		5	0
10	3	4	0	4		6	0
11	3	5	1	6		7	0
12	3	6	6	7			
13	4	6	2	2			
14	4	7	2	2			
15	5	7	3	8			
16	6	7	8	8			
17	7	1	13	100			
18		합계	13				

3 〈그림 1〉은 컴퓨터 센터와 각 지역에 흩어져 있는 사용자 사이의 거리를 나타내는 네트워크다. 최소 걸침나무를 그려라.

해답

통신 네트워크에서 마디는 7개이므로 이들 모든 마디를 연결하고 총거리가 최소가 되도록 하는 가지의 수는 여섯 개가 된다.

알고리즘의 첫째 단계는 네트워크의 마디 중에서 어느 하나를 임의로 선택한다. 이 선택된 마디에서 가장 가까운 마디를 찾아 이들을 연결한다. 〈그림 2〉에서 마디 ①을 선택하기로 하자. 마디 ①에서 가장 가까운 거리에 있는 사용자는 ②이다. 마디 ①과

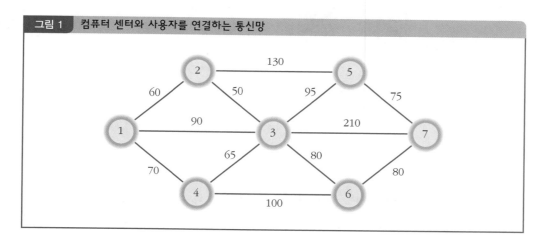

그림 1   컴퓨터 센터와 사용자를 연결하는 통신망

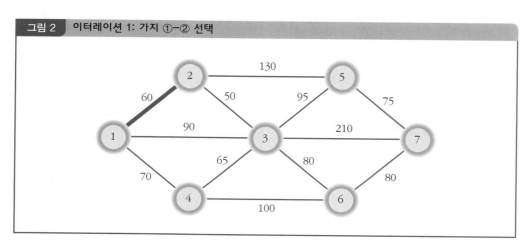

그림 2   이터레이션 1: 가지 ①-② 선택

마디 ②를 연결한다. 그러면 마디 ①과 마디 ②는 연결된 마디가 된다. 첫째 이터레이션의 결과가 〈그림 2〉이다.

둘째 단계는 연결된 마디와 가장 가까운 아직 연결되지 않은 마디를 찾아서 이들을 연결한다. 연결된 마디 ① 또는 마디 ②와 가장 가까운 거리에 있는 연결되지 않은 마디는 ③이다. 따라서 마디 ②와 마디 ③을 연결한다. 둘째 이터레이션의 결과가 〈그림 3〉이다.

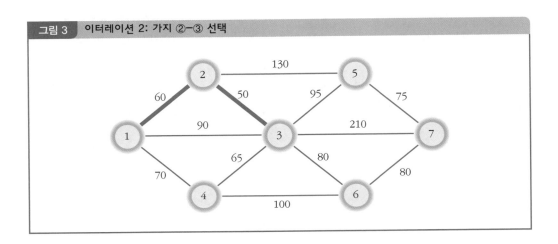

그림 3 이터레이션 2: 가지 ②-③ 선택

다음에는 이 연결된 가지의 마디 ①, ② 또는 마디 ③으로부터 가장 가까운 그러나 아직까지 연결되지 않은 마디 하나를 선택한다. 모든 마디가 연결될 때까지 이러한 과정을 반복한다. 연결된 마디 ①, ② 또는 ③과 가장 가까운 거리에 있는 마디는 ④이다. 따라서 마디 ③과 마디 ④를 연결한다. 셋째 이터레이션의 결과가 〈그림 4〉이다. 이제 연결된 마디는 ①, ②, ③ 그리고 ④이다.

이제 마디 ③과 마디 ⑥을 연결할 때 최단거리이다. 연결된 마디 ①, ②, ③, ④, ⑥에서 볼 때 마디 ⑥과 마디 ⑦을 연결하면 최단거리이다. 마지막으로 마디 ⑦과 마디 ⑤를 연결하면 이제 모든 마디가 연결되었으므로 최적해는 결정된 것이다. 모든 마디를 연결한 가지는 6개이며 모든 마디를 연결한 결과는 〈그림 5〉와 같다. 최단거리는 60+50+65+80+80+75=410이다.

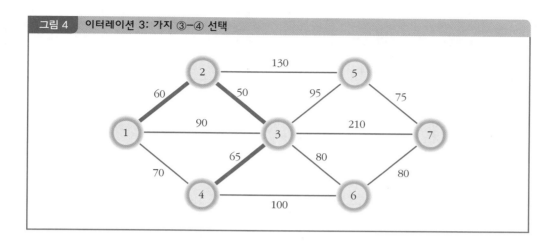

그림 4 　이터레이션 3: 가지 ③-④ 선택

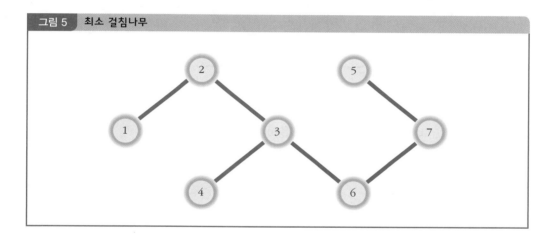

그림 5 　최소 걸침나무

연/습/문/제

01 다음 네트워크에서 마디 ①에서 마디 ⑩까지의 최단 경로를 구하라.

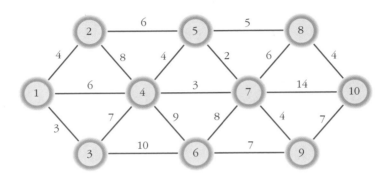

02 다음과 같은 네트워크가 주어졌을 때 물음에 답하라.

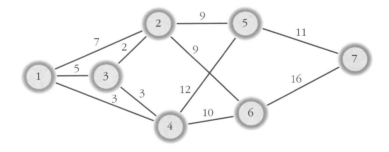

(1) 마디 ①에서 모든 다른 마디까지의 최단 경로를 찾아라.
(2) 최소 걸침나무를 그려라.

03 고속도로 네트워크 시스템이 다음과 같이 주어졌을 때 차량의 시간당 최대 흐름대수를 결정하고(단위 1,000대) 이의 선형계획 모델을 작성하라.

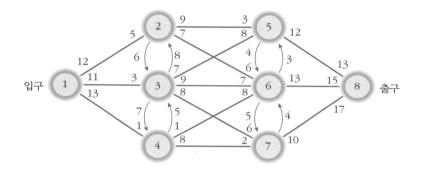

04 다음 네트워크의 마디 ①에서 마디 ⑦까지의 최단 경로를 구하는 선형계획 모델을 작성하라.

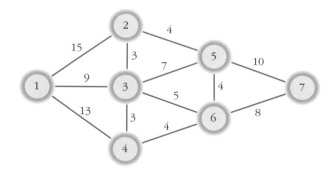

05 다음의 네트워크에서 마디 ①과 마디 ⑧ 사이의 최단 경로를 찾아라.

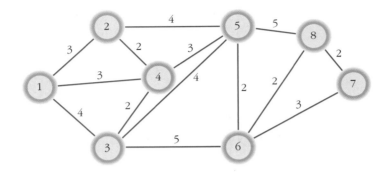

CHAPTER

9

PERT/CPM

9.1 서 론

　　프로젝트(project)란 개인이나 회사가 보통 긴 기간 내에 또는 최소의 비용으로 완료하고자 하는 여러 활동들을 말한다. 예를 들면 고속도로, 댐, 조선, 공항 등 대규모 건설공사, 인공위성 같은 연구·개발사업 등은 반복적으로 발생하는 것이 아니고 일시적 성격을 띠기 때문에 고유한 프로젝트 관리기법이 사용된다.

　　프로젝트 관리는 다음과 같은 특성을 갖는다.

- 프로젝트를 완성하는 데는 장기간이 소요되므로 이 기간 동안 예측할 수 없는 변화가 발생할 수 있으며 이러한 변화는 비용, 기술, 자원에 큰 영향을 미친다.
- 프로젝트는 여러 관련 활동으로 구성되어 성격상 복잡하다.
- 프로젝트 완성기간의 지체는 비용 및 손해를 초래할 수 있다.
- 프로젝트는 작업순서를 지켜야 하므로 어떤 활동은 다른 활동이 끝난 뒤에야 시작할 수 있다.

　　프로젝트 관리에는 시간, 자원, 비용 등 세 가지 중요한 요소가 있다. 프로젝트 관리자는 프로젝트의 완성기간 및 비용을 최소화하기 위하여 인력, 데이터, 설비, 원자재, 장비 등의 자원을 각 활동에 효율적으로 배분하도록 해야 한다. 이를 위해서는 프로젝트에 관련된 모든 활동을 주공정 활동(주요 활동)과 아닌 활동으로 분류하여 통제하고 그들의 스케줄링을 수립해야 하고 어떤 차질이 발생할 경우에는 필요한 조치를 취함으로써 프로젝트의 지연을 줄일 수 있는 것이다. 이와 같이 프로젝트 관리자는 많은 부서와 개인이 수행하는 수많은 활동들로 구성된 복잡한 프로젝트를 계획하고, 스케줄링을 수립하고 통제하는 역할을 잘 수행해야 계획한 기간에 완료할 수 있는 것이다.

본장에서는 네트워크 작성, 주공정 활동, 프로젝트의 일정 기간 내에 완료할 확률, 프로젝트의 완료기간과 비용과의 관계 등에 관하여 공부할 것이다.

9.2 프로젝트 관리 과정

프로젝트는 수많은 활동으로 구성되는데 각 활동은 시간, 비용, 자원(예컨대 노동, 원자재, 기계) 같은 요구사항을 갖는다. 수행할 프로젝트의 규모나 성격에 관계 없이 모든 프로젝트는 프로젝트 계획, 프로젝트 스케줄링, 프로젝트 통제의 과정을 거친다.

프로젝트 계획

프로젝트 계획(project planning)은 프로젝트 관리의 시작단계로서 목적설정, 프로젝트 정의, 팀 조직 같은 문제를 고려하게 된다.

- 프로젝트의 목적 또는 목표는 무엇인가?
- 프로젝트를 구성하는 여러 가지 활동들은 무엇인가?
- 이들 활동들의 선행관계는 무엇인가?
- 각 활동에 소요되는 시간은 얼마인가?
- 각 활동에 소요되는 다른 자원은 무엇인가?

프로젝트 스케줄링

프로젝트 스케줄링(project scheduling)은 프로젝트를 효율적으로 계획하고 통제하기 위하여 사용된다. 프로젝트 스케줄링의 목표는 다음과 같다.

- 프로젝트를 완료하는 데 소요되는 전기간 계산
- 전체 프로젝트를 빨리 완성하기 위한 각 활동의 시작일과 완료일의 결정
- 프로젝트를 어떤 기간 내에 완성할 가능성(확률)의 계산
- 프로젝트를 최소의 비용으로 일정 기간 내에 완성할 스케줄링 수립
- 어떤 활동의 지연이 전체 프로젝트 완성기간에 미치는 영향조사
- 전체 프로젝트 완성기간에 영향을 미치지 않는 활동들의 지연가능한 기간 계산
- 프로젝트가 시간과 비용면에서 순조롭게 진행되고 있는가의 결정
- 프로젝트 완성기간 동안 자원의 배분을 고르게 할 활동들의 스케줄링 수립

프로젝트 통제

어떠한 경영시스템의 통제처럼 프로젝트 통제(project control)도 스케줄, 자원, 예산 등을 면밀히 모니터링한다. 통제를 통해 프로젝트 계획을 수정하거나 자원을 가장 필요한 곳으로 이동시킨다. 이렇게 함으로써 모든 시간과 비용 스케줄을 만족시키도록 한다.

- 어느 특정 날짜에 프로젝트는 스케줄대로 진행되고 있는가?
- 어느 특정 날짜에 프로젝트에 사용된 비용은 예산대로인가?
- 프로젝트를 계획된 날짜에 완료하기 위해서는 충분한 자원이 확보되는가?
- 비용을 줄이면서 짧은 기간 내에 프로젝트를 완료할 최선의 길은 있는가?

9.3 PERT/CPM의 개념

프로젝트 관리기법으로는 PERT(project evaluation and review technique)와 CPM(critical path method)이 사용되고 있다.

PERT는 1958년 미국 해군에서 폴라리스 미사일(Polaris missile)을 조속한 시일 내에 완성하는 데 필요한 모든 활동의 통제와 자원의 효율적 배분을 위해 개발되었다. 이 사업의 모든 활동은 전에 시도한 바가 없기 때문에 소요시간의 예측이 불확실하였다. 따라서 PERT는 활동시간의 추정에 확률을 사용하였으므로 확률적 도구라고 할 수 있다.

한편 CPM은 1957년 미국의 듀퐁회사에 의하여 활동시간이 확실한 공장의 건설을 위하여 개발되었다. CPM에 있어서는 활동의 완료시간이 추정치로 부여되므로 확정적 도구라 할 수 있다.

CPM은 또한 활동의 완료시간과 비용과의 관계를 고려하여 자원과 비용의 추가 투입에 의한 완료시간의 단축을 가능케 해준다.

이와 같이 PERT는 활동시간의 계획과 통제를 위한 기법인 반면 CPM은 활동시간과 비용을 통제하기 위한 기법이라 할 수 있다. 그러나 오늘날 두 기법은 사용목적이 같고 같은 용어를 사용하는 등 차이가 좁혀져 함께 사용되고 있다.

9.4 PERT/CPM의 네트워크

활동과 단계

PERT/CPM을 이용하여 프로젝트의 스케줄링을 수립하기 위해서는 우선 프로젝트의 모든 활동과 단계를 결정해야 한다.

활동(activity)이란 완료하는 데 시간과 자원을 소요하는 일거리를 말한다. 프로젝트의 각 활동은 네트워크에서 화살표(arrow)로 표시한다. 화살표의 방향은 시간 흐름의 방향을 나타내는데 활동시간은 화살표 위 또는 아래에 적는다.

한편 단계(event)란 일정 시점에서의 작업의 시작 또는 완료를 말한다. 단계는 마디라고도 하는데 원(○)으로 나타낸다. 각 활동은 그의 시작을 의미하는 시작단계(start event)와 완료를 의미하는 완료단계(end event)와 관련되어 있다. 이와 같이 단계는 활동의 시작과 완료를 나타내는 특정 시점이다.

표 9-1 제품개발 프로젝트의 활동

활 동	내 용	직전 선행활동
A	제품설계	—
B	시장조사계획	—
C	제조공정	A
D	제품원형 제조	A
E	팜플렛 제조	A
F	원가추정	C
G	제품 예비검사	D
H	시장조사	B, E
I	가격결정 및 수요예측	H
J	최종 보고서	F, G, I

프로젝트의 활동과 단계분석은 활동들의 상호의존과 순서 결정이 핵심이다. 어떤 활동은 다른 활동이 완료된 후에야 시작할 수 있고 어떤 활동들은 동시에 시작할 수 있다.

어떤 활동의 직전 선행활동(immediate predecessor activity)이란 그 해당 활동을 시작하기 전에 완전히 끝내야 하는 바로 앞선 활동을 말한다.

간단한 예로서 제품개발 프로젝트를 공부하기로 하자. 열 개의 활동과 그들의 직전 선행관계가 〈표 9-1〉에 나열되어 있다.

〈표 9-1〉에서 활동 A와 B는 직전 선행활동이 없기 때문에 언제든지 시작할수 있으나 활동 C, D, E는 선행활동 A가 완료된 후에만 시작할 수 있는 것이다.

네트워크의 작성

모든 활동의 선후관계가 결정되면 네트워크를 작성할 수 있다. 네트워크란 프로젝트의 모든 활동과 단계의 상호관계를 그림으로 표시한 것이다. 〈그림 9-1〉은 〈표 9-1〉의 모든 활동과 그들의 관계를 네트워크로 그린 것이다.

네트워크를 작성하는 방법으로는 두 가지가 이용된다.

• 마디에 활동을 나타내는 방법(activity on node: AON)
• 화살표에 활동을 나타내는 방법(activity on arrow: AOA)

AOA 방법은 본서에서 사용하는 방법인데 〈그림 9-1〉과 같다. AOA 방법에서 화살표

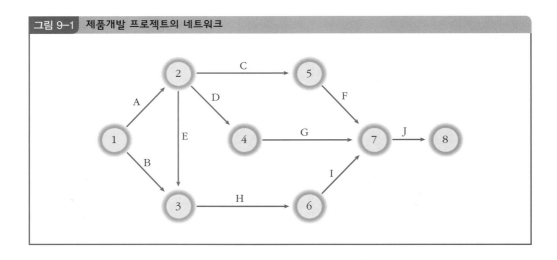

그림 9-1 제품개발 프로젝트의 네트워크

는 활동을 표시하는 반면 마디는 한 활동의 완료시점과 동시에 후속활동의 출발시점을 의미하는 단계를 나타낸다. 예를 들면 〈그림 9-1〉에서 마디 3은 활동 B와 E의 완료단계를 의미할 뿐만 아니라 활동 H의 시작단계를 의미한다. 여기서 단계는 시간이나 자원을 소요하지는 않는다.

이에 반하여 AON 방법에서 마디(단계)는 시간과 자원을 소요하는 활동을 나타낸다. 이는 다음 그림에서 보는 바와 같다.

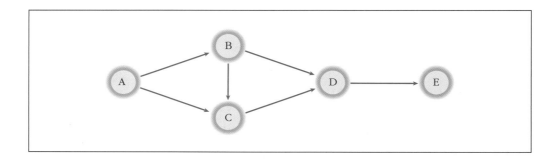

9.5 PERT에서 활동시간의 결정

네트워크가 작성되면 모든 활동을 수행하는 데 소요되는 시간을 추정해야 한다.

추정된 활동시간은 프로젝트의 완료시간을 추정하는 데 도움이 될 뿐만 아니라 특정 활동의 시작시간과 완료시간 등 스케줄링을 수립하는 데 도움이 된다. 따라서 정확한 활동시간의 추정이 바람직스럽다. CPM에서는 각 활동에 대하여 점추정치를 부여하는 반면 PERT에서는 점추정이 아닌 구간추정에 의존한다. 왜냐하면 프로젝트를 과거에 실행한 경험이 없는 경우 활동시간에 대한 불확실성 때문이다. 따라서 불확실한 활동시간은 확률분포를 갖는 확률변수(random variable)로 취급된다.

PERT는 다음과 같은 세 가지 시간개념에 입각하여 활동시간 분포를 추정하고 있다.

- 낙관적 시간(optimistic time: a로 표시함): 모든 상황이 순조롭게 진행될 때 걸릴 최단시간
- 최빈시간(most likely time: m으로 표시함): 정상조건에서 가장 많이 나타날 활동시간으로 분포의 최빈값(mode)에 해당하는 시간
- 비관적 시간(pessimistic time: b로 표시함): 기계의 고장, 파업 등 가장 불리한 상황이 전개될 때 걸릴 최장시간

더욱 활동시간 추정치는 〈그림 9-2〉와 같이 베타(β)분포를 하고 있다고 가정하여 베

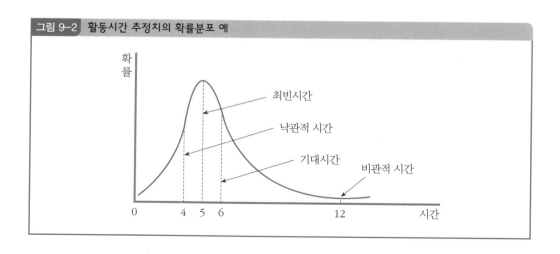

그림 9-2 활동시간 추정치의 확률분포 예

| 표 9–2 | 제품개발 프로젝트의 활동 기대시간(주)과 분산 |

활 동	a	m	b	기대시간	σ^2
A	4	5	12	6	1.78
B	1	1.5	5	2	0.44
C	2	3	4	3	0.11
D	3	4	11	5	1.78
E	2	3	4	3	0.11
F	1.5	2	2.5	2	0.03
G	1.5	3	4.5	3	0.25
H	2.5	3.5	7.5	4	0.69
I	1.5	2	2.5	2	0.03
J	1	2	3	2	0.11

타분포의 평균과 분산공식을 이용함으로써 활동시간의 평균과 분산을 구하게 된다. 활동을 완료하는 데 기대되는 평균시간 $t\grave{O}$와 활동시간 추정치 분포의 표준편차는 다음 공식에 의하여 구한다.

$$t_e = \frac{a + 4m + b}{6}$$

$$\sigma = \frac{b - a}{6} \qquad \left\{ V = \sigma^2 \left(\frac{b - a}{6} \right)^2 \right\}$$

제품개발 프로젝트의 낙관적 시간, 최빈시간, 비관적 시간이 〈표 9–2〉에 나와 있다. 예를 들면 활동 A의 기대시간(expected time)과 분산은 다음과 같이 계산한다.

$$t_e = \frac{a + 4m + b}{6} = \frac{4 + 4 \times 5 + 12}{6} = 6 \text{(주)}$$

$$V = \left(\frac{b - a}{6} \right)^2 = \left(\frac{12 - 4}{6} \right)^2 = 1.78 \text{(주)}$$

기대시간을 계산하는 공식에서 낙관적 시간과 비관적 시간보다 최빈시간에 4배의 가중치를 주고 6으로 나눈 것은 가중치 6(=1+4+1)으로 가중평균을 계산하기 위한 것이다. t_e가 6이라는 것은 〈그림 9–2〉에서 실제로 활동 A를 완료하는 데 6주보다 덜 걸릴 확률도, 그리고 6주보다 더 걸릴 확률도 0.5임을 의미한다.

공식을 사용하여 구한 각 활동의 기대시간과 분산은 〈표 9–2〉에 계산되어 있다.

〈그림 9–1〉의 제품개발 프로젝트의 네트워크에 각 활동의 기대시간을 추가하면 〈그림

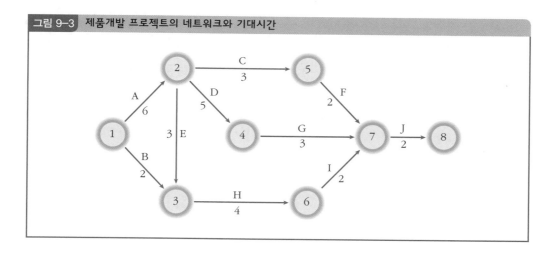

그림 9-3 제품개발 프로젝트의 네트워크와 기대시간

9-3〉과 같다.

9.6 주공정 결정

네트워크에 모든 활동의 기대시간이 표시되면 그 프로젝트를 완료하는 데 소요되는 기간은 물론 각 활동의 스케줄링을 수립할 수 있다. 여기서 각 활동의 기대시간은 확실성 하의 고정된 기간으로 취급한다는 가정이 필요하다.

〈표 9-2〉에서 보는 바와 같이 제품개발 프로젝트의 모든 활동을 하나씩 순서대로 완료하는 데는 총 32주가 소요되나 〈그림 9-3〉에서 보는 바와 같이 어떤 활동들은 예컨대 A와 B는 동시에 수행되므로 사실 프로젝트를 완료하는 데는 32주보다 짧은 기간이 소요될 것이다.

프로젝트를 완료하는 데 소요될 기간은 얼마인가를 결정하기 위해서는 주공정(critical path)이라는 개념을 먼저 알아야 한다. 공정(path, 경로)이란 프로젝트의 출발 단계에서 최종 단계에 이르는 어떤 활동들을 순서대로 연결한 것이다. 〈그림 9-3〉에서 단계 ①-②-④-⑦-⑧로 연결된 활동들은 활동 A, D, G 및 J로 구성된 공정을 나타낸다.

여러 개의 공정 중에서 가장 중요한 공정은 그 공정상에 있는 모든 활동을 완료하는

데 소요되는 기간이 가장 긴 주공정이다. 주공정상에 있는 활동, 즉 주공정 활동(주요 활동) 가운데 어느 하나가 지연이 되면 전체 프로젝트 완료가 그만큼 지연이 된다. 따라서 기간이 가장 긴 주공정은 그 프로젝트를 완료하는 데 소요되는 기간을 결정한다. 그러므로 그 프로젝트 완료기간을 단축시키려면 주공정 활동의 완료기간을 단축시켜야 한다.

프로젝트의 주공정을 찾는 방법으로는

- 완전한 열거법(complete enumeration approach)
- 분석법(analytical method)
- Excel 해법

등이 있다.

완전한 열거법

〈그림 9-3〉처럼 문제가 단순한 경우에는 출발 단계에서 최종 단계에 이르는 모든 가능한 공정을 열거함으로써 주공정을 찾을 수 있다. 모든 가능한 공정 중에서 가장 긴 시간을 갖는 공정이 주공정이다. 〈그림 9-3〉의 각 공정과 그의 완료기간을 계산하면 〈표 9-3〉과 같다.

모든 공정을 비교할 때 완료기간이 가장 긴 17주가 소요되는 공정 1이 주공정임을 알 수 있다.

분석법 : ES와 LS의 계산

네트워크가 크고 복잡한 경우에는 열거법을 사용하면 시간이 오래 걸리기 때문에 모

표 9-3   완전한 열거법에 의한 주공정

공 정	완료기간
공정 1 : ①-②-③-⑥-⑦-⑧	6+3+4+2+2=17 주공정
공정 2 : ①-②-④-⑦-⑧	6+5+3+2=16
공정 3 : ①-②-⑤-⑦-⑧	6+3+2+2=13
공정 4 : ①-③-⑥-⑦-⑧	2+4+2+2=10

든 직전 선행활동이 완료되었을 때 어떤 특정 활동의 가장 빠른 시작시간(earliest start time: ES)과 전체 프로젝트의 완료시간을 지체하지 않도록 하는 특정 활동의 가장 늦은 시작시간(latest start time: LS)을 계산하여 주공정을 찾는 분석법이 사용된다.

■ *ES*의 계산

특정 활동의 가장 빠른 시작시간 *ES*를 계산하기 위해서는 특정 활동의 가장 빠른 완료시간(earliest finish time: EF)과 함께 네트워크의 출발 마디로부터 시작하는 전진법(forward pass)을 사용한다.

어떤 단계의 가장 빠른 시작시간(ES)이란 이 단계에 이르는 모든 선행 활동들을 완료해야 하기 때문에 아무리 빨리 서두른다 해도 경과해야 하는 시간을 말한다. 〈그림 9-4〉를 이용하여 각 단계의 *ES*를 계산하여 보자.

단계 ①에서 시작하고 활동 A의 시작시간을 0이라고 정의한다. 즉 단계 ①의 *ES*는 0이다. 활동 A의 가장 빠른 시작시간은 0이고 활동 A의 작업시간은 6주이므로 활동 A의 가장 빠른 완료시간(earliest finish time: EF)은 0+6=6주이다. 이러한 계산결과를 나타내는 것이 〈그림 9-4〉이다.

전진법을 사용할 때의 *ES* 규칙과 *EF* 규칙은 다음과 같다.

ES 규칙: 어떤 활동을 시작하기 전에 그의 모든 직전 선행활동들은 완료되어야 한다.
• 어떤 활동이 하나의 직전 선행활동만 가지면 그의 *ES*는 그 선행활동의 *EF*와 똑같다.
• 어떤 활동이 여러 개의 직전 선행활동을 가지면 그의 *ES*는 그 선행활동의 *EF* 중 최대와 똑같다.

$$ES = 최대(모든 직전 선행활동들의 EF)$$

EF 규칙: 활동의 가장 빠른 완료시간=가장 빠른 시작시간+활동의 기대시간
$$(EF) \qquad\qquad (ES) \qquad\qquad (t_e)$$

어떤 활동도 그의 모든 선행활동이 완료되기 전에는 시작할 수 없기 때문에 한 단계를 떠나는 특정 활동의 가장 빠른 시작시간은 이 단계에 들어오는 모든 선행활동의 가장 빠른 완료시간들을 비교하여 이 가운데 가장 큰 시간으로 정한다. 따라서 어떤 단계의 가장 빠른 가능한 시작시간 *ES*는 그 단계에 들어오는 활동이 한 개인 경우에는 그 활동의 가장 빠른 완료시간이 되지만 두 개 이상인 경우에는 가장 큰 빠른 완료시간이 된다.

*ES*를 계산하기 위해서는 네트워크의 출발 마디인 단계 ①로부터 시작하여 전진법을

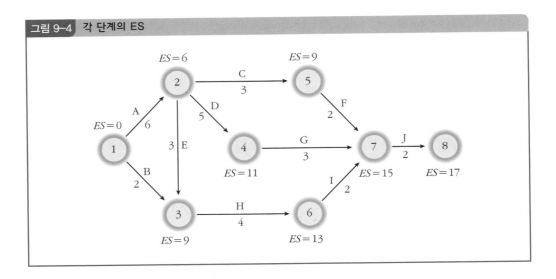

그림 9-4 각 단계의 ES

사용한다. 앞에서 설명한 바와 같이 활동 A의 가장 빠른 완료시간은 6주이다. 단계 ②에 들어오는 활동은 활동 A 하나뿐이므로 단계 ②를 떠나는 활동 C, D, E의 가장 빠른 시작시간은 아무리 서두른다 해도 6주가 지나야 한다. 따라서 단계 ②의 ES는 6이다. 이와 같은 요령으로 단계 ④와 ⑤에 대한 ES를 계산하면 다음과 같다.

단계 ④ : 6+5=11

단계 ⑤ : 6+3=9

단계 ③의 경우 단계 ③에 들어오는 활동이 B와 E, 2개이기 때문에 단계 ③의 ES는 최대(6+3=9, 0+2=2)=9로 정한다. 이는 활동 H를 시작하기 위해서는 아무리 빨라도 9주가 지나야 한다는 것을 의미한다. 이와 같은 방식으로 각 단계의 ES를 계산하면 〈그림 9-4〉와 같다.

이 네트워크의 최종 마디인 단계 ⑧의 ES는 17로서 이는 이 프로젝트를 완료하는 데 소요되는 가장 빠른 완료시간은 17주임을 뜻한다.

■ LS의 계산

어떤 단계의 가장 늦은 시작시간 LS란 프로젝트를 완료하는 데 소요되는 시간, 즉 최종 단계의 ES를 지연시키지 않기 위하여 이 단계에 이르는 모든 활동들이 완료되어야 하는 시점을 말한다. 다시 말하면 이 단계로부터 출발하는 활동은 아무리 늦더라도 이 시점에서 시작해야만 프로젝트를 예정된 기간에 끝낼 수 있음을 뜻한다.

각 단계의 *LS*를 계산하기 위해서는 각 활동에 대해 가장 늦은 시작시간(latest start time: LS)과 가장 늦은 완료시간(lastest finish time: LF)을 네트워크의 최종 마디로부터 시작하는 후진법(backward pass)을 사용한다.

후진법을 사용할 때의 *LF* 규칙과 *LS* 규칙은 다음과 같다.

LF 규칙: 어떤 활동을 시작하기 전에 그의 모든 선행활동들은 완료되어야 한다.
- 어떤 활동이 하나의 직후활동을 가질 때 그의 *LF*는 그의 직후활동의 *LS*와 똑같다.
- 어떤 활동이 여러 개의 직후활동을 가질 때 그의 *LF*는 그 직후활동의 *LS* 중 최소와 똑같다.

$$LF = 최소(모든 직후활동들의 LS)$$

LS 규칙: 활동의 가장 늦은 시작시간＝가장 늦은 완료시간－활동의 기대시간

$$(LS) \qquad\qquad (LF) \qquad\qquad (t_e)$$

네트워크의 최종 단계의 *LS*는 그의 *ES*와 같다. 따라서 단계 ⑧의 *LS*는 17주이다. 각 단계의 *LS*를 계산하기 위해서는 네트워크의 최종 마디에서 시작하여 시작 마디로 향하는 후진법을 사용한다.

활동 *J*의 가장 늦은 완료시간은 17주이므로 이로부터 활동 *J*의 기대시간 2를 빼면 15주가 되는데 이는 활동 *J*를 시작하기 위해서는 아무리 늦어도 15주 내에 선행활동인 *F*, *G*, *I*를 끝내야 함을 의미한다. 단계 ⑦에 들어오는 활동은 *F*, *G*, *I*이므로 이들 활동의 가장 늦은 완료시간은 15주이다. 따라서 단계 ⑦의 *LS*는 15주라고 할 수 있다. 이와 같은 방식으로 단계 ④, ⑤, ⑥, ③의 가장 늦은 시작시간을 계산하면 아래와 같다.

    단계 ④ : 15−3=12
    단계 ⑤ : 15−2=13
    단계 ⑥ : 15−2=13
    단계 ③ : 13−4=9

단계 ②의 경우 단계 ②로부터 출발하는 활동이 C, D, E 세 개이기 때문에 단계 ②에 들어오는 활동 A의 가장 늦은 완료시간은 그 단계를 출발하는 모든 활동의 가장 늦은 시작시간을 비교하여 이 가운데 가장 작은 시간으로 정한다.

그림 9-5 각 단계의 ES

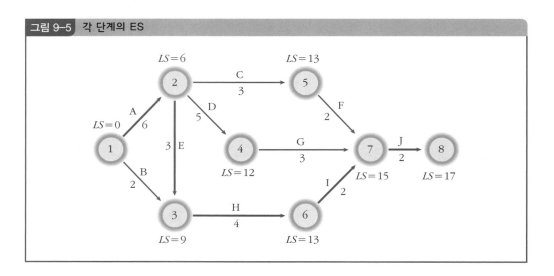

따라서 단계 ②의 LS는 최소$(13-3=10, 12-5=7, 9-3=6)=6$으로 정한다. 이는 단계 ②에 들어오는 활동 A의 가장 늦은 완료시간은 6주로서 활동 A를 프로젝트 시작 후 늦어도 6주까지 완료해야 함을 의미한다. 따라서 활동 C, D, E를 아무리 늦어도 7주 초에는 시작해야만 이 프로젝트를 계획대로 17주에 완료할 수 있는 것이다.

각 단계에 대하여 LS를 계산한 결과가 〈그림 9-5〉이다.

■ 여유시간 계산

프로젝트의 모든 단계에 대하여 ES와 LS를 계산하면 각 단계에 대한 여유시간(slack: S)을 계산할 수 있다. 각 단계에 대하여 ES와 LS을 표시한 아래의 그림을 이용하자.

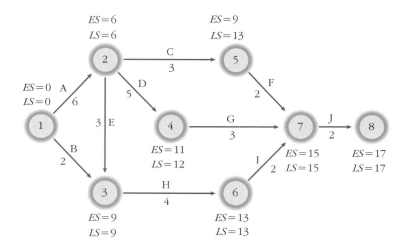

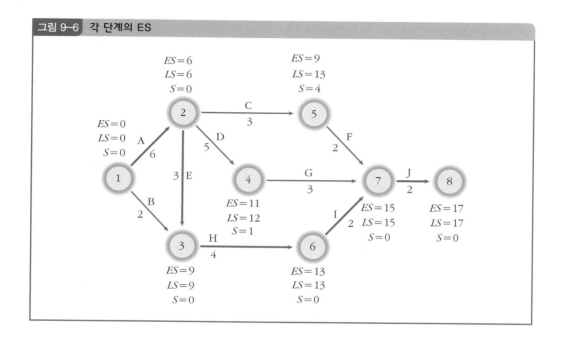

그림 9-6 각 단계의 ES

각 단계의 여유시간은 다음과 같이 계산한다.

여유시간=$LS-ES$ 또는 여유시간=$LF-EF$

앞에서 본 바와 같이 ES란 어떤 단계로부터 출발하는 활동을 시작할 수 있는 가장 빠른 시작시간을 말하고 LS는 프로젝트를 지연시키지 않도록 이 단계로부터 출발하는 활동을 시작해야 하는 가장 늦은 시작시간을 말하므로 여유시간이란 전체 프로젝트를 지연시키지 않고 각 단계가 지체할 수 있는 시간을 말한다. 위의 그림에서 단계 ⑤의 여유시간은 4주(13−9=4)인데 이는 활동 C와 F를 완료하는 데 4주 지연시키더라도 프로젝트를 완료하는 데는 계획대로 17주가 소요됨을 의미한다. 따라서 여유시간이 0이라 함은 이 단계까지 도달하는 데 정확히 ES시간 걸려야만 전체 프로젝트가 계획으로부터 지연될 수 없다는 것을 뜻한다. 각 단계에 대하여 여유시간을 표시한 것이 〈그림 9−6〉이다.

주공정은 여유시간이 0인 단계를 차례로 연결함으로써 구해진다. 〈그림 9−6〉에서 ① − ② − ③ − ⑥ − ⑦ − ⑧은 주공정이다. 이는 열거법에 의한 결론과 일치한다. 주공정에 있는 활동을 주공정 활동(critical path activity)이라 하고 이들을 이용하여 주공정을 표시하면 A−E−H−I−J가 된다. 이 중에서 어떤 주공정 활동이 지연되면 전체 프로젝트에 영향을 미친다는 것은 앞에서 설명한 바와 같다.

표 9-4   각 활동의 스케줄

활 동	가장 빠른 시작시간 (ES)	가장 빠른 완료시간 (EF)	가장 늦은 시작시간 (LS)	가장 늦은 완료시간 (LF)	S (LS−ES)	주 공 정
A	0	6	0	6	0	예
B	0	2	7	9	7	
C	6	9	10	13	4	
D	6	11	7	12	1	
E	6	9	6	9	0	예
F	9	11	13	15	4	
G	11	14	12	15	1	
H	9	13	9	13	0	예
I	13	15	13	15	0	예
J	15	17	15	17	0	예

프로젝트를 네트워크로 작성하여 분석하면 그 프로젝트의 각 활동에 대하여 시작과 완료의 스케줄링을 작성할 수 있다. 제품개발 프로젝트의 각 활동의 스케줄을 주어진 공식에 따라 계산한 결과가 〈표 9−4〉이다.

Excel 활용

프로젝트의 주공정과 완료기간은 선형계획법과 Excel을 사용하여 구할 수 있다. 〈그림 9-7〉는 제품개발 프로젝트의 네트워크이다.

우선 결정변수를 다음과 같이 정의한다.

t_i: 마디 i가 발생하는 시간

d_A: 활동 A를 수행하는 데 소요되는 기간

t_j: 마디 j가 발생하는 시간

제품개발 프로젝트 네트워크에서 마디 ①은 마디 i라 하고 마디 ②를 마디 j라 하면 활동 A의 완료기간은 6주일이므로 다음 식이 성립한다.

$6 \geq 0+6$

이를 일반화하면 다음과 같다.

그림 9-7 제품개발 프로젝트의 네트워크

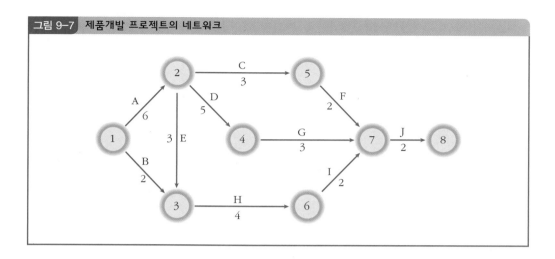

$$t_j \geq t_i + d$$

이 식은 마디 j를 시작하는 가장 빠른 시간은 $(t_i + d_A)$와 같다는 것을 의미한다. 이 식을 정리하면 활동 A의 제약조건식이 된다.

$$-t_i + t_j \geq d_A$$

각 활동은 이와 같은 제약조건식을 하나씩 갖는다. 제품개발 프로젝트 네트워크에서 활동 A의 제약조건식은 다음과 같다.

$$-t_1 + t_2 \geq 6$$

이 프로젝트 네트워크의 선형계획 모델화에 있어서 목적함수는 모든 활동의 완료기간을 최소화하는 것이다.

따라서 제품개발 프로젝트의 선형계획 모델은 다음과 같이 정리할 수 있다.

최소화 $Z = d_A + d_B + d_C + d_D + d_E + d_F + d_G + d_H + d_I + d_J$

제약조건:

$$-t_1 + t_2 \geq 6$$
$$-t_1 + t_3 \geq 2$$
$$-t_2 + t_3 \geq 3$$
$$-t_2 + t_4 \geq 5$$

$$-t_2+t_5 \geq 3$$

$$-t_3+t_6 \geq 4$$

$$-t_4+t_7 \geq 3$$

$$-t_5+t_7 \geq 2$$

$$-t_6+t_7 \geq 2$$

$$-t_7+t_8 \geq 2$$

모든 변수 ≥ 0

① 필요한 데이터를 시트에 입력한다.

	A	B	C	D	E	F	G	H	I	J	K	L	M	N
1						9장 제품개발 프로젝트의 주공정 활동								
2														
3	마디의 시작시간													
4			1	2	3	4	5	6	7	8			완료기간	
5			0											
6														
7														
8	제약조건													
9							마디				LHS		정상시간	
10		활동	1	2	3	4	5	6	7	8				
11		A	-1	1							>=		6	
12		B	-1		1						>=		2	
13		C		-1			1				>=		3	
14		D		-1	1						>=		5	
15		E		-1	1						>=		3	
16		F					-1		1		>=		2	
17		G				-1			1		>=		3	
18		H			-1			1			>=		4	
19		I						-1	1		>=		2	
20		J							-1	1	>=		2	
21														

② 필요한 수식을 입력한다.

셀 주 소	수 식	비 고
C5	0	
M5	=J5	
K11	=SUMPRODUCT($C$5 : $J$5, C11 : J11))	K20까지 복사

③ 「데이터」 메뉴를 클릭하고 「해 찾기」를 선택한다.

④ 「해 찾기 매개변수」 스크린이 나타나면 다음과 같이 입력한다.

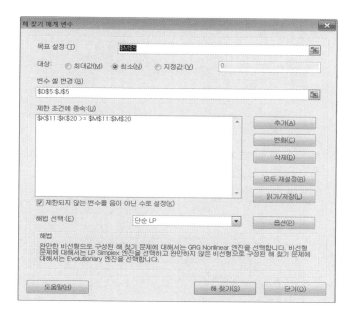

⑤ '제한되지 않는 변수를 음이 아닌 수로 설정'에 체크하고 「해법 선택」으로 '단순 LP'를 선택한다.

⑥ 「해 찾기」와 「확인」을 차례로 클릭하면 다음과 같은 최적해를 얻는다.

	A	B	C	D	E	F	G	H	I	J	K	L	M	N
1						9장 제품개발 프로젝트의 주공정 활동								
2														
3	마디의 시작시간													
4			1	2	3	4	5	6	7	8			완료기간	
5			0	6	9	12	13	13	15	17			17	
6														
7														
8	제약조건													
9							마디				LHS		정상시간	
10		활동	1	2	3	4	5	6	7	8				
11		A	-1	1							6	>=	6	
12		B	-1		1						9	>=	2	
13		C		-1		1					7	>=	3	
14		D		-1		1					6	>=	5	
15		E		-1	1						3	>=	3	
16		F					-1		1		2	>=	2	
17		G			-1				1		3	>=	3	
18		H			-1			1			4	>=	4	
19		I					-1	1			2	>=	2	
20		J						-1	1		2	>=	2	
21														

⑦ 「해 찾기 결과」 대화상자에서 '우편물 종류'를 선택하고 「확인」을 누르면 다음과 같은 '민감도 보고서'를 얻는다.

변수 셀

셀	이름	계산 값	한계 비용	목표 셀 계수	허용 가능 증가치	허용 가능 감소치
$D$5		6	0	0	1E+30	1
$E$5		9	0	0	1E+30	1
$F$5		12	0	0	0	1
$G$5		13	0	0	0	1
$H$5		13	0	0	1E+30	1
$I$5		15	0	0	1E+30	1
$J$5		17	0	1	1E+30	1

제한 조건

셀	이름	계산 값	잠재 가격	제한 조건 우변	허용 가능 증가치	허용 가능 감소치
$K$11	A LHS	6	1	6	1E+30	6
$K$12	B LHS	9	0	2	7	1E+30
$K$13	C LHS	7	0	3	4	1E+30
$K$14	D LHS	6	0	5	1	1E+30
$K$15	E LHS	3	1	3	1E+30	1
$K$16	F LHS	2	0	2	4	1E+30
$K$17	G LHS	3	0	3	1	1E+30
$K$18	H LHS	4	1	4	1E+30	1
$K$19	I LHS	2	1	2	1E+30	1
$K$20	J LHS	2	1	2	1E+30	17

결과분석

최적해는 프로젝트의 최단 완료기간은 17주라는 것만 보여줄 뿐 주공정과 주공정 활동은 알려주지 않는다.

이는 민감도 보고서를 보아야 하는데 잠재가격이 1인 활동이 주공정 활동이고 이들이 주공정을 구성한다. 잠재가격이 1인 활동은 A, E, H, I, J이다.

잠재가격이 0인 활동은 그의 완료시간이 현재보다 커져도 전체 프로젝트 완료기간에는 영향을 미치지 않음을 뜻한다. 반면 잠재가격이 1인 주공정 활동은 그의 완료시간이 현재보다 커지면 커진 만큼 프로젝트 완료기간이 길어짐을 뜻한다.

이와 같이 프로젝트 완료기간을 단축하기 위해서는 주공정 활동의 완료시간을 단축해야 한다.

9.7 프로젝트의 완료 확률

　　PERT 네트워크에 있어서 활동시간이 불확실하여 각 활동을 완료하는 데 소요되는 시간 추정치는 베타분포를 이룬다고 가정하였다.

　　〈그림 9-6〉에서 주공정은 ①-②-③-⑥-⑦-⑧인데 이는 각각 다른 확률분포를 나타내는 A, E, H, I, J 등 다섯 개의 활동으로 구성되어 있다. 다섯 개의 확률분포를 이용하여 전체 프로젝트를 완료하는 데 소요되는 시간 추정치를 나타내는 하나의 분포를 구해야 한다.

　　이를 위해서는

- 모든 활동의 완료시간이 독립적이다
- 전체 프로젝트의 완료시간(T)은 정규분포를 한다

는 가정이 필요하다.

　　이러한 가정에 입각하여 주공정 ①-②-③-⑥-⑦-⑧(또는 A-E-H-I-J)분포의 기대시간 $E(T)$는 주공정에 있는 다섯 개 활동의 기대시간 t_e를 합계한 것이며 분산은 주공정에 있는 다섯 개 활동의 분산을 합계한 것이다. 즉 〈표 9-2〉에서 주공정 분포의

$$기대시간\ E(T)=6+3+4+2+2=17주$$

이며

$$분산\ \sigma^2=1.78+0.11+0.69+0.03+0.11=2.72$$

이다. 따라서

$$표준편차\ \sigma=\sqrt{2.72}=1.65$$

이다.

　　이는 기대시간이 17주이며 표준편차가 1.65주인 프로젝트가 정규분포임을 뜻한다. 여기서 예를 들면 이 프로젝트를 20주 내에 완료할 확률을 계산할 수 있다. 이를 위해서는 먼저 정규분포의 표준정규변수(standard normal variable) Z의 값을 다음 공식을 이용하여 구해야 한다.

그림 9-8   프로젝트를 20주 이하에 완료할 확률

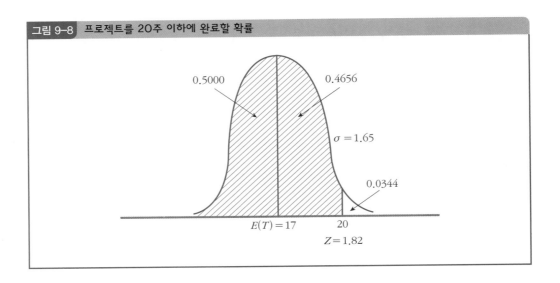

$$Z = \frac{X - E(T)}{\sigma}$$

X: 프로젝트의 특정 완료기간

즉

$$Z = \frac{20 - 17}{1.65} = 1.82$$

이다. 부록 A에 있는 표준정규분포표를 이용하여 20주 이하에 프로젝트를 완료할 확률은 0.5000+0.4656=0.9656이다. 따라서 20주 이상에 완료할 확률은 0.0344이다. 이들을 그림으로 나타내면 〈그림 9-8〉과 같다.

Excel 활용

① 필요한 데이터를 시트에 입력한다.

	A	B	C	D	E	F	G	H
1				9장 제품개발 프로젝트의 완료 확률				
2								
3	활동	a	m	b	기대시간	분산	잠재가격	
4	A	4	5	12			1	
5	B	1	1.5	5			0	
6	C	2	3	4			0	
7	D	3	4	11			0	
8	E	2	3	4			1	
9	F	1.5	2	2.5			0	
10	G	1.5	3	4.5			0	
11	H	2.5	3.5	7.5			1	
12	I	1.5	2	2.5			1	
13	J	1	2	3			1	
14								
15								
16		완료기간			주공정 분산			
17		17			20주완료 확률			
18								

잠재가격이 1인 활동은 주공정 활동을 의미한다.

② 필요한 수식을 입력한다.

셀 주 소	수 식	비 고
E4	=(B4+4*C4+D4)/6	E13까지 복사
F4	=(D4−B4)∧2/36	F13까지 복사
F16	=SUMPRODUCT(F4 : F13, G4 : G13)	
F17	=NORM.DIST(20, B17, SQRT(F16), TRUE)	

③ 다음과 같은 결과를 얻는다.

	A	B	C	D	E	F	G	H
1				9장 제품개발 프로젝트의 완료 확률				
2								
3	활동	a	m	b	기대시간	분산	잠재가격	
4	A	4	5	12	6	1.7777778	1	
5	B	1	1.5	5	2	0.4444444	0	
6	C	2	3	4	3	0.1111111	0	
7	D	3	4	11	5	1.7777778	0	
8	E	2	3	4	3	0.1111111	1	
9	F	1.5	2	2.5	2	0.0277778	0	
10	G	1.5	3	4.5	3	0.25	0	
11	H	2.5	3.5	7.5	4	0.6944444	1	
12	I	1.5	2	2.5	2	0.0277778	1	
13	J	1	2	3	2	0.1111111	1	
14								
15								
16		완료기간			주공정분산	2.7222222		
17		17			20주완료확률	0.9654889		
18								

9.8   시간 - 비용의 보상관계

지금까지 PERT를 설명함에 있어서 활동을 완료하는 데 소요되는 시간만을 고려하여 프로젝트를 계획하고 스케줄링을 수립하여 통제하는 데 주목적을 두었다. 그러나 프로젝트를 완료하는 데는 시간뿐 아니라 비용도 고려해야 한다. 더 많은 자원, 예컨대 노동력, 장비 또는 자재 등을 투입하면 어떤 활동을 단축시키고 결과적으로 프로젝트의 완료기간을 단축시킬 수 있기 때문이다.

이와 같이 활동시간의 단축에는 활동비용의 추가가 수반되므로 시간과 비용 사이의 보상관계(trade-off)를 따져 최소비용으로 프로젝트 기간을 단축할 수 있는 방법을 모색하여야 한다.

네트워크의 비용분석은 원래 CPM과 관계가 있으나 오늘날에는 PERT에도 적용된다. 비용분석의 목적은 프로젝트의 완료기간을 단축코자 할 때 얼마의 자원을 투입하여 어떤 활동부터 단축시켜야 하며 그의 단축기간은 얼마인가를 결정하려는 것이다.

비용분석에 있어서는 활동의 시간과 비용에 대하여

- 정상시간과 정상비용
- 속성시간과 속성비용

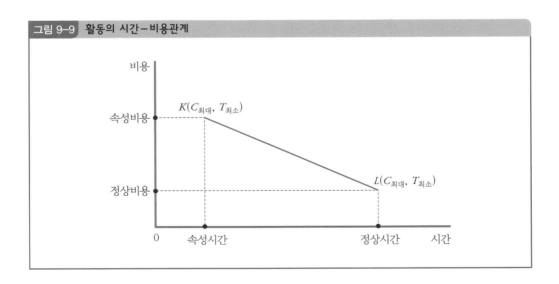

그림 9-9   활동의 시간-비용관계

의 추정치가 필요하다.

정상시간(normal time)이란 정상적인 조건에서 활동을 수행하는 데 소요되는 시간으로서 PERT에 있어서는 최빈시간(m) 또는 기대시간(t_e)에, 그리고 CPM에 있어서는 활동시간의 점추정치에 해당된다. 정상비용(normal cost)은 활동을 정상시간에 완료하는 데 소요되는 비용을 말한다.

속성시간(crash time)이란 추가자원을 투입하여 달성하는 활동의 단축시간으로서 PERT에서는 낙관적 시간(a)에 해당되지만 CPM에서는 이의 새로운 추정치가 필요하다. 속성비용(crash cost)이란 활동을 속성시간에 완료하는 데 소요되는 비용을 말한다.

시간과 비용의 관계는 편의상 선형이라고 가정한다. 이는 〈그림 9−9〉와 같이 표시되는데 점 K는 활동의 속성시간(최소시간)과 속성비용(최대비용)을, 그리고 점 L은 정상시간(최대시간)과 정상비용(최소비용)을 나타낸다. 비용-시간의 직선, 즉 KL의 기울기는 시간과 비용의 보상관계를 측정한다.

즉 활동을 완료하는 데 단위당 시간을 단축하기 위하여 얼마의 추가비용이 소요되는가를 측정한다. 단축되는 단위시간당 추가비용 KL은 다음과 같은 공식을 이용하여 구한다.

$$KL = \frac{속성비용 - 저상비용}{정상시간 - 속성시간} = \frac{추가비용}{단축시간}$$

예를 들어 만약 어떤 활동의 정상시간은 7일이고, 정상비용은 500원이며 속성시간은 4일이고 속성비용은 800원이라면 이 활동은 최대로 3일을 단축할 수 있는 반면에 추가비용은 300원이다. 따라서 1일을 단축하는 데는 평균 100원의 추가비용이 소요된다.

비용분석의 궁극적 목적은 정상비용 이상으로 비용을 최소로 추가하면서 프로젝트 완료시간은 최대로 단축시키는 방안을 모색하려는 것이다. 프로젝트 완료시간의 단축은 주공정 활동을 단축시키면 가능하므로 주공정 활동이 아닌 활동을 단축시키기 위하여 비용을 추가할 필요는 없다.

9.9 프로젝트 완료기간의 단축

프로젝트의 완료기간을 최대한 단축하기 위하여 얼마의 비용이 추가로 소요되는지를 알아보기 위하여 제품개발 프로젝트를 예로 들어 보자. 〈표 9-5〉는 각 활동에 대하여 시간과 비용 그리고 1주일 단축의 추가비용을 보이고 있다. `

〈그림 9-10〉은 네트워크에 시간과 비용을 추가한 것이다. 화살표 위의 숫자는 정상시간을, 괄호 속에 있는 숫자는 속성시간을, 그리고 화살표 밑에 있는 숫자는 1주일 단축의 추가비용을 나타낸다.

예를 들면 활동 A는 정상적으로 작업하면 6주가 소요되지만 속성으로 작업하면 4주가 소요되므로 2주일을 단축할 수 있으며 비용은 추가로 740-600=140원이 소요되므로 1주일을 단축하는 데는 추가로 70원이 소요된다.

이 프로젝트는 정상비용 5,950원으로 정상기간 17주에 완료할 수 있으나 추가비용 얼마를 투입하여 몇 주일 만에 완료할 수 있는지 알아보기로 하자.

첫째 단계는 정상시간과 속성시간에 의한 주공정을 찾는 것이다. 이를 위해서는 열거법과 분석법이 사용된다는 것은 이미 배운 바와 같다. 정상시간과 속성시간에 의한 주공정은 ① - ② - ③ - ⑥ - ⑦ - ⑧ 이다.

표 9-5 각 활동의 시간, 비용 및 주당 추가비용

활 동	시간(주)		비용(원)		주당 추가비용
	정 상	속 성	정 상	속 성	
A	6	4	600	740	70
B	2	1	500	650	150
C	3	2	450	500	50
D	5	3	500	700	100
E	3	2	600	960	360
F	2	1.5	900	990	180
G	3	1.5	600	945	230
H	4	2.5	700	880	120
I	2	1.5	500	625	250
J	2	1.0	600	650	50
		합계	5,950	7,640	

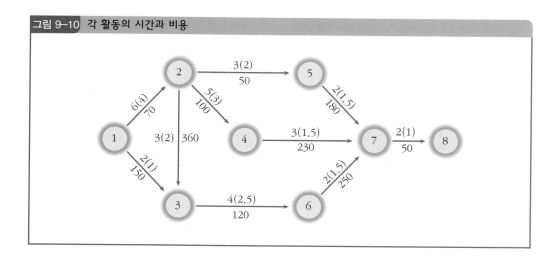

그림 9-10 각 활동의 시간과 비용

정상조건에서의 프로젝트 비용은 5,950원(〈표 9-5〉 참조)임에 비하여 모든 활동을 단축했을 때의 비용은 7,640원이다. 이 프로젝트는 아무리 많은 자원을 투입한다 해도 11주일 미만에는 완료할 수 없다.[1] 즉 정상기간보다 6주일 단축된 11주일에 완료할 수 있다. 이때 5,950원 이상으로 추가되는 비용은 얼마일까?

둘째 단계는 정상시간에 의한 주공정 활동 중에서 가장 적은 주당 추가비용을 갖는 활동을 차례로 단축시켜야 한다. 이와 같이 주공정 활동만을 단축하는 과정에서 지금까지 비주공정이었던 공정이 주공정으로 바뀌면 이들 두 주공정의 활동을 동일 기간씩 단축시켜야 한다. 일단 주공정이 되면 계속 주공정으로 유지되어야 하기 때문이다.

〈그림 9-10〉에서 주공정 활동 가운데서 활동 ⑦ - ⑧의 비용이 가장 적으므로 활동 ⑦ - ⑧을 단축시켜야 한다. 1주일을 단축시키면 이 프로젝트는 이제 16주일에 완료할 수 있으며 추가비용 50원을 포함한 프로젝트의 총비용은 5,950+50=6,000원이 된다.

다음에는 단축된 활동에 대한 시간을 수정하여 새로운 네트워크를 작성하고 정상시간에 의한 또 다른 주공정이 나타나는지를 검토한다. 그 결과가 〈그림 9-11〉에 표시되어 있다.

아직도 주공정은 ① - ② - ③ - ⑥ - ⑦ - ⑧ 하나뿐이다. 활동 ① - ②의 추가비용이 가장 적으므로 활동 ① - ②에 대해 2주일 단축한다. 이렇게 함으로써 프로젝트는 14주일에 완료할 수 있고 총비용은 6,000+2(70)=6,140원으로 증가한다.

---

1 모든 주공정 활동의 속성시간을 합한 결과임. 즉 4+2+2.5+1.5+1=11.

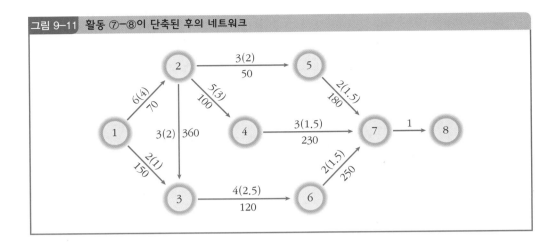

그림 9-11 활동 ⑦-⑧이 단축된 후의 네트워크

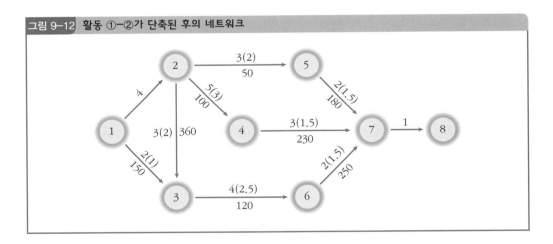

그림 9-12 활동 ①-②가 단축된 후의 네트워크

활동 ① － ②를 2주일 단축한 후의 새로운 네트워크는 〈그림 9-12〉와 같으며 주공정은 아직도 ① － ② － ③ － ⑥ － ⑦ － ⑧뿐이다. 이제 활동 ③ － ⑥을 1주일만 단축시켜야 한다.

활동 ③ － ⑥을 단축시킬 수 있는 기간은 1.5주일이므로 만일 1.5주일을 단축시키면 주공정이던 ① － ② － ③ － ⑥ － ⑦ － ⑧은 비주공정이 되고 비주공정이던 ① － ② － ④ － ⑦ － ⑧이 주공정이 되기 때문이다. 활동을 단축하는 과정에서 비주공정은 주공정이 될 수는 있어도 주공정이 비주공정으로 바뀔 수는 절대로 없다. 활동 ③ － ⑥을 1주일 단축시키면 프로젝트 완료기간은 13주일로 단축되는 반면 비용은

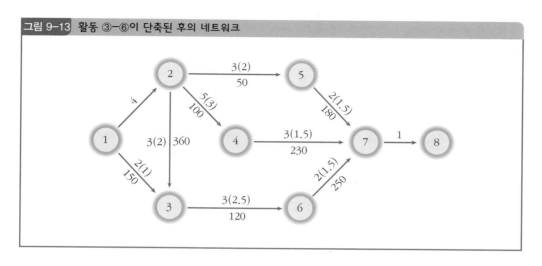

그림 9-13 활동 ③-⑥이 단축된 후의 네트워크

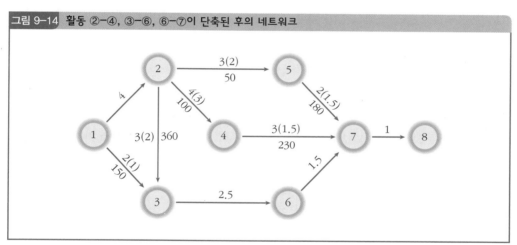

그림 9-14 활동 ②-④, ③-⑥, ⑥-⑦이 단축된 후의 네트워크

6,140+120=6,260원으로 증가한다. 〈그림 9-13〉은 활동 ③ - ⑥을 1주일 단축한 후의 새로운 네트워크이다.

이제 주공정은 두 개가 되었다. 따라서 ① - ② - ③ - ⑥ - ⑦ - ⑧과 ① - ② - ④ - ⑦ - ⑧은 동시에 같은 기간씩 단축해야 한다. 활동 ② - ④를 1주일 단축하고 활동 ③ - ⑥과 활동 ⑥ - ⑦을 각각 0.5주일씩 단축할 수 있다. 프로젝트 완료기간은 12주일로 단축되고 비용은 6,260+100+60+125=6,545원으로 증가한다. 활동 ② - ④, ③ - ⑥, ⑥ - ⑦을 단축한 결과는 〈그림 9-14〉와 같다.

〈그림 9-14〉에서 활동 ② - ③과 ② - ④를 동시에 1주일씩 단축할 수 있다. 프로

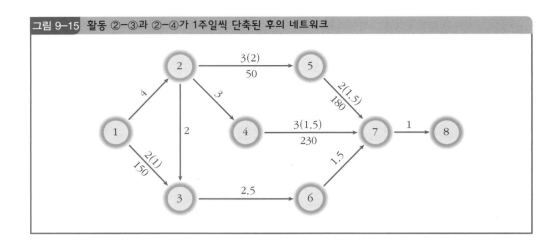

그림 9-15 활동 ②-③과 ②-④가 1주일씩 단축된 후의 네트워크

젝트의 완료기간은 11주일로 단축되고 총비용은 6,545+360+100=7,005원으로 증가한다.
이의 결과는 〈그림 9-15〉이다.

　　주공정은 그대로 ① － ② － ③ － ⑥ － ⑦ － ⑧과 ① － ② － ④ － ⑦ － ⑧의
두 개이다. 그러나 한 주공정에 있는 모든 활동이 단축되었으므로 다른 주공정상에 있는
활동을 더 이상 단축시킬 필요가 없다. 즉 이 프로젝트는 11주 미만에는 완료할 수 없으므
로 예컨대 활동 ② － ⑤를 단축하더라도 비용만 추가되지 프로젝트 완료기간을 더 이상
단축시킬 수는 없는 것이다. 이 프로젝트는 정상비용 5,950원으로 정상기간 17주에 완료
할 수 있으나 추가비용 1,055원을 투입한 총비용 7,005원으로 6주일을 단축하여 11주 만
에 완료할 수 있음을 보여준다. 지금까지의 결과는 〈표 9-6〉에 종합적으로 정리되어 있다.

표 9-6 가능한 모든 활동을 단축한 후의 총추가비용

활　동	단축기간(주)	추가비용
⑦ － ⑧	1	50
① － ②	2	140
③ － ⑥	1	120
③ － ⑥	⎫	60
⑥ － ⑦	⎬ 1	125
② － ④	⎭	100
② － ③	⎫ 1	360
② － ④	⎭	100
	6	1,055

Excel 활용

① 주공정 결정을 위한 앞 Excel 활용의 시트로부터 다음과 같이 데이터를 입력한다.

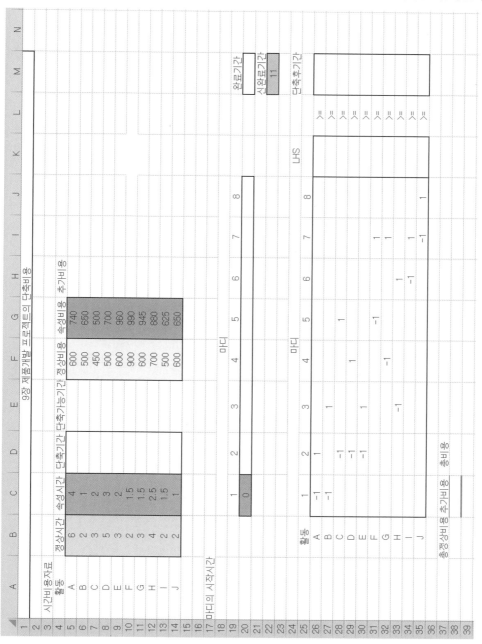

② 필요한 수식을 다음과 같이 입력한다.

셀 주 소	수 식	비 고
E5	=B5−C5	E14까지 복사
H5	=(G5−F5)/E5	H14까지 복사
M26	=B5−D5	M35까지 복사
B38	=SUM(F5 : F14)	
C38	=SUMPRODUCT(D5 : D14, H5 : H14)	
D38	=B38+C38	
M20	=J20	
M22	=11	16∼11까지 입력하면 그 때 마다 단축해야 할 활동 및 추가비용을 구할 수 있음

③ 「데이터」 메뉴를 클릭하고 「해 찾기」를 선택한다.

④ 「해 찾기 매개변수」 스크린이 나타나면 다음과 같이 입력한다.

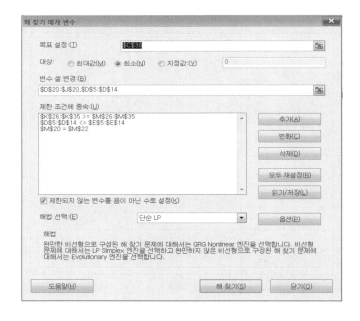

⑤ '제한되지 않는 변수를 음이 아닌 수로 설정'에 체크하고 '단순 LP'를 선택한다.

⑥ 「해 찾기」와 「확인」을 클릭하면 최적해를 얻는다.

9장 제품개발 프로젝트의 단축비용

시간비용자료

활동	정상시간	속성시간	단축기간	단축가능기간	정상비용	속성비용	추가비용
A	6	4	2	2	600	740	70
B	2	1	0	1	500	650	150
C	3	2	0	1	450	500	50
D	5	3	2	2	500	700	100
E	3	2	1	1	600	960	360
F	3	2.5	0	0.5	900	990	180
G	3	1.5	0	1.5	600	945	230
H	4	2.5	1.5	1.5	700	880	120
I	2	1.5	0.5	0.5	500	625	250
J	2	1	1	1	600	650	50

마디의 시작시간

마디	1	2	3	4	5	6	7	8
	0	4	6	7	8.5	10		11

제약식 (마디)

활동	1	2	3	4	5	6	7	8	LHS		단축후기간
A	-1	1							4	>=	4
B	-1		1						6	>=	2
C		-1		1					4	>=	3
D		-1			1				3	>=	3
E			-1	1					2	>=	2
F			-1		1			1	2	>=	3
G				-1	1				3	>=	3
H				1					2.5	>=	2.5
I						1		1	1.5	>=	1.5
J						-1	1	1	1	>=	1

총경상비용	추가비용	총비용
5950	1055	7005

완료기간	11
희망완료기간	11

결과분석 ▌▌▌

이 프로젝트를 5,950원의 정상비용으로 17주의 정상기간에 완료할 수 있지만 1,055원의 추가비용, 즉 7,005원의 총비용으로 6주일을 단축한 11주에 완료할 수 있다.

$M22$에 10을 입력하고 실행하면 제약조건식을 위반하므로 불가능해를 얻는다. 따라서 10주에는 이 프로젝트를 완료할 수 없다.

단축하는 활동의 순서를 알기 위해서는 $M22$에 16부터 11까지 0.5단위로 입력하면서 실행하면 된다. 〈표 9-7〉은 그의 결과이다.

표 9-7   활동의 단축순서

M22	활 동	단축기간	추가비용
16.5	J	0.5	25
16	J	0.5	25
15.5	A	0.5	35
15	A	0.5	35
14.5	A	0.5	35
14	A	0.5	35
13.5	H	0.5	60
13	H	0.5	60
12.5	D	0.5	50
	H	0.5	60
12	D	0.5	50
	I	0.5	125
11.5	D	0.5	50
	E	0.5	180
11	D	0.5	50
	E	0.5	180
		6.0	1,055

1 어느 프로젝트의 활동과 시간 추정치가 다음과 같이 주어졌을 때

활 동	직전 선행활동	시간 추정치(일)		
		a	m	b
A	−	2	0	4
B	−	3	5	7
C	A	10	13	16
D	A	5	8	11
E	B	4	7	10
F	B	17	20	23
G	C	5	7	15
H	D, E	2	3	10
I	H	1	2	3
J	G, I	1	1	1
K	H	8	10	12
L	F, J, K	2	7	12

⑴ 이들 활동의 PERT 네트워크를 작성하라.

⑵ 각 활동을 완료하는 데 필요한 기대시간과 분산을 구하라.

⑶ 각 활동의 기대시간을 이용하여 주공정과 프로젝트 완료기간을 구하라.

⑷ 이 프로젝트를 36일 내에 완료할 확률, 95%의 확률로 이 프로젝트를 완료할 기간을 구하라.

⑸ 속성시간, 정상비용, 속성비용 데이터가 다음과 같을 때 프로젝트의 정상비용, 단축가능한 기간, 추가비용, 총비용을 구하라. 정상시간은 기대시간과 같다고 가정한다.

활 동	속성시간	정상비용	속성비용
A	1	500	800
B	4	400	440
C	10	300	420
D	6	550	660
E	5	600	700
F	15	700	800
G	7	620	650
H	3	580	630
I	1	630	680
J	0.5	500	530
K	8	700	800
L	5	800	900

해답

(1)

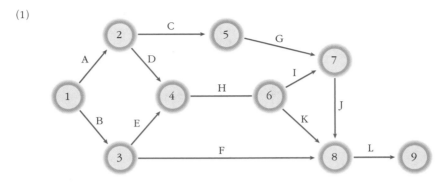

(2)

활 동	a	m	b	기대시간	분산
A	2	3	4	3	0.11
B	3	5	7	5	0.44
C	10	13	16	13	1
D	5	8	11	8	1
E	4	7	10	7	1
F	17	20	23	20	1
G	5	7	15	8	2.78
H	2	3	10	4	1.78
I	1	2	3	2	0.11
J	1	1	1	1	0
K	8	10	12	10	0.44
L	2	7	12	7	2.78

(3)

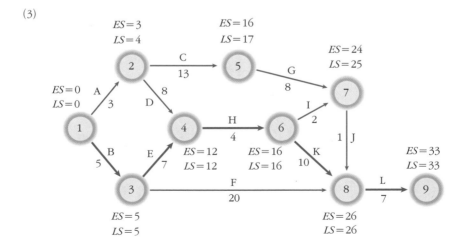

주공정: B－E－H－K－L

완료기간: 5＋7＋4＋10＋7＝33일

(4) 주공정 활동의 분산＝0.44＋1＋1.78＋0.44＋2.78＝6.44

주공정 활동의 표준편차＝$\sqrt{6.44}$＝2.54

$$Z=\frac{36-33}{2.54}=1.18$$

36일 내에 완료할 확률＝0.5＋0.3810＝0.8810

$$1.96=\frac{X-33}{2.54} \qquad X=37.98$$

95%의 확률로 완료할 기간＝37.98일

(5)

활 동	시간(일)		비 용		일당 추가비용
	정상	속성	정상	속성	
A	3	1	500	800	150
B	5	4	400	440	40
C	13	10	300	420	40
D	8	6	550	660	55
E	7	5	600	700	50
F	20	15	700	800	20
G	8	7	620	650	30
H	4	3	580	630	50
I	2	1	630	680	50
J	1	0.5	500	530	60
K	10	8	700	800	50
L	7	5	800	900	50

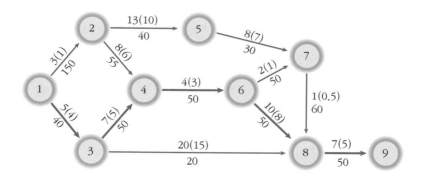

활 동	단축기간	추가비용
B	1	40
H	1	50
G	1	30
L	2	100
C	2	80
F	2	40
K	2	100
C	1	40
D	1	55
E	1	50
F	1	20
J	0.5	30
D	0.5	27.5
E	0.5	25
F	0.5	10
A	0.5	75
E	0.5	25
F	0.5	10
합 계	8	807.5

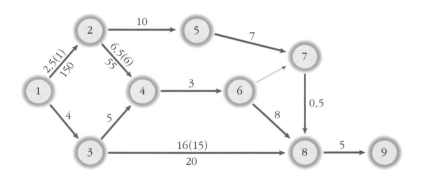

정상비용＝6,880

단축가능기간＝8일

추가비용＝807.5

총비용＝7,687.5

연/습/문/제

chapter 9

01 다음과 같은 데이터가 주어졌을 때 물음에 답하라.

활 동	직전 선행활동	정상기간(일)
A	–	8
B	–	5
C	A	5
D	A	6
E	B	4
F	B	9
G	E	7
H	F	6
I	C	5
J	G, H	4
K	D	8

(1) 프로젝트의 PERT 네트워크를 그려라.
(2) 주공정을 구하라.
(3) 프로젝트의 최단 완료기간을 구하라.

02 다음과 같은 프로젝트 데이터가 주어졌을 때 물음에 답하라.

활 동	직전 선행활동	a	m	b
A	–	4	5	6
B	A	2	3	10
C	A	5	7	9
D	B	2	2	2
E	B	3	4	5
F	D	3	5	7
G	C	3	3	3
H	C	1	1	1
I	H	3	6	9
J	E, F	4	6	8
K	G, I	2	5	8

(1) PERT 네트워크를 그려라.
(2) 각 활동의 기대시간(일)과 분산을 구하라.
(3) 주공정과 프로젝트의 최단 완료기간을 구하라.
(4) 이 프로젝트를 28일 이하에 완료할 확률을 구하라.

03 프로젝트의 활동에 대한 시간과 비용이 다음과 같다.

활 동	시간(주)		비용(원)	
	정 상	속 성	정 상	속 성
1-2	16	14	1,500	2,000
1-3	25	20	2,000	2,500
2-4	10	7	2,500	4,000
3-4	32	26	1,000	1,600
3-5	40	35	1,750	2,250
4-5	16	12	4,000	6,000
4-6	12	8	3,000	4,200
5-6	9	6	1,500	3,000

(1) 정상시간에 의한 주공정을 구하라.
(2) 속성시간에 의한 주공정을 구하라.
(3) 최소의 추가비용으로 프로젝트를 완료할 기간은 얼마인가?

04 어느 프로젝트의 활동, 완료기간, 비용 데이터가 다음과 같다.

활 동	직전 선행활동	시간(주)		비용(원)	
		정 상	속 성	정 상	속 성
A	-	16	8	1,600	2,400
B	-	14	10	1,200	2,000
C	A	20	16	1,800	2,200
D	A	8	6	1,000	1,400
E	B	6	4	600	1,000
F	D, E	10	8	600	800
G	C, F	14	10	1,000	1,400

(1) 이들 활동의 네트워크를 작성하라.
(2) 분석법을 사용하여 정상시간에 의한 주공정을 구하라.
(3) 프로젝트를 완료하는 데 소요되는 정상기간은 얼마인가?
(4) 추가비용으로 이 프로젝트를 단축하고자 할 때 소요되는 총비용은 얼마이고 완료기간은 얼마인가?

05 다음 네트워크의 주공정을 찾기 위한 선형계획 모델을 작성하라.

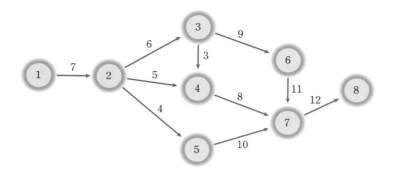

06 어떤 프로젝트의 시간 추정치와 비용 추정치가 다음과 같다.

활 동	직전 선행활동	시간(주)		비용(원)	
		정 상	속 성	정 상	속 성
A	—	18	10	220	460
B	—	16	11	120	200
C	A	10	8	70	90
D	A	7	6	80	150
E	B	6	4	170	320
F	B	8	6	100	180
G	C	12	9	320	470
H	D, E	17	12	520	820

⑴ 프로젝트의 PERT 네트워크를 그려라.
⑵ 각 활동의 주당 추가비용을 구하라.
⑶ 정상시간에 의한 프로젝트의 주공정과 예상 완료기간을 구하라.
⑷ 프로젝트를 단축하는 데 소요되는 추가비용과 단축기간을 구하라.

07 국립의료센터에서는 방사선 치료기 설치를 위한 다음과 같은 활동이 필요함을 발견하였다.

활 동	활동내용	기대시간(t_e, 주)
1-2	모델 표준검사	3
2-3	가능성 연구	3
3-4	이사회 인가	1
4-6	시 면허취득	1
2-7	계약합의	1
4-5	도 면허취득	1
5-10	전기공사	3
6-8	인원채용	2
7-8	설비구입	4
8-9	기구설치	3
5-8	안전면허취득	1
9-10	설비검사	1
7-10	오퍼레이터 훈련	2

⑴ PERT 네트워크를 작성하라.

⑵ 각 단계에 대한 ES, LS, S를 구하라.

⑶ 주공정을 구하라.

⑷ 이 프로젝트를 완료하는 데 걸릴 예상 기간은 얼마인가?

CHAPTER
10

의사결정론

10.1 서 론

　　기업의 의사결정자는 하루에도 수없이 많은 대안으로부터 하나를 선택해야 하는 상황에 직면하게 된다. 그런데 각 대안을 선택하였을 때 어떤 결과가 발생할 것인지 전혀 불확실하기 때문에 의사결정에 어려움이 따르게 된다.

　　이러한 결과는 의사결정자가 통제할 수 없는 상황의 전개에 의존하기 때문이다. 이러한 상황이 실제로 발생하기 전에는 각 대안의 결과는 미리 알 수 없다는 특성을 갖는다.

　　따라서 의사결정자는 상황과 결정의 결과가 불확실한 문제를 분석하는 논리적 틀(framework)을 배울 필요가 있다. 이러한 논리적 틀을 의사결정 분석(decision analysis) 또는 의사결정 이론(decision theory)이라고 한다. 의사결정 이론은 고려하는 대안 중에서 어떤 대안이 알맞는지 합리적 결정을 내리는 데 도움이 되지만 최적결정(optimal decision)을 보장하는 것은 아니다.

　　이는 선형계획법에서처럼 완전한 확실성을 전제하는 것은 아니기 때문이다. 즉 상황전개에 따라서는 좋은 결정이라고 여겨졌던 것도 좋지 않은 결과를 초래할 수 있는 것이다.

　　의사결정 이론은 투자 포트폴리오 선정, 석유시추의 여부, 농작물 경작, 기술투자, 생산능력, 신제품 개발의 투자 여부, 주택구입, 소매전략 결정문제 등 여러 가지 경영문제 해결에 폭넓게 이용되고 있다.

본장에서는 단지 몇 가지의 상황과 대안이 존재하는 간단한 문제를 통하여 의사결정 이론의 기본적인 개념을 공부하기로 한다.

10.2 의사결정의 구성요소

의사결정 상황은 다음과 같은 몇 개의 구성요소를 포함한다.

- 몇 가지 대안
- 몇 가지 가능한 미래 상황
- 각 대안-상황의 결합에 따른 성과
- 가능한 미래 상황의 확실성 정도 평가
- 결정기준

대안의 리스트

대안의 리스트(list)란 의사결정자가 고려하고 있는 상호 배타적 결정의 나열을 말한다. 거의 모든 의사결정 문제는 몇 개의 행동대안을 포함한다. 문제에 따라서는 '아무것도 하지 않음'도 하나의 대안이 될 수 있다.

예를 들면 어떤 유통회사가 처리할 주문의 수를 늘리기 위하여 컴퓨터를 구입할 것인가 또는 구입하지 말아야 할 것인가를 고려할 때 대안은 두 가지이다.

미래의 상황

미래의 상황 또는 상태(state of the future)란 의사결정자가 통제할 수 없는 미래에 발생 가능한 조건(condition) 또는 사건(event)을 말하는데 자연의 상태라고도 한다.

미래의 상태는 대안의 리스트처럼 상호 배타적이어야 한다.

위의 유통회사의 경우 컴퓨터 구입여부는 경제상황에 의존한다. 경제상황이 좋으면 많은 이익을 초래할 수 있지만 경제상황이 나쁘면 손실을 초래할 수 있다. 따라서 이 경우 미래의 상황이란 좋은 경제상황과 나쁜 경제상황의 두 가지라고 할 수 있다.

성   과

의사결정자가 문제에 합리적으로 접근하기 위해서는 각 대안과 여러 가지 미래 상황이 발생하였을 때 결과할 성과(payoffs)를 알아야 한다. 여기서 성과란 이익, 수입, 비용 등 가치의 측정을 말한다.

성과는 예측치이기 때문에 더욱 정확하게 예측하면 의사결정자는 더욱 알맞은 대안을 선정하게 된다.

성과의 수는 대안의 수와 상황의 수에 따라 결정된다. 위 유통회사 문제에서 대안의 수는 두 개이고 상황의 수도 두 개이므로 성과의 수는 모두 $2 \times 2 = 4$개이다.

확실성 정도

의사결정자가 사용할 수 있는 접근법은 확실성의 정도에 의존한다. 확실성 정도의 한쪽 끝은 완전한 확실성(complete certainty)이고 다른 끝은 완전한 불확실성(complete uncertainty)이다. 후자는 미래에 발생할 상황전개에 대해서 전혀 아는 바가 없을 경우에 적용한다.

완전한 확실성과 완전한 불확실성 사이에 위험(risk)이라는 용어가 존재하는데 각 대안에 대하여 미래에 각 상황이 발생할 확률(probability)을 예측할 수 있는 경우이다.

이와 같이 의사결정자는 미래에 발생할 실제상황에 대한 정보의 양에 따라 다음과 같이 의사결정을 분류할 수 있다.

- 확실성하의 의사결정
- 위험하의 의사결정
- 불확실성하의 의사결정

의사결정 기준 ▌▌▌

대안의 리스트로부터 하나의 대안을 선정하는 과정은 결정기준(decision criterion)에 따라 영향을 받는데 결정기준은 의사결정자의 결정에 대한 태도와 결정을 둘러싸고 있는 확실성의 정도를 구체화해 준다.

결정기준의 예를 들면 예상성과를 최대화한다든지 기회비용을 최소화하는 것이다.

10.3 성과표 작성

의사결정자가 어떤 문제를 해결하고자 할 때 고려하는 대안과 대안이 발생할 미래상황에 대한 분석이 끝나면 특정한 대안을 선택하였을 때 미래의 상황에 따라 얻어지는 결과(성과)를 테이블 형태로 작성해야 하는데 이를 성과표(payoff table)라고 한다.

성과표의 일반적 형태는 〈표 10−1〉과 같다.

성과표에서 각 행은 대안을, 그리고 각 열은 상황을 나타낸다. 〈표 10−1〉의 성과표에서 대안 1과 상황 2의 성과는 $v_{12}(d_1, s_2)$로 표현한다.

하나의 예를 들어 설명하기로 하자. 남산투자㈜는 일정한 금액을 투자하여 수익을 높이기 위하여 오피스빌딩, 토지, 창고 매입 등의 대안을 고려 중이다. 따라서 이 회사의 대안은 다음과 같다.

표 10−1 성과표의 일반적 형태

상황 대안	s_1	s_2	$\cdots$	s_j
a_1	v_{11}	v_{12}		v_{1j}
a_2	v_{21}	v_{22}		v_{2j}
$\vdots$				
a_i	v_{i1}	v_{i2}		v_{ij}

$a_i = i$번째 대안
$s_j = j$번째 상황
$v_{ij} = i$번째 대안이 선정되고 j번째 상황이 발생할 때 실현될 성과

d_1: 오피스 빌딩 매입

d_2: 토지 매입

d_3: 창고 매입

회사는 투자수익에 영향을 미칠 미래 상황으로서는 다음과 같이 두 가지일 것이라고 생각한다.

s_1: 호경기

s_2: 불경기

대안과 상황에 관한 분석이 끝나면 이들의 각 조합이 실현되었을 때 결과하리라고 믿는 예상이익에 대한 예측을 회사는 실시함으로써 성과표를 작성하여야 한다.

〈표 10-2〉는 회사가 작성한 성과표이다.

다음 성과표는 이익(단위: 억 원)을 나타내기 때문에 음수는 손실을 의미한다.

표 10-2 남산투자(주)의 성과표

대안 \ 상황	s_1(호경기)	s_2(불경기)
d_1(오피스 빌딩)	60	30
d_2(토 지)	100	-40
d_3(창 고)	40	12

10.4 확실성하의 의사결정

가장 단순한 문제는 의사결정이 완전한 확실성의 환경에서 이루어지는 경우이다. 확실한 환경에서는 미래에 발생할 상황이 하나뿐이기 때문에 성과표에는 오직 하나의 상황만이 나타나게 된다.

따라서 가장 높은 이익을 나타내는 대안을 선정하면 된다. 남산투자(주)의 문제에서 앞으로의 경제 상황이 호경기라고 예측이 되면 〈표 10-2〉에서 이익이 100억 원으로 가장 많은 토지를 매입하도록 해야 한다.

그러나 만일 앞으로의 경제 상황이 불경기라고 예측이 되면 〈표 10-2〉에서 이익이 30억 원으로 가장 많은 오피스빌딩을 매입하도록 해야 한다.

이와 같이 미래 상황에 대한 정보가 충분하고 확실하면 객관적이고 합리적인 분석이 가능하다고 할 수 있다.

10.5 불확실성하의 의사결정

의사결정에 있어서 불확실성이란 미래에 발생할 상황에는 어떤 것이 있으며 각 상황이 발생할 때 실현될 이익이나 손실이 얼마인지는 알고 있지만 어떤 상황이 발생할 것인지 또는 그 상황의 발생확률은 얼마인지 등에 관해서는 전혀 아는 바가 없는 경우를 말한다.

불확실한 환경에서는 완전한 의사결정 기준은 없고 다만 의사결정자의 취향이나 위험에 대한 태도 등 주관적 태도가 중요시된다.

불확실한 상황에서 선택 가능한 의사결정 기준으로는 다음과 같이 다섯 가지를 들 수 있다.

- 최대 최대값
- 최대 최소값
- 최소 최대 후회
- 라플라스
- 후르비쯔

최대 최대값 기준

미래의 상황이 자신에게 유리하게 전개될 것이라고 믿고 의사결정하므로 낙관적 기준(optimistic criterion)이라고도 한다.

먼저 각 대안별로 최대의 성과를 구한 다음 이들 중에서 최대의 성과를 실현하는 대안을 선정하면 된다. 〈표 10-3〉에서 남산투자(주)는 d_2를 선정해야 한다.

최소화 문제인 경우에는 최소 최소값 기준이 사용된다.

표 10-3　최대 최대값 기준

대안 ＼ 상황	s_1	s_2	최　대	최대 최대
d_1	60	30	60	
d_2	100	−40	100	100
d_3	40	12	40	

최대 최소값 기준

미래의 상황이 자신에게 불리하게 전개될 것이라고 믿고 의사결정하므로 비관적 기준(pessimistic criterion)이라고도 한다.

우선 먼저 각 대안별 최소의 성과를 구한 다음 이들 중에서 최대의 성과를 실현하는 대안을 찾으면 된다. 〈표 10-4〉에서 남산투자(주)는 d_1을 선정해야 한다.

최소화 문제인 경우에는 최소 최대값 기준이 사용된다.

표 10-4　최대 최소값 기준

대안 ＼ 상황	s_1	s_2	최　소	최대 최소
d_1	60	30	30	30
d_2	100	−40	−40	
d_3	40	12	12	

최소 최대 후회 기준

후회(regret) 또는 기회손실(opportunity loss)이란 각 상황에서 최대 성과를 가져오는 대안을 선정하지 못하고 다른 대안을 선정함으로써 발생하는 차이(손실)를 말한다. 이는 기회비용(opportunity cost)이라고도 한다. 따라서 각 상황에서 가장 좋은 대안을 선정하게 되면 기회비용은 발생하지 않는다.

각 상황별로 최대의 성과를 구하고 이와 다른 성과와의 차이, 즉 기회손실을 구한다. 각 대안별로 하나의 최대 후회를 구한 다음 이들 중에서 가장 작은 최대 후회를 실현하는 대안을 선정하면 된다.

〈표 10−5〉에서 남산투자㈜는 d_1을 선정해야 한다.

표 10−5 최소 최대 후회 기준

상황 대안	s_1	s_2	최대 후회	최소 최대 후회
d_1	$100-60=40$	$30-30=0$	40	40
d_2	$100-100=0$	$30-(-40)=70$	70	
d_3	$100-40=60$	$30-12=18$	60	

라플라스 기준

라플라스(Laplace) 기준은 불충분 이유의 기준(criterion of insufficient reason) 또는 각 상황발생의 확률이 동일하다고 가정하므로 동일확률기준(equal probability criterion)이라고도 한다.

이는 각 대안별 모든 가능한 성과들의 평균을 구한 다음 이들 중에서 가장 큰 값을 실현하는 대안을 선정하는 것이다. 〈표 10−6〉에서 남산투자㈜는 d_1을 선정해야 한다.

표 10−6 라플라스 기준

상황 대안	s_1	s_2	평 균	최대 평균
d_1	60	30	$(60+30)/2=45$	45
d_2	100	-40	$(100-40)/2=30$	
d_3	40	12	$(40+12)/2=26$	

후르비쯔 기준

후르비쯔(Hurwicz) 기준은 앞에서 설명한 최대 최대값 기준과 최대 최소값 기준을 절충하는 기준이다. 이 기준은 의사결정자는 최대 최대값 기준을 선택할 만큼 완전한 낙관주의자도 아니고 최대 최소값 기준을 선택할 만큼 완전한 비관주의자도 아니라는 생각에 바탕을 두고 있다.

낙관성 정도(degree of optimism) 또는 낙관성 계수(coefficient)라고 하는 α를 가중하여 최대의 가중치(weighted value: WV)를 실현하는 대안을 선정하게 된다.

여기서 $0 \leq \alpha \leq 1$인데 $\alpha=1$이면 완전한 낙관주의 기준이 되고 $\alpha=0$이면 완전한 비관주의 기준이 된다. $1-\alpha$는 비관성 계수가 된다.

각 대안에 대하여 가중치는 다음과 같이 계산한다.

$$WV = \alpha(\text{최대의 성과}) + (1-\alpha)(\text{최소의 성과})$$

남산투자㈜ 문제에서 $\alpha=0.6$이라고 하면 각 대안의 가중치는 다음과 같다.

$$d_1 : WV = 0.6(60) + 0.4(30) = 48$$
$$d_2 : WV = 0.6(100) + 0.4(-40) = 44$$
$$d_3 : WV = 0.6(40) + 0.4(12) = 28.8$$

가중치 48이 최대이므로 남산투자㈜는 d_1을 선정해야 한다.

이 기준의 단점은 α의 측정이 어렵기 때문에 전적으로 의사결정자의 주관에 의해서 결정한다는 것이다.

Excel 활용

① 필요한 데이터를 시트에 입력한다.

	A	B	C	D	E	F	G
1				10장 남산투자㈜ 문제			
2							
3	성과표						
4							
5	대안	s1	s2	maximax	maximin	라플라스	후루비쯔
6	d1	60	30				
7	d2	100	-40				
8	d3	40	12				
9			max				
10			선정				
11							
12							
13	기회비용표						
14		s1	s2	최대후회			
15	d1						
16	d2						
17	d3						
18			min				
19			선정				

② 필요한 수식을 입력한다.

셀 주 소	수 식	비 고
D6	=MAX(B6 : C6)	D8까지 복사
E6	=MIN(B6 : C6)	E8까지 복사
F6	=AVERAGE(B6 : C6)	F8까지 복사
G6	=0.6 * B6+0.4 * C6	G8까지 복사
D9	=MAX(D6 : D8)	G9까지 복사
B15	=B$7−B6	B17까지 복사
C15	=C$6−C6	C17까지 복사
D15	=MAX(B15 : C15)	D17까지 복사
D18	=MIN(D15 : D17)	

③ 다음과 같은 결과를 얻는다.

	A	B	C	D	E	F	G
1				10장 남산투자㈜ 문제			
2							
3	성과표						
4							
5	대안	s1	s2	maximax	maximin	라플라스	후루비쯔
6	d1	60	30	60	30	45	48
7	d2	100	-40	100	-40	30	44
8	d3	40	12	40	12	26	28.8
9			max	100	30	45	48
10			선정	d2	d1	d1	d1
11							
12							
13	기회비용표						
14		s1	s2	최대후회			
15	d1	40	0	40			
16	d2	0	70	70			
17	d3	60	18	60			
18			min	40			
19			선정	d1			

10.6 위험하의 의사결정

우리는 앞에서 라플라스 기준을 제외하고는 미래 상황의 발생가능성에 대한 확률정보가 주어지지 않았다. 그러나 의사결정에 필요한 완전한 정보는 아니더라도 어떠한 상황이 발생할 것인지의 확률분포는 예측할 수 있는 경우에 의사결정자를 돕는 기준이 있는데 이것이 바로 기대가치 기준과 기대기회손실 기준이다. 그러나 이들 두 기준은 똑같은 결과를 초래한다.

기대가치 기준

각 미래 상황이 발생할 확률이 예측가능하면 각 대안에 대하여 기대가치(expected value: EV)를 계산하여 가장 큰 값을 갖는 대안을 선정하면 된다.

각 대안에 대한 기대가치는 다음과 같은 공식을 사용하여 구한다.

$$EV(d_i) = \sum_{j=1}^{n} P(s_j) \cdot V(d_i, s_j)$$

대안의 수: $i=1, 2, ..., m$

상황의 수: $j=1, 2, ..., n$

$P(s_j)$: 상황 j가 발생할 확률

남산투자(주)의 문제에서 $P(s_1)=0.6$, $P(s_2)=0.4$라고 예측한다면 각 대안의 기대가치는 다음과 같이 구한다.

$$EV(d_1)=60(0.6)+30(0.4)=48$$
$$EV(d_2)=100(0.6)+(-40)(0.4)=44$$
$$EV(d_3)=40(0.6)+12(0.4)=28.8$$

기대가치 48이 가장 크므로 남산투자(주)는 대안 1을 선정해야 한다.

기대기회손실 기준

기대가치 기준에서는 성과표와 확률을 사용하지만 기대기회손실(expected opportunity loss: EOL) 기준에서는 기회손실표와 확률을 사용한다. 기회손실표는 성과표에 있는 각 상황별로 특정 대안을 선택함으로써 다른 대안을 선택하지 못하는 데서 발생하는 기대후회(expected regret)를 계산하여 만든다.

〈표 10-7〉은 남산투자(주)의 기회손실표이다.

기회손실표가 만들어지면 기대가치 기준에서처럼 확률을 적용하여 이의 값이 가장 작은 대안을 선정하면 된다.

각 대안에 대해 기대기회손실은 다음과 같은 공식을 사용하여 구한다.

$$EOL(d_i) = \sum_{j=1}^{n} P(s_j) \cdot R(d_i, s_j)$$

$R(d_i, s_j)$＝대안 i와 상황 j에서의 기회손실

남산투자㈜의 문제에서 $P(s_1)=0.6$, $P(s_2)=0.4$라고 할 때 각 대안별 기대기회손실은 다음과 같이 구한다.

$$EOL(d_1) = 40(0.6) + 0(0.4) = 24$$
$$EOL(d_2) = 0(0.6) + 70(0.4) = 28$$
$$EOL(d_3) = 60(0.6) + 18(0.4) = 43.2$$

기대기회손실은 작을수록 좋기 때문에 남산투자㈜는 대안 d_1을 선정해야 한다.

기대가치 기준에 의한 결과와 기대기회손실 기준에 의한 결과는 언제나 동일한데 이 것은 성과를 최대화하는 것과 기회손실을 최소화하는 것은 동일하기 때문이다.

표 10-7   기회손실표

대안 \ 상황	s_1	s_2
d_1	100－60＝40	30－30＝0
d_2	100－100＝0	30－(－40)＝70
d_3	100－40＝60	30－12＝18

Excel 활용

① 필요한 데이터를 시트에 입력한다.

② 필요한 수식을 입력한다.

셀 주 소	수 식	비 고
D8	=SUMPRODUCT($B$5 : $C$5, B8 : C8)	D10까지 복사
D11	=MAX(D8 : D10)	
F8	=B$9−B8	F10까지 복사
G8	=C$8−C8	G10까지 복사
H8	=SUMPRODUCT($F$5 : $G$5, F8 : G8)	H10까지 복사
H11	=MIN(H8 : H10)	

③ 다음과 같은 결과를 얻는다.

10.7 의사결정 나무

의사결정 나무(decision tree)는 의사결정 과정을 그래프로 표현하는 것으로써 몇 개의 연속된 과정을 요하는 다단계 결정문제에서 성과표보다 더욱 편리하게 이용할 수 있다.

특히 각 대안에 대해 기대가치를 계산하는 데 이용함으로써 의사결정자로 하여금 최적대안을 찾는 데 도움을 줄 수 있다.

나무는 사각형, 원, 그리고 가지로 구성된다. 사각형(▢)은 의사결정 마디(decision node)라고 하는데 의사결정을 내려야 하는 시점을 의미한다. 원(◯)은 상황 마디(chance node)라고 하는데 확률적 상황이 전개되는 시점을 말한다.

사각형으로부터 뻗어나가는 가지는 대안을 나타내고 원으로부터 뻗어나가는 가지는 미래 상황을 나타낸다. 이 가지의 끝에는 성과를 기록한다. 나무는 우변으로부터 좌변으로 읽어 나간다.

〈그림 10-1〉은 남산투자(주)의 의사결정 나무이다.

남산투자(주)의 문제에서 $P(s_1)=0.6$, $P(s_2)=0.4$이므로 상황 마디 ①, ②, ③에 대한 EV는 다음과 같이 구할 수 있다.

$$EV(①)=60(0.6)+30(0.4)=48$$
$$EV(②)=100(0.6)+(-40)(0.4)=44$$
$$EV(③)=40(0.6)+12(0.4)=28.8$$

남산투자(주)는 가장 많은 EV를 나타내는 대안 d_1을 선정해야 한다. 이는 우리가 성과표를 이용하여 구한 결과와 일치한다.

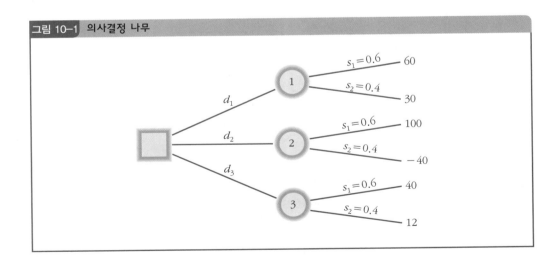

그림 10-1 의사결정 나무

Excel 활용

　Excel을 이용하여 의사결정 나무를 만들고 최적 기대가치를 갖는 결정대안을 찾기 위해서는 Michael Middleton이 개발한 프로그램인 TreePlan을 이용해야 한다. 이 프로그램을 다운받아 남산전자㈜의 문제에 적용해 보기로 하자.

① http://www.treeplan.com에 접속하여 프로그램을 다운받는다.

② Excel을 열어 '새로 만들기'를 클릭한다.

③ 「파일」 메뉴를 클릭하고 '열기'를 선택한다.

④ 프로그램이 저장된 곳으로 들어가 tree170t.xla를 선택하고 '열기'를 클릭한다.

⑤ 「보안 경고」 대화상자가 나타나면 '매크로 포함'을 클릭한다.

⑥ 「데이터」 메뉴를 클릭하고 'Decision Tree'를 선택한다.

⑦ TreePlan 사용에 관한 내용에 동의를 한다.

⑧ 다음과 같은 대화상자가 나타나면 New Tree 를 선택한다.

⑨ 'TreePlan Tryout for Evaluation'이 나타난다.

	A	B	C	D	E	F	G	H
1	TreePlan Tryout For Evaluation							
2				Decision 1				
3							0	
4				0	0			
5		1						
6		0						
7				Decision 2				
8							0	
9				0	0	or Evaluation		
10								

⑩ 결정대안이 두 개이므로 하나 더 만들기 위해서는 B5를 클릭하고 「Ctrl」과 「Shift」를 동시에 누른 채 *t*를 친다.

⑪ 다음과 같은 대화상자가 나타나면 'Add branch'를 선택하고 OK한다.

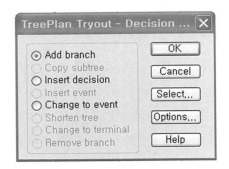

⑫ 다음과 같은 결과를 얻는다.

	A	B	C	D	E	F	G	H
1	TreePlan Tryout For Evaluation							
2				Decision 1				
3							0	
4				0	0			
5								
6								
7				Decision 2				
8		1					0	
9	0			0	0			
10								
11								
12				Decision 3				
13							0	
14				0	0	or Evaluation		
15								

⑬ 각 대안에 대하여 가지 두 개씩을 얻기 위해서는 F3, F8, F13을 하나씩 차례로 클릭하고 「Ctrl」과 「Shift」를 동시에 누른 채 *t*를 친다.

⑭ 「TreePlan Tryout」 대화상자가 나타나면 'Change to event node'와 'Two'를 선택한 후 OK한다.

⑮ 다음과 같은 결과를 얻는다.

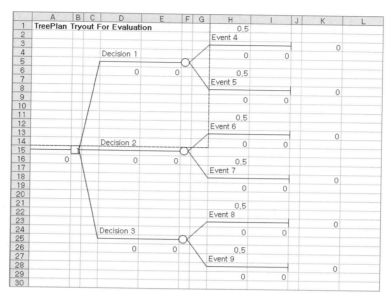

⑯ 각 상황이 발생할 확률을 0.6과 0.4로 고쳐 직접 입력한다.

⑰ 여섯 개의 성과는 직접 입력한다. H4에 60, H9에 30, H14에 100, H19에 −40, H24에 40, H29에 12를 차례로 입력한다.

⑱ 나머지는 자동으로 계산이 되어 d_1의 EV가 48로서 가장 큼을 보여 주고 있다.

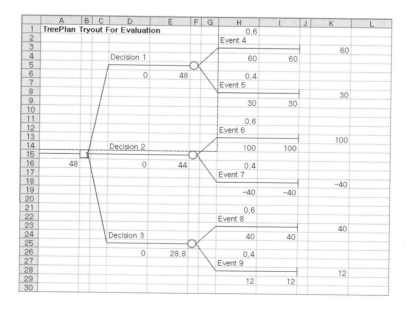

10.8 완전정보의 기대가치

위험하의 의사결정에서 미래에 발생할 상황의 확률분포가 각 대안의 기대가치 및 최적 대안의 결정에 큰 영향을 미친다고 할 수 있다. 우리는 남산투자㈜의 문제에서 상황 s_1(호경기)이 발생할 확률이 0.6, 상황 s_2(불경기)가 발생할 확률이 0.4라고 가정하였다.

이와 같이 표본정보가 고려되지 않은 단순확률을 사전확률(prior probability)이라고 한다. 우리는 이미 사전확률에 의한 결정은 대안 1의 기대가치가 48로서 가장 크므로 남산투자 ㈜는 대안 1을 선정해야 함을 공부하였다.

그런데 의사결정자는 더 좋은 결정을 하기 위하여 비용을 투입해서라도 상황에 대한 추가정보를 얻기 원할 수 있다. 그 추가정보에 의하여 사전확률을 사후확률(posterior probability)로 수정하여 더 좋은 의사결정을 할 수 있다면 더욱 그렇다고 하겠다.

다만 추가정보를 얻기 위해 지불하는 비용이 추가정보에 의한 완전정보를 얻음으로써 결과하는 기대가치를 초과해서는 안 된다.

그러면 완전정보의 기대가치는 어떻게 구하는가? 〈표 10−8〉은 남산투자㈜의 성과표 이다.

〈표 10−8〉에서 상황 s_1이 발생한다는 완전한 정보를 갖는다면 대안 d_2를 선정하고 이 때의 성과는 100이다. 만일 상황 s_2가 발생한다면 대안 d_1을 선정해야 하는데 이때의 성과 는 30이다.

이 경우는 어떤 상황이 발생할 것인지를 사전에 완전히 아는 경우이지만 여전히 상황 s_1이 발생할 확률은 0.6이고 상황 s_2가 발생할 확률은 0.4이므로 완전정보를 아는 경우 의 기대가치는 다음과 같이 구한다.

$$100(0.6)+30(0.4)=72$$

표 10−8 남산투자㈜의 성과표

상황 대안	s_1	s_2
d_1	60	30
d_2	100	−40
d_3	40	12

완전정보의 기대가치(expected value of perfect information: EVPI)란 완전한 정보를 아는 경우의 기대가치와 정보를 모르는 경우의 기대가치의 차이라고 할 수 있다. 즉 완전정보의 기대가치는 다음과 같다.

$$EVPI = \left(\begin{array}{c}\text{완전정보에 의해 선정}\\ \text{되는 의사결정 대안의 } EV\end{array}\right) - \left(\begin{array}{c}\text{사전확률에 의해 선정}\\ \text{되는 의사결정 대안의 } EV\end{array}\right)$$

$$= 72 - 48$$

$$= 24$$

실제상황의 발생에 관한 완전한 정보를 입수한다면 증가할 추가적인 기대가치는 24이므로 이는 남산투자㈜가 표본조사를 얻기 위하여 지불할 수 있는 한계금액이기도 하다.

Excel 활용

① 필요한 데이터를 시트에 입력한다.

	A	B	C	D	E
1	10장 완전정보의 기대가치				
2					
3	성과표				
4			상황		
5		s1	s2		
6	발생확률	0.6	0.4		
7					
8	대안			EV	
9	d1	60	30		
10	d2	100	-40		
11	d3	40	12		
12					
13	최대성과				
14	최대기대가치				
15	EVPI				
16					

② 필요한 수식을 입력한다.

셀 주 소	수 식	비 고
D91	=SUMPRODUCT(B$6 : C$6, B9 : C9)	D11까지 복사
B13	=MAX(B9 : B11)	C13까지 복사
D14	=MAX(D9 : D11)	
D15	=SUMPRODUCT(B6 : C6, B13 : C13)−D14	

③ 다음과 같은 결과를 얻는다.

	A	B	C	D	E
1	10장 완전정보의 기대가치				
2					
3	성과표				
4		상황			
5		s1	s2		
6	발생확률	0.6	0.4		
7					
8	대안			EV	
9	d1	60	30	48	
10	d2	100	-40	44	
11	d3	40	12	28.8	
12					
13	최대성과	100	30		
14	최대기대가치			48	
15	EVPI			24	
16					

10.9 표본정보에 의한 의사결정

일반적으로 완전한 정보를 얻기란 쉬운 일이 아니므로 기업은 표본정보(sample information)를 입수하기 위하여 원재료에 대한 표본조사, 제품실험, 예비 시장조사 등을 실시한다.

남산투자㈜는 미래의 상황 전개에 관한 표본정보를 얻기 위하여 남산경제연구소에 용역을 주었다고 가정하자. 연구조사에서 새로운 정보를 얻는다면 그것을 사전확률과 결합함으로써 베이지안 정리(Bayesian theorem)를 적용하여 상황에 대한 갱신된 사후확률을 얻을 수 있다. 이 사후확률에 의해 남산투자㈜는 사전확률을 가질 때보다 더 좋은 대안 결정을 할 수 있는 것이다.

남산경제연구소는 미래의 경제 상황에 대한 보고서를 제출해야 할 것이다. 그 보고서는 미래의 경제 상황을 좋게 보는 긍정적 보고서일 수도 있고 좋지 않게 보는 부정적 보고서일 수도 있다.

다음과 같이 정의하자.

표 10-9 조건확률

상황 경제보고	s_1(호경기)	s_2(불경기)
P(낙관적) N(비관적)	$P(P\|s_1)=0.8$ $P(N\|s_1)=0.2$	$P(P\|s_2)=0.1$ $P(N\|s_2)=0.9$

P=긍정적 경제보고서

N=부정적 경제보고서

이 두 가지 보고서 가운데 하나가 주어졌을 때 우리의 목표는 이 정보에 의거하여 발생할 상황에 대한 개선된 확률을 추정하려는 것이다.

베이지안 절차의 결과는 $P(s_j|P)$와 $P(s_j|N)$의 형태로 표현되며 이는 경제보고서의 결과에 따라 상황 s_j가 발생할 조건확률(conditional probability)이다.

베이지안 절차를 시행하기 위해서는 각 상황에 대한 표본정보의 조건확률, 즉 $P(P|s_1)$, $P(P|s_2)$, $P(N|s_1)$, $P(N|s_2)$를 알아야 한다.

대부분의 경우 이러한 조건확률을 알아내기 위하여 과거의 상대빈도 데이터나 주관적인 확률 추정을 이용한다.

남산경제연구소가 〈표 10-9〉와 같은 조건확률의 추정치를 제시하였다고 가정하자.

이제 조건확률이 주어졌기 때문에 사전확률과 함께 베이지안 절차를 통하여 사후확률로 수정될 수 있다.

만일 경제보고서가 긍정적이라면 호경기일 확률은

$$P(s_1|P)=\frac{P(P\mid s_1)P(s_1)}{P(P\mid s_1)P(s_1)+P(P\mid s_2)P(s_2)}$$

$$=\frac{0.8(0.6)}{0.8(0.6)+0.1(0.4)}=0.9231$$

이고 불경기일 확률은

$$P(s_2|P)=\frac{P(P\mid s_2)P(s_2)}{P(P\mid s_2)P(s_2)+P(P\mid s_1)P(s_1)}$$

$$=\frac{0.1(0.4)}{0.1(0.4)+0.8(0.6)}=0.0769$$

이다.

만일 경제보고서가 부정적이라면 호경기일 확률은

$$P(s_1|N) = \frac{P(N|s_1)P(s_1)}{P(N|s_1)P(s_1) + P(N|s_2)P(s_2)}$$

$$= \frac{0.2(0.6)}{0.2(0.6) + 0.9(0.4)} = 0.25$$

이고 불경기일 확률은

$$P(s_2|N) = \frac{P(N|s_2)P(s_2)}{P(N|s_2)P(s_2) + P(N|s_1)P(s_1)}$$

$$= \frac{0.9(0.4)}{0.9(0.4) + 0.2(0.6)} = 0.75$$

이다. 그리고

$$P(P) = P(P|s_1)P(s_1) + P(P|s_2)P(s_2)$$
$$= 0.8(0.6) + 0.1(0.4) = 0.52$$
$$P(N) = P(N|s_1)P(s_1) + P(N|s_2)P(s_2)$$
$$= 0.2(0.6) + 0.9(0.4) = 0.48$$

이다.

이들을 의사결정 나무에 표시하면 〈그림 10-2〉와 같다.

마디 ④에서 ⑨까지의 기대가치를 계산하면 다음과 같다.

$$EV(④) = 60(0.9231) + 30(0.0769) = 57.693$$
$$EV(⑤) = 100(0.9231) - 40(0.0769) = 89.234$$
$$EV(⑥) = 40(0.9231) + 12(0.0769) = 37.846$$
$$EV(⑦) = 60(0.25) + 30(0.75) = 37.5$$
$$EV(⑧) = 100(0.25) - 40(0.75) = -5$$
$$EV(⑨) = 40(0.25) + 12(0.75) = 19$$

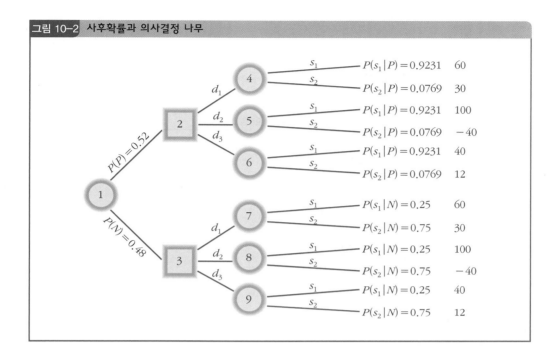

그림 10-2 사후확률과 의사결정 나무

이제 기대가치 기준에 따라 마디 ②에서는 대안 d_2를 선택하고 마디 ③에서는 대안 d_1을 선택한다.

그러면 마디 ①에서의 기대가치는

$$EV(①)=89.234(0.52)+37.5(0.48)$$
$$=64.402$$

이다.

남산투자㈜는 경제보고서, 즉 표본정보와 관련하여 하나의 의사결정 전략을 〈표 10-10〉과 같이 가지게 되었다.

표 10-10 의사결정 전략

•보고서가 긍정적이면 대안 d_2(토지)를 선택
•보고서가 부정적이면 대안 d_1(오피스 빌딩)을 선택

Excel 활용 ┃┃┃

① 필요한 데이터를 시트에 입력한다.

	A	B	C	D	E	F
1	10장 표본정보에 의한 의사결정					
2						
3	상황	사전확률				
4	s1	0.6				
5	s2	0.4				
6						
7	조건확률					
8		경제보고서				
9	상황	긍정적	부정적			
10	s1	0.8	0.2			
11	s2	0.1	0.9			
12						
13	경제보고서: 긍정적					
14		사전확률	조건확률	결합확률	사후확률	
15	s1					
16	s2					
17	확률(P)					
18						
19	경제보고서: 부정적					
20		사전확률	조건확률	결합확률	사후확률	
21	s1					
22	s2					
23	확률(N)					

② 필요한 수식을 입력한다.

셀 주 소	수　식	비　　고
B15	=B4	B16까지 복사
C15	=B10	C16까지 복사
D15	=B15*C15	D16까지 복사
D17	=SUM(D15 : D16)	
E15	=D15/$D$17	E16까지 복사
B21	=B4	B22까지 복사
C21	=C10	C22까지 복사
D21	=B21*C21	D22까지 복사
D23	=SUM(D21 : D22)	
E21	=D21/$D$23	E22까지 복사

③ 다음과 같은 결과를 얻는다.

	A	B	C	D	E	F
1			10장 표본정보에 의한 의사결정			
2						
3	상황	사전확률				
4	s1	0.6				
5	s2	0.4				
6						
7	조건확률					
8			경제보고서			
9	상황	긍정적	부정적			
10	s1	0.8	0.2			
11	s2	0.1	0.9			
12						
13	경제보고서: 긍정적					
14		사전확률	조건확률	결합확률	사후확률	
15	s1	0.6	0.8	0.48	0.9230769	
16	s2	0.4	0.1	0.04	0.0769231	
17	확률(P)			0.52		
18						
19	경제보고서: 부정적					
20		사전확률	조건확률	결합확률	사후확률	
21	s1	0.6	0.2	0.12	0.25	
22	s2	0.4	0.9	0.36	0.75	
23	확률(N)			0.48		
24						

10.10 표본정보의 기대가치와 효율

남산투자(주)가 남산경제연구소에 의뢰하여 얻은 표본정보의 기대가치(expected value of sample information: EVSI)는

$$EVSI = \begin{pmatrix} 표본정보에\ 의한 \\ 최적결정의\ EV \end{pmatrix} - \begin{pmatrix} 표본정보\ 없이\ 행한 \\ 최적결정의\ EV \end{pmatrix}$$
$$= 64.402 - 48$$
$$= 16.402$$

이다.

남산투자(주)가 남산경제연구소에 지불할 수 있는 용역비용은 16.402를 초과할 수 없다.

남산투자(주)는 남산경제연구소의 정보만으로 충분한지 아니면 또 다른 정보가 필요한 지를 알기 위하여 경제연구소의 정보가 완전정보에 비해 어느 정도의 충분성을 가지는지 알고 싶으면 표본정보의 효율(efficiency: E)을 계산해 보아야 한다.

표본정보의 효율은 다음과 같이 정의한다.

$$E = \frac{EVSI}{EVPI}$$

남산투자(주)의 문제에서 표본정보의 효율은 다음과 같다.

$$E = \frac{16.402}{24} = 0.6834$$

만일 남산투자(주)가 효율이 너무 낮다고 판단하면 또 다른 정보를 구할 것이며 높다고 판단하면 이 표본정보로 만족할 것이다.

Excel 활용

① 필요한 데이터를 사후확률을 구한 시트에 입력한다.

	A	B	C	D	E	F	G
1	10장 표본정보의 기대가치						
2							
3	상황	사전확률					
4	s1	0.6					
5	s2	0.4					
6							
7	조건확률						
8			경제보고서				
9	상황	긍정적	부정적				
10	s1	0.8	0.2				
11	s2	0.1	0.9				
12							
13	경제보고서: 긍정적						
14		사전확률	조건확률	결합확률	사후확률		
15	s1	0.6	0.8	0.48	0.9230769		
16	s2	0.4	0.1	0.04	0.0769231		
17	확률(P)			0.52			
18							
19	경제보고서: 부정적						
20		사전확률	조건확률	결합확률	사후확률		
21	s1	0.6	0.2	0.12	0.25		
22	s2	0.4	0.9	0.36	0.75		

23	확률(N)			0.48		
24						
25	경제보고서: 긍정적					
26		사후확률		성과		EV
27		s1	s2	s1	s2	
28	d1	0.9230769	0.0769231	60	30	57.692308
29	d2	0.9230769	0.0769231	100	-40	89.230769
30	d3	0.9230769	0.0769231	40	12	37.846154
31	최대기대가치					89.230769
32						
33	경제보고서: 부정적					
34		사후확률		성과		EV
35		s1	s2	s1	s2	
36	d1	0.25	0.75	60	30	37.5
37	d2	0.25	0.75	100	-40	-5
38	d3	0.25	0.75	40	12	19
39	최대기대가치					37.5
40						
41	표본정보에 의한 최적결정의 기대가치					64.4
42	표본정보가 없는 최적결정의 기대가치					48
43	EVSI					16.4
44						

② 필요한 수식을 입력한다.

셀 주 소	수 식	비 고
B28	=$E$15	B30까지 복사
C23	=$E$16	C30까지 복사
F28	=SUMPRODUCT(B28 : C28, D28 : E28)	F30까지 복사
F31	=MAX(F28 : F30)	
B36	=$E$21	B38까지 복사
C36	=$E$22	C38까지 복사
F36	=SUMPRODUCT(B36 : C36, D36 : E36)	F38까지 복사
F39	=MAX(F36 : F38)	
F41	=D17 * F31+D23 * F39	
F43	=F41-F42	

③ 다음과 같은 결과를 얻는다.

	A	B	C	D	E	F	G
1			10장 표본정보의 기대가치				
2							
3	상황	사전확률					
4	s1	0.6					
5	s2	0.4					
6							
7	조건확률						
8			경제보고서				
9	상황	긍정적	부정적				
10	s1	0.8	0.2				
11	s2	0.1	0.9				
12							
13	경제보고서: 긍정적						
14		사전확률	조건확률	결합확률	사후확률		
15	s1	0.6	0.8	0.48	0.923077		
16	s2	0.4	0.1	0.04	0.076923		
17	확률(P)			0.52			
18							
19	경제보고서: 부정적						
20		사전확률	조건확률	결합확률	사후확률		
21	s1	0.6	0.2	0.12	0.25		
22	s2	0.4	0.9	0.36	0.75		
23	확률(N)			0.48			
24							
25	경제보고서: 긍정적						
26		사후확률		성과		EV	
27		s1	s2	s1	s2		
28	d1	0.923077	0.076923	60	30	57.69231	
29	d2	0.923077	0.076923	100	-40	89.23077	
30	d3	0.923077	0.076923	40	12	37.84615	
31	최대기대가치					89.23077	
32							
33	경제보고서: 부정적						
34		사후확률		성과		EV	
35		s1	s2	s1	s2		
36	d1	0.25	0.75	60	30	37.5	
37	d2	0.25	0.75	100	-40	-5	
38	d3	0.25	0.75	40	12	19	
39	최대기대가치					37.5	
40							
41		표본정보에 의한 최적결정의 기대가치				64.4	
42		표본정보가 없는 최적결정의 기대가치				48	
43	EVSI					16.4	
44							

10.11 게임이론

기본 개념과 전제조건

지금까지 우리는 선형계획법과 의사결정론에서 의사결정자가 1명인 경우를 공부하였다. 그러나 현실적으로 개인과 개인, 집단과 집단, 국가와 국가의 대립에서처럼 두 명 이상이 좋은 결과를 획득하기 위하여 서로 경쟁하거나 갈등을 피할 수 없는 상황이 일반적이다.

이와 같이 이기려는 목적을 가진 두 명 이상의 의사결정자(경기자)가 관여하는 경쟁을 게임(game)이라 하고 경쟁 또는 충돌하는 상황에서 최적전략을 어떻게 수립하고 그의 결과는 무엇인가를 연구하는 분야를 게임이론(game theory)이라고 한다.

게임이론은 경쟁에서 이기기 위한 최적전략을 결정함에 있어서 수리적 기법이나 논리적 사고과정을 이용하는 경쟁상황을 분석하는 틀을 제공해 준다. 여기서 전략(strategy)이란 경기자가 추구하는 행동의 계획을 말한다. 경기자는 게임을 할 때마다 하나의 전략을 선택하게 된다.

게임은 경기자(player)가 특정 전략을 선택할 때 성과, 즉 결과를 얻기 때문에 진행된다. 각 경기자는 경쟁상대자의 희생하에서 자기의 복지 또는 성과를 최대화하려고 한다.

그런데 이러한 성과는 경기자가 선택하는 전략에 따라 달라지는데 이를 표로 나타낸 것을 성과표(payoff table) 또는 성과행렬(payoff matrix)이라고 한다.

게임이 성립하기 위해서는 몇 가지 전제조건이 필요하다.

- 각 경기자는 상대방이 선택 가능한 전략에 대한 대안을 알고 있다.
- 각 경기자는 자기들이 선택 가능한 전략의 대안들로부터 결과하는 성과를 정확하게 알고 있다.
- 게임의 참가자는 두 명 이상의 개인 또는 집단이다.
- 각 경기자는 자기의 이익을 최대로 하기 위하여 합리적인 행동을 취한다.
- 각 경기자는 상대방의 행동에 대한 정보 없이 동시에 결정을 해야 한다.
- 각 경기자의 목표는 서로 경쟁과 갈등관계이다.
- 한 번의 시합(play)이 아니라 반복적인 시합이 이루어진다.

게임은 경기자의 수에 따라 2인 게임, 3인 게임, N인 게임 등으로 분류하기도 하지만 영화게임(zero-sum game)과 비영화게임(non-zero-sum game)으로 분류하기도 한다.

- 영화게임: 게임에서 승리자(winner)는 패배자(loser)가 잃은 만큼의 성과를 전부 차지한다. 만일 승리자가 20을 이겼다면 패배자는 20을 잃은 것이다. 두 경기자의 이득과 손실을 합하면 꼭 0이 된다. 이 게임은 완전히 경쟁적이다. 즉 경기자들은 가능한 한 최대로 상대방을 희생시켜 승리하려고 한다. 경기자가 2인일 때를 2인 영화게임(2 person zero-sum game)이라 한다.

- 비영화게임: 게임에서 승리자의 이득(gain)은 패배자의 손실(loss)과 일치하지 않는다. 그 이유는 어떤 제삼자가 이득의 일부를 가져가거나 손실의 일부를 부담하기 때문이다. 비영화게임은 완전하게 경쟁적은 아니며 타협의 여지가 있다.

게임문제를 푼다는 것은 다음 두 가지의 질문에 대한 답을 얻는 것을 의미한다.

- 경기자는 그의 복지(welfare)를 최대화하기 위하여 어떤 전략(strategy)을 따라야 하는가?

- 이 전략대로 행동했을 때 각자는 어떠한 성과를 얻게 되는가?

이때 경기자의 효용함수(utility function)는 동일하다고 가정한다. 즉 어떤 성과는 각 경기자에게 동일한 효용가치를 가지고 있다.

2인 영화게임은 다음 두 가지 가운데 하나의 해를 가진다. 하나는 순수전략이요, 또 하나는 혼합전략이다.

성 과 표

게임에 참여하는 각 경기자가 가능한 전략의 대안을 선택하였을 때 결과하는 성과표를 우선 작성해야 한다. 〈표 10-11〉은 한국제철(주)의 성과표이다.

한국제철(주)에서는 근로자들의 임금 및 복지수당 인상을 위한 노사분규가 한창 진행 중이다. 사용자측에서는 노조측의 제의를 거부하든지 협상할 수 있다. 한편 노조측에서는 파업에 돌입하든지 협상할 수 있다. 두 집단이 취할 수 있는 전략 대안은 각각 두 가지이며 이러한 대안의 각 조합이 발생할 때 예상되는 금액(억 원)은 〈표 10-11〉에 표시되어 있다.

성과표는 보통 왼쪽 경기자를 기준으로 그의 성과를 나타낸다. 따라서 이는 오른쪽 경

표 10-11 노사분규의 성과표

노 조 \ 사용자	거 부	협 상
파 업	60	65
협 상	90	70

기자에게는 손실을 의미한다. 만일 성과가 음수일 경우에는 왼쪽 경기자의 손실이므로 오른쪽 경기자에게는 이득을 의미한다.

예를 들면 〈표 10-11〉에서 노조측이 협상을 택하고 사용자측이 협상을 택하면 노조측의 이득은 70억 원이고 사용자측의 손실은 70억 원이 됨을 의미한다. 따라서 왼쪽 경기자인 노조측은 성과를 최대로 하고자 하고 반대로 오른쪽 경기자는 손실을 최소로 하고자 한다.

〈표 10-11〉에서 게임은 확실히 사용자측에게 불리하다. 일단 노사분규가 발생하면 손실은 피할 수 없기 때문에 손실을 최소로 하려고 하는 것이다.

10.12 2인 영화게임: 순수전략

의사결정론에서 공부한 바와 같이 이득에는 최대 최소(maximin) 기준을 적용하고 손실에는 최소 최대(minimax) 기준을 적용하는 것은 기본적으로 동일한 결과를 초래한다.

왼쪽 경기자인 노조측은 가능한 한 최대의 금액을 올리려고 하지만 사용자측은 노조의 금액을 최소로 줄이려고 한다. 노조측의 성과는 자신의 전략에 의해서만 결정되는 것이 아니고 사용자측의 대응전략에 의해서도 영향을 받는다는 사실을 알고 있기 때문에 노조측은 전략을 선택함에 있어서 각 전략의 최소 금액만을 고려하게 된다.

이와 같이 노조측은 보수적 내지 비관적이기 때문에 가능한 한 최소의 결과로부터 이득을 최대화하는 전략을 선택하게 된다. 즉 maximin 기준을 따르게 된다.

반면 오른쪽 경기자인 사용자측은 낙관적이기 때문에 가능한 한 최대의 결과로부터 손실을 최소화하는 전략을 선택하게 된다. 즉 minimax 기준을 따르게 된다.

표 10−12   노조측의 최적전략

노 조 \ 사용자	거 부	협 상	최소 이득	최대 최소 이득
파 업	60	65	60	
협 상	90	70	70	70

〈표 10−12〉에서 보는 바와 같이 노조측은 maximin 기준을 적용하여

• 각 행에 있는 전략에 대하여 가장 작은 성과를 찾는다.
• 이들 중에서 가장 큰 성과를 나타내는 행을 최적전략으로 선택한다.

노조측은 이 기준을 따를 때 전략 '협상'을 선택한다. 이때의 maximin 값은 70억 원이다.

그러나 오른쪽 경기자인 사용자측은 분규를 꼭 해결해야 하고 손실을 최소로 하는 전략을 선택해야 하므로 minimax 기준을 적용하여

• 각 열에 있는 전략에 대하여 가장 큰 성과를 찾는다.
• 이들 중에서 가장 작은 성과를 나타내는 열을 최적전략으로 선택한다.

사용자측은 이 기준을 따를 때 〈표 10−13〉에서 보는 바와 같이 전략 '협상'을 선택한다. 이때의 minimax 값은 70억 원이다.

이상을 정리하면

• 노조측의 maximin 값과 사용자측의 minimax 값이 70억 원으로 같으므로 안점(saddle point)이 존재한다.
• 노조측은 게임을 반복한다면 항상 전략 '협상'을 선택해야 한다.

표 10−13   사용자측의 최적전략

노 조 \ 사용자	거 부	협 상
파 업	60	65
협 상	90	70
최대 손실	90	70
최소 최대 손실		70

- 사용자측은 게임을 반복한다면 항상 전략 '협상'을 선택해야 한다.
- 게임 값은 70억 원이다.

이 예에서와 같이 양측의 전략이 동일하게 하나의 성과에서 만나게 되면 이 성과를 안점이라 하고 이때의 전략을 순수전략(pure strategy)이라 한다. 이는 각 경기자가 따르는 전략이 상대방 전략에 상관 없이 게임이 반복될 때 경기자가 유리하다면 전략을 언제라도 바꿀 수 있는 혼합전략과는 대조적이다.

게임 값(value of the game)이란 게임이 수없이 반복될 때 얻는 기대성과(expected outcome)이다. 위 예의 게임 값은 70억 원이다. 이는 안점이기도 하다. 즉 안점이란 각 경기자가 순수전략을 선택할 때의 게임 값이다.

10.13 2인 영화게임: 혼합전략

두 경기자의 최적전략의 성과가 안점에서 만나면 두 경기자는 게임을 반복하더라도 항상 똑같은 이 최적전략을 고수하는 순수전략을 사용하게 된다. 그러나 안점이 존재하지 않을 경우에는 상대방의 전략을 고려하지 않고 자기의 전략을 언제든지 변경함으로써 성과를 최대로 하려는 혼합전략(mixed strategy)을 사용하게 된다.

따라서 혼합전략을 사용해야 하는 문제에서는

- 각 전략사용의 비율
- 게임 값

을 계산해야 한다.

하나의 예를 통해 혼합전략에 접근해 보자. 경쟁관계에 있는 A회사와 B회사가 새해를 앞두고 각각 새로운 판촉활동을 준비하고 있다.

A회사가 고려하는 두 가지 대안의 요점은 다음과 같다.

a_1: 모든 광고매체를 통해 대대적인 광고를 벌인다.
a_2: 전파매체만을 주로 이용하여 집중적으로 광고한다.

표 10-14   두 회사의 성과표

A회사＼B회사	b_1	b_2
a_1	4	1
a_2	−3	2

B회사가 고려하는 두 가지 대안의 요점은 다음과 같다.

b_1: 경품부 판매를 실시한다.

b_2: 대규모 할인판매를 실시한다.

이 게임에서 왼쪽 경기자인 A회사의 시장점유율(%) 증가를 성과라고 하면 오른쪽 경기자인 B회사로 보면 시장점유율 감소가 된다. 〈표 10-14〉는 두 회사 사이의 성과표이다.

이 문제를 A회사에 대해 maximin 기준을 적용하고 B회사에 대해서는 minimax 기준을 적용하면 〈표 10-15〉에서 보는 바와 같이 A회사는 a_1을 선택하고 B회사는 b_2를 선택함으로써 일치되는 성과, 즉 안점이 존재하지 않는다.

이럴 경우 시합이 반복된다고 가정하면 두 회사는 시장점유율 증가를 위해 꾀를 내어 전략을 계속해서 변경하게 된다. 그리하여 결국 어떤 대안을 선택해야 되는지 두 회사 모두 어리둥절하게 된다.

결국 두 회사는 다음의 사실을 깨닫게 된다.

• 대안을 변경하는 혼합전략이 유리하다.
• 자신의 전략이 유출되지 않도록 보안조치가 필요하다.
• 최선의 이익을 가져다 줄 전략사용 비율이 존재할 것이다.

표 10-15   두 회사의 전략

A회사＼B회사	b_1	b_2	최소 이득	최대 최소 이득
a_1	4	1	1	1
a_2	−3	2	−3	
최대 손실	4	2		
최소 최대 손실		2		

•평균성과는 전략사용 비율에 의존한다.

안점이 존재하지 않는 게임의 경우 A회사는 a_1, a_2 전략을 적절한 비율로 혼합하여 사용함으로써 기대이익을 최대화하고 B회사는 b_1, b_2 전략을 적절히 혼합하여 기대손실을 최소화시킴으로써 두 회사에 보다 나은 게임 값이 결정된다.

A회사의 혼합전략 비율

A회사는 〈표 10-16〉에서 보는 바와 같이 전체 시합횟수 가운데 p의 비율로 전략 a_1을, $1-p$의 비율로 전략 a_2를 선택한다고 하자.

그러면 B회사가 전략 b_1을 선택할 때 A회사의 기대성과 U_1은 다음과 같다.

$$U_1 = 4p - 3(1-p) = 7p - 3$$

한편 B회사가 전략 b_2를 선택할 때 A회사의 기대성과 U_2는 다음과 같다.

$$U_2 = 1p + 2(1-p) = -p + 2$$

A회사의 기대성과 U_1과 U_2는 서로 같기 때문에 이들을 연립하여 p값과 $1-p$값을 구한다.

$$7p - 3 = -p + 2$$
$$8p = 5$$
$$p = \frac{5}{8}$$
$$1 - p = \frac{3}{8}$$

이와 같이 A회사는 전체 게임횟수 가운데 5/8는 전략 a_1을 선택하고 3/8은 전략 a_2를 선택해야 한다. 이때 예상되는 게임 값(시장점유율 증가)은 다음과 같다.

표 10-16 **두 회사 전략의 혼합비율**

A회사		B회사 b_1	b_2
		q	$1-q$
a_1	p	4	1
a_2	$1-p$	-3	2

$$7p-3=7\left(\frac{5}{8}\right)-3=1\frac{3}{8}$$

B회사의 혼합전략 비율

B회사는 〈표 10−16〉에서 보는 바와 같이 전체 시합횟수 가운데 q의 비율로 전략 b_1을, $1-q$의 비율로 전략 b_2를 선택한다고 하자.

그러면 A회사가 전략 a_1을 선택할 때 B회사의 기대손실 V_1은 다음과 같다.

$$V_1=4q+1(1-q)=3q+1$$

한편 A회사가 전략 a_2를 선택할 때 B회사의 기대손실 V_2는 다음과 같다.

$$V_2=-3q+2(1-q)=-5q+2$$

B회사의 기대손실 V_1과 V_2는 서로 같기 때문에 이들을 연립하여 q값과 $1-q$값을 구한다.

$$3q+1=-5q+2$$
$$8q=1$$
$$q=\frac{1}{8}$$
$$1-q=\frac{3}{8}$$

이와 같이 B회사는 전체 게임횟수 가운데 $\frac{1}{8}$은 전략 b_1을 선택하고 $\frac{7}{8}$은 전략 b_2를 선택해야 한다. 이때 예상되는 게임 값(시장점유율 감소)은 다음과 같다.

$$3q+1=3\left(\frac{1}{8}\right)+1=1\frac{3}{8}$$

이 게임에서 A회사는 전체 게임횟수 가운데 5/8는 전략 a_1, 3/8은 전략 a_2를 선택하고 B회사는 1/8은 전략 b_1, 7/8은 전략 b_2를 선택하는 혼합전략을 사용한다면 A회사는 게임당 평균 $1\frac{3}{8}$%의 시장점유율 증가를 기대할 수 있고 B회사는 $1\frac{3}{8}$%감소를 기대할 수 있다. 이는 두 회사에 최선의 결과이다.

선형계획 모델

A회사의 관점에서 〈표 10-17〉의 문제를 보자. A회사는 그의 기대성과가 어떤 U라는 값보다 크기를 원한다. 이제 다음 단계를 거쳐 LP 모델로 풀게 된다.

단계 1: 제약조건식을 기술한다.

$4p_1 - 3p_2 \geq U$

(B회사가 항상 b_1을 택할 때 A회사의 기대성과는 U 이상이다.)

$1p_1 + 2p_2 \geq U$

(B회사가 항상 b_2를 택할 때 A회사의 기대성과는 U 이상이다.)

단계 2: 제약조건식의 양변을 U로 나눈다.

$$\frac{4p_1}{U} - \frac{3p_2}{U} \geq 1$$

$$\frac{1p_1}{U} + \frac{2p_2}{U} \geq 1 \qquad \qquad \cdots[10-1]$$

단계 3: 보조변수(auxiliary variable)를 도입한다.

$$x_1 = \frac{p_1}{U}, \; x_2 = \frac{p_2}{U} \qquad \qquad \cdots[10-2]$$

라 정의하면 식 [10-1]은

$4x_1 - 3x_2 \geq 1$

$1x_1 + 2x_2 \geq 1$

이다.

표 10-17 두 회사의 새로운 성과표

A회사 \ B회사		b_1	b_2
		q_1	q_2
a_1	p_1	4	1
a_2	p_2	-3	2

단계 4: 목적함수를 다음과 같이 만든다.

$$p_1 + p_2 = 1$$

이 식의 양변을 U로 나눈다.

$$\frac{p_1}{U} + \frac{p_2}{U} = \frac{1}{U}$$

$$\therefore x_1 + x_2 = \frac{1}{U} \qquad\qquad\qquad \cdots[10-3]$$

A회사는 U보다 같거나 높은 성과를 원한다. 또한 A회사는 U라는 값이 커지기를 원한다. 즉 U를 최대화하고자 한다. 다시 말하면 $1/U$을 최소화 혹은 $x_1 + x_2$를 최소화하기 원한다.

단계 5: LP로 모델화한다.

　　최소화 $W = x_1 + x_2$
　　제약조건:
$$4x_1 - 3x_2 \geq 1$$
$$1x_1 + 2x_2 \geq 1$$
$$x_1,\ x_2 \geq 0$$

단계 6: LP 모델을 푼다.

$$x_1 = \frac{3}{11},\ x_2 = \frac{5}{11}$$

단계 7: p_1, p_2를 구한다.
식 [10-3]에서

$$x_1 + x_2 = \frac{1}{U}$$

$$\therefore \frac{3}{11} + \frac{5}{11} = \frac{1}{U}$$

$$\therefore U = \frac{11}{8} = 1\frac{3}{8}$$

이다.

단계 8: 게임 값을 구한다.

$$게임 \ 값 = U = 1\frac{3}{8}$$

식 [10−2]에서

$$p_1 = U \cdot x_1 = \frac{11}{8} \cdot \frac{3}{11} = \frac{3}{8}$$
$$p_2 = U \cdot x_2 = \frac{11}{8} \cdot \frac{5}{11} = \frac{5}{8}$$

이번에는 B회사의 관점에서 이 문제를 보자. B회사는 그의 기대손실이 어떤 V라는 값보다 작기를 원한다.

① $4q_1 + 1q_2 \leq V$

   $-3q_1 + 2q_2 \leq V$

② $\dfrac{4q_1}{V} + \dfrac{1q_2}{V} \leq 1$

   $-\dfrac{3q_1}{V} + \dfrac{3q_2}{V} \leq 1$ ...[10−4]

③ $y_1 = \dfrac{q_1}{V}, \ y_2 = \dfrac{q_2}{V}$ ...[10−5]

   $4y_1 + 1y_2 \leq 1$

   $-3y_1 + 2y_2 \leq 1$

④ $q_1 + q_2 = 1$

   $\dfrac{q_1}{V} + \dfrac{q_2}{V} = \dfrac{1}{V}$

   $\therefore \ y_1 + y_2 = \dfrac{1}{V}$ ...[10−6]

   $\therefore$ 최대화 $y_1 + y_2$

⑤ 최대화 $Z=y_1+y_2$

제약조건:

$$4y_1+1y_2\leq1$$

$$-3y_1+2y_2\leq1$$

$$y_1,\ y_2\geq0$$

⑥ $y_1=\dfrac{1}{11}$, $y_2=\dfrac{7}{11}$

⑦ 식 [10-6]에서

$$\frac{1}{11}+\frac{7}{11}=\frac{8}{11}=\frac{1}{V}$$

$$\therefore\ V=\frac{11}{8}=1\frac{3}{8}$$

이다. 식 [10-5]에서

$$q_1=V\cdot y_1=\frac{11}{8}\cdot\frac{1}{11}=\frac{1}{8}$$

$$q_2=V\cdot y_2=\frac{11}{8}\cdot\frac{7}{11}=\frac{7}{8}$$

이다.

⑧ 게임 값을 구한다.

게임 값$=V=1\dfrac{3}{8}$

Excel 활용

① 필요한 데이터를 시트에 입력한다.

	A	B	C	D	E	F	G
1			10장 게임이론				
2							
3	성과표						
4		b1	b2	LHS		RHS	
5	a1	4	1		<=	1	
6	a2	-3	2		<=	1	
7							
8	목적함수 기여율	1	1				
9							
10							
11	결정변수	Y1	Y2				
12							
13							
14							
15	목적함수 값(Z)						
16							
17	V						
18	q1						
19	q2						
20							

② 필요한 수식을 입력한다.

셀 주 소	수 식	비 고
D5	=SUMPRODUCT(B5 : C5, B$12 : C$12)	D6까지 복사
B15	=SUMPRODUCT(B12 : C12, B8 : C8)	
B17	=1/(B12+C12)	
B18	=B12*B17	
B19	=C12*B17	

③ 「데이터」 메뉴를 클릭하고 「해 찾기」를 선택한다.

④ 「해 찾기 매개변수」 스크린이 나타나면 다음과 같이 입력한다.

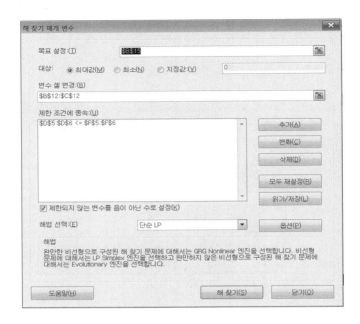

⑤ '제한되지 않는 변수를 음이 아닌 수로 설정'에 체크하고 '단순 LP'를 선택한다.

⑥ 「해 찾기」와 「확인」을 클릭하면 다음과 같은 결과를 얻는다.

	A	B	C	D	E	F	G
1	10장 게임이론						
2							
3	성과표						
4		b1	b2	LHS		RHS	
5	a1	4	1	1	<=	1	
6	a2	-3	2	1	<=	1	
7							
8	목적함수 기여율	1	1				
9							
10							
11	결정변수	Y1	Y2				
12		0.090909	0.636364				
13							
14							
15	목적함수 값(Z)	0.727273					
16							
17	V	1.375					
18	q1	0.125					
19	q2	0.875					
20							

예제 & 해답

1 강 사장은 세 개의 투자안 중에서 하나를 골라 투자하려고 한다. 각 경제 상황에 따른 투자안의 이익은 다음과 같다. 아래의 기준을 사용할 때 최적투자 계획을 결정하라.

대 안	경제상황		
	1	2	3
A	6,000	8,000	4,000
B	−1,000	11,000	7,000
C	5,000	5,000	5,000

(1) 최대 최대

(2) 최대 최소

(3) 최소최대 후회

(4) 라플라스

(5) 후르비쯔($\alpha = 0.4$)

(6) 기대가치($P(1)=30\%$, $P(2)=50\%$, $P(3)=20\%$)

(7) 기대기회손실($P(1)=30\%$, $P(2)=50\%$, $P(3)=20\%$)

해답

(1)

대 안	1	2	3	최 대	최대 최대
A	6,000	8,000	4,000	14,000	
B	−1,000	11,000	7,000	11,000	11,000
C	5,000	5,000	5,000	15,000	

최적대안=B

(2)

대 안	1	2	3	최 소	최대 최소
A	6,000	8,000	4,000	4,000	
B	−1,000	11,000	7,000	−1,000	
C	5,000	5,000	5,000	5,000	5,000

최적대안=C

(3)

대안	1	2	3	최대 후회	최소최대 후회
A	6,000−6,000=0	11,000−8,000=3,000	7,000−4,000=3,000	3,000	3,000
B	6,000+1,000=7,000	11,000−11,000=0	7,000−7,000=0	7,000	
C	6,000−5,000=1,000	11,000−5,000=6,000	7,000−5,000=2,000	6,000	

최적대안=A

(4)

대　안	1	2	3	평　균	최대 평균
A	6,000	8,000	4,000	6,000	6,000
B	−1,000	11,000	7,000	5,667	
C	5,000	5,000	5,000	5,000	

최적대안=A

(5)

대　안	최대 성과	최소 성과	가　중　치
A	8,000	4,000	8,000(0.4)+4,000(0.6)=5,600
B	11,000	−1,000	11,000(0.4)−1,000(0.6)=3,800
C	5,000	5,000	5,000(0.4)+5,000(0.6)=5,000

최적대안=A

(6)

대　안	기대가치
A	6,000(0.3)+8,000(0.5)+4,000(0.2)=6,600
B	−1,000(0.3)+11,000(0.5)+7,000(0.2)=6,600
C	5,000(0.3)+5,000(0.5)+5,000(0.2)=5,000

최적대안=A 또는 B

(7)

대　안	기대기회손실
A	0(0.3)+3,000(0.5)+3,000(0.2)=2,100
B	7,000(0.3)+0(0.5)+0(0.2)=2,100
C	1,000(0.3)+6,000(0.5)+2,000(0.2)=3,700

최적대안=A 또는 B

2 위 1 (6)의 문제를 Excel을 사용하여 의사결정 나무로 풀어라.

해답

(1) '10.7 의사결정 나무'에서 남산전자(주)의 문제를 풀기 위하여 적용하였던 절차를 따르기로 한다.

(2) 'Treeplan Tryout for Evaluation'이 나타나면 결정대안을 하나 더 만들기 위해서 B5를 클릭하고 「Ctrl」과 「Shift」를 동시에 누른 채 t를 친다.

(3) 'Add branch'를 선택하고 OK한다.

(4) 각 대안에 대하여 가지 세 개씩을 얻기 위해서는 F3, F8, F13을 하나씩 차례로 클릭하고 「Ctrl」과 「Shift」를 동시에 누른 채 t를 친다.

(5) 'Change to event node'와 'Three'를 선택한 후 OK한다.

(6) 각 상황이 발생할 확률을 0.3, 0.5, 0.2로 고쳐 직접 입력한다.

(7) 아홉 개의 성과를 직접 입력한다.

(8) 다음과 같은 결과를 얻는다.

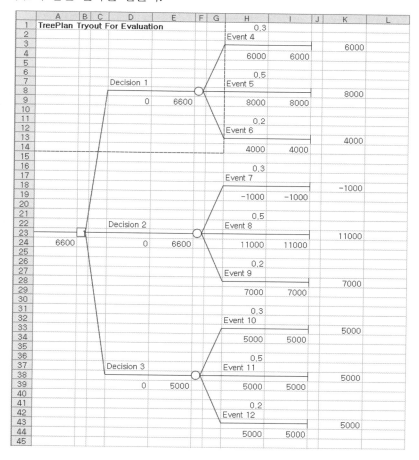

3 위 1의 문제에 대한 완전정보의 기대가치($EVPI$)를 구하라.

해답

완전정보에 의해 선정되는 대안들의

기대가치

$$=6,000(0.3)+11,000(0.5)+7,000(0.2)=8,700$$

사전확률에 의해 선정되는 최적대안의

기대가치$=6,600$

$$EVPI=8,700-6,600=2,100$$

4 위 1의 문제에서 어느 경제연구소에 의뢰하여 미래의 경제 상황에 대한 표본정보를 얻었다. 이는 $P=$긍정적 보고서, $N=$부정적 보고서 가운데 하나이다. 연구소가 제시한 조건확률은 다음과 같다.

상황 경제보고서	s_1	s_2	s_3
P	$P(P\|s_1)=0.8$	$P(P\|s_2)=0.6$	$P(P\|s_3)=0.1$
N	$P(N\|s_1)=0.2$	$P(N\|s_2)=0.4$	$P(N\|s_3)=0.9$

⑴ 사후확률을 구하고 이에 의한 최적전략을 말하라.
⑵ 표본정보의 기대가치를 구하라.
⑶ 표본정보의 효율을 구하라.

해답

⑴

① 경제보고서가 긍정적일 때

$$P(s_1|P)=\frac{P(P|s_1)P(s_1)}{P(P|s_1)P(s_1)+P(P|s_2)P(s_2)+P(P|s_3)P(s_3)}$$

$$=\frac{0.8(0.3)}{0.8(0.3)+0.6(0.5)+0.1(0.2)}=\frac{0.24}{0.56}=0.4286$$

$$P(s_2|P)=\frac{P(P|s_2)P(s_2)}{P(P|s_1)P(s_1)+P(P|s_2)P(s_2)+P(P|s_3)P(s_3)}$$

$$= \frac{0.6(0.5)}{0.56} = 0.5357$$

$$P(s_3|P) = \frac{P(P|s_3)P(s_3)}{0.56} = \frac{0.1(0.2)}{0.56} = 0.0357$$

② 경제보고서가 부정적일 때

$$P(s_1|N) = \frac{P(N|s_1)P(s_1)}{P(N|s_1)P(s_1) + P(N|s_2)P(s_2) + P(N|s_3)P(s_3)}$$

$$= \frac{0.2(0.3)}{0.2(0.3) + 0.4(0.5) + 0.9(0.2)} = \frac{0.06}{0.44} = 0.1364$$

$$P(s_2|N) = \frac{0.20}{0.44} = 0.4545$$

$$P(s_3|N) = \frac{0.18}{0.44} = 0.4091$$

한편 $P(P)$와 $P(N)$은 다음과 같다.

$$P(P) = P(P|s_1)P(s_1) + P(P|s_2)P(s_2) + P(P|s_3)P(s_3) = 0.56$$

$$P(N) = 0.44$$

각 대안의 기대가치는 다음과 같다.

① 경제보고서가 긍정적일 때

$$EV(d_1) = 6,000(0.4286) + 8,000(0.5357) + 4,000(0.0357) = 7,000$$

$$EV(d_2) = -1,000(0.4286) + 11,000(0.5357) + 7,000(0.0357) = 5,714$$

$$EV(d_3) = 5,000(0.4286) + 5,000(0.5357) + 5,000(0.0357) = 5,000$$

② 경제보고서가 부정적일 때

$$EV(d_1) = 6,000(0.1364) + 8,000(0.4545) + 4,000(0.4091) = 6,090.8$$

$$EV(d_2) = -1,000(0.1364) + 11,000(0.4545) + 7,000(0.4091) = 7,726.8$$

$$EV(d_3) = 5,000(0.1364) + 5,000(0.4545) + 5,000(0.0357) = 5,000$$

최적전략

　　보고서가 긍정적이면 대안 d_1을 선택

　　보고서가 부정적이면 대안 d_2를 선택

(2) $EVSI = \left(\begin{array}{c} \text{표본정보에 의한} \\ \text{최적 결정의 } EV \end{array} \right) - \left(\begin{array}{c} \text{표본정보 없이 행한} \\ \text{최적 결정의 } EV \end{array} \right)$

　　　$= 7,000(0.56) + 7,726.8(0.44) - 6,600$

　　　$= 719.8$

(3) $E = \dfrac{EVSI}{EVPI} = \dfrac{719.8}{2,100} = 0.3428$

5 다음과 같은 2인 영화게임을 고려하자.

A ＼ B	b_1	b_2
a_1	60	50
a_2	40	55

(1) 순수전략이 존재하는지 결정하라.
(2) 경기자 A와 B의 전략사용 비율을 결정하라.
(3) 경기자들의 기대이득과 기대손실을 구하라.
(4) 이 게임의 선형계획 모델을 작성하라.

해답

(1)

A ＼ B	b_1	b_2	최　소	최대 최소
a_1	60	50	50	50
a_2	40	55	40	
최　대	60	55		
최소최대	60			

안점이 존재하지 않으므로 순수전략은 존재하지 않는다.

(2) $60p + 40(1-p) = 20p + 40$

$50p + 55(1-p) = -5p + 55$

$20p + 40 = -5p + 55$

$25p = 15$

$p = 0.6$

$1 - p = 0.4$

경기자 A는 대안 a_1을 0.6, a_2를 0.4의 비율로 선택한다.

$60q_1 + 50(1-q) = 10q + 50$

$40q_1+55(1-q)=-15q+55$

$10q+50=-15q+55$

$25q=5$

$q=0.2$

$1-q=0.8$

경기자 B는 대안 b_1을 0.2, b_2를 0.8의 비율로 선택한다.

(3) $60(0.6)+40(0.4)=52$

$60(0.2)+50(0.8)=52$

경기자 A의 기대이득=52=경기자 B의 기대손실

(4)

① $60q_1+50q_2\leq V$

$40q_1+55q_2\leq V$

② $\dfrac{60q_1}{V}+\dfrac{50q_2}{V}\leq 1$

$\dfrac{40q_1}{V}+\dfrac{55q_2}{V}\leq 1$

③ $y_1=\dfrac{q_1}{V},\ y_2=\dfrac{q_2}{V}$

$60y_1+50y_2\leq 1$

$40y_1+55y_2\leq 1$

④ $q_1+q_2=1$

$\dfrac{q_1}{V}+\dfrac{q_2}{V}=\dfrac{1}{V}$

$\therefore\ y_1+y_2=\dfrac{1}{V}$

⑤ 최대화 $Z=y_1+y_2$

제약조건:

$60y_1+50y_2\leq 1$

$40y_1+55y_2\leq 1$

$y_1,\ y_2\geq 0$

chapter
10

연/습/문/제

 01 건설의 규모와 수요의 상황에 따른 예상 이익이 다음 표와 같다.

상황 대 인	s_1(낮음)	s_2(보통)	s_3(높음)
d_1(소규모)	400	400	400
d_2(중규모)	100	600	600
d_3(대규모)	−300	300	900

(1) 다음 기준에 의하여 최적 대안을 결정하라.

maximin, maximax, minimax 후회,

라플라스, 후르비쯔($\alpha=0.6$)

(2) $P(s_1)=0.2$, $P(s_2)=0.35$, $P(s_3)=0.45$라고 할 때 EV기준과 EOL기준에 의한 최적 대안을 구하라.

(3) 완전정보의 기대가치($EVPI$)는 얼마인가?

(4) 의사결정 나무를 그리고 최적 결정을 구하라.

 02 외부에서 공급되는 어떤 부품에 대하여 전수검사를 실시하고 있다. 과거의 데이터에 의하면 다음의 불량률이 알려져 있다.

불 량 률	확 률
0%	0.15
1%	0.25
2%	0.40
3%	0.20

전수검사의 비용은 500개들이 한 상자에 250천 원이다. 만약 전수검사를 하지 않는다면 불량품은 결국 재작업을 초래하게 되는데 그 비용은 각 불량품에 대하여 25천 원이다.

(1) 다음의 성과표를 완성하라.

검사 여부 \ 불량률	0%	1%	2%	3%
전수검사	250	250	250	250
전수검사하지 않음				

(2) 공장장은 전수검사의 비용을 절약하기 위하여 전수검사를 생략할 것을 고려 중이다. 그 것을 지지하는가? EV기준으로 설명하라.

03 다음 표에 세 개의 대안과 두 개의 상황이 나타나 있다.

대 안 \ 상황	s_1	s_2
d_1	15	10
d_2	10	12
d_3	8	20

단, $P(s_1)=0.8$, $P(s_2)=0.2$이다.

(1) 이 사전확률과 EV기준에 의하여 최적전략을 구하라.
(2) $EVPI$를 구하라.
(3) 시장조사의 결과 긍정적 상황이 나타날 확률이 $P(I|s_1)=0.2$, $P(I|s_2)=0.75$로 알려져 있다. 이때 사후확률 $P(s_1|I)$와 $P(s_2|I)$를 구하라. 또 이 사후확률에 의해서 최적전략을 구하라.

04 대한화학(주)은 어떤 고객과 항공기 엔진에 사용되는 윤활유의 원료가 되는 어떤 화학제품을 공급하기로 계약을 맺었다. 이 제품은 제조상의 이유로 1,000kg 단위로 생산된다. 그 고객은 1,000kg 단위로 구매하기로 동의하였으며, 6개월마다 하나, 둘 혹은 세 단위를 구입하기로 하였다. 이 제품은 2개월의 숙성과정(aging process)이 있기 때문에 대한화학은 미리 생산량에 대한 결정을 해야만 한다.
원가는 kg당 15,000원이며 계약에 의하여 20,000원에 팔기로 되어 있다. 만일 이 고객의 주문보다 적게 생산하였을 경우에는 다른 회사에서 구입해서 공급해야만 하는데 이 경우에는 수송비까지 포함하여 kg당 24,000원이 소요된다. 이 제품은 4개월 이상 보관하지 못하기 때문에 만일 이 고객이 생산량보다 적게 주문한다면 그 초과 생산분은 kg당 5,000원에 처분한다.

과거의 데이터에 기초하여 그 고객의 예상 주문량을 추정한 결과 다음의 확률분포를 얻었다.

예상 주문량	확 률
1,000(kg)	0.3
2,000(kg)	0.5
3,000(kg)	0.2

(1) 성과표를 작성하라.

(2) 대한화학은 매 6개월마다 얼마를 생산해야 하는가?

(3) 이 고객이 2개월 이전에 주문량을 미리 알려준다는 조건으로 가격을 할인하자고 제안한다면 얼마까지 할인 가능한가?

05 다음의 의사결정 나무가 주어져 있다.

한편 다음의 확률이 부여되어 있다.

$P(s_1)=0.4$, $P(I_1|s_1)=0.8$, $P(I_2|s_1)=0.2$

$P(s_2)=0.6$, $P(I_1|s_2)=0.4$, $P(I_2|s_2)=0.6$

(1) $P(I_1)$, $P(I_2)$의 값은 얼마인가?

(2) $P(s_1|I_1)$, $P(s_2|I_1)$, $P(s_1|I_2)$, $P(s_2|I_2)$의 값은 얼마인가?

(3) 의사결정 나무를 사용하여 최적 결정전략과 기대이익을 구하라.

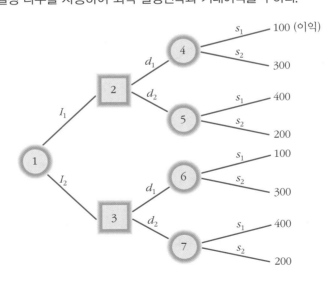

06 위 문제 **05** 에서 성과표는 다음과 같다.

	s_1	s_2
d_1	100	300
d_2	400	200

(1) 지표 (I_i)의 정보가 없을 경우 최적 결정은 무엇인가?

(2) $EVSI$는?

(3) $EVPI$는?

(4) 표본정보의 효율은 얼마인가?

07 A와 B가 각각 두 개의 동전을 가지고 게임을 한다. A는 5원짜리 동전, 10원짜리 동전을 가지고 있다. B는 1원짜리 동전, 100원짜리 동전을 가지고 있다. 각자는 상대방 몰래 하나의 동전을 선택한다. 만일 두 사람 동전의 숫자의 합이 홀수이면 A는 B의 동전을 가진다. 만일 합이 짝수이면 B가 A의 동전을 가진다.

(1) 이 문제의 성과표를 작성하라.

(2) 각 경기자를 위한 최선의 전략을 구하라.

(3) 당신이 이 경기를 해야 한다면 A가 되고 싶은가, B가 되고 싶은가? 왜?

08 김 군은 지폐 25원짜리와 100원짜리 한 장씩을 갖고 있고 이 군은 지폐 5원짜리와 10원짜리 한 장씩을 갖고 있다. 각자는 자기의 지폐 가운데 한 장을 뽑는데 상대방이 무엇을 뽑았는지 전혀 모르는 상태에서 뽑게 된다. 만일 뽑은 두 지폐의 합한 금액이 홀수이면 이 군이 김 군의 돈을 취하고, 짝수이면 김 군이 이 군의 돈을 취한다.

(1) 이 게임을 위한 성과표를 만들어라.

(2) 각자의 최적 전략은 무엇인가?

(3) 게임 값은 얼마인가?

09 다음과 같이 성과표가 주어졌을 때 이 게임을 선형계획법에 의하여 최적 전략과 게임 값을 구하라.

A ＼ B	b_1	b_2
a_1	6	−1
a_2	−4	4

안성에 있는 한 그린하우스는 화원에 판매할 카네이션 재배에 전문적이다. 카네이션은 재배하는 데 1타에 2달러가 소요되지만 3달러씩 받고 화원에 판매한다. 팔고 남은 카네이션은 호텔이나 음식점에 타당 0.75달러씩 팔아넘긴다. 만일 카네이션이 부족하여 팔지 못하는 경우에는 타당 1달러의 신용상실 비용이 발생한다. 카네이션에 대한 매일의 수요량 분포가 다음과 같다.

수요량	확률(%)
20	5
22	10
24	25
26	30
28	20
30	10

(1) 성과표를 작성하라.
(2) 보관할 카네이션의 각 대안에 대한 기대가치를 계산하고 최적 대안을 결정하라.
(3) 기회비용표를 작성하라.
(4) EVPI를 계산하라.

11 K-마트는 매주 고객의 수요를 만족시키기 위하여 우유 몇 상자를 보유해야 할지를 결정하고자 한다. 수요량의 확률분포는 다음과 같다.

수요량	확률(%)
15	0.20
16	0.25
17	0.40
18	0.15

회사는 우유 한 상자에 10원을 주고 구매하여 12원에 판매한다. 당일 팔지 못한 우유는 가까운 농가에 사료용으로 상자당 2원을 받고 처분한다. 만일 재고부족이 발생하면 상자당 4원의 비용이 발생하는 것으로 간주한다.

(1) 이 문제의 성과표를 작성하라.
(2) 각 대안(보유 상자 수)에 대한 기대가치를 계산하고 최적 대안을 선정하라.
(3) 기회손실표를 작성하고 최적 대안을 결정하라.
(4) 완정정보의 기대가치를 구하라.

CHAPTER 11

마아코브 분석

11.1 서 론

마아코브 분석(Markov analysis)은 의사결정 분석처럼 확률적 기법이지만 최적결정 대안을 제시하지는 않는다. 다만 마아코브 분석은 의사결정을 함에 있어서 결정 상황에 대한 확률적 정보만을 제공한다. 따라서 이는 최적화 기법이 아니라 서술적 기법이라고 할 수 있다.

마아코브 분석은 어떤 시스템의 현재 행태를 분석하여 그 시스템의 미래 행태를 예측하려는 절차를 말한다. 즉 시스템의 현재 정보에 입각하여 특정 시간에 특정 상태에 있을 확률과 시스템이 장기적으로 각각의 상태에 있을 확률을 예측하는 방법이다. 이와 같이 마아코브 분석은 시간이 흐름에 따라 한 상태(조건)에서 다른 상태로 시스템이 진화하는 확률적 움직임을 나타내는 시스템 분석에 응용된다.

예를 들면 어떤 기간에 작동하는 기계가 다음 기간에 고장이 난다든지 또는 계속 작동할 확률, 오늘 날씨가 흐리지만 내일은 맑을 확률, 이번 주에 상표 A의 제품을 구매하는 고객이 다음 주에는 상표 B의 제품을 구매할 확률 등을 계산하기 위해서는 마아코브 분석 모델을 이용할 수 있다.

이 외에도 외상매출금 관리, 재고관리, 주식가격의 변동, 병원에서의 장비관리, 노무관리, 렌트카 회수관리, 대기행렬, 시설의 입지결정 등 경영문제에 널리 응용된다.

본장에서는 상표교체 문제, 인구이동 문제, 인사관리 문제, 외상매출금 문제에 마아코브 분석을 적용하고자 한다.

11.2 기본적 개념과 전제

어떤 사건이 발생할 확률은 시간이 경과함에 따라 변화할 수 있다. 예컨대 환자의 상태는 매일 바뀐다. 어제의 날씨와 오늘의 날씨는 다를 수 있다. 이와 같이 미래의 불확실한 환경에서 어떤 상태(state) 또는 상황이 발생할 때 확률이 적용되는 과정을 확률적 과정(stochastic process)이라고 한다. 즉 어떤 사건이 발생할 확률이 시간의 경과에 따라 변화해 가는 과정을 말한다.

그런데 환자의 오늘 상태가 전적으로 어제의 상태에 의존한다면, 오늘의 날씨가 바로 어제의 날씨에 따라 결정된다면 확률적 과정은 마아코브 과정(Markov process)이라고 한다. 이때 현재의 상태는 바로 전기(어제)의 상태에 의존할 뿐 먼 과거의 상태에는 영향을 받지 않는다.

특히 특정 기간동안 어떤 상태에서 다른 상태로 바뀌는 가능성을 측정하는 전이확률(transition probability)이 시간의 경과에도 일정한 경우에는 마아코브 과정을 마아코브 체인(Markov chain)이라고 한다.

마아코브 분석의 특성은 다음과 같다.

- 시스템은 유한한 수의 상태를 가진다.
- 시스템은 여러 기간 동안 존재한다.
- 각 기간에 있어 시스템은 한 상태에 속한다.
- 각 상태는 상호 배타적이다.
- 전이확률은 시간이 경과하더라도 일정하고 어떤 고객에게도 동일하다.
- 어느 특정 기간의 시스템의 상태는 바로 전기의 상태와 전이확률에 의존한다.

- 상태변화는 각 기간에 한 번만 발생한다.
- 각 기간은 길이에 있어 일정하다.
- 마아코브 분석은 시스템이 현재의 시초 상황에서 시작한다.

이러한 전제하에서 마아코브 분석은

- 전이확률과 시초의 상태를 이용하여 그 시스템이 미래의 특정 기간에 어떤 상태에 있을 확률, 즉 상태확률
- 전이확률만을 이용하여 각 상태의 장기적 확률

등을 예측할 수 있다.

11.3 상표교체 문제

조그만 마을에 있는 두 개의 주유소, Excel 주유소와 Word 주유소의 시장점유율과 고객의 충성도 문제를 예로 들기로 하자. 이 마을의 주민은 일주일에 한 번씩 두 주유소 중에서 개솔린을 구매한다.

Excel 주유소의 마케팅부에서는 많은 주민을 조사한 결과 주민은 두 주유소를 오가 며 주유하고 광고, 서비스, 다른 요인들의 결과에 따라 언제든지 주유소를 교체하고 있다 는 사실을 발견하였다.

여기서 시스템의 상태는 다음과 같이 두 개이다.

　　　상태 1: Excel 주유소에서 주유하는 것
　　　상태 2: Word 주유소에서 주유하는 것

마케팅부에서는 주 1에 Excel 주유소에서 개솔린을 주유한 고객이 다음 주 2에도 Excel 주유소의 고객이 될 확률은 60%이고 Word 주유소로 교체할 확률은 40%라는 사 실을 발견하였다. 한편 주 1에 Word 주유소에서 개솔린을 주유한 고객이 다음 주 2에도 Word 주유소의 고객이 될 확률은 70%이고 Excel 주유소로 교체할 확률은 30%라는 사 실을 발견하였다.

표 11-1   각 주유소의 전이확률

에서 \ 으로		주 2		합 계
		Excel 주유소	Word 주유소	
주 1	Excel 주유소	0.6	0.4	1.0
	Word 주유소	0.3	0.7	1.0

이들 조건확률(conditional probability)은 고객이 주 1의 각 상태에서 주 2의 각 상태로 변화하는 확률을 나타내므로 전이확률이라고 한다. 〈표 11-1〉은 각 주유소의 전이확률을 보여 주고 있다.

전이확률은 다음과 같이 전이행렬(transition matrix)로 표현할 수 있다.

$$P = \begin{array}{c} \text{Excel 주유소} \\ \text{Word 주유소} \end{array} \begin{array}{cc} \overset{\text{주1}}{\overbrace{\text{Excel 주유소}}} & \overset{\text{주2}}{\overbrace{\text{Word 주유소}}} \\ \begin{bmatrix} 0.6 & 0.4 \\ 0.3 & 0.7 \end{bmatrix} \end{array} = \begin{array}{c} s_1 \\ s_2 \end{array} \begin{array}{cc} s_1 & s_2 \\ \begin{bmatrix} 0.6 & 0.4 \\ 0.3 & 0.7 \end{bmatrix} \end{array}$$

P_{ij}를 어느 주 상태 i로부터 다음 주 상태 j로 교체할 확률이라고 정의하고 P를 1단계 전이행렬(one-step transition matrix)이라 하면 이는 다음과 같이 표현할 수 있다.

$$P = \begin{array}{c} s_1 \\ s_2 \end{array} \begin{array}{cc} s_1 & s_2 \\ \begin{bmatrix} P_{11} & P_{12} \\ P_{21} & P_{21} \end{bmatrix} \end{array} = \begin{bmatrix} 0.6 & 0.4 \\ 0.3 & 0.7 \end{bmatrix}$$

시스템 행태

시스템의 단기적 행태와 장기적 행태는 시스템의 전이확률을 사용하여 결정할 수 있다. 예컨대 주 3에 시스템이 어떤 상태에 있을 확률을 구하는 단기적 행태의 추적을 위해서는

- 시스템이 현재(주 1) 어떤 상태에 있는가의 시초 상태
- 전이확률

이 필요하다.

그런데 시스템의 시초 상태(initial state)는

- 특정 고객이 Excel 주유소에서, 또는 Word 주유소에서 주유하였음
- 두 주유소간 현재의 시장점유율

로 주어진다.

시스템의 장기적 행태는 시초의 상태에 영향을 받지 않는다. 시스템이 수많은 기간이 지난 뒤 어느 특정 상태에 있을 확률은 시초의 상태와는 상관 없이 전이확률에만 의존하는 것이다. 이와 같이 수많은 기간이 지난 뒤에 시스템이 접근하는 확률을 안정상태의 확률(steady-state, long-run, equilibrium probability)이라고 한다.

분석방법

시스템의 단기적 행태는

- 나무그림
- 행렬곱셈
- Excel

을 이용하여 구할 수 있다.

한편 시스템의 장기적 행태는

- 대수적 방법
- Excel

을 이용하여 구할 수 있다.

나무그림(tree diagram)은 시스템의 상태가 전이하는 과정을 시각적으로 보여 주는 그림이다.

한 고객이 주 1에 Excel 주유소(상태 1)에서 주유하였다고 가정하자. 그러면 그 고객이 주 2(첫 전이 후)에 Excel 주유소(상태 1)에서 주유할 확률은 0.6임은 이미 알고 있다.

그 고객이 주 3에도 Excel 주유소에서 주유할 확률은 얼마인가? 이 문제를 나무그림으로 표현하면 〈그림 11-1〉과 같다.

주 1에 상태 1에 있었던 고객이 주 3에도 상태 1에 있을 확률은 $0.6 \times 0.6 = 0.36$이다.

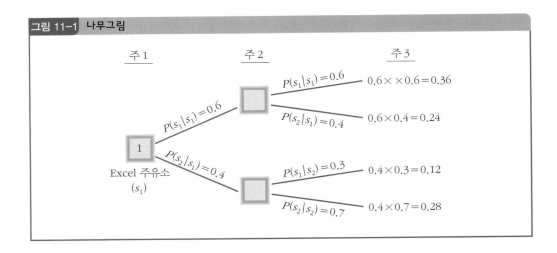

그림 11-1 나무그림

주 2에 상태 2로 옮겼다가 주 3에 다시 상태 1로 옮겨 올 확률은 0.4×0.3=0.12이다. 따라서 시스템이 주 3에 상태 1에 있을 확률은 0.36+0.12=0.48이다.

한편 주 1에 Word 주유소(상태 2)에서 주유한 한 고객이 주 3에도 Word 주유소에서 주유할 확률은 (0.7×0.7)+(0.3×0.4)=0.61이다.

기간이 긴 장기적 시스템의 행태분석의 경우에 나무그림 방법을 이용하면 계산이 상당히 복잡해진다. 따라서 시스템의 단기적 행태를 추적하기 위해서는 전이행렬을 이용하는 행렬곱셈(matrix multiplication)법이 주로 이용된다. 즉 시스템이 어떤 특정 기간에 상태 i에 있을 확률을 쉽게 계산할 수 있다.

우선 다음과 같이 $p_i(n)$을 정의한다.

$\pi_i(n)$=시스템이 기간 n에 상태 i에 있을 확률

예를 들면 $\pi_2(3)$은 시스템이 기간 3에 상태 2에 있을 확률을 말한다. $\pi_i(n)$은 상태확률(state probability)이라고 한다.

본절에서는 한 고객이 기간 1(주 1)에 Excel 주유소(상태 1)에서 주유한 것으로 가정하므로

$[\pi_1(1) \quad \pi_2(1)] = [1 \quad 0]$

이다. 이는 시스템의 시초 상태가 주어진 경우의 상태확률을 나타내는 벡터(vector)이다.

기간 2의 상태확률은 이미 알고 있는 상태 1의 상태확률에 전이확률을 곱하여 다음과 같이 구한다.

$$[\pi_1(2) \quad \pi_2(2)] = [\pi_1(1) \quad \pi_2(1)]P$$
$$= [1 \quad 0] \begin{bmatrix} 0.6 & 0.4 \\ 0.3 & 0.7 \end{bmatrix}$$
$$= [1(0.6)+0(0.3) \quad 1(0.4)+0(0.7)]$$
$$= [0.6 \quad 0.4]$$

상태확률 $\pi_1(2)=0.6$이라 함은 기간 1에 Excel 주유소에서 주유한 고객이 기간 2에도 Excel 주유소에서 주유할 확률은 0.6이라는 것을 의미한다.

똑같은 방법으로 기간 3의 상태확률을 계산하면 다음과 같다.

$$[\pi_1(3) \quad \pi_2(3)] = [\pi_1(2) \quad \pi_2(2)]P$$
$$= [0.6 \quad 0.4] \begin{bmatrix} 0.6 & 0.4 \\ 0.3 & 0.7 \end{bmatrix}$$
$$= [0.48 \quad 0.52]$$

이는 다음과 같이 구할 수도 있다.

$$[\pi_1(3) \quad \pi_2(3)] = [\pi_1(2) \quad \pi_2(2)]P$$
$$= [\pi_1(1) \quad \pi_2(1)]PP$$
$$= [1 \quad 0] \begin{bmatrix} 0.6 & 0.4 \\ 0.3 & 0.7 \end{bmatrix}^2$$
$$= [1 \quad 0] \begin{bmatrix} 0.48 & 0.52 \\ 0.39 & 0.61 \end{bmatrix}$$
$$= [0.48 \quad 0.52]$$

기간 $(n+1)$의 상태확률은 기간 n의 상태확률에 전이확률을 곱하여 구한다. 따라서 단기간의 시스템의 상태확률을 구하는 일반식은 다음과 같다.

$$[\pi_1(n+1) \quad \pi_2(n+1)] = [\pi_1(n) \quad \pi_2(n)]P$$
$$= [\pi_1(1) \quad \pi_2(1)]P^n$$

이와 같이 n번의 전이 후에 시스템이 어떤 상태에 있을 확률을 계산하기 위해서는 전이행렬을 n번 곱하면 된다.

다음에는 시초의 상태가 두 주유소간 시장점유율로 주어질 때의 상태확률을 행렬곱셈법으로 구해 보도록 하자. 시초의 시장점유율이 Excel 주유소 45%, Word 주유소 55%라고 하면 시초의 상태확률은 다음과 같이 표현할 수 있다.

$$[\pi_1(1) \quad \pi_2(1)] = [0.45 \quad 0.55]$$

그러면 기간 2의 상태확률, 즉 시장점유율은 어떻게 변할 것인가? 이는 다음과 같이 계산할 수 있다.

$$[\pi_1(2) \quad \pi_2(2)] = [\pi_1(1) \quad \pi_2(1)]P$$
$$= [0.45 \quad 0.55] \begin{bmatrix} 0.6 & 0.4 \\ 0.3 & 0.7 \end{bmatrix}$$
$$= [0.435 \quad 0.565]$$

따라서 기간 $(n+1)$의 상태확률은 다음과 같이 계산할 수 있다.

$$[\pi_1(n+1) \quad \pi_2(n+1)] = [\pi_1(n) \quad \pi_2(n)]P$$
$$= [\pi_1(1) \quad \pi_2(1)]P^n$$
$$= [0.45 \quad 0.55] \begin{bmatrix} 0.6 & 0.4 \\ 0.3 & 0.7 \end{bmatrix}^n$$

우리는 지금까지 시초의 상태와 전이확률을 이용하여 단기적 시스템의 상태확률을 예측하는 방법을 공부하였다.

이제 전이확률만을 이용하여 장기적인 시스템의 안정상태의 확률을 계산하는 방법을 공부하기로 하자. 대부분의 마아코브 과정은 장시간이 경과함에 따라 안정상태에 도달하게 된다.

〈표 11-2〉는 기간 1에 고객이 Excel 주유소에서 주유한 경우, Word 주유소에서 주유한 경우, 시초의 두 주유소간 시장점유율이 주어진 경우에 미래의 장기간에 걸친 두 주유소의 시장점유율을 계산한 결과이다.

장기간이 경과한 후에는 기간 $(n+1)$의 상태확률은 기간 n의 상태확률과 거의 차이가 없다. 장기간이 경과한 후에 시스템이 상태 1에 있을 확률은 0.4286이고 상태 2에 있을 확률은 0.5714이다.

따라서 장기간이 경과한 후 시스템이 어느 특정 상태에 있을 확률은 그 시스템의 시초상태와는 아무런 관련이 없고 또한 각 주유소의 시초의 시장점유율에 상관 없이 다만 전이확률에만 의존하여 0.4286과 0.5714에 수렴하고 있다.

장기적으로 시스템의 상태확률이 시간의 경과와는 무관하게 안정상태의 확률에 접근하는데 이는 장기적인 두 주유소의 시장점유율이라고 한다.

그림 11-2 미래의 상태확률

	A	B	C	D	E	F	G	H
1				11장 상표교체 문제				
2								
3	전이확률							
4		Excel	Word					
5	Excel	0.6	0.4					
6	Word	0.3	0.7					
7								
8		Excel	Word	Excel	Word	Excel	Word	
9	시초상태	1	0	0	1	0.45	0.55	
10								
11	기간2	0.6	0.4	0.3	0.7	0.435	0.565	
12	기간3	0.48	0.52	0.39	0.61	0.4305	0.5695	
13	기간4	0.444	0.556	0.417	0.583	0.42915	0.57085	
14	기간5	0.4332	0.5668	0.4251	0.5749	0.428745	0.571255	
15	기간6	0.42996	0.57004	0.42753	0.57247	0.4286235	0.5713765	
16	기간7	0.428988	0.571012	0.428259	0.571741	0.4285871	0.571413	
17	기간8	0.4286964	0.5713036	0.4284777	0.5715223	0.4285761	0.5714239	
18	기간9	0.4286089	0.5713911	0.4285433	0.5714567	0.4285728	0.5714272	
19	기간10	0.4285827	0.5714173	0.428563	0.571437	0.4285719	0.5714281	
20	기간11	0.4285748	0.5714252	0.4285689	0.5714311	0.4285716	0.5714284	
21	기간12	0.4285724	0.5714276	0.4285707	0.5714293	0.4285715	0.5714285	
22	기간13	0.4285717	0.5714283	0.4285712	0.5714288	0.4285714	0.5714286	
23	기간14	0.4285715	0.5714285	0.4285714	0.5714286	0.4285714	0.5714286	
24	기간15	0.4285715	0.5714285	0.4285714	0.5714286	0.4285714	0.5714286	
25								

〈그림 11-2〉로부터 기간 n의 상태확률과 기간 $(n+1)$의 상태확률 사이의 차이는 무시할 만하기 때문에 안정상태의 확률은 다음과 같이 구할 수 있다.

$$[\pi_1(n+1) \quad \pi_2(n+1)] = [\pi_1(n) \quad \pi_2(n)]P$$

그런데 안정상태에서는 $\pi_1(n+1)=\pi_1(n)=\pi_1$이고 $\pi_2(n+1)=\pi_2(n)=\pi_2$이므로 위의 식은 다음과 같이 표현할 수 있다.

$$[\pi_1 \quad \pi_2] = [\pi_1 \quad \pi_2]\begin{bmatrix} 0.6 & 0.4 \\ 0.3 & 0.7 \end{bmatrix}$$
$$\pi_1 = 0.6\pi_1 + 0.3\pi_2$$
$$\pi_2 = 0.4\pi_1 + 0.7\pi_2$$

여기에 $\pi_1+\pi_2=1$을 추가하면 다음과 같다.

$$\begin{cases} \pi_1 = 0.6\pi_1 + 0.3\pi_2 \\ \pi_2 = 0.4\pi_1 + 0.7\pi_2 \\ \pi_1 + \pi_2 = 1 \end{cases}$$

이들을 연립하여 풀게 되면 $\pi_1 = 0.4286$, $\pi_2 = 0.5714$가 된다.

장기적 안정상태의 확률을 구하기 위한 효과적인 방법이 대수적 접근방법(algebraic approach)이다. 여기서는 전이행렬로부터 만드는 방정식과 상태는 서로 배타적이므로 모든 상태확률의 합은 1이라는 사실을 이용한다.

Excel 활용

시초의 상태가 Excel 주유소에서 주유하였다든지, Word 주유소에서 주유하였다든지, 또는 두 주유소간 시장점유율로 주어질 때 각 기간별 시스템의 상태확률은 Excel을 사용하여 구할 수 있다.

① 데이터를 시트에 입력한다.

	A	B	C	D	E	F	G	H
1			11장 상표교체 문제					
2								
3	전이확률							
4		Excel	Word					
5	Excel	0.6	0.4					
6	Word	0.3	0.7					
7								
8		Excel	Word	Excel	Word	Excel	Word	
9	시초상태	1	0	0	1	0.45	0.55	
10								
11	기간2							
12	기간3							
13	기간4							
14	기간5							
15	기간6							
16	기간7							
17	기간8							
18	기간9							
19	기간10							
20	기간11							
21	기간12							
22	기간13							
23	기간14							
24	기간15							
25								

② 필요한 수식을 입력한다.

셀 주 소	수 식	비 고
B11 : C11	=MMULT(B9 : C9, B5 : C6)	B11 : C11을 블럭으로 지정하고 수식을 타자한 후 [Ctrl] + [Shift] 를 동시에 누른 채 [Enter] 를 친다.
B12 : C12	=MMULT(B11 : C11, $B$5 : $C$6)	위와 같은 방식 적용 B24 : C24까지 복사
D11 : E11	=MMULT(D9 : E9, B5 : C6)	위와 같은 방식 적용
D12 : E12	=MMULT(D11 : E11, $B$5 : $C$6)	위와 같은 방식 적용 D24 : E24까지 복사
F11 : G11	=MMULT(F9 : G9, B5 : C6)	위와 같은 방식 적용
F12 : G12	=MMULT(F11 : G11, $B$5 : $C$6)	위와 같은 방식 적용 F24 : G24까지 복사

③ 다음과 같은 결과를 얻는다.

	A	B	C	D	E	F	G	H
1				11장 상표교체 문제				
2								
3	전이확률							
4		Excel	Word					
5	Excel	0.6	0.4					
6	Word	0.3	0.7					
7								
8		Excel	Word	Excel	Word	Excel	Word	
9	시초상태	1	0	0	1	0.45	0.55	
10								
11	기간2	0.6	0.4	0.3	0.7	0.435	0.565	
12	기간3	0.48	0.52	0.39	0.61	0.4305	0.5695	
13	기간4	0.444	0.556	0.417	0.583	0.42915	0.57085	
14	기간5	0.4332	0.5668	0.4251	0.5749	0.428745	0.571255	
15	기간6	0.42996	0.57004	0.42753	0.57247	0.4286235	0.5713765	
16	기간7	0.428988	0.571012	0.428259	0.571741	0.4285871	0.571413	
17	기간8	0.4286964	0.5713036	0.4284777	0.5715223	0.4285761	0.5714239	
18	기간9	0.4286089	0.5713911	0.4285433	0.5714567	0.4285728	0.5714272	
19	기간10	0.4285827	0.5714173	0.428563	0.571437	0.4285719	0.5714281	
20	기간11	0.4285748	0.5714252	0.4285689	0.5714311	0.4285716	0.5714284	
21	기간12	0.4285724	0.5714276	0.4285707	0.5714293	0.4285715	0.5714285	
22	기간13	0.4285717	0.5714283	0.4285712	0.5714288	0.4285714	0.5714286	
23	기간14	0.4285715	0.5714285	0.4285714	0.5714286	0.4285714	0.5714286	
24	기간15	0.4285715	0.5714285	0.4285714	0.5714286	0.4285714	0.5714286	
25								

11.4 외상매출금 분석

우리는 지금까지 흡수상태(absorbing state)가 없는 경우의 문제를 공부하였다.

흡수상태란 어떤 상태로부터 다른 상태로 떠날 수 없는 상태를 말한다. 예를 들면 환자의 상태가 완쾌 아니면 사망이 된다든지, 외상매출금이 지불 아니면 대손이 된다든지, 직원채용 교육시 무자격자 아니면 채용이 된다든지의 경우이다. 이러한 경우에는 어떤 상태로 끝이 났기 때문에 다른 상태로 전이할 수 없다.

이는 전이확률표에서 $P_{ij}=1$이고 그 행의 나머지 값들은 모두 0인 상태 i를 말한다.

흡수상태가 존재하면 그 마아코브 과정은 결국 어떤 흡수상태로 귀결이 되므로 일반적인 공식을 적용하여 안정상태의 확률은 계산하지 않는다.

흡수상태가 존재하는 전형적인 마아코브 분석을 위하여 대형 수퍼마켓인 $K-$마트의 예를 들기로 하자. $K-$마트는 1개월 단위 청구서 발송주기를 사용하고 월말에 외상매출금을 1개월 미만, 1개월 이상 2개월 미만, 2개월 이상 3개월 미만, 3개월 이상(회수불능 상태)으로 구분한다.

그러면 이 문제는 다섯 개의 상태를 갖게 된다.

상태 1: 완불
상태 2: 대손(3개월 이상)
상태 3: 1개월 미만
상태 4: 1~2개월 미만
상태 5: 2~3개월 미만

과거의 경험에 의해서 전이확률이 다음과 같다고 하자.

$$
P=
\begin{array}{c}
\ \\ s_1 \\ s_2 \\ s_3 \\ s_4 \\ s_5
\end{array}
\begin{array}{ccccc}
s_1 & s_2 & s_3 & s_4 & s_5 \\
\left[\begin{array}{ccccc}
1 & 0 & 0 & 0 & 0 \\
0 & 1 & 0 & 0 & 0 \\
0.65 & 0 & 0 & 0.35 & 0 \\
0.70 & 0 & 0 & 0 & 0.30 \\
0.55 & 0.45 & 0 & 0 & 0
\end{array}\right]
\end{array}
$$

여기서 상태 1과 상태 2는 그들의 대각선 상에 확률 1을 갖고 같은 행의 나머지는 모두 0의 값을 가지므로 흡수상태이다.

흡수상태를 갖는 마아코브 과정에서는 각각의 흡수상태로 변화할 확률, 즉 상태 3, 4, 5가 상태 1과 2로 변화할 확률을 구할 수 있을 뿐이다.

이러한 흡수상태가 있는 문제를 풀기 위해서는 기본행렬(fundamental matrix)의 개념을 도입해야 한다.

이를 위해서는 전이확률을 네 개의 부분행렬(sub-matrix)로 다음과 같이 분해해야 한다.

$$
P = \begin{array}{c} \\ r \left\{ \begin{array}{c} \\ \\ \end{array} \right. \\ s \left\{ \begin{array}{c} \\ \\ \\ \end{array} \right. \end{array}
\begin{array}{c} \overset{r}{\overbrace{\qquad\qquad}} \qquad \overset{s}{\overbrace{\qquad\qquad\qquad}} \\
\left[\begin{array}{cc:ccc}
1 & 0 & 0 & 0 & 0 \\
0 & 1 & 0 & 0 & 0 \\ \hdashline
0.65 & 0 & 0 & 0.35 & 0 \\
0.70 & 0 & 0 & 0 & 0.30 \\
0.55 & 0.45 & 0 & 0 & 0
\end{array} \right] \end{array}
= \left[\begin{array}{c:c}
I & O \\ \hdashline
R & Q
\end{array} \right]
$$

여기서 r개의 흡수상태와 s개의 비흡수상태가 있다고 하면 다음과 같이 부분행렬을 정의할 수 있다.

I: 흡수상태로 변화하여 그대로 머무를 확률을 나타내는 $r \times r$ 항등행렬

O: 흡수상태에서 비흡수상태로 가는 확률을 나타내는 $r \times s$ 영행렬

R: 비흡수상태에서 흡수상태로 가는 확률을 나타내는 $s \times r$ 전이확률

Q: 비흡수상태에서 비흡수상태로 가는 확률을 나타내는 $s \times s$ 전이확률

그러면 기본행렬 F는 다음의 공식으로 계산한다.

$$F = (I - Q)^{-1}$$

이 문제에서 $I = \begin{bmatrix} 1 & 0 & 0 \\ 0 & 1 & 0 \\ 0 & 0 & 1 \end{bmatrix}$ 과 같기 때문에

F는 다음과 같이 구할 수 있다.

$$
F = \left\{ \begin{bmatrix} 1 & 0 & 0 \\ 0 & 1 & 0 \\ 0 & 0 & 1 \end{bmatrix} - \begin{bmatrix} 0 & 0.35 & 0 \\ 0 & 0 & 0.30 \\ 0 & 0 & 0 \end{bmatrix} \right\}^{-1}
$$

$$
= \begin{bmatrix} 1 & -0.35 & 0 \\ 0 & 1 & -0.30 \\ 0 & 0 & 1 \end{bmatrix}^{-1}
$$

$$
\begin{array}{c}
\begin{array}{ccc} s_3 & s_4 & s_5 \end{array} \\
\begin{array}{c} s_3 \\ =s_4 \\ s_5 \end{array}
\begin{bmatrix}
1 & 0.35 & 0.105 \\
0 & 1 & 0.3 \\
0 & 0 & 1
\end{bmatrix}
\end{array}
$$

기본행렬은 흡수상태로 진입하기 전 시스템이 어떤 비흡수상태(noabsorbing state)로 존속할 예상확률을 말한다. 따라서 현재 상태 3에 있는 외상매출금이 상태 4로 이동할 예상확률은 0.35이다.

기본행렬은 또한 외상매출금이 결국 지불 또는 대손 등 흡수상태로 바뀔 확률을 계산하는 데 이용된다. 어떤 흡수상태로 흡수될 확률은 다음과 같이 구한다.

흡수확률$=FR$

$$
\begin{array}{c}
\begin{array}{ccc} s_3 & s_4 & s_5 \end{array} \qquad\qquad \begin{array}{cc} s_1 & s_2 \end{array} \\
\begin{array}{c} s_3 \\ =s_4 \\ s_5 \end{array}
\begin{bmatrix}
1 & 0.35 & 0.105 \\
0 & 1 & 0.3 \\
0 & 0 & 1
\end{bmatrix}
\begin{array}{c} s_3 \\ \times s_4 \\ s_5 \end{array}
\begin{bmatrix}
0.65 & 0 \\
0.70 & 0 \\
0.55 & 0.45
\end{bmatrix}
\end{array}
$$

$$
\begin{array}{c}
\begin{array}{cc} s_1 & s_2 \end{array} \\
\begin{array}{c} s_3 \\ =s_4 \\ s_5 \end{array}
\begin{bmatrix}
0.953 & 0.047 \\
0.865 & 0.135 \\
0.550 & 0.450
\end{bmatrix}
\end{array}
$$

이는 현재의 상태 3, 4, 5가 결국 흡수상태 1과 2로 변화할 확률이다.

이때 K-마트의 외상매출금을 연말에 정리한 결과 1개월 미만 3억 원, 1~2개월 미만 2억원, 2~3개월 미만 1억 원이라고 할 때 결국 회수할 금액은 얼마이고 대손처리해야 할 금액은 얼마일까?

K-마트의 연말 외상매출금은 $B=[3\ 2\ 1]$로 표현할 수 있기 때문에 B에 FR을 곱하면 외상매출금 6억원 중에 얼마를 회수할 수 있는지 알 수 있다.

$$
BFR=[3\ \ 2\ \ 1]
\begin{bmatrix}
0.953 & 0.047 \\
0.865 & 0.135 \\
0.550 & 0.450
\end{bmatrix}
$$

$$
=[5.138\ \ 0.862]
$$

K-마트는 결국 5.138억 원은 회수할 수 있지만 0.862억 원은 회수할 수 없다고 예상되므로 이는 대손충당금으로 처리해야 한다.

Excel 활용

① 다음과 같이 데이터를 시트에 입력한다.

	A	B	C	D	E	F	G	H	I	J	K	L
1						11장 외상매출금 분석						
2												
3	전이확률											
4		s1	s2	s3	s4	s5		I				
5	s1	1	0	0	0	0			1	0	0	
6	s2	0	1	0	0	0			0	1	0	
7	s3	0.65	0	0	0.35	0			0	0	1	
8	s4	0.7	0	0	0	0.3						
9	s5	0.55	0.45	0	0	0		I-Q				
10												
11	B	3	2	1								
12												
13	FR							F=(I-Q)⁻¹				
14												
15												
16												
17	BFR											
18												

② 셀 영역 I9 : K11을 블럭으로 지정하고 '=I5 : K7-D7 : F9'를 타자한다.

③ ⌨Ctrl + ⌨Shift 를 동시에 누른 채 ⌨Enter 를 친다.

④ 셀 영역 I13 : K15를 블럭으로 지정하고 '=MINVERSE(I9 : K11)'을 타자한다.

⑤ ⌨Ctrl + ⌨Shift 를 동시에 누른 채 ⌨Enter 를 친다.

⑥ 셀 영역 B13 : C15를 블럭으로 지정하고 '=MMULT(I13 : K15, B7 : C9)'를 타자한다.

⑦ ⌨Ctrl + ⌨Shift 를 동시에 누른 채 ⌨Enter 를 친다.

⑧ 셀 영역 B17 : C17을 블럭으로 지정하고 '=MMULT(B11 : D11, B13 : C15)'를 타자한다.

⑨ ⌨Ctrl + ⌨Shift 를 동시에 누른 채 ⌨Enter 를 친다.

⑩ 다음과 같은 결과를 얻는다.

11.5 인사관리 문제

종로제조(주)는 직원들의 직위를 단순화하여 사원, 팀장, 이사의 세 계층을 두고 있다. 매년 인사이동 상황을 보면 다음과 같다.

$$P = \begin{array}{c} \\ \text{퇴직} \\ \text{이사} \\ \text{팀장} \\ \text{사원} \end{array} \begin{array}{cccc} \text{퇴직} & \text{이사} & \text{팀장} & \text{사원} \\ \left[\begin{array}{cccc} 1 & 0 & 0 & 0 \\ 0 & 1 & 0 & 0 \\ 0.6 & 0 & 0.3 & 0.1 \\ 0.4 & 0.2 & 0 & 0.4 \end{array}\right] \end{array}$$

회사의 인사담당 이사는 다음 사항을 알고자 한다.

① 팀장이 결국 이사가 될 확률은 얼마인가?

② 사원이 팀장이 되지 못하고 결국 퇴직할 확률은 얼마인가?

③ 현재 팀장 50명, 사원 100명이 있는데 이사가 될 사람은 몇 명이고 퇴직할 사람은 몇 명인가?

이 문제는 네 개의 상태를 갖게 된다.

　　　상태 1: 퇴직
　　　상태 2: 이사

상태 3: 팀장

상태 4: 사원

이 문제는 흡수상태가 있기 때문에 기본행렬 F를 계산해야 한다.

$$F = (I - Q)^{-1}$$

$$= \left\{ \begin{bmatrix} 1 & 0 \\ 0 & 1 \end{bmatrix} - \begin{bmatrix} 0.3 & 0 \\ 0.1 & 0.7 \end{bmatrix} \right\}^{-1}$$

$$= \begin{bmatrix} 0.7 & 0 \\ -0.1 & 0.3 \end{bmatrix}^{-1}$$

$$= \begin{bmatrix} \dfrac{0.3}{(0.7)(0.3)} & \dfrac{0}{(0.7)(0.3)} \\ \dfrac{-(-0.1)}{(0.7)(0.3)} & \dfrac{0.7}{(0.7)(0.3)} \end{bmatrix}$$

$$= \begin{bmatrix} 1.4286 & 0 \\ 0.4762 & 3.3333 \end{bmatrix}$$

각 비흡수상태가 각 흡수상태로 바뀔 확률을 알기 위하여는 FR을 계산한다.

$$FR = \begin{bmatrix} 1.4286 & 0 \\ 0.4762 & 3.3333 \end{bmatrix} \begin{bmatrix} 0.5 & 0.2 \\ 0.2 & 0 \end{bmatrix}$$

$$= \begin{matrix} \\ 팀장 \\ 사원 \end{matrix} \begin{matrix} 퇴직 \quad\quad 이사 \\ \begin{bmatrix} 0.7143 & 0.2857 \\ 0.9048 & 0.0952 \end{bmatrix} \end{matrix}$$

팀장이 결국 이사가 될 확률은 28.57%이고 사원이 결국 퇴직할 확률은 90.48%이다.

$$BFR = \begin{bmatrix} 50 & 100 \end{bmatrix} \begin{bmatrix} 0.7143 & 0.2857 \\ 0.9048 & 0.0952 \end{bmatrix}$$

$$= \begin{bmatrix} 126 & 24 \end{bmatrix}$$

현재 사원과 팀장 중에서 이사가 될 사람은 24명이고 나머지 126명은 이사가 되지 못하고 퇴직할 것이다.

Excel 활용 ▐▌▌

① 다음과 같이 데이터를 입력한다.

	A	B	C	D	E	F	G	H	I	J
1				11장 인사관리 문제						
2										
3	전이확률									
4		s1	s2	s3	s4					
5	s1	1	0	0	0		I-Q			
6	s2	0	1	0	0					
7	s3	0.5	0.2	0.3	0					
8	s4	0.2	0	0.1	0.7		F=(I-Q)⁻¹			
9										
10	B	50	100							
11										
12	FR									
13										
14										
15	BFR									
16										

② 셀 영역 H5：I6을 블럭으로 지정하고 '=B5：C6-D7：E8'을 타자한다.

③ ▐Ctrl▌ + ▐Shift▌를 동시에 누른 채 ▐Enter▌를 친다.

④ 셀 영역 H8：I9를 블럭으로 지정하고 '=MINVERSE(H5：I6)'을 타자한다.

⑤ ▐Ctrl▌ + ▐Shift▌를 동시에 누른 채 ▐Enter▌를 친다.

⑥ 셀 영역 B12：C13을 블럭으로 지정하고 '=MMULT(H8：I9, B7：C8)'을 타자한다.

⑦ 셀 영역 B15：C15를 블럭으로 지정하고 '=MMULT(B10：C10, B12：C13)'을 타자한다.

⑧ 다음과 같은 결과를 얻는다.

	A	B	C	D	E	F	G	H	I	J
1				11장 인사관리 문제						
2										
3	전이확률									
4		s1	s2	s3	s4					
5	s1	1	0	0	0		I-Q	0.7	0	
6	s2	0	1	0	0			-0.1	0.3	
7	s3	0.5	0.2	0.3	0					
8	s4	0.2	0	0.1	0.7		F=(I-Q)⁻¹	1.4285714	0	
9								0.4761905	3.3333333	
10	B	50	100							
11										
12	FR	0.7142857	0.2857143							
13		0.9047619	0.0952381							
14										
15	BFR	126.19048	23.809524							
16										

1 우리나라 방송 3사의 시청률을 조사한 결과 다음과 같은 전이행렬을 얻었다.

에서	으로	이번 주		
		A방송	B방송	C방송
지난 주	A방송	0.8	0.1	0.1
	B방송	0.2	0.7	0.1
	C방송	0.1	0.15	0.75

(1) 이런 변동 패턴이 지속된다고 가정할 때 지난 주 A방송을 시청한 고객이 다음 주 A방송 의 고객으로 남을 확률은 얼마인지 나무그림으로 나타내라.

(2) 지난 주 방송 3사의 시장점유율이 5 : 3 : 2라고 할 때 다음 주 방송 3사의 시장점유율은 얼 마인가?

(3) 지난 주 고객이 A방송을 시청한 경우와 시장점유율이 위와 같을 경우 15주, 20주 후의 시 장점유율은 어떻게 변화하는가?

해답

(1)

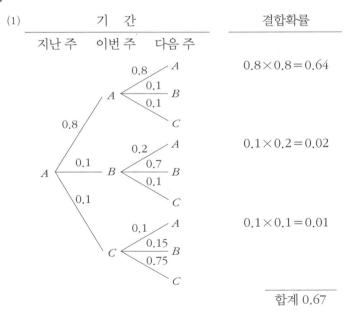

(2) $[0.5 \quad 0.3 \quad 0.2]\begin{bmatrix} 0.8 & 0.1 & 0.1 \\ 0.2 & 0.7 & 0.1 \\ 0.1 & 0.15 & 0.75 \end{bmatrix}^2$

$= [0.465 \quad 0.286 \quad 0.250]$

(3)

	A	B	C	D	E	F	G	H
2	전이확률							
3		A	B	C				
4	A	0.8	0.1	0.1				
5	B	0.2	0.7	0.1				
6	C	0.1	0.15	0.75				
7								
8								
9	시초상태							
10		A	B	C	A	B	C	
11		1	0	0	0.5	0.3	0.2	
12								
13	기간2	0.8	0.1	0.1	0.48	0.29	0.23	
14	기간3	0.67	0.165	0.165	0.465	0.2855	0.2495	
15	기간4	0.5855	0.20725	0.20725	0.45405	0.283775	0.262175	
16	기간5	0.530575	0.2347125	0.2347125	0.4462125	0.2833738	0.2704138	
17	기간6	0.4948738	0.2525631	0.2525631	0.4406861	0.2835449	0.2757689	
18	기간7	0.4716679	0.264166	0.264166	0.4368348	0.2839154	0.2792498	
19	기간8	0.4565842	0.2717079	0.2717079	0.4341759	0.2843117	0.2815124	
20	기간9	0.4467797	0.2766101	0.2766101	0.4323543	0.2846627	0.282983	
21	기간10	0.4404068	0.2797966	0.2797966	0.4311143	0.2849467	0.283939	
22	기간11	0.4362644	0.2818678	0.2818678	0.4302747	0.285165	0.2845603	
23	기간12	0.4335719	0.2832141	0.2832141	0.4297088	0.285327	0.2849642	
24	기간13	0.4318217	0.2840891	0.2840891	0.4293288	0.2854444	0.2852267	
25	기간14	0.4306841	0.2846579	0.2846579	0.4290746	0.285528	0.2853974	
26	기간15	0.4299447	0.2850277	0.2850277	0.428905	0.2855867	0.2855083	
27	기간16	0.429464	0.285268	0.285268	0.4287922	0.2856274	0.2855804	
28	기간17	0.4291516	0.2854242	0.2854242	0.4287173	0.2856555	0.2856273	
29	기간18	0.4289486	0.2855257	0.2855257	0.4286676	0.2856746	0.2856577	
30	기간19	0.4288166	0.2855917	0.2855917	0.4286348	0.2856877	0.2856775	
31	기간20	0.4287308	0.2856346	0.2856346	0.4286131	0.2856965	0.2856904	
32								

2 Excel 대학교 학생들의 진급에 관한 데이터가 다음과 같은 전이확률표에 요약되어 있다.

에서 \ 으로	졸 업	퇴 학	1학년	2학년	3학년	4학년
졸 업	1	0	0	0	0	0
퇴 학	0	1	0	0	0	0
1학년	0	0.25	0.1	0.65	0	0
2학년	0	0.15	0	0.15	0.7	0
3학년	0	0.10	0	0	0.05	0.85
4학년	0.9	0.05	0	0	0	0.05

⑴ 흡수상태는 무엇인가?

⑵ 2학년 학생이 졸업할 확률과 퇴학할 확률을 구하라.

⑶ 신입생 600명 가운데 약 50%는 퇴학할 것이라는 주장은 타당한가?

⑷ Excel 대학교에는 현재 1학년 1,600명, 2학년 1,520명, 3학년 1,460명, 4학년 1,420명의 학생이 등록하고 있다. 이들 중 몇 %가 결국 졸업할 것인가?

해답

⑴ 졸업, 퇴학

⑵ P(졸업)=0.698 P(퇴학)=0.302

⑶ 예, P(졸업)=0.504 P(퇴학)=0.496

⑷ 4,451/6,000=0.742

3 대우화물자동차회사는 매월 한 번 회사를 떠나 30일 만에 정비를 위해 회사로 돌아오는 대형 트럭을 보유하고 있다. 이들 트럭은 상이한 시기에 돌아오므로 한 번에 4대 이상이 정비를 받지 않는다.

지금은 운송 도중 타이어가 낡으면 현지에서 평균 2,750원을 주고 갈아 끼우도록 하고 있는데 회사 내에서 갈아 끼우는 데는 2,000원이 소요되는 것으로 추산하였다.

타이어의 상태는 다음과 같이 구분할 수 있다.

A: 매우 좋은 상태

B: 꽤 좋은 상태

C: 불량한 상태

D: 낡아 바꾸어야 할 상태

과거의 정비기록에 의하면 어느 달 검사 시 각 상태에서 다음 달 검사 시 각 상태로 변화하는 전이확률은 다음과 같았다. 이번 달 상태 D에서 다음 달 상태 A로 바뀔 확률이 1.0임은 모두 새 타이어로 갈아 끼우는 것을 의미한다.

으로 에서		다음 달			
		A	B	C	D
이번 달	A	0.7	0.2	0.1	0.0
	B	0.0	0.8	0.2	0.0
	C	0.0	0.0	0.2	0.8
	D	1.0	0.0	0.0	0.0

매월 검사 시 상태 C의 타이어를 모두 새로운 타이어로 갈아 끼우는 것이 현재의 정책보다 더욱 경제적인지 결정하라.

해답

현재의 정책하에서 타이어당 평균비용을 계산하기 위해서는 장기적으로 어떤 타이어가 운송 도중 낡아 갈아 끼워야 할 것인가의 가능성을 알아야 한다. 이를 위해 다음의 연립방정식을 풀어야 한다.

$$
\begin{cases}
0.7A+0.0B+0.0C+1.0D=A \\
0.2A+0.8B+0.0C+0.0D=B \\
0.1A+0.2B+0.2C+0.0D=C \\
0.0A+0.0B+0.8C+0.0D=D \\
A+B+C+D=1
\end{cases}
$$

이들을 풀면

$$A=0.374,\ B=0.374,\ C=0.140,\ D=0.112$$

이다.

따라서 타이어당 월평균 비용은 $0.112 \times 2,750 = 308$원이다.

새로운 정책하에서 상태 C로 판정받은 모든 타이어를 갈아 끼우게 되면 운송도중 갈아 끼우는 일은 발생하지 않는다. 따라서 전이확률은 다음과 같이 변하게 된다. 이젠 장기적으로 어떤 타이어가 상태 C에 있을 확률을 알아야 한다.

에서 \ 으로	A	B	C
A	0.7	0.2	0.1
B	0.0	0.8	0.2
C	1.0	0.0	0.0

이를 위해서는 다음의 연립방정식을 풀어야 한다.

$$
\begin{cases}
0.7A+0.0B+1.0C=A \\
0.2A+0.8B+0.0C=B \\
0.1A+0.2B+0.0C=C \\
A+B+C=1
\end{cases}
$$

이들을 풀면

$$A=0.4348,\ B=0.4348,\ C=0.1304$$

이다. 따라서 새로운 정책하에서의 타이어당 월 평균비용은 $0.1304 \times 2,000 = 260.8$원이다.

새로운 정책을 사용할 때 월 평균 타이어당 $308-260.8=47.2$원을 절약할 수 있다.

연/습/문/제

01 Excel 대학교 컴퓨터 센터는 컴퓨터 고장시간을 경험하였다. 한 시간 단위로 컴퓨터의 작동과 고장을 조사한 결과 시스템이 작동상태 또는 고장상태에 있을 확률은 시스템이 바로 전기에 어떤 상태에 있었느냐에 의존한다는 사실을 발견하였다.
역사적 데이터에 의해 다음과 같은 전이확률을 얻었다.

에서 \ 으로	작 동	고 장
작 동	0.8	0.2
고 장	0.3	0.7

(1) 시스템이 작동상태에 있을 균형상태의 확률을 구하라.
(2) 시스템의 고장은 하드웨어의 한 부품 때문으로 밝혀져 이 부품을 교체하기로 하였다. 교체한 후의 전이확률은 다음과 같이 예상된다.

에서 \ 으로	작 동	고 장
작 동	0.9	0.1
고 장	0.6	0.4

어떤 기간에 시스템이 고장나면 50만 원(이익상실과 수리비)의 비용이 발생한다고 하면 새로운 부품의 기간당 손익분기비용은 얼마인가?

02 어떤 도시에서 인구이동에 대한 조사를 해보니 매년 6%의 시내 거주자가 교외로 옮기고 있으며, 동시에 교외 거주자의 3%가 시내로 옮기고 있다. 이 이동비율은 변치 않으며 그 도시의 총 거주자가 500,000명으로 변치 않는다고 가정한다. 시청에서 시내 거주자에게 걷는 연간 평균 세금은 1인당 20만 원이다.

(1) 만일 현재 전체 인구의 40%가 교외에 거주하고 있다면 지금부터 2년 뒤에 시청에서는 시내 거주자에 총 얼마의 세금을 걷겠는가?
(2) 안정상태에서 시청에서는 매년 얼마의 세금을 걷겠는가?
(3) 시청에서는 시내 거주자의 비율을 증가시키기 위해 시내 거주자에게는 연간 1인당 5만

원만큼 세금을 낮출 것을 고려 중이다. 그 결과로 시내에서 교외로의 이동은 6%에서 5%로 감소하고, 교외에서 시내로의 이동은 3%에서 5%로 증가할 것이 예상된다. 이 제도가 시행되면 장기적인 견지에서(안정상태에서) 시청이 시내 거주자에게 걷는 세금 총액은 얼마가 되는가?

03 대학생 박 군은 다음과 같이 공부하는 습관을 가지고 있다. 만일 어느 날 저녁 공부하면 다음 날 저녁 공부하지 않을 확률은 70%이다. 한편 어느날 저녁 공부하지 않으면 다음 날 저녁에도 공부하지 않을 확률은 60%이다.

　(1) 이 시스템의 상태는 무엇인가?
　(2) 이 시스템은 마아코브 과정인가 또는 마아코브 체인인가?
　(3) 장기적으로 볼 때 그는 얼마나 가끔 공부하는가?

04 흑산도의 날씨는 전날의 날씨가 어떠하였느냐에 따라 결정된다고 한다. 날씨는 맑음과 흐림으로 분류되는데 만일 어느 날 날씨가 맑으면 다음 날 맑을 확률은 90%이고 어느 날 날씨가 흐리면 다음 날에도 흐릴 확률은 20%라고 한다.

　(1) 전이확률표를 작성하라.
　(2) 일년 중 맑은 날씨는 며칠일까?
　(3) 오늘 날씨가 흐릴 경우 내일, 모레 이틀 동안 계속 흐릴 확률은 얼마인가?
　(4) 오늘 날씨가 흐릴 경우 내일, 모레 이틀 가운데 꼭 하루는 흐릴 확률은 얼마인가?

05 어떤 도시의 날씨는 크게 변하지는 않으며 예측 가능하다고 한다. 그 도시의 일기통보관 김 씨는 다음의 데이터를 수집하였다. 이 도시의 5월의 날씨는 세 가지로 분류된다. 덥고 비가 옴, 온화하고 건조함, 덥고 건조함. 만일 오늘 덥고 비가 오면 내일도 덥고 비가 올 확률은 0.7이며, 온화하고 건조할 확률은 0.30이다. 만일 오늘 온화하고 건조하면 내일 덥고 비가 올 확률은 0.8이며 온화하고 건조할 확률은 0.2이다.
만일 오늘 덥고 건조하면 내일 덥고 건조할 확률은 0.8이며, 온화하고 건조할 확률은 0.2이다.

　(1) 일기 변화에 대한 전이확률을 작성하라.
　(2) 김 씨가 보니 오늘의 날씨는 덥고 비가 오고 있었다. 그러면 모레의 날씨가 피크닉 하기에 좋은 날씨일 확률, 즉 비가 오지 않을 확률은 얼마일까?

06 도서출판 박영사는 1개월 단위 청구서 발행 주기를 사용하는데 그의 외상매출금에 관한 전이확률표를 월말에 다음과 같이 구분한다.
상태 1: 완불
상태 2: 대손

상태 3: 만기 1개월 미만

상태 4: 만기 1~2개월 미만

에서＼으로	1	2	3	4
1	1	0	0	0
2	0	1	0	0
3	0.8	0	0	0.2
4	0.6	0.4	0	0

(1) 월 1의 각 시작상태에서 외상매출금이 결국 완불되거나 대손으로 분류될 확률을 구하라.

(2) 회사는 상태 3 5,000만 원, 상태 4 3,000만 원의 외상매출금을 갖고 있다. 이 중 결국에 받지 못할 대손은 얼마일까?

 07 어떤 회사의 외상매출금에 관한 전이확률이 다음과 같다.

다음 기간

$$\text{현재} \quad \begin{array}{c} \\ p \\ 1 \\ 2 \\ b \end{array} \begin{array}{cccc} p & 1 & 2 & b \\ \left[\begin{array}{cccc} 1 & 0 & 0 & 0 \\ 0.7 & 0 & 0.3 & 0 \\ 0.8 & 0 & 0 & 0.2 \\ 0 & 0 & 0 & 1 \end{array}\right] \end{array}$$

여기서, p＝완불

1＝1~30일

2＝31~60일

b＝대손

(1) 행1에 있는 값들의 의미를 설명하라.

(2) $pb12$의 순서로 전이확률을 재정리하라.

(3) 새로운 전이확률을 I, O, R, Q로 분해하고 이들의 의미를 설명하라.

(4) $(I-Q)^{-1}$를 구하라.

(5) 기본행렬을 설명하라.

(6) 현재의 외상매출금 가운데 결국 대손으로 충당해야 할 %는 얼마인가?

(7) 지금 상태 1에 해당하는 외상매출금이 5,000원, 상태 2에 해당하는 외상매출금은 8,000원이다. 이 가운데 결국 완불될 금액은 얼마인가?

08 전이확률이 다음과 같다. 시스템이 기간 0에 상태 1에서 시작한다고 할 때 시스템이 기간 3에 상태 1과 상태 2에 있을 확률을 다음을 이용하여 구하라.

에서 ＼ 으로	1	2
1	0.8	0.2
2	0.4	0.6

(1) 나무그림
(2) 행렬곱셈
(3) 시스템이 기간 0에 상태 2에서 시작한다고 할 때 시스템이 기간 3에 상태 1과 상태 2에 있을 확률을 행렬곱셈으로 구하라.
(4) 장기적인 시스템의 안정상태의 확률을 구하라.

CHAPTER

12

대기행렬 모델

12.1 서 론

우리는 일상생활하면서 서비스를 받기 위하여 줄을 서는 일이 너무나 흔한 일이 되었다. 우리는 은행, 식품점, 공항, 호텔, 극장, 식당, 병원, 고속도로의 톨 게이트, 주유소, 우체국, 등록창구, 전철, 버스 등에서 차례를 기다리며 대기행렬 속에서 많은 시간을 보내고 있다.

이러한 대기시간은 제한된 자원의 낭비라고 할 수 있다. 많은 사람들이 줄을 서서 대기하는 동안 좌절과 분노를 경험하게 된다. 따라서 기업은 적정한 인력과 시설을 투입하여 고객에게 좋은 서비스를 제공하기 위하여 고객이 줄을 서서 대기하는 시간을 줄이거나 제거하기 위하여 관심을 갖게 된다.

대기행렬(waiting line, queue) 문제에서 고객이란 꼭 사람만을 의미하는 것은 아니다. 착륙 대기 중인 비행기, 수리 대기 중인 장비, 다음 작업을 기다리는 재공품, 짐싣기를 기다리는 트럭과 선박, 처리 중인 주문, 선반에 정리될 때까지 기다리는 비디오 등 그 예는 허다하다.

대기행렬에 관련된 대기비용, 서비스비용 그리고 그 효과 등을 연구·분석하는 분야가 대기행렬 이론(queuing theory)이다. 여러 가지 모델이 개발되어 대기행렬의 운영에 관한 좋은 결정을 내릴 수 있게 되었다.

대기행렬 분석은 선형계획법에서처럼 최적해를 추구하지는 않는다. 대기행렬 분석의 결과는 운영특성(성과측정)이라고 하는데 이는 확률적이다. 따라서 대기행렬 문제는 시뮬레이션 방법으로 해결하는 경우가 일반적이다.

본장에서는 대기행렬 시스템의 기본적인 구조 및 요소들의 특성을 고찰한 다음 대기행렬 모델로서 일반적인 단일경로·단일단계 모델과 복수경로·단일단계 모델을 중심으로 그들의 특성을 설명하고자 한다.

12.2 대기행렬의 발생 원인

대부분의 대기행렬 시스템은 그의 도착률과 서비스율이 매우 변동한다는 특징을 갖는다. 이들은 서로 같지 않기 때문에 시스템 능력은 고객의 요구보다 크다고 하더라도 때때로 대기행렬이 형성된다. 즉 이러한 불규칙성으로 인하여 발생하는 일시적인 시스템의 과부하(overload) 때문에 대기행렬 문제가 발생한다.

예를 들면 시간당 200명의 고객의 주문을 처리할 수 있는 식당에서 시간당 150명의 주문을 처리하고 있음에도 대기행렬이 형성되는 경우가 발생한다.

현실적으로 고객들이 일정한 시간간격으로 도착하는 것이 아니고 불규칙적으로 몰려들기 때문에 대기행렬이 발생할 뿐만 아니라 어떤 고객의 주문은 다른 고객의 주문보다 더욱 긴 시간을 요하는 경우가 있기 때문에도 발생한다.

반면 고객의 요구를 처리하는 시간의 변동으로 서버(server) 또는 서비스시설이 일시적으로 쉬게 되는 경우가 있다.

이와 같이 도착률과 서비스율의 차이로 인하여 대기행렬이 발생하게 된다. 똑같이 고객이 없어 시스템이 쉬고 있는 경우가 발생할 수 있다. 따라서 도착시간과 서비스시간 사이에 차이가 없게 되면 대기행렬은 발생하지 않는다.

예컨대 사전예약에 따라 고객의 도착이 일정한 간격으로 이루어지는 경우와 서비스시간이 일정한 경우에는 대기행렬이 발생하지 않는다.

12.3 대기행렬 분석의 목적

대기행렬 모델은 대기행렬을 형성하는 시스템의 예상되는 행태를 취급하는 기술적 모델(descriptive model)이다. 대기행렬 분석은 시스템 능력의 설계를 위한 기초를 제공한다.

대기행렬 시스템을 설계하든지 대기행렬 문제를 해결하기 위해서는 두 가지의 비용을 고려해야 한다. 서비스를 기다리는 고객과 관련된 고객의 대기비용(customer waiting cost)과 시설과 관련된 서비스 능력비용(service capacity cost)이다. 고객의 장시간 대기에서 초래되는 기회의 손실이라는 비용과 서버와 서비스시설의 확충으로 인한 이들의 유휴비용인데 이들은 정반대의 관계를 이룬다.

고객의 대기비용을 감축하기 위해서는 서버의 수를 늘리거나 서비스율의 확대를 추구해야 한다. 그러나 서비스능력의 확대는 서비스비용의 증가를 의미한다.

따라서 좋은 서비스수준을 유지하는 데 소요되는 비용과 고객이 서비스를 기다리는 데 따르는 비용을 균형화해야 한다. 〈그림 12–1〉에서 보는 바와 같이 고객 대기비용과 서비스 능력비용의 합계인 총비용을 최소로 하는 대고객 적정 서비스수준을 밝히는 것이 대기행렬 분석의 근본 목적이다.

그림 12–1 대기행렬비용

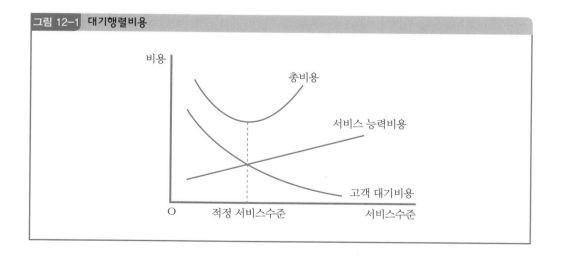

12.4 대기행렬 시스템의 구성요소와 특성

대기행렬 시스템의 일반적 구조는 〈그림 12-2〉와 같으며 네 개의 구성요소로 이루어져 있다.

- 고객
- 대기행렬
- 서비스시설
- 서비스 받은 고객

서비스 받은 고객(served calling population)은 서비스를 받은 후 시설을 떠나는 고객으로서 당분간 다시 시스템에 돌아오지 않을 것이므로 설명은 생략한다. 따라서 나머지 세 개의 구성요소와 그들의 특성을 설명하고자 한다.

그림 12-2 대기행렬 시스템의 구성요소

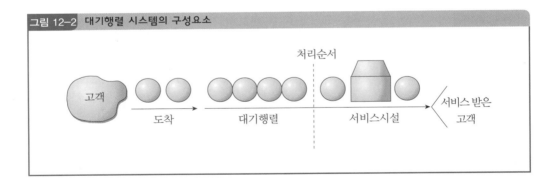

고 객

고객(calling population)은 입력원(input source)이라고도 하는데 〈그림 12-3〉에서 보는 바와 같이 세 개의 특성을 갖는다.

- 고객의 규모
- 대기행렬 시스템에 도착하는 패턴
- 고객의 태도

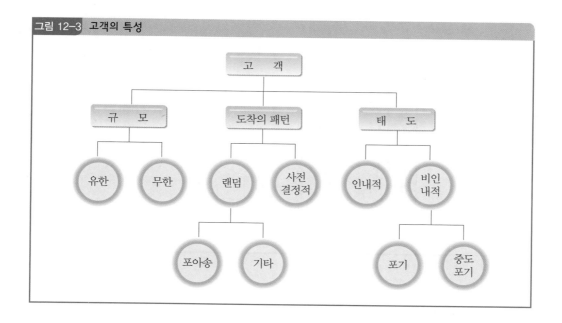

그림 12-3 고객의 특성

고객의 규모(size)는 대기행렬 모델의 선택에 지대한 영향을 미친다. 특정 시점에 시스템 내에 들어와 있는 고객의 수가 가능한 모든 고객들의 대부분을 차지하면 이 고객들은 유한(finite)하다고 한다. 유한 모집단의 예를 들면 공장에서 수리공이 고쳐야 할 제한된 기계들이다. 이러한 경우에 대기행렬 모델을 유도하는 것은 매우 어렵다고 하겠다.

시스템 내에 들어와 있는 고객의 수가 가능한 모든 고객의 일부분에 지나지 않으면 이 모집단은 무한(infinite)하다고 한다. 예를 들면 수퍼마켓에 들어오는 고객, 고속도로 톨 게이트에 들어오는 차량 등이다. 고객의 규모가 무한인 대기행렬 시스템은 공식을 이용하는 분석적 방법으로 해를 구할 수 있다.

고객의 도착패턴(pattern of arrivals)은

• 단위시간 동안에 도착하는 고객 수의 분포
• 연속적인 도착과 도착 사이의 시간의 분포

로 설명된다.

도착 수의 분포 또는 행태는 일정하거나 확률적일 수 있다. 자동화된 조립라인을 따라 부품, 중간조립품, 완성품 등이 일정한 시간간격으로 흐르는 경우에는 균등분포 (uniform distribution)를 갖게 된다. 또한 이미 확정된 스케줄에 따라 매 15분마다 한 환자를 진찰한

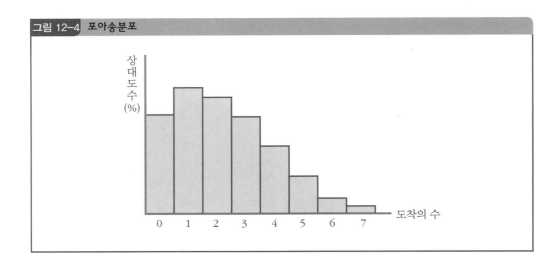

그림 12-4 포아송분포

다든지 교수가 매 30분마다 학생을 지도하는 경우도 이에 해당한다.

그러나 많은 경우에는 도착 사이의 시간을 사전에 분명히 예측할 수 없어 확률분포 (random distribution)를 갖게 된다. 이와 같이 도착은 서로 독립적이고 불규칙적이며 정확하게 예측할 수 없을 때 도착행태가 랜덤(random)이라고 한다.

공장의 공구 저장소에 작업자가 도착하는 시간을 오랫동안 관찰하면 포아송분포 (Poisson distribution)와 아주 흡사하다. 〈그림 12-4〉는 포아송분포의 행태를 보여 주고 있다.

포아송분포는 고객이 일정 시간에 랜덤으로 도착하는 도착률의 변동을 기술할 때 적용된다. 평균 도착률 λ가 주어졌을 때 t시간 내에 n번의 도착이 있을 확률을 나타내는 포아송분포는 다음과 같이 정의한다.

$$P_n(t) = \frac{e^{-\lambda t}(\lambda t)^n}{n!} \qquad (n=0,\ 1,\ 2,\ \cdots)$$

고객의 평균 도착률 λ가 포아송분포를 보인다고 하면 연속적인 도착과 도착 사이의 평균간격은 $\frac{1}{\lambda}$의 평균 값을 갖는 부(負)의 지수분포(negative exponential probability distribution)를 따르게 된다. 이는 〈그림 12-5〉와 같다.

고객의 태도(attitude)는 인내성 있는 고객과 없는 고객으로 나뉜다. 인내성 있는 고객이란 서비스를 받을 때까지 대기행렬을 중도에서 이탈하지 않고 끝까지 기다리는 고객을 말한다.

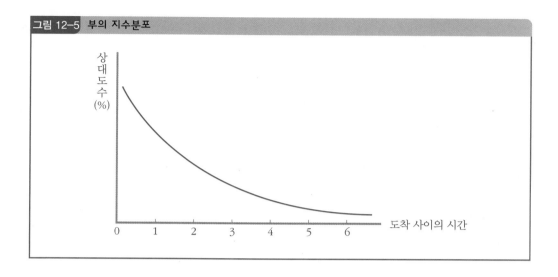

그림 12-5 부의 지수분포

고객 중에는 행렬의 길이가 너무 길어서 시스템에 들어가기를 단념하는 고객이 있는데 이를 포기 또는 회피현상(balking)이라고 한다. 한편 행렬에 서 있던 고객 중에는 참고 견디지 못하여 서비스를 받기 전에 이탈하여 떠나는데 이를 중도포기현상(reneging)이라고 한다.

대기행렬

서비스를 받고자 도착하는 고객이 서비스시설이 바빠 기다려야 하는 경우에는 줄을 서서 차례를 기다려야 한다. 이와 같이 서비스를 받고자 기다리는 고객이 있을 때 대기행렬이 형성된다. 행렬의 수는 서비스시설의 배열에 따라 결정된다.

행렬의 길이(queue length)는 공간, 법적 규제, 고객의 규모 또는 고객의 태도 등에 영향을 받는다. 행렬의 길이는 유한 또는 무한일 수 있다. 주유소, 주차장, 식당, 병원의 침대수 등은 유한한 대기행렬을 갖는 예이다.

서비스 시스템

서비스 시스템의 기본적 특성은

• 서비스 규칙

- 시스템의 형태
- 서비스시간의 패턴

이다.

서비스 규칙(queue discipline)이란 서비스를 제공받으려고 대기 중에 있는 고객의 순서 (order)를 결정하는 원칙을 말한다.

서비스 규칙으로는

- 선착순
- 우선권
- 랜덤

등이 있다.

대부분의 대기행렬 시스템에서 서비스 규칙은 선착순(first-come, first-served) 원칙이다. 그러나 이 외에도 수퍼마켓에서 적은 품목을 구입한 고객에게 급행통로를 허용하는 우선권(priority), 병원에서 위독한 환자가 입원할 때 이들에게 부여하는 우선권(emergency system), 주문생산할 때 최단 작업시간(shortest processing time)의 작업을 우선적으로 처리하는 원칙이라든가, 랜덤순위, 후입선출원칙 등 많은 규칙들이 사용되고 있으나 이는 시스템의 특성에 영향을 미치는 까닭에 그에 알맞은 규칙을 적용해야 한다.

서비스는 하나 또는 둘 이상의 서비스시설에 의하여 제공된다. 이는 이발사, 은행 창구 직원처럼 사람일 수도 있고 엘리베이터, 개솔린 펌프처럼 기계일 수도 있으며 주차장, 침대처럼 공간일 수도 있다.

서비스시설은 창구와 단계의 배열에 따라 다음의 네 가지 모델로 구분할 수 있다.

- 단일창구 · 단일단계(single-channel, single-phase)
- 복수창구 · 단일단계(multiple-channel, single-phase)
- 단일창구 · 복수단계(single-channel, multiple-phase)
- 복수창구 · 복수단계(multiple-channel, multiple-phase)

여기서 창구라 함은 서비스시설(서버)의 수를 의미한다. 따라서 단일창구는 서비스시설이 하나인 경우이고 복수창구는 서비스시설이 둘 이상인 경우이다. 단계라 함은 서비스가 완료될 때까지 고객이 거쳐야 하는 서비스 제공 장소의 수를 말한다. 따라서 단일단계는

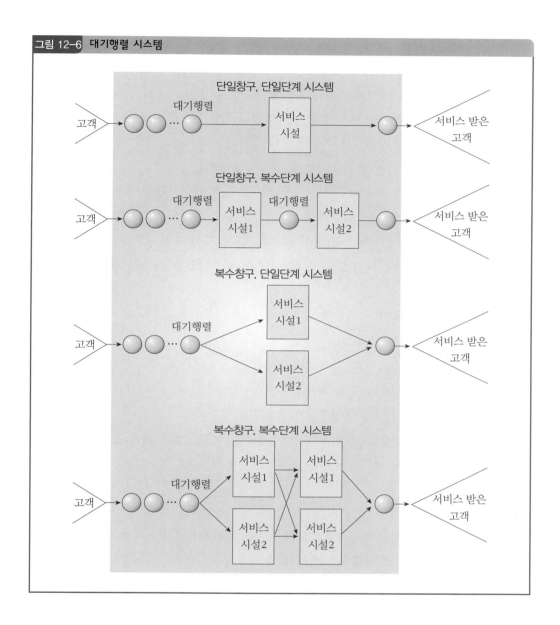

그림 12-6 대기행렬 시스템

서비스가 한 번에 끝나는 경우이고 복수단계는 서비스가 여러 번 연속적으로 주어지는 경우이다. 이들 모델을 그림으로 표시하면 〈그림 12-6〉과 같다.

단일창구·단일단계 모델의 예를 들면 펌프가 하나인 주요소라든지 이발사가 하나인 이발소 같은 것이다. 단일창구·복수단계 모델의 예를 들면 일관작업하는 공장에서 하나의 조립라인을 따라 연속적인 작업이 수행되는 제품의 생산이다. 복수창구·단일단계 모델의 예를 들면 이발사가 여러 명 있는 이발소라든지 병렬창구가 여러 개 있는 은행이다. 복수창구·복수단계 모델의 예를 들면 여러 개의 조립라인을 따라 일관작업을 수행하는 제품의 생산이나 징병검사 등이다.

서버가 서비스를 제공하는 데 소요하는 시간은 고객이 원하는 내용에 따라 다르다. 서비스시간 분포는 고객 한 사람을 서비스하는 데 얼마의 시간이 소요되는지 표시하기 위하여 필요하다.

서비스패턴(pattern of service)은 서비스시간의 분포와 단위시간당 서비스받는 고객의 수를 나타내는 서비스율의 분포로 설명된다. 서비스시간의 분포도 일정하거나 확률적이다. 대부분의 경우 서비스시간의 분포는 일반적으로 지수분포를 따른다고 가정한다. 포아송분포와 지수분포의 관계에 따라 만일 서비스시간이 지수분포를 이루면 서비스율은 포아송분포를 이루게 된다.

지수분포는 다음과 같이 정의한다.

$$f(t)=\mu e^{-\mu t} \ (단, \ t\geq 0)$$

t=서비스시간(service time)
μ=평균 서비스율(mean service rate)
$1/\mu$=평균 서비스시간(mean service time)

만일 T를 서비스시간을 나타내는 확률변수라 하면 지수분포를 사용하여 일정한 시간 t 내에 서비스를 끝낼 확률은

$$P(T\leq t)=1-e^{-\mu t}$$

이다. 예를 들어 시간당 평균 4명의 고객을 서비스한다고 가정할 때 서비스가 0.1시간, 0.3시간, 0.5시간 내에 끝날 확률은 다음과 같다.

$$P(T\leq 0.1시간)=1-e^{-4(0.1)}=1-e^{-0.4}=0.3297$$
$$P(T\leq 0.3시간)=1-e^{-4(0.3)}=1-e^{-1.2}=0.6988$$
$$P(T\leq 0.5시간)=1-e^{-4(0.5)}=1-e^{-2}=0.8647$$

〈그림 12-7〉은 μ=4일 때 서비스시간이 t시간 이하일 확률을 그림으로 표시한 것이다.

서비스시간은 지수분포 외에도 정규분포를 따르는 경우도 있으며 또한 일정한 시간일 수도 있기 때문에 사전에 데이터를 수집하여 이의 분포를 확인해야 한다.

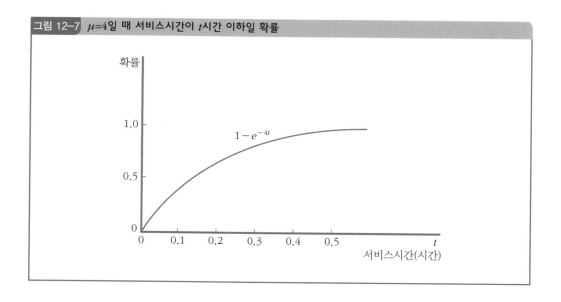

그림 12-7 $\mu=4$일 때 서비스시간이 t시간 이하일 확률

12.5 대기행렬 시스템의 상태

일반적으로 대기행렬 시스템은 시스템의 출발점에서 과도단계(transient stage)를 거쳐 안정상태(steady state)에 이른다. 안정상태란 시간이 흘러 시스템이 실현하는 꾸준한 평균 수준을 말한다. 모든 대기행렬 모델은 안정상태하에서의 시스템의 운영특성(operating characteristics), 즉 성과 측정치(performance measures)에 관한 정보를 제공한다.

안정상태의 조건은 시스템의 행태가 시간의 경과와는 무관할 때 안정된 상태로 존재한다. 여러 가지 시스템의 성과 측정치를 결정하는 공식과 표를 제공할 대기행렬 모델은 시스템의 안정상태를 가정한다.

안정상태란 대기행렬의 길이 및 평균 대기시간이 일정 시간이 경과하면 평균값으로 꾸준히 안정을 유지하게 된다는 것을 의미한다.

한편, 과도단계란 모델의 통계가 장기적 기대값을 반영하지 않는 단계이다. 〈그림 12-8〉에서 보는 바와 같이 이 단계는 시스템의 시작단계에 해당한다. 예를 들면 수퍼마켓을 아침에 열고 난 얼마 동안은 고객이 거의 없다. 반면 은행에는 아침에 문을 열기 전에

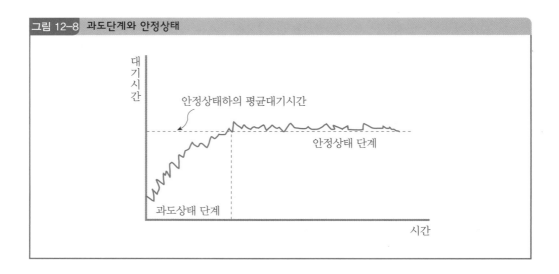

그림 12-8   과도단계와 안정상태

밖에 고객들이 몰려 있다.

이와 같이 시스템이 과도상태에 있을 때는 시간의 경과에 따라 시스템의 행태가 변화하게 된다. 이러한 과도단계를 지나서야 시스템의 행태가 시간에 영향을 받지 않는 안정상태에 이르게 된다.

시스템의 동태적 성격 때문에 안정상태에 이르지 않는 시스템도 많이 있다. 공항의 매표창구가 여기에 해당한다. 고객의 도착은 비행기 스케줄에 의존하며 안정상태에 이르지 않는다.

12.6   대기행렬 시스템의 성과 측정치

고객의 도착률, 서버의 수, 서비스율, 기타 다른 확실한 정보가 주어졌을 때 대기행렬 시스템의 행태를 요약하는 여러 가지 성과 측정치를 계산할 수 있다. 가장 흔하게 사용되는 성과 측정치는 다음과 같다.

L_q=서비스를 기다리는 평균 고객 수

L_s=시스템 내에 있는 평균 고객 수(서비스를 기다리는 고객과 서비스를 받고 있는 고객)

P_0=시스템 내에 고객이 없을 확률

ρ=서버의 이용도(도착하는 고객이 기다려야 할 확률)

W_q=고객이 서비스를 기다리는 평균시간

W_s=고객이 시스템에서 소비하는 시간

어떤 대기행렬 시스템에서 사용하는 두 개의 파라미터는 다음과 같다.

λ=평균 도착률(단위시간당 도착하는 고객의 수)

μ=평균 서비스율(단위시간당 서비스를 받는 고객의 수)

이러한 기호를 사용하여 시스템 내에서 기다리는 고객 수와 기다리는 시간을 나타내면 다음과 같다.

	대기행렬	서비스 중	시스템
평균 고객 수	L_q	$\dfrac{\lambda}{\mu}$	$L_s = L_q + \dfrac{\lambda}{\mu}$
평균시간	$W_q = \dfrac{L_q}{\lambda}$	$\dfrac{1}{\mu}$	$W_q = \dfrac{L_q}{\lambda} + \dfrac{1}{\mu}$

여기서,

$\dfrac{\lambda}{\mu} = q$

$\dfrac{1}{\mu}$ =한 고객의 평균 서비스시간

12.7 단일창구·단일단계 모델

대기행렬 모델은 모집단의 크기, 도착률, 서비스규칙, 서비스 창구 수, 서비스단계, 서비스율 그리고 시스템의 상태에 대한 가정에 따라 수많은 모델로 구분할 수 있다.

본절에서는 분석적 방법을 사용하여 도착률과 서비스율의 분포가 주어졌다는 가정하에 시스템의 성과 측정치(특성치)를 계산하고 이와 아울러 관련 비용의 예측치를 가지고 비용을 최소로 하는 최적대안을 찾아보고자 한다.

단일창구·단일단계 모델은 다음의 가정을 필요로 한다.

- 고객의 모집단은 무한하다.
- 도착률분포는 포아송분포를 따른다.
- 대기행렬규칙은 선착순이다.
- 대기행렬의 길이는 무한하다.
- 서비스시간 분포는 부의 지수분포를 따른다.
- 평균 서비스율은 평균 도착률보다 크다($\mu > k$).
- 대기행렬 시스템은 안정상태에 있다.

만일

평균 도착률: λ

도착 사이의 평균시간: $\dfrac{1}{\lambda}$

평균 서비스율: μ

평균 서비스시간: $\dfrac{1}{\mu}$

이라고 정의하면 위와 같은 전제조건하에서의 단일창구·단일단계 모델의 특성은 다음과 같이 공식을 이용하여 구한다.

- 시스템 내에 고객이 전혀 없을 확률

$$P_0 = \left(1 - \frac{\lambda}{\mu}\right) \qquad \cdots [12-1]$$

- 시스템 내에 n고객이 있을 확률

$$P_n = \left(\frac{\lambda}{\mu}\right)^n P_0 = \left(\frac{\lambda}{\mu}\right)^n \left(1 - \frac{\lambda}{\mu}\right) \qquad \cdots [12-2]$$

- 시스템 내의 평균 고객 수

$$L_s = \frac{\lambda}{\mu - \lambda} \qquad \cdots [12-3]$$

- 한 고객이 시스템에서 소비하는 평균시간

$$W_s = \frac{1}{\mu - \lambda} = \frac{L_s}{\lambda} \qquad \cdots [12-4]$$

• 대기행렬 내의 평균 고객 수

$$L_q = \frac{\lambda^2}{\mu(\mu - \lambda)} = L_s - \frac{\lambda}{\mu} \qquad \cdots [12-5]$$

• 한 고객이 대기행렬에서 소비하는 평균시간

$$W_q = \frac{\lambda}{\mu(\mu - \lambda)} = \frac{L_q}{\lambda} = W_s - \frac{1}{\mu} \qquad \cdots [12-6]$$

• 서비스시설의 이용도(도착하는 고객이 기다려야 할 확률)

$$q = \frac{\lambda}{\mu} \qquad \cdots [12-7]$$

• 시스템 내에 k 이상의 고객이 있을 확률

$$P(n \geq k) = \left(\frac{\lambda}{\mu}\right)^k \qquad \cdots [12-8]$$

• 시스템 내에 k보다 많은 고객이 있을 확률

$$P(n > k) = \left(\frac{\lambda}{\mu}\right)^{k+1} \qquad \cdots [12-9]$$

평균 도착률 λ와 평균 서비스율 μ는 위의 공식에서 중요한 요소이다. 식 [12-7]에서 λ/μ는 서비스시설이 바빠야 할 확률로서 1보다 작은 값이어야 한다. 다시 말하면 $\mu > \lambda$이어야 한다. 만일 $\lambda/\mu = 1$이면 식 [12-3]과 식 [12-4]로부터 시스템 내에 있을 고객의 수와 한 고객이 시스템 내에서 소비할 평균시간, 다시 말하면 대기행렬과 기다리는 시간은 모두 무한대로 증가할 것이다.

경영문제 응용(1)

경부 고속도로에는 규정을 위반하는 과적차량의 통행을 막기 위하여 곳곳에 측량소를 두고 있다고 가정하자. 측량소는 시설이 하나이기 때문에 서버가 한 명인 단일창구·단일단계 모델에 해당한다.

이 측량소에 도착하는 트럭의 수와 서비스율은 다음과 같다.

λ=시간당 24대의 트럭
μ=시간당 30대의 트럭

이 모델의 성과 측정치는 다음과 같다.

• 시스템 내에 트럭이 전혀 없을 확률

$$P_0 = \left(1 - \frac{\lambda}{\mu}\right) = 1 - \frac{24}{30} = 0.2$$

• 시스템 내의 평균 트럭 수

$$L_s = \frac{\lambda}{\mu - \lambda} = \frac{24}{30 - 24} = 4$$

• 대기행렬 내의 평균 트럭 수

$$L_q = L_s - \frac{\lambda}{\mu} = 4 - \frac{24}{30} = 3.2$$

• 한 트럭이 시스템에서 소비하는 평균시간

$$W_s = \frac{1}{\mu - \lambda} = 0.167시간 = 10분$$

• 한 트럭이 대기행렬에서 소비하는 평균시간

$$W_q = W_s - \frac{1}{\lambda} = 0.133시간 = 8분$$

• 측량소의 이용도

$$q = \frac{\lambda}{\mu} = \frac{24}{30} = 0.8$$

성과 측정치에 의하면 이 측량소는 상당히 바쁘게 돌아가고 있음을 알 수 있다. 서버가 바쁠 확률이 80%나 되고 트럭이 대기행렬에서 기다리는데 8분을 보내야 하고 2분 동안 서비스를 받는 등 시스템에서 평균 10분을 소비하기 때문에 고객의 불평이 심하여 관리자는 다음과 같은 대안을 고려하고 있다.

- 서버 한 명 추가
- 측량시설의 추가

대안 1의 경제적 효과

서버의 수를 증가시키면 단위시간의 서비스율은 향상된다. 그러면 추가하는 한 명을 포함하여 두 명의 서버가 시간당 40트럭을 서비스할 수 있다고 가정하자.

일반적으로 서버가 증가하면 서비스가 개선되어 기다려야 하는 트럭의 수도, 기다리는 시간도, 기다려야 할 확률도 줄어든다. 한편 서버가 증가하면 서버가 쉬는 시간도 증가하게 된다. 일반적으로 서비스수준이 높아지면 고객의 수도 증가하지만 도착하는 트럭의 수는 시간당 30대로 일정하다고 가정한다.

트럭의 기다리는 시간이 줄어들므로 대기비용은 감소하지만 서버의 수가 증가하므로 서비스비용은 증가하게 된다. 여기서 대기비용은 대기행렬에 있는 트럭과 서비스를 받고 있는 트럭 모두에 대한 기다리는 시간을 비용으로 환산한 것이고 서비스비용은 서버의 인건비를 말한다.

서버 한 명이 추가될 때의 새로운 성과 측정치는 다음과 같다.

- $P_0 = \left(1 - \frac{\lambda}{\mu}\right) = 1 - \frac{24}{30} = 0.4$

- $L_s = \left(\frac{\lambda}{\mu - \lambda}\right) = \frac{24}{40 - 24} = 1.5$

- $L_q = L_s - \frac{\lambda}{\mu} = 1.5 - \frac{24}{30} = 0.9$

- $W_s = \frac{1}{\mu - \lambda} = \frac{1}{40 - 24} = 0.063$시간 $= 3.75$분

$$\bullet W_q = W_s - \frac{1}{\mu} = 0.038\text{시간} = 2.25\text{분}$$

$$\bullet \rho = \frac{\lambda}{\mu} = \frac{24}{40} = 0.6$$

트럭의 시스템 내 평균시간이 감소하는 각 분당 일주일에 75천 원의 비용이 발생하고 서버의 추가에 따른 1주일의 임금은 150천 원이라고 하자.

그러면 측량소는

10분－3.75분＝6.25분
6.25분×75천 원＝468,750원
468,750－150,000＝318,750원/주

의 절약을 기할 수 있다.

대안 2의 경제적 효과

측량소의 관리자는 건설비 2,000만 원으로 새로운 시설을 건립할 것을 고려 중이다. 새로운 시설의 추가에 따른 서버 한 명의 주당 임금은 150천 원이라고 가정한다.

도착하는 트럭들은 두 라인에 똑같이 나누어 서기 때문에 각 라인에 도착하는 평균 트럭수는 시설이 하나일 때보다 1/2이라고 가정할 수 있다.

$\lambda=$시간당 12대의 트럭
$\mu=$시간당 30대의 트럭

시설이 두 개일 때의 성과 측정치는 다음과 같다.

$$\bullet P_0 = 1 - \frac{\lambda}{\mu} = 1 - \frac{12}{30} = 0.6$$

$$\bullet L_s = \frac{\lambda}{\mu - \lambda} = \frac{12}{30 - 24} = 0.67$$

$$\bullet L_q = L_s - \frac{\lambda}{\mu} = 0.67 - \frac{12}{30} = 0.27$$

$$\bullet W_s = \frac{1}{\mu - \lambda} = \frac{1}{30 - 12} = 0.055\text{시간}(3.33\text{분})$$

- $W_q = W_s - \dfrac{1}{\mu} = 0.022 - \dfrac{1}{3} = 0.022$시간(1.33분)
- $\rho = \dfrac{\lambda}{\mu} = \dfrac{12}{30} = 0.4$

트럭이 시스템 내에서 소비하는 1분당 비용이 75천 원이라고 하면 측량소는

10분－3.33분＝6.67분

6.67분×75천 원＝500,250원

500,250－150,000＝350,250원/주

를 절약할 수 있다.

새로운 시설의 투자액은 2,000만 원÷350,250원＝57.1주면 모두 보상할 수 있다.

이 문제에서 새로운 시설을 건설하는 것이 단순히 서버를 한 명 추가할 때보다 경제적이다. 그러나 다른 요인도 고려하면서 관리자의 경험과 필요성에 따라 최종 결정이 내려져야 한다.

Excel 활용

① 다음과 같이 데이터를 시트에 입력한다.

	A	B	C	D	E
1		12장 경영문제 응용 1			
2					
3			대안 1	대안 2	
4	평균도착률	24	24	12	
5	서비스율	30	40	30	
6					
7	Po				
8	Ls				
9	Lq				
10	Ws				
11	Wq				
12	Rho				
13					
14	Ws 감소(분)				
15	대기비용/분		75000	75000	
16	대기비용감소				
17	서버임금		150000	150000	
18	총비용 절약				
19					

② 필요한 수식을 입력한다.

셀 주 소	수 식	비 고
B7	=1-B4/B5	
B8	=B4/(B5-B4)	
B9	=B8-B4/B5	
B10	=1/(B5-B4)	
B11	=B10-1/B5	
B12	=B4/B5	B7 : B12를 D7 : D12까지 복사
C14	=60 * ($B10-C10)	D14까지 복사
C16	=C14 * C15	D16까지 복사
C18	=C16-C17	D18까지 복사

③ 다음과 같은 결과를 얻는다.

	A	B	C	D	E
1	12장 경영문제 응용 1				
2					
3			대안 1	대안 2	
4	평균도착률	24	24	12	
5	서비스율	30	40	30	
6					
7	Po	0.2	0.4	0.6	
8	Ls	4	1.5	0.6666667	
9	Lq	3.2	0.9	0.2666667	
10	Ws	0.1666667	0.0625	0.0555556	
11	Wq	0.1333333	0.0375	0.0222222	
12	Rho	0.8	0.6	0.4	
13					
14	Ws 감소(분)		6.25	6.6666667	
15	대기비용/분		75000	75000	
16	대기비용감소		468750	500000	
17	서버임금		150000	150000	
18	총비용 절약		318750	350000	
19					

12.8 복수창구 · 단일단계 모델

복수창구란 서버(server)가 둘 이상이고 서비스를 받고자 도착하는 고객은 하나의 행렬을 형성하고 있다가 서비스가 끝나는 대로 행렬을 이루고 있던 첫 사람이 서비스를 받는 것을 말한다. 도착하는 고객에게 순서대로 번호를 부여하고 서버가 끝내는 대로 번호를 불러 서비스를 제공하는 은행창구와 우체국에서와 같은 시스템은 여기에 해당한다. 따라서 서버는 여러 명이지만 행렬이 여러 개 있는 수퍼마켓과는 다르다.

복수창구 시스템에 있어서도 경영문제를 고려할 수 있다. 경영자는 서버의 적정 수는 얼마인가 또는 서비스시설을 모두 동일하게 할 것인지 혹은 수퍼마켓에서처럼 몇 가지 품목만을 구매하는 고객에게 별도의 급행통로를 설치할 것인가를 결정할 수 있다. 한편 경영자는 대기행렬을 하나로 할 것인지 또는 서버의 수만큼 할 것인지 결정할 수도 있다. 이러한 결정은 특성치를 계산해야 한다.

복수창구 · 단일단계 모델은 앞절의 단일창구 · 단일단계 모델의 가정 외에

- 모든 서버의 서비스율은 동일하다
- 행렬은 하나이다

라는 가정이 더 필요하다. 그리고

k: 서비스시설의 수(서버의 수)

λ: 평균 도착률

μ: 각 시설의 평균 서비스율

이라 정의하면 이 시스템의 특성을 결정하는 공식은 다음과 같다.

- 시스템 내에 고객이 하나도 없을 확률

$$P_0 = \frac{1}{\left[\displaystyle\sum_{n=0}^{k-1} \frac{1}{n!}\frac{1}{k!}\left(\frac{\lambda}{\mu}\right)^n\right] + \frac{1}{k!}\left(\frac{\lambda}{\mu}\right)^n \frac{k\mu}{k\mu-\lambda}} \qquad \cdots[12-10]$$

단, $k\mu > \lambda$

- 시스템 내에 n고객이 있을 확률

$$P_n = \frac{1}{k! k^{n-k}} \left(\frac{\lambda}{\mu} \right) P_0 \qquad \cdots [12-11]$$

단, $n > k$

$$P_n = \frac{1}{n!} \left(\frac{\lambda}{\mu} \right)^n P_0 \qquad \cdots [12-12]$$

단, $n \leq k$

• 시스템 내의 평균 고객 수

$$L_s = \frac{\lambda \mu \left(\frac{\lambda}{\mu} \right)^k}{(k-1)!(k\mu - \lambda)^2} P_0 + \frac{\lambda}{\mu} \qquad \cdots [12-13]$$

• 대기행렬 내의 평균 고객 수

$$L_q = L_s - \frac{\lambda}{\mu} \qquad \cdots [12-14]$$

• 한 고객이 시스템에서 소비하는 평균시간

$$W_s = \frac{\mu \left(\frac{\lambda}{\mu} \right)^k}{(k-1)!(k\mu - \lambda)^2} P_0 + \frac{1}{\mu} = \frac{L_s}{\lambda} \qquad \cdots [12-15]$$

• 한 고객이 대기행렬에서 소비하는 평균시간

$$W_q = W_s - \frac{1}{\mu} = \frac{L_q}{\lambda} \qquad \cdots [12-16]$$

• 서비스시설의 이용도

$$\rho = \frac{1}{k!} \left(\frac{\lambda}{\mu} \right)^k \frac{k\mu}{k\mu - \lambda} P_0 \qquad \cdots [12-17]$$

이 모델의 특성을 나타내는 공식들은 단일창구·단일단계의 공식들보다 더욱 복잡한 듯하지만 똑같은 정보를 제공해 준다. 사실 단일창구·단일단계 모델은 $k=1$인 복수창구· 단일단계 모델의 특수 형태에 불과하다.

경영문제 응용(2)

　금강주유소는 8개의 동일한 펌프를 가지고 있는데 야간에 이 가운데 몇 개를 사용할지 결정하고자 한다. 과거의 경험에 의하면 오후 9시부터 다음 날 오전 7시까지 시간당 평균 18대의 자동차가 주유소에 도착한다. 각 고객은 주유소에 평균 2,000원의 이익을 가져다 준다고 한다. 서비스시간은 평균 3분으로서 지수분포를 따른다고 한다.

　대기행렬이 하나이기 때문에 길면 나쁜 인상을 주고 어떤 고객은 긴 행렬을 보고 그냥 지나칠 수도 있다. 따라서 고객이 주유소에서 기다리는 시간에는 시간당 1,300원씩의 비용이 발생한다고 추산한다. 각 펌프를 사용하는 데 소요되는 비용은 인건비를 포함하여 시간당 1,500원이라고 할 때 펌프 몇 개를 사용할 때 이익이 최대가 될 수 있을까?

　이 시스템에서 $k=18$이고 $\mu=60/3=20$이므로 펌프 한 개를 사용할 때

$$W_q = \frac{\lambda}{\mu(\mu-\lambda)} = \frac{18}{20(20-18)} = 0.45\text{시간/고객}$$

이다. 매 시간당 고객이 18명이므로 총대기비용은 $18\times0.45\times1,300=10,530$원/시간이 된다. 따라서 시간당 순이익은

　　　　총이익=고객 18명×2,000=36,000원
　　　　펌프비용과 서버임금=1,500원
　　　　총대기비용=10,530원
　　　　순이익=36,000−1,500−10,530=23,970원

이 된다.

　펌프 두 개를 사용하면

$$P_0 = \frac{1}{\left[\sum_{n=0}^{k-1} \frac{1}{n!}\left(\frac{\lambda}{\mu}\right)^n\right] + \frac{1}{k!}\left(\frac{\lambda}{\mu}\right)^k \frac{k\mu}{k\mu-\lambda}}$$

$$= \frac{1}{1 + \frac{18}{20} + \frac{1}{2}\left(\frac{18}{20}\right)^2 \cdot \frac{40}{40-18}} = 0.3793$$

$$L_s = \frac{\lambda\mu\left(\frac{\lambda}{\mu}\right)^k}{(k-1)!(k\mu-\lambda)^2}P_0 + \frac{\lambda}{\mu}$$

$$= \frac{20\times18\left(\frac{18}{20}\right)^2}{(40-18)^2}(0.3793) + \frac{18}{20} = 1.1285$$

$$L_q = L_s - \frac{\lambda}{\mu} = 1.1285 - \frac{18}{20} = 0.2285$$

$$W_q = W_s - \frac{1}{\lambda} = \frac{L_q}{\lambda} = \frac{0.2285}{18} = 0.0127$$

이다.

따라서 기다리는 데서 발생하는 비용은 18(0.0127)(1,300)=297.1원이 되므로 시간당 순이익은 36,000−2(1,500)−297.1=32,702.9원이 되어 펌프 한 개를 사용하는 경우보다 경제적이다.

펌프 세 개를 사용하면

$$P_0 = \frac{1}{1 + \frac{18}{20} + \frac{1}{2}\left(\frac{18}{20}\right)^2 + \frac{1}{6}\left(\frac{18}{20}\right)^3 \cdot \frac{30(20)}{3(20)-18}} = 0.4035$$

$$L_s = \frac{18(20)\left(\frac{18}{20}\right)^3}{2!(60-18)^2}(0.4035) + \frac{18}{20} = 0.93$$

$$L_q = 0.93 - \frac{18}{20} = 0.03$$

$$W_q = \frac{0.03}{18} = 0.0017$$

이다.

따라서 기다리는 비용은 18(0.0017)(1,300)=39.02원이 되므로 시간당 순이익은 36,000−3(1,500)−39.02=31,461원이 되어 펌프 두 개를 사용하는 경우보다 비경제적이다.

펌프를 네 개 이상 사용하는 경우에 대해서는 계산할 필요가 없다. 왜냐하면 기다리는 비용은 미미하고 펌프 수가 늘어남에 따라 인건비는 증가하기 때문이다.

그러므로 금강주유소에서는 펌프 두 개를 사용하여 서버 두 명을 근무시키는 것이 가장 경제적이다.

Excel 활용

① 다음과 같이 데이터를 시트에 입력한다.

	A	B	C	D	E
1	12장 경영문제 응용 2				
2		펌프 1개	펌프 2개	펌프 3개	
3	평균도착률	18	18	18	
4	서비스율	20	20	20	
5	서버	1	2	3	
6					
7	Po				
8	Ls				
9	Lq				
10	Wq				
11					
12	이익/고객	2000	2000	2000	
13	서버비용/시간	1500	1500	1500	
14	대기비용/시간	1300	1300	1300	
15	총이익				
16	총서버비용				
17	총대기비용				
18	순이익				
19					

② 필요한 수식을 입력한다.

셀 주 소	수 식	
B10	$=B3/(B4*(B4-B3))$	
C7	$=(1)/((FACT(0)*(C3/C4)^0$ $+(1/FACT(1)*(C3/C4)^1$ $+(1/FACT(2)*(C3/C4)^2)*((C5*C4)/$ $((C5*C4)-(C3)))$	
C8	$=(C3*C4*(C3/C4)^{C5})*C^{\wedge}/$ $(FACT(C5-1)*(C5*C4-C3)^2)+C3/C4$	
C9	$=C8-C3/C4$	
C10	$=C9/C3$	
D7	$=(1)/((FACT(0)*(D3/D4)^0$ $+(1/FACT(1)*(D3/D4)^1)+(1/FACT(2)$ $*(D3/D4)^2)+(1/FACT(3)*(D3/D4)^3)$ $*((D5*D4)/((D5*D4)-D3)))$	

D8	=(D3 * D4 * (D3/D4)^D5) * D7/(FACT(D5−1) 　* (D5 * D4−D3)^2)+D3/D4
D9	=D8−D3/D4
D10	=D9/D3
B15	=B3 * B12
B16	=B5 * B13
B17	=B3 * B10 * B14
B18	=B15−B16−B17

B15 : B18을
D15 : D18까지
복사

③ 다음과 같은 결과를 얻는다.

	A	B	C	D	E
1	12장 경영문제 응용 2				
2		펌프 1개	펌프 2개	펌프 3개	
3	평균도착률	18	18	18	
4	서비스율	20	20	20	
5	서버	1	2	3	
6					
7	Po		0.3793103	0.4034582	
8	Ls		1.1285266	0.9300124	
9	Lq		0.2285266	0.0300124	
10	Wq	0.45	0.0126959	0.0016674	
11					
12	이익/고객	2000	2000	2000	
13	서버비용/시간	1500	1500	1500	
14	대기비용/시간	1300	1300	1300	
15	총이익	36000	36000	36000	
16	총서버비용	1500	3000	4500	
17	총대기비용	10530	297.08464	39.016056	
18	순이익	23970	32702.915	31460.984	
19					

12.9　유한 모집단 모델

　　지금까지는 고객의 모집단이 무한인 모델이 고려의 대상이었다. 이러한 가정하에서는 평균 도착률 λ는 대기행렬 시스템에 고객이 얼마 있든지 간에 언제나 일정하다. 그러나 현실적으로는 서비스를 원하는 고객이 제한된 유한 모집단(finite source)인 대기행렬 모델이 존재한다.

예를 들면 공장에서 공구 저장소에 오는 총 생산노동자가 10명인 경우라든지, 조그마한 비행장에 매일 도착하는 비행기의 수가 10대로 제한되어 있다든지, 또는 공장에서 한 명의 수리공이 고장난 기계를 수리할 책임이 있는 기계의 수가 다섯인 경우 등이다.

이러한 상황에서 시스템에의 평균 도착률 λ는 일정하지 않고 대기행렬에 있는 고객의 수에 따라 변동한다.

유한 모집단 모델은 단일창구·단일단계 모델의 가정 중에서 무한 모집단이 유한 모집단으로 바뀌는 외에는 모두 같다. 유한 모집단 모델에서 기계(고객)는 가동 중에 있든지 또는 고장나서 대기행렬 시스템에 있든지 한다. 따라서 λ는 각 고객의 평균 도착률을 의미하므로 $1/\lambda$은 기계의 고장 사이의 평균시간을 의미한다.

한 명의 서버가 존재하는 경우 모델의 특성치는 다음과 같이 계산한다.

$$\bullet P_0 = \frac{1}{\displaystyle\sum_{n=0}^{N}\left[\frac{N!}{(N-n)!}\left(\frac{\lambda}{\mu}\right)^n\right]}$$

단, N=모집단 크기

$$\bullet P_n = \frac{N!}{(N-n)!}\left(\frac{\lambda}{\mu}\right)^n P_0$$

단, n=1, 2, ..., N

$$\bullet L_q = N - \frac{\lambda+\mu}{\lambda}(1-P_0)$$

$$\bullet L_s = L_q + (1-P_0)$$

$$\bullet W_q = \frac{L_q}{(N-L_s)\lambda}$$

$$\bullet W_s = W_q + \frac{1}{\mu}$$

어느 조그마한 봉제회사에서는 재봉틀 다섯 대를 가동시키고 있다. 이 기계들은 평균 25시간마다 한 번씩 고장이 나는데 수리공 한 사람이 고장나는 순서대로 수리한다고 한다. 수리하는 데 소요되는 시간은 한 대당 2.5시간이다. 이러한 경우 이 시스템의 특성치를 위의 공식에 따라 구해 보자.

$\lambda = \dfrac{1}{25} = 0.04$, $\mu = \dfrac{1}{2.5} = 0.4$, N=5이므로

$$P_0 = \cfrac{1}{\frac{5!}{5!}\left(\frac{0.04}{0.4}\right)^0 + \frac{5!}{4!}\left(\frac{0.04}{0.4}\right)^1 + \frac{5!}{3!}\left(\frac{0.04}{0.4}\right)^2 + \frac{5!}{2!}\left(\frac{0.04}{0.4}\right)^3 + 5!\left(\frac{0.04}{0.4}\right)^4 + 5!\left(\frac{0.04}{0.4}\right)^5}$$

$$= 0.564$$

$$L_q = 5 - \frac{0.04 + 0.4}{0.04}(1 - 0.564) = 0.204$$

$$L_s = 0.204 + 0.436 = 0.64$$

$$W_q = \frac{0.204}{(5 - 0.64)(0.04)} = 1.17$$

$$W_s = 1.17 + \frac{1}{0.4} = 3.67$$

이다.

EXCEL
MANAGEMENT
SCIENCE

예제 & 해답

1 서울 성동구에 건설 중인 수퍼마켓 K-마트의 경영층은 짐을 내리는 독($dock$)을 하나로 할 것
인지, 아예 둘로 할 것인지를 결정하려고 한다.
경영층은 트럭의 시간당 평균 도착률은 세 대로써 포아송분포를 따르고 시간당 서비스율은
네 대로써 포아송분포를 따르는 것으로 추산하였다.
대기행렬에서 기다리는 트럭들의 시간당 대기비용은 20,000원이고 인부들의 시간당 임금은
10,000원이라고 한다.
대안 1: 독 하나를 건설하여 두 명의 인부가 작업하도록 한다.
대안 2: 독 하나를 건설하여 세 명의 인부가 작업하도록 한다. 세 명의 인부는 시간당 6트럭
을 서비스할 수 있다. 대안 1과 대안 2는 기본적 단일창구 · 단일단계 모델이다.
대안 3: 독 두 개를 건설하여 각각 두 명의 인부가 작업하도록 한다. 이는 복수창구 · 단일단
계 모델이다.

해답

(1)

- $q = \dfrac{\lambda}{\mu} = \dfrac{3}{4} = 0.75$

- $P_0 = \left(1 - \dfrac{\lambda}{\mu}\right) = \left(1 - \dfrac{3}{4}\right) = 0.25$

- $L_s = \dfrac{\lambda}{\mu - \lambda} = \dfrac{3}{4 - 3} = 3$트럭

- $L_q = \dfrac{\lambda^2}{\mu(\mu - \lambda)} = \dfrac{3^2}{4(4 - 3)} = 2.25$

- $W_s = \dfrac{L_s}{\lambda} = \dfrac{3}{3} = 1$시간/트럭

- $W_q = \dfrac{L_q}{\lambda} = \dfrac{2.25}{3} = 0.75$시간/트럭

$TC = L_q C_1 + d C_2$

$\qquad = 2.25(20,000) + 2(10,000) = 65,000$원/시간

(2)

- $\rho = \dfrac{\lambda}{\mu} = \dfrac{3}{6} = 0.5$

- $P_0 = \left(1 - \dfrac{\lambda}{\mu}\right) = 1 - \dfrac{1}{2} = 0.5$

- $L_s = \dfrac{\lambda}{\mu - \lambda} = \dfrac{3}{6-3} = 1$ 트럭

- $L_q = \dfrac{\lambda^2}{\mu(\mu - k)} = \dfrac{9}{6(6-3)} = 0.5$

- $W_s = \dfrac{L_q}{\lambda} = \dfrac{1}{3}$ 시간/트럭

- $W_q = \dfrac{L_q}{\lambda} = \dfrac{0.5}{3} = 0.167$ 시간/트럭

$TC = L_q C_1 + d C_2$
$$= 0.5(20{,}000) + 3(10{,}000) = 40{,}000 원/시간$$

(3) $\lambda = 3$, $\mu = 4$

- $P_0 = \dfrac{1}{1 + \dfrac{3}{4} + \dfrac{1}{2}\left(\dfrac{3}{4}\right)^2\left(\dfrac{8}{8-3}\right)} = 0.4545$

- $L_s = \dfrac{3(4)\left(\dfrac{3}{4}\right)^2}{1!(8-3)^2}(0.4545) + \dfrac{3}{4} = 0.873$ 트럭

- $L_q = 0.873 - \dfrac{3}{4} = 0.123$ 트럭

- $W_s = \dfrac{0.873}{3} = 0.291$ 시간/트럭

- $W_q = \dfrac{0.123}{3} = 0.041$ 시간/트럭

$TC = L_q C_1 + d C_2$
$$= 0.123(20{,}000) + 4(10{,}000) = 42{,}460 원/시간$$

독 하나에 인부 세 명이 작업할 때 가장 경제적이다.

chapter 12 연/습/문/제

01 다음과 같은 특성을 갖는 대기행렬 모델을 고려하자.
- 무한 모집단
- 무한 대기행렬
- 선착순 서비스
- 안정상태
- $\mu > \lambda$
- 단일창구 · 단일단계 시스템
- 포아송분포의 도착률과 지수분포의 서비스시간
- $\lambda = 3$/시간, $\mu = 5$/시간이라고 할 때

(1) 처음 한 시간 동안 도착 하나가 발생할 확률은 얼마인가?

(2) 서버가 쉴 확률은 얼마인가?

(3) 도착당 평균 대기시간은 얼마인가?

(4) 기다리는 평균 도착 수는 얼마인가?

(5) 시스템에서 소비하는 평균시간은 얼마인가?

(6) 시스템에 있는 평균 도착 수는 얼마인가?

(7) 시설이용도는 얼마인가?

(8) 시스템 내에 세 건의 도착이 이루어질 확률은 얼마인가?

02 종로제조(주)는 조립라인을 통해 제품을 생산한다. 라인에 있는 하나의 기계는 프레스인데 부품들이 한 라인을 이루어 이곳으로 들어간다. 프레스에 들어가는 부품은 평균 7.5분 만에 도착한다(지수분포). 작업자는 시간당 평균 10개의 부품을 처리한다(포아송분포).

(1) 기다리는 평균 부품수는 얼마인가?

(2) 작업자가 작업할 확률은 얼마인가?

(3) 기계가 쉴 확률은 얼마인가?

(4) 회사의 경영층은 작업자가 90%의 확률로 작업하기를 희망한다. 이를 만족시키기 위해서는 부품과 부품 사이의 도착시간이 얼마이어야 하는가?

03 경비행기 한 대가 착륙할 활주로 한 개와 통제관 한 명이 근무하는 조그만 공항이 있다. 비행기 한 대가 활주로에 착륙하여 활주로를 비우는데 평균 12분이 소요된다(지수분포). 비행기는 활주로에 시간당 4대꼴로 도착한다(포아송분포).

   (1) 착륙하려고 기다리는 비행기는 평균 몇 대인가?

   (2) 비행기가 착륙하기 전에 공중을 선회하는 평균시간은 얼마인가?

   (3) 비행기가 선회하기 시작하여 착륙한 후 활주로를 완전히 비우는 데 소요되는 평균시간은 얼마인가?

04 어느 은행의 지점에서는 토요일 오전 10시부터 오후 2시까지 고객의 예금 및 인출업무를 취급한다. 3명의 창구직원이 근무하는데 그들은 각자 시간당 28명의 고객을 서비스한다. 고객들은 시간당 평균 70명씩 도착한다고 한다. 도착률과 서비스율이 포아송분포를 따른다고 할 때 다음을 계산하라.

   (1) 행렬에서 기다리는 평균 고객 수

   (2) 행렬에서 고객이 기다리는 평균시간

   (3) 지점 안에 세 명의 고객이 있을 확률

05 자동판매기로부터 초콜릿이나 커피를 사 마실 수 있다. 서비스시간은 컵당 30초로써 균일하고 고객은 시간당 80명씩 도착하여 포아송분포를 따른다고 한다.

(1) 행렬에서 기다리는 평균 고객 수를 결정하라.

(2) 시스템에서 고객이 소비하는 평균시간을 결정하라.

06 어느 회사에서는 복사기를 임대하려고 하는데 고려대상은 두 가지 형의 기계이다. 모델 I은 하루에 5,000원의 비용이 소요되지만 시간당 20건의 작업을 복사할 수 있다. 반면 모델 II는 시간당 24건의 작업을 복사할 수 있지만 하루에 8,000원의 비용이 소요된다. 복사실은 하루 10시간 가동할 수 있고 복사기에는 시간당 평균 18건의 작업이 도착한다고 한다. 복사는 각 부서에서 랜덤으로 도착하는 종업원에 의하여 수행되는데 그들의 시간당 임금은 5,000원이다. 여기서 종업원들의 복사를 위한 서비스율은 복사량이 모두 다르기 때문에 일정하지 않다고 가정한다.

   (1) 두 모델에 대해 q, W_s, M_s, P_0를 계산하라.

   (2) 회사는 경제적으로 볼 때 어느 모델을 임대해야 하는가?

CHAPTER

13

시뮬레이션 모델

13.1 서 론

제1장에서 수학적 모델은 분석적 모델(analytical model)과 시뮬레이션 모델(simulation model)로 구분할 수 있다고 하였다. 우리가 지금까지 공부해 온 분석적 모델은 반복적 절차에 의하여 최적해를 구하지만 시뮬레이션 모델은 서술적 모델로서 만족해를 추구한다. 많은 현실적인 문제는 특정 기법을 통한 계산에 의한 해를 추구할 수 없다. 이러한 문제들은 너무 복잡하여 우리가 지금까지 공부한 수학적 기법을 적용할 수 없기 때문이다.

분석적 모델에 필요한 전제가 이루어지지 않는 경우에는 시뮬레이션 모델을 사용할 수 있다. 예를 들면 단일창구·단일단계 모델에서 서비스시간이 지수분포를 따르지 않는다든가 고객의 도착률이 포아송분포를 따르지 않는다면 시뮬레이션 모델을 사용할 수 있다. 또한 수요량이 시간에 따라 심하게 변동하면 EOQ 공식을 이용할 수 없어 시뮬레이션 모델을 사용해야 한다.

또한 확률적 관계 등이 내포된 복잡한 경영문제에 최적화 모델을 사용하려면 비용 또는 시간이 소요되고 때로는 작업상 불가능한 경우가 있는데 이러한 경우에는 시뮬레이션 모델을 사용하게 된다.

우리의 생활주변에서도 시뮬레이션이 실시된다. 예를 들면 새로운 형태의 비행기를 도입할 때는 완전한 크기의 비행기를 제작하기 전에 모델 비행기를 만들어 성능을 테스트하는 것이 일반적이다. 자동차 사고를 모의실험하기 위하여 충돌실험을 실시한다. 신제품 개발을 위한 위험분석과 교통량 흐름분석 등을 할 때 예상되는 실제 경영과정이 컴퓨터를 사용하여 모의실험되고 있다. 매월 전쟁상태를 예상하고 실시하는 민방위 훈련도 시뮬레이션의 예다. 의료연구가들은 인체에 미치는 어떤 약물의 효능을 테스트하기 위하여 동물실험을 실시한다. 이러한 예에서 볼 수 있듯이 시뮬레이션의 중요한 혜택은 통제된 여러 조건하에서 실제 시스템의 중요한 행태적 특성을 나타내는 모델을 설정한 후 시스템에 대해 더 좋은 결정을 내리기 위하여 시스템을 실험하는 것이다. 이와 같이 시뮬레이션은 "만일 …하면 어떤 결과가 나타나는가?"라는 가정·결과의 질문에 답을 하려고 할 때 사용된다. 예를 들면 약 복용으로 혈압이 조금 오르게 된다면 무슨 일이 발생할 것인가?이다. 이와 같이 시뮬레이션 모델은 경영과학 기법으로서 선형계획 모델과 함께 경영문제 해결에 널리 사용되는 기법이다.

그러나 본장의 초점은 컴퓨터화된 수리적 시뮬레이션에 맞춘다. 현실 시스템의 특성을 가장 잘 표현하는 수리적 모델을 작성하고 샘플링 실험을 수없이 실시하여 복잡한 그 시스템의 특성치를 도출하여 시스템 운영에 관한 중요한 정보를 얻는 수단으로 시뮬레이션을 이용하려는 것이다. 사실 복잡한 시스템은 본서의 범위를 벗어나므로 우리는 분석적으로도 설명할 수 있는 단순한 시뮬레이션 모델에 국한할 것이다.

본장에서는 시뮬레이션의 기본 개념, 장단점 등에 관하여 공부하고 시뮬레이션 모델이 재고문제와 대기행렬 문제, 그리고 신제품 개발에 따른 위험분석 등에 어떻게 이용되는지 예를 들어 설명할 것이다. 더 나아가 Crystal Ball(크리스탈 볼)의 사용에 관해서 자세히 공부할 것이다.

13.2 시뮬레이션의 정의

우리가 직면하는 실제 상황은 너무 복잡하거나 불확실성을 내포하여 수학적 모델의 작성이 어렵고 또는 실제 상황에 대한 실험이 비실용적이거나 불가능한 경우가 일반적인

데 시뮬레이션은 최후에 사용되는 기법이다.

시뮬레이트한다는 것은 실제 시스템의 외관이나 특성을 모방하는 모델을 설정하고 이를 실험하여 그 실제 시스템의 행태를 이해하려는 것을 말한다. 시뮬레이션의 아이디어는 실제 시스템의 중요한 행태적 특성을 반영하는 수학적 모델의 작성을 통해 실험을 한 후 그의 특성을 연구하고 시뮬레이션 결과에 입각하여 그 시스템에 관해 어떤 결론을 도출하려는 것이다.

시뮬레이션 절차에서는 연역적으로 최적해를 도출하려는 것이 아니고 귀납적으로 만족해를 도출하려는 것이다. 대신 실제 시스템의 속성, 행태, 운영특성 등을 가장 잘 반영하는 수리적 모델을 설정하고 가정된 조건하에서 모델의 의사결정 변수에 특정한 값들을 부여하는 샘플링 실험을 실시하여 이들이 기준변수(criterion variable)에 미치는 영향을 관찰 · 평가하는 것이다.

예를 들면 수퍼마켓의 계산대와 은행의 텔러의 증감이 고객이 도착하는 어떤 조건에서 고객이 오래 기다리는 데에 따른 대기비용과 종업원의 서비스비용의 합계인 총비용에 미치는 영향을 동태적으로 실험할 수 있다.

시뮬레이션 모델은 투입물의 값이 주어지면 산출물의 값을 계산하기 위한 수리적 표현과 논리적 관계로 표현된다. 어떤 시뮬레이션 모델도 두 개의 투입물로서 통제가능변수(결정변수)와 확률변수를 갖는다. 이때 통제가능변수의 값을 선정하고 확률변수의 값은 랜덤하게 생성되도록 하면 기준변수의 값을 계산할 수 있는데 이를 시뮬레이션 실험, 또는 동태적 실험이라고 부른다.

동태적 실험(dynamic experiment)이란 시스템의 행태에 영향을 주는 통제가능변수의 값들을 통제된 상황하에서 다양하게 부여하여 이들이 시뮬레이션 모델의 결과에 어떤 영향을 미치는지 실험을 반복하는 과정을 의미한다. 즉 모델에 포함된 결정변수의 특정한 값들을 실험하고 그들이 산출물인 기준변수(결과)에 미치는 영향을 관찰하여 실제 시스템의 바람직한 산출물을 가져올 통제가능 투입물에 대한 결정을 유도하게 된다.

13.3 시뮬레이션의 장·단점

시뮬레이션은 기존 시스템의 동태적 행태를 분석 이해하고 평가 개선하고자 할 때, 실제적인 시스템의 설치 및 실험에 엄청난 비용, 시간 및 위험이 따를 것이므로 이를 배제한 후 시스템의 설계 방안들을 평가하고 실제의 상황이나 시스템을 모방하거나 의태화하여 교육훈련을 시키는 경우에 이용되고 있다. 이와 같이 시뮬레이션의 이용이 증대되고 있는 것은 아마도 다음과 같은 요인들 때문일 것이다.

- 시스템이 너무 복잡하여 현재의 분석적 기법으로는 모델화할 수 없거나 있더라도 수리적 해를 구하기가 거의 불가능한 경우에 시뮬레이션은 유용한 분석수단이 된다(예: 기업의 사업계획).
- 실제 상황을 관찰하기가 거의 불가능하기 때문에 시뮬레이션만이 유일한 방법일지도 모른다(예: 우주비행이나 인공위성 탄도의 실험).
- 실제 시스템의 실험에는 치명적인 위험이 따르기 때문에 시행해 볼 수 없는 위험상황을 시뮬레이션에서는 가능하다(예: 모의전쟁, 자동차 사고의 피해감소 실험, 모의경영 게임에서의 특별한 전략시험 등).
- 시뮬레이션에서는 엄청난 시간압축이 가능하므로 다량의 표본으로 실험할 수 있어 필요한 만큼의 정확성을 달성할 수 있으며 여러 가지 정책의 장기적 효과를 단 몇 분 내에 경험할 수 있게 해 준다.
- 실제 시스템의 시행에는 엄청난 비용이 따르는 경우도 시뮬레이션 모델을 가지고 시험할 수 있다(예: 실제적인 건물, 도시, 항공기 등의 설계).
- 문제해결에 시행착오법이 필요한 경우 시뮬레이션은 기술적 접근법으로서 "가정·결과"형의 질문이 가능하다(특히 온라인 컴퓨터의 이용시).
- 정확한 시뮬레이션 모델은 문제에 대한 상세한 지식을 필요로 하므로 모델은 관리자의 관점에서 그리고 관리자의 의사결정 체계 내에서 형성된다.

시뮬레이션은 결과에 가장 큰 영향을 미치는 개별적 구성요소나 변수를 찾아내기 위하여 실시된다.

그러나 수많은 장점의 이면에는 단점도 있음을 알아야 한다. 시뮬레이션의 주된 단점

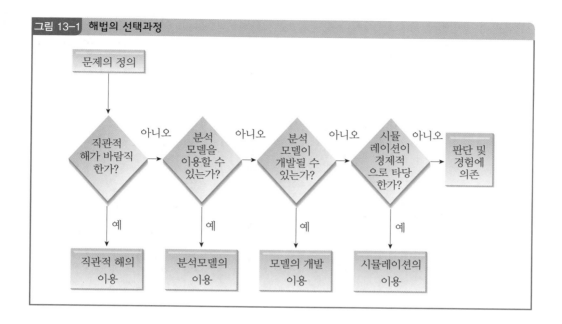

그림 13-1 해법의 선택과정

으로는 다음과 같은 것을 들 수 있다.

- 시뮬레이션이 최적해를 보장해 주는 것은 아니다. 이는 단순히 일련의 주어진 투입에 따른 결과를 나타내 줄 뿐이다. 즉 의사결정자가 제시한 여러 가지 방안들에 대해서 시스템의 반응을 제시해 줄 따름이다. 실험을 반복할수록 다른 해를 제시해 주는 시 행착오적 방법이다.
- 대규모의 시뮬레이션 모델을 개발하는 데 많은 시간과 노력이 소요되며 이는 값비싼 것일 수도 있다.
- 시뮬레이션 모델은 한 특정 시스템을 위해 작성되고, 모델 내의 각 구성요소는 실제 시스템의 구성요소와 1대 1로 대응되어야 하므로 다른 시스템에는 그대로 적용될 수 가 없다.
- 모든 상황이 시뮬레이션을 이용하여 평가될 수 있는 것은 아니다. 다만 불확실성이 내포된 상황만이 가능하며 랜덤 요소가 없다면 모든 시뮬레이션은 동일한 답을 산출 할 것이다.

시뮬레이션의 이해 및 적용이 용이하다고 해서 보다 나은 결과를 산출해 줄 수 있는 분석적 해법을 무시해서는 안 될 것이다. 〈그림 13-1〉에서와 같이 상황의 복잡성에 따라서 직관적 방법(intuitive method)이나 분석적 방법(analytical method)이 먼저 검토되어야 할 것이다. 아주 단순한 경우에는 보통 직관적 해가 바람직할 것이다. 보다 복잡한 경우에는 분석적 해가 보다 선호될 것이다. 그러나 적절한 기법이 없다면 해를 도출하는 데 이용될 수 있는 분석적 모델을 개발하고자 노력하여야 할 것이며 이것이 불가능할 때 경제적으로 타당하다면 시뮬레이션을 이용하여야 할 것이다.

13.4 몬테 칼로 시뮬레이션

개 념

시뮬레이션 모델은 크게 세 가지 범주로 나눌 수 있다.

- 운영게임
- 시스템 시뮬레이션
- 몬테 칼로 시뮬레이션

이론적으로 세 가지 시뮬레이션 모델은 서로 차이가 있지만 컴퓨터를 사용하는 시뮬레이션의 성장으로 절차에 있어서 공통된 기반을 갖고 있으며 서로의 차이를 지워가고 있다.

운영게임(operational gaming)은 교육훈련 및 연구를 위해 현실적인 경쟁상황을 모방하여 게임의 진행에 두 명 이상의 경쟁하는 경기자를 포함하는 시뮬레이션을 말한다. 운영게임의 예를 들면 전쟁게임(war game)과 비즈니스 게임(business game) 등이다.

전쟁게임은 고급장교들을 훈련시키기 위하여 사용되는데 공격과 방어전략을 실험하고 장비와 군의 유효성을 검토하기 위하여 실시한다.

비즈니스 게임은 기업의 고위층과 경영학도들로 하여금 경쟁환경에서 비즈니스 기술과 의사결정 능력을 실험할 기회를 갖도록 만들어졌다. 경쟁환경에서 성과를 내는 개인이나 팀은 그의 회사가 높은 이익과 시장점유율을 올리고 주식거래에서 회사의 가치를 높이는 경험을 갖게 된다.

시스템 시뮬레이션(system simulation)은 기업운영, 국가경제, 지방정부 시스템 같은 대규모 시스템의 동태성을 모델화하는 데 관심을 두고 물자 및 인원의 흐름을 시뮬레이션하는 방정식들을 작성하여 여러 정책들의 효과를 검토하는 것이다.

시스템 시뮬레이션은 사용자로 하여금 운영환경에 미치는 영향을 평가하기 위하여 여러 가지 경영정책과 결정을 실험할 수 있게 해 준다는 의미에서 비즈니스 게임과 유사하다고 할 수 있다.

기업의 운영시스템에서 판매액, 생산수준, 마케팅 정책, 투자액, 노조협약, 금융 등 여러 가지 요인이 시뮬레이션을 통해 검토할 수학적 방정식을 작성하는 데 포함된다.

몬테 칼로 시뮬레이션(Monte Carlo simulation)은 본장에서 자세히 공부할 내용으로서 여러 가지 상이한 정책에 따른 시스템의 반응을 평가하기 위하여 확률분포(probability distribution)와 난수(random numbers)의 개념을 사용하는 확률적 시뮬레이션이다.

대기행렬 문제에서의 도착률, 재고관리 문제에서의 수요율과 같이 독립변수가 확률적 변동을 하여 특정 확률분포를 따르는 경우에 몬테 칼로 시뮬레이션 모델이 사용된다.

몬테 칼로 시뮬레이션의 핵심은 모델의 확률변수(random variable)들에 대한 실험인데 이는 확률적 또는 우연결과(chance outcome)를 발생시켜 주는 도구를 이용하여 수행된다. 이 도구는 모델에서 가정한 확률분포에 따라 랜덤 샘플링(random sampling)에 의해서 우연결과를 발생시켜 주는 데 이용된다. 이와 같이 몬테 칼로 과정의 목적은 확률변수(예컨대 수요량)의 확률분포로부터 샘플링을 통해 그 확률변수의 값을 생성시켜주는 것이다. 예컨대 매주의 수요량은 그의 확률분포에 따라 도구를 사용하여 랜덤하게 생성된다.

우연결과 또는 확률적 결과를 발생시켜 주는 데 이용되는 도구로는 주사위나 룰렛바퀴(roulette wheel), 복권추첨에 사용되는 숫자공 등이 있으며, 가장 일반적으로 쓰이는 것은 난수나 컴퓨터에 의해 발생되는 의사난수(pseudo-random number) 등이 있다.

절   차

시스템이 그들의 행태에 있어서 확률변동을 하는 요소들을 포함하면 몬테 칼로 시뮬레이션 기법이 적용된다. 이와 같이 어떤 시스템이건 분석적 방법으로 문제를 해결할 수 없도록 만드는 것은 확률분포를 따르는 확률변수의 존재 때문이다.

모델 내 확률요소의 랜덤 샘플링을 통한 실험을 위해 몬테 칼로 시뮬레이션의 시행이 거치는 단계적 절차는 다음과 같다.

단계 1: 확률변수의 확률분포를 얻는다.

몬테 칼로 시뮬레이션의 기본적 아이디어는 모델을 구성하는 변수들의 값을 생성시키는 것이다. 실제 시스템에서 고려되는 확률변수의 예를 들면 다음과 같다.

- 매일 수요량
- 재고주문이 도착하는 조달기간(lead time)
- 서비스시설에서 발생하는 고객의 도착 사이의 시간
- 기계고장 사이의 시간
- 서비스시간
- 프로젝트의 활동을 완료하는 시간
- 매일 결근하는 종업원의 수

확률변수의 확률분포를 얻는 보편적인 방법은 역사적 데이터를 검토하여 상대도수 분포 (relative frequency distribution)를 구하는 것이다. 이 외에도 변수의 행태를 잘 나타내는 분포로서 포아송분포, 지수분포, 이항분포, 균등분포, 또는 정규분포(normal probability distribution) 등을 사용할 수 있다.

단계 2: 각 변수에 대해 누적확률분포(cumulative probability distribution)를 설정한다.

누적확률분포는 내림차순으로 더해 나가는 "이하"형이거나, 올림차순으로 더해 가는 "이상"형일 수가 있다. 일반적으로 얼마 이하일 확률을 나타내는 "이하"형 누적확률을 사용한다.

단계 3: 확률변수의 값이나 값의 범위를 나타내기 위해서 적절한 난수의 집합인 난수 구간(random number interval)을 할당한다.

이 단계에서는 먼저 전체적인 난수의 범위를 결정하고 이 범위를 적절한 구간으로 나누어야 한다. 각 구간은 하나의 특정한 결과와 대응되어야 하며 이 구간의 길이는 대응되는 특정 결과의 발생비율과 같아야 한다.

단계 4: 난수의 랜덤 샘플링(random sampling)을 반복 이용하여 시뮬레이션 실험을 실시한다. 구체적으로 난수표를 이용하건 컴퓨터 프로그램을 이용하건 난수를 생성하여 이를 확률변수의 특정한 값에 할당한다. 이는 생성된 난수가 어느 난수구간에 해당하는가를 봄으로써 관련 변수 값이 얼마인지 추정하려는 것이다.

단계 5: 행동방안을 설계 · 실행하고 통제한다.

이 단계에서는 시뮬레이션된 확률분포를 검토하고 이들을 이용하여 파라미터들을 추정하며 관리적 조치를 취한다. 예를 들면 시뮬레이션된 이익 분포를 이용하여 이익의 양상을 검토하고 이익의 평균 및 표준편차를 얻게 된다.

이익의 양상이 관리자에게 만족스럽지 못한 것이라면 수요를 개선할 수 있는 새로운 방법이나 한계이익 개선방안 등을 탐색하게 된다.

앞으로의 시뮬레이션 예에서 항상 이러한 다섯 단계를 적용할 것이다. 그러나 다섯 단계를 구체적으로 명시하지 않고 한꺼번에 파악하게 되는 경우도 있을 것이다.

13.5 시뮬레이션 모델: 적정 생산량 결정

제품에 대한 매일의 수요량(판매량)이 불확실한 경우 생산량(결정변수)의 몇 가지 가능한 양에 대해 시뮬레이션 모델을 사용하여 최대 이익을 가져오는 적정 생산량을 결정하는 예를 들어보기로 하자. 이 문제를 풀기 위하여 본절에서는 Excel을 사용하고 다음 절에서는 Crystal Ball을 사용하기로 한다.

서울에 있는 파리 제과점에서는 매일 아침 일찍 회사가 자랑하는 빵을 30배취(한번 굽는 양)씩 생산하여 왔다. 각 배취의 생산비는 50천 원이고 판매가는 100천 원이다. 만일 당일 팔지 못한 잔량은 다음 날 배취당 25천 원에 판매한다.

회사가 하려고 하는 일은 다음과 같다.

(1) 난수로서 0.71, 0.86, 0.44, 0.02, 0.41, 0.14, 0.83, 0.08, 0.54, 0.45를 사용하여 10일 동안 매일 30배취씩 생산하는 경우 하루 평균 수요량을 구한 후 분석적 방법에 의해 구한 결과와 비교한다.

(2) Rand 함수를 사용하여 한 달 25일 영업을 시뮬레이션한 후 하루 평균이익을 구한다. 다음에는 이 계산을 Excel의 Data Table 기능에 의해 200번 반복 실행하여 월 평균이익을 구한다.

(3) 하루에 30, 35 혹은 40배취씩을 생산하는 경우에 이익을 비교하여 최대 이익을 발생하는 빵의 하루 적정 생산량을 결정하고자 한다.

표 13-1 수요량 실적

수요량	일수
15	8
20	12
25	25
30	20
35	20
40	15
합계	100

이 문제를 해결하기 위하여 시뮬레이션 절차를 따르기로 하자.

단계 1: 확률변수의 확률분포

현실문제에서는 확률변수가 여러 개 있을 수 있지만 이 문제에서의 확률변수는 매일의 수요량 하나뿐이다. 시뮬레이션 모델이 실제 상황을 아주 잘 나타내 주는 것이어야 하므로 과거의 역사적 데이터가 필요하다. 이를 위해 지난 100일 동안에 있었던 실제 수요량 실적을 조사한 결과 〈표 13-1〉과 같은 데이터를 얻었다.

이러한 과거 수요 행태가 미래에도 계속된다는 전제하에서 다음에는 매일 수요량의 상대도수분포(relative frequency distribution)를 작성해야 한다. 상대도수는 다음 공식을 이용하여 계산한다.

$$\text{상대도수} = \frac{\text{어떤 특정치의 도수}}{\text{총도수}}$$

이 공식을 이용하여 계산한 상대도수분포표는 〈표 13-2〉와 같다.

표 13-2 수요량의 상대도수분포표

수요량	도수(일)	상대도수(확률)
15	8	0.080(=8/100)
20	12	0.120(=12/100)
25	25	0.250(=25/100)
30	20	0.200(=20/100)
35	20	0.200(=20/100)
40	15	0.150(=15/100)
합계	100	1.000

이러한 확률분포는 다만 장기적인 행태를 반영하게 된다. 따라서 장기간 동안 매일 수요량을 실험하게 되면 수요량은 이 확률분포를 따르게 된다.

이 확률분포를 이용하여 분석적 방법(analytical method)에 따라 하루 평균 수요량을 계산하면 다음과 같다.

$$\text{하루 평균 수요량 } E(x) = \sum_i (i\text{번째 수요량 } x) \times (i\text{번째 수요량의 확률})$$
$$= 15(0.080) + 20(0.120) + \cdots + 40(0.150)$$
$$= 28.85\text{배취}$$

단기적으로 며칠간 실험하게 되면 수요량은 28.85배취와 차이가 있게 된다. 그러나 가상 수요량을 발생시키는 난수를 사용하여 장기간 실험하게 되면 하루 평균 수요량은 28.85배취에 근접하게 된다. 따라서 이때 분석적 방법에 의해 구한 28.85배취를 안정상태 하의 수요량이라고 한다.

단계2: 누적확률분포표의 작성

내림차순으로 더해 나가는 수요량이 얼마 이하일 확률을 나타내는 '이하'형 누적확률분포표를 작성하면 〈표 13-3〉의 셋째 열과 같다.

단계3: 난수구간의 설정

난수(random number)란 0부터 9까지 10개의 숫자가 동일한 선택기회를 갖도록 하여 랜덤으로 선택하는 것으로 이를 표로 만들어 놓은 것이 부록 B의 난수표인데, 보통 난수표에서 숫자를 다섯 개씩 묶어 놓은 것은 단순히 표를 읽기에 편리하도록 한 것이다. 여기서 수요량의 확률이 소수점 이하 세 자리이므로 세 자리의 난수를 취했다고 하면 세 자리의 난수는 000부터 999까지 1,000개이므로 어떤 특정의 세 자리 난수가 선택될 확률은 1/1,000, 즉 0.001이다.

이제 난수와 수요량을 어떻게 대응시킬 것인가를 알아보자. 〈표 13-3〉에서 수요량이 15배취일 경우의 발생확률은 8%이었다. 따라서 가능한 1,000개의 세 자리 난수들 중 8%에 해당하는, 즉 어떤 80개의 난수에 15배취의 수요량을 대응시키면 될 것이다. 000에서 999까지 중의 어떤 것이든 80개만 고르면 8%가 되므로 좋을 것이나, 편의상 15배취의 수요량에 대응되는 80개의 세 자리 난수를 000, 001, 002, …, 079로 정하자. 그러면 어느 때든 이 80개의 난수 가운데 하나가 관찰되면 이는 모의 실험된 매일 수요량이 15배취임을 나타내 주게 될 것이다.

표 13-3	수요량의 누적확률과 난수구간		
수요량	상대도수(확률)	누적확률	난수구간
15	0.080	0.080	0.000~0.079
20	0.120	0.200	0.080~0.199
25	0.250	0.450	0.200~0.449
30	0.200	0.650	0.450~0.649
35	0.200	0.850	0.650~0.849
40	0.150	1.000	0.850~0.999
합계	1.000		

발생확률이 12%인 20배취의 매주 수요량에 대해서도 마찬가지로 1,000개의 세 자리 난수 가운데 12%에 해당하는 120개의 난수인 080, 081, ..., 0.199 등의 난수를 할당하고 이들 가운데 어느 하나가 관찰되면 모의실험되는 매주 수요량은 20배취가 되며 따라서 20배취의 수요량이 관찰될 확률도 12%가 된다. 수요량의 상대도수에 따라 일련의 세 자리 난수를 계속 할당한 결과가 〈표 13-3〉의 네 번째 열인 난수구간(random number interval)에 나타나 있다.[1] 앞 단계에서 구한 누적확률분포는 이 수요량에 대응되는 난수구간의 설정을 쉽게 하도록 하는 것에 불과함을 알 수 있다. 따라서 구태여 누적확률을 구하지 않고 바로 난수구간을 설정해도 된다.

단계4: 시뮬레이션 실험의 실시

랜덤 샘플링(random sampling)이라 함은 일정한 영업기간 동안 매일의 수요량을 랜덤으로 발생시키는 것을 말하는데 랜덤으로 발생된 수요량의 분포는 실제 수요량의 상대도수와 근사한 것이어야 할 것이다. 이와 같은 요건을 만족시켜 주는 도구가 바로 난수표이다.

난수구간을 사용하여 수요량을 실험하기 위해서는 000부터 999까지 1,000개의 수치 가운데서 어떤 난수를 생성해야 한다.

생성된 난수가 만일 0.234라고 하면 〈표 13-3〉에서 이는 난수구간 0.200~0.449 사이에 속하므로 이때 실험되는 수요량은 25배취라고 추정할 수 있다. 이와 같이 생성되는 난수에 해당하는 예상 수요량을 결정한다.

이와 같은 요령으로 주어진 10개의 난수를 사용하여 하루에 30배취를 생산하는 경우 10일간 영업을 시뮬레이트한 결과가 〈표 13-4〉이다. 난수가 주어지면 이에 해당하는 예

---

1   이 문제에서 난수구간은 0.001~0.080, 0.081~0.240,..., 0.921~1,000으로도 정할 수 있음.

표 13-4	10일간 시뮬레이션한 결과

일	주어진 난수	예상 수요량	생산량	판매량	잔량	판매 수입	잔량 수입	총수입	생산비	순이익
1	0.71	35	30	30	0	3,000	0	3,000	1,500	1,500
2	0.86	40	30	30	0	3,000	0	3,000	1,500	1,500
3	0.44	25	30	25	5	2,500	125	2,625	1,500	1,125
4	0.02	15	30	15	15	1,500	375	1,875	1,500	375
5	0.41	25	30	25	5	2,500	125	2,625	1,500	1,125
6	0.14	20	30	20	10	2,000	250	2,250	1,500	750
7	0.83	35	30	30	0	3,000	0	3,000	1,500	1,500
8	0.08	20	30	20	10	2,000	250	2,250	1,500	750
9	0.54	30	30	30	0	3,000	0	3,000	1,500	1,500
10	0.45	30	30	30	0	3,000	0	3,000	1,500	1,500
합계		275	300	255	45	25,500	1,125	26,625	15,000	11,625

상 수요량이 결정되고 생산량과 비교하여 판매량과 잔량을 결정한다. 이에 따라 판매수입과 잔량수입이 결정되면 생산비를 차감하여 매일의 순이익을 계산할 수 있다.

하루 평균 예상 수요량은 275/10＝27.5배이다. 이는 분석적 방법에 의해 구한 28.85배취와 상당한 차이를 보이고 있다. 이러한 차이는 시뮬레이트한 기간의 수가 짧기 때문이다. 원래 몬테 칼로 방법은 확률적 랜덤 샘플링에 의존하는 방법이기 때문에 결과는 추출되는 표본크기(반복시행)에 달려있다. 즉 시뮬레이트하는 기간의 수가 길면 길수록(반복횟수가 클수록) 시뮬레이션 결과는 안정상태(steady state)하의 결과에 근접하게 된다.[2] 한편 10일 동안의 순이익이 11,625천 원이므로 하루 평균 순이익은 1,162.5천 원이다.

다음에 제과점이 원하는 것은 25일 영업한 시뮬레이션 결과를 이용하여 200회의 반복실험 하여 평균이익을 구하고자 하는 것이다. 이를 위해서는 Excel의 내장함수인 Rand 함수를 이용해서 난수를 생성시켜야 한다. 한편 200회의 반복실행을 위해서는 복사기능을 사용할 수 있지만 Excel의 Data Table 기능을 활용하면 훨씬 편리하여 이 기능을 사용하려 한다.

① 다음과 같이 데이터를 시트에 입력한다.

---

2 시뮬레이션의 반복횟수가 많을수록 평균이익에 대한 신뢰구간의 폭은 좁아지므로 더욱 정확하게 된다.

② 필요한 수식을 입력한다.

셀주소	수 식	비고
B14	=SUM(B8 : B13)	C14까지 복사
C8	=B8/$B$14	C13까지 복사
C17	=N33/25	
D9	=E8+1/1,000	D13까지 복사
E8	=C8−1/1,000+D8	E13까지 복사
F8	=RAND( )	F32까지 복사
이 난수들을 동결하여 사용하기를 원한다면 다음과 같이 한다. • F8 : F32를 블럭으로 지정한다. • 마우스의 오른쪽 버튼을 클릭한 후 「복사」를 클릭한다. • 마우스의 오른쪽 버튼을 클릭한 후 「선택하여 붙여넣기」- 붙여넣기의 '값'을 선택한다.		
G8	=LOOKUP(F8, $D$8 : $D$13, $A$8 : $A$13)	G32까지 복사
G33	=SUM(G8 : G32)	N33까지 복사
H8	=IF(G8<=$F$3, G8, $F$3)	H32까지 복사
I8	=IF($F$3<=H8, 0, $F$3−H8)	I32까지 복사
J8	=H8 * $C$4	J32까지 복사
K8	=I8 * $C$5	K32까지 복사
L8	=J8+K8	L32까지 복사
M8	=$F$3 * $C$3	M32까지 복사
N8	=L8−M8	N32까지 복사

③ 다음과 같은 결과를 얻는다.

			13장 적정 생산량 결정										
배취당 생산비		50	생산량	30									
배취당 판매가		100											
잔량 판매가		25											
수요량	도수	확률	난수구간(하한)	난수구간(상한)	난수	수요량	판매량	잔량	판매수입	잔량수입	총수입	생산비	순이익
15	8	0.08	0	0.079	0.460	30	30	0	3000	0	3000	1500	1500
20	12	0.12	0.08	0.199	0.696	35	30	0	3000	0	3000	1500	1500
25	25	0.25	0.2	0.449	0.045	15	15	15	1500	375	1875	1500	375
30	20	0.2	0.45	0.649	0.772	35	30	0	3000	0	3000	1500	1500
35	20	0.2	0.65	0.849	0.015	15	15	15	1500	375	1875	1500	375
40	15	0.15	0.85	0.999	0.253	25	25	5	2500	125	2625	1500	1125
합계	100	1			0.008	15	15	15	1500	375	1875	1500	375
					0.373	25	25	5	2500	125	2625	1500	1125
1 반복의 결과					0.438	25	25	5	2500	125	2625	1500	1125
하루 평균이익		1185			0.773	35	30	0	3000	0	3000	1500	1500
					0.102	20	20	10	2000	250	2250	1500	750
					0.944	40	30	0	3000	0	3000	1500	1500
					0.747	35	30	0	3000	0	3000	1500	1500
					0.590	30	30	0	3000	0	3000	1500	1500
					합계	710	645	105	64500	2625	67125	37500	29625

25일 동안 시뮬레이트한 결과 하루 평균이익은 1,185천 원이고, 하루 평균 수요량은 710/25=28.4배취이다(위 표에서 행 22부터 행 31은 숨기기 하였음).

이 결과를 가지고 200개월(25×200=5,000일)의 시뮬레이션을 반복하기로 하자.

① 위의 표에서 셀 $P8$에 '1'을, 그리고 셀 $P9$에 '2'를 입력하고 셀 영역 $P8:P9$를 블럭으로 지정한다.

② 복사기능을 사용하여 셀 $P207$까지 이들을 끌기한다.

③ 셀 C20에 =S208/200, 셀 Q8에 =L33, 셀 R8에 =M33, 셀 S8에 =N33, 셀 S208에 =SUM(S8:S207)을 각각 입력한다.

④ 셀 영역 $P8:S207$을 블럭으로 지정한다.

⑤ 「데이터」-「가상분석(what-if analysis)」을 선택한 후 「Data Table(데이터 표)」을 선택한다. 시뮬레이션을 시행하기 위하여 전체 모델을 매번 복사기능을 사용할 수도 있지만 모델을 수없이 반복하는 경우에는 Excel의 Data Table 기능을 이용하면 훨씬 편리하다.

⑥ 「Data Table」의 대화상자가 나타나면 '열 입력 셀'에 가상 셀인 '$AA1$'을 입력하고 「확인」을 클릭한다.

⑦ 다음과 같은 결과를 얻는다.

13장 적정 생산량 결정

배취당 생산비	50	
배취당 판매가	100	생산량 30
잔량 판매가	25	

수요량	도수	확률	난수구간(하한)	난수구간(상한)	난수	수요량	판매량	잔량	판매수입	잔량수입	총수입	생산비	순이익
15	8	0.08	0	0.079	0.460	30	30	0	3000	0	3000	1500	1500
20	12	0.12	0.08	0.199	0.696	35	30	0	3000	0	3000	1500	1500
25	25	0.25	0.2	0.449	0.045	15	15	15	1500	375	1875	1500	375
30	20	0.2	0.45	0.649	0.772	35	30	0	3000	0	3000	1500	1500
35	20	0.2	0.65	0.849	0.015	15	15	15	1500	375	1875	1500	375
40	15	0.15	0.85	0.999	0.253	25	25	5	2500	125	2625	1500	1125
합계	100	1			0.008	15	15	15	1500	375	1875	1500	375
					0.373	25	25	5	2500	125	2625	1500	1125
1 반복의 결과					0.438	25	25	5	2500	125	2625	1500	1125
하루 평균이익		1185			0.773	35	30	0	3000	0	3000	1500	1500
					0.102	20	20	10	2000	250	2250	1500	750
200 반복의 결과					0.944	40	30	0	3000	0	3000	1500	1500
월 평균이익		29625			0.747	35	30	0	3000	0	3000	1500	1500
					0.590	30	30	0	3000	0	3000	1500	1500
					합계	710	645	105	64500	2625	67125	37500	29625

Data Table

런	총수입	생산비	순이익
1	67125	37500	29625
2	67125	37500	29625
3	67125	37500	29625
4	67125	37500	29625
5	67125	37500	29625
6	67125	37500	29625
7	67125	37500	29625
8	67125	37500	29625
9	67125	37500	29625
10	67125	37500	29625
11	67125	37500	29625
12	67125	37500	29625
13	67125	37500	29625
25	67125	37500	29625
26	67125	37500	29625
200	67125	37500	29625
합계			5925000

생산량이 30배취일 때 200회 반복 시뮬레이션의 결과 월 평균이익은 29,625천 원이고 하루 평균이익은 1,185천 원이다.

이제 마지막으로 회사가 고려하는 30, 35 또는 40배취를 매일 생산하는 경우 매일의 적정 생산량을 결정하기 위해서는 이들 생산량 세 가지에 대해서 각각 200회의 시뮬레이션을 반복해서 평균이익들을 구해야 한다. 이를 위해서는 다음의 절차를 거친다.

① 셀 B207에 =C20을 입력한다.

② 셀 C33에 '30', 셀 D33에 '35', 셀 E33에 '40'을 입력한다.

③ 셀 영역 B33 : E207을 블럭으로 지정한다.

④ 「데이터」-「가상분석」-「Data Table」을 선택한다.

⑤ 「Data Table」의 대화상자에서 '행 입력 셀'에 셀 F3을 입력하고 「확인」을 클릭한다.

⑥ 그러면 셀 영역 C33 : E33에 있는 각 생산량이 차례로 셀 F3에 입력되어 시뮬레이션이 실행된다. 즉 각 생산량에 대해 수식이 입력된 셀 B207의 평균이익을 계산하고 각 생산량 밑에 이들을 출력하게 된다.

⑦ 다음과 같은 결과를 얻는다.

															Data Table		
														런	총수입	생산비	순이익
수요량	도수	확률	난수구간(하한)	난수구간(상한)	난수	수요량	판매량	잔량	판매수입	잔량수입	총수입	생산비	순이익				
15	8	0.08	0	0.079	0.460	30	30	0	3000	0	3000	1500	1500	1	67125	37500	29625
20	12	0.12	0.08	0.199	0.696	35	30	0	3000	0	3000	1500	1500	2	67125	37500	29625
25	25	0.25	0.2	0.449	0.045	15	15	15	1500	375	1875	1500	375	3	67125	37500	29625
30	20	0.2	0.45	0.649	0.772	35	30	0	3000	0	3000	1500	1500	4	67125	37500	29625
35	20	0.2	0.65	0.849	0.015	15	15	15	1500	375	1875	1500	375	5	67125	37500	29625
40	15	0.15	0.85	0.999	0.253	25	25	5	2500	125	2625	1500	1125	6	67125	37500	29625
합계	100	1			0.008	15	15	15	1500	375	1875	1500	375	7	67125	37500	29625
					0.373	25	25	5	2500	125	2625	1500	1125	8	67125	37500	29625
1 반복의 결과					0.438	25	25	5	2500	125	2625	1500	1125	9	67125	37500	29625
하루 평균이익		1185			0.773	35	30	0	3000	0	3000	1500	1500	10	67125	37500	29625
					0.102	20	20	10	2000	250	2250	1500	750	11	67125	37500	29625
200 반복의 결과					0.944	40	30	0	3000	0	3000	1500	1500	12	67125	37500	29625
월 평균이익		29625			0.747	35	30	0	3000	0	3000	1500	1500	13	67125	37500	29625
					0.590	30	30	0	3000	0	3000	1500	1500	25	67125	37500	29625
					합계	710	645	105	64500	2625	67125	37500	29625	26	67125	37500	29625
			30	35	40									200	67125	37500	29625
평균이익	29625	29625	29630	29618										합계			5925000

제과점에서 하루에 35배취씩 생산할 때 월 평균이익이 29,630천 원으로서 최대이기 때문에 이 문제에서 35배취가 적정 생산량이라고 할 수 있다.

13.6 Crystal Ball[3]

우리는 앞절에서 스프레드시트 시뮬레이션을 실행할 때 Excel의 내장함수(built-in functions)와 절차를 이용하였다. 이러한 스프레드시트의 사용은 시뮬레이션 과정을 좀더 쉽게 하여준다. 사실 Excel을 사용한 시뮬레이션 모델의 실행에 어려움이 있는 것은 아니지만 상당히 복잡한 컴퓨터 시뮬레이션 과정을 더욱 단순화하도록 설계된 Excel의 추가기능이 Crystal Ball 소프트웨어 패키지다. Crystal Ball은 주어진 상황에서 많은 확률분포로부터 시뮬레이트하기 위하여 강력한 내장함수들을 이용함으로써 가능한 통계적 결과를 예측하기 위하여 몬테 칼로 시뮬레이션 절차를 사용한다.

외관상으로는 순수한 Excel만으로 구성한 시뮬레이션 모델과 Crystal Ball을 사용하여 만든 시뮬레이션 모델은 거의 동일하지만 Crystal Ball을 사용할 때 화면에는 몇 개의 메뉴가 추가된다. Crystal Ball을 Excel에 추가하여 시뮬레이션을 실행할 때 순수한 Excel

---

3 Crystal Ball을 사용하기 위해서는 www.oracle.com/middleware/technologies/crystalball/downloads.html 에 접속한 후 개인 계정을 만들고 15일간 무료 사용권을 획득해야 함.

의 내장함수와 절차에 비하여 갖는 특성은 다음과 같다.[4]

- 시뮬레이션에 필요한 난수를 생성시키는 여러 가지 내장함수를 제공한다. Crystal Ball에서는 난수생성 함수(random number generator function)들을 바로 사용함으로써 특정 확률분포를 따르는 난수들을 쉽게 생성시킬 수 있다. 이때 적어도 하나의 함수는 분포 갤러리를 사용하여 정의해야만 시뮬레이션을 실행할 수 있다. 13.10 Excel 함수라는 절에서 시뮬레이션에 필요한 난수들을 확률분포로부터 생성시키는 내장함수들을 공부하게 된다.

- 시뮬레이션 모델을 수없이 반복 실행할 때 사용되는 내장 절차를 제공한다. 즉 Excel에서 사용한 Data Table을 사용할 필요가 없다.

- 예측 셀(forecast cell)에 대한 시뮬레이션 실행정보를 쉽게 수집하고 표현할 내장 절차를 제공한다. 다양한 결과 측정치(output measures)에 대한 통계량, 그래프, 예측차트, 누적차트, 백분율 등을 다양하게 정리해 준다.

- 결정변수의 여러 값들에 대해 시스템 성과 측정치인 기대이익이나 비용을 쉽게 최적화할 수 있다.

- Decision Table(의사결정 표)이라는 도구를 사용하여 한 개 또는 두 개의 결정변수들이 취할 수 있는 여러 값들의 조합(combination)에 대해 다중 시뮬레이션(multiple simulation)의 반복실행(replication)을 쉽게 할 수 있다. 이때 정확한 비교가 가능토록 난수를 동결시켜 동일한 난수를 사용토록 하는 옵션을 제공한다. 결정변수의 수가 세 개 이상인 경우에는 Crystal Ball에서 제공하는 OptQuest 기능을 사용하여 시뮬레이션 모델을 최적화할 수 있다.

Excel에 Crystal Ball이 실행되면 메뉴 바에 정의, 실행, 분석, 도구 부문으로 나뉘어 나타난다. 정의 부문에는 가정 정의(define), 결정 정의(decide), 예측 정의(forecast) 등이 나타나고 실행 부문에는 시작, 단계, 실행 환경설정 등이 나타난다. 이 메뉴들은 시뮬레이션을 설정하고, 실행하고, 분석하도록 만든다.

Crystal Ball의 메뉴는 〈그림 13-2〉에서 보는 바와 같다.

Crystal Ball을 사용해서 스프레드시트상에서 시뮬레이션을 실행하기 위해서는 다음 네 단계를 거친다.

---

4 N. Balakrishnan 등이 저술한 Managerial Decision Modeling with Spreadsheets, 3rd.ed.(Pearson, 2013)을 많이 참조하였음.

그림 13-2 Crystal Ball 메뉴

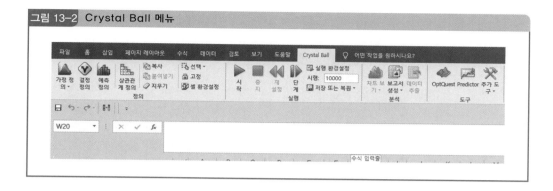

- 가정 셀 정의
- 예측 셀 정의
- 실행 환경절성
- 시뮬레이션 실행

앞절에서 공부한 적정 생산량 결정문제에 Crystal Ball을 적용하기로 하자. 이때 앞절에서 얻은 스프레드시트 결과를 끌어다가 사용할 수 있지만 Crystal Ball 화면에서 새로운 스프레드시트를 작성하기로 한다.

① 〈그림 13-3〉과 같이 데이터를 시트에 입력한다.

그림 13-3 데이터 입력 결과

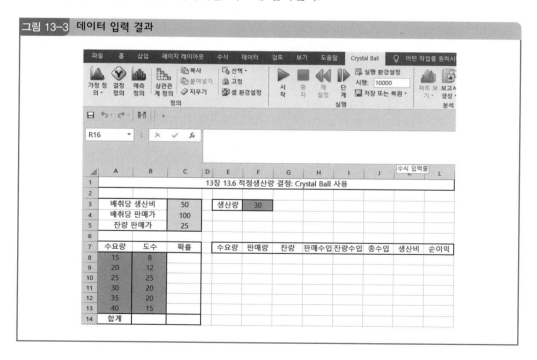

② 필요한 수식을 입력한다.

셀주소	수식	비고
B14	=SUM(B8 : B13)	C14까지 복사
C8	=B8/$B$14	C13까지 복사
F8	=IF(E8<=F3, E8, F3)	
G8	=IF(F3<=F8, 0, F3−F8)	
H8	=F8 * C4	
I8	=G8 * C5	
J8	=H8+I8	
K8	=F3 * C3	
L8	=J8−K8	

③ 다음과 같은 결과를 얻는다.

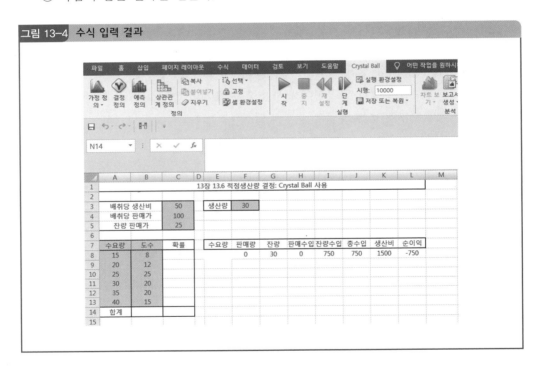

그림 13-4 수식 입력 결과

■ 가정 셀을 정의한다.

가정 셀(assumption cell)이란 난수를 갖는 수요량과 같은 투입 셀을 말한다. 따라서 이 셀에는 하나의 수치를 입력하는 것이 아니고 적절한 확률분포를 입력해야 한다. 이러한 투입 셀을 가정 셀이라고 한다.

가정 셀을 정의하는 절차는 다음과 같다.

① 가정 셀을 클릭한다. 이 스프레드시트 배열에서는 셀 E8이다.

② 메뉴 바에 있는 「가정 정의」를 클릭한다. 〈그림 13-5〉와 같은 분포 갤러리가 나타나면 그림의 서북쪽에 있는 「모두」를 클릭한 후 「사용자 정의 분포(custom distribution)」를 선택하고 「확인」을 클릭한다.[5]

그림 13-5 분포 갤러리

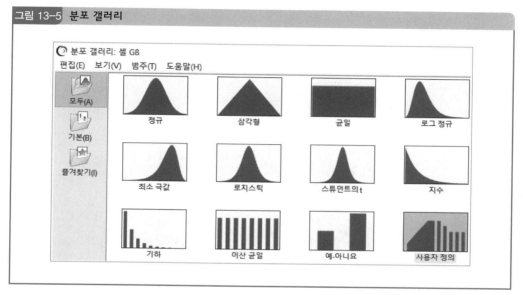

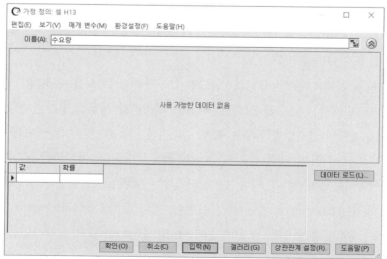

---

5 사용자 정의 분포는 임의의 이산일반분포(세 결과 이상)와 같은데 13.10 Excel 함수를 참조할 것.

③ 위 그림과 같이 「가정 정의」 대화상자가 나타나면 이름에 '수요량'을 입력한 후 분포의 파라미터를 입력하기 위해 대화상자의 중간에 있는 「데이터 로드(data load)」를 클릭한다.

④ 〈그림 13−6〉과 같이 「데이터 로드」 대화상자가 나타나면 「데이터 위치」의 오른편에 있는 화살표 ⬋를 클릭한다.

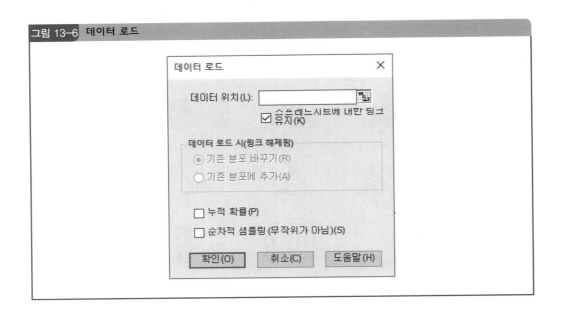

그림 13−6 데이터 로드

⑤ 「셀 참조」 대화상자가 나타나면 「데이터 위치」를 입력한다. 여기서는 셀 영역 A8: B13을 마우스로 입력한다.

⑥ 「확인」을 차례로 두 번 클릭하면 〈그림 13−7〉과 같은 사용자 정의(C) 분포가 나타난다. Crystal Ball에서는 난수를 생성할 때 분포 갤러리를 사용하거나 함수를 사용한다.[6] 그런데 적어도 하나의 난수발생 함수는 분포 갤러리를 사용해야만 시뮬레이션이 가능하다.

⑦ 「확인」을 클릭하면 가정 셀(E8)은 파란 색으로 바뀐다. 이산일반분포를 따르는 매일의 수요량을 시뮬레이트하기 위하여 Excel에서는 LOOKUP 함수를 사용하는 반면에 Crystal Ball에서는 CB.Custom 함수를 사용한다. 이와 같이 Excel과 Crystal Ball의 큰 차이는 열 E에서 수요량을 어떻게 생성하느냐이다. CB.Custom 함수의 파라미터는 수요량과

---

6   Excel 함수를 위해서는 13.10절을 참고할 것.

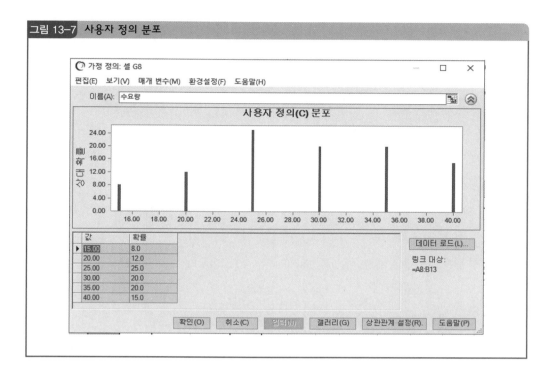

그림 13-7 사용자 정의 분포

도수(확률분포)의 셀 영역 A8 : B13이므로 E8에서 수요량을 생성하는 수식은 =CB. Custom(A8 : B13)이다. 나머지 수식은 Excel이나 Crystal Ball에서 동일 하다.

■ 예측 셀(forecast cell)을 정의한다.

컴퓨터 시뮬레이션의 산출을 예측이라고 하는데 시스템 성과의 측정치를 예측하기 위하여 컴퓨터 시뮬레이션이 사용하는 각 산출 셀을 예측 셀(forecast cell)이라고 한다. 이 스프레드시트 배열에서 예측 셀은 순이익을 나타내는 셀 L8이다.

예측 셀을 정의하는 절차는 다음과 같다.

① 예측 셀을 클릭한다. 여기서는 셀 L8을 클릭한다.

② 메뉴 바에 있는 「예측 정의」를 클릭한다.

③ 「예측 정의」 대화상자가 나타나면 예측 이름에 '순이익'을 그리고 단위에 '원'을 입력하고 「확인」을 클릭한다. 예측 셀로 정의가 되면 셀 L8은 파란 색으로 바뀐다.

■ 실행 환경설정을 선택한다.

실행 환경설정(run preferences)이란 실행할 시행 수와 컴퓨터 시뮬레이션 실행에 관한

그림 13-8 실행 환경설정

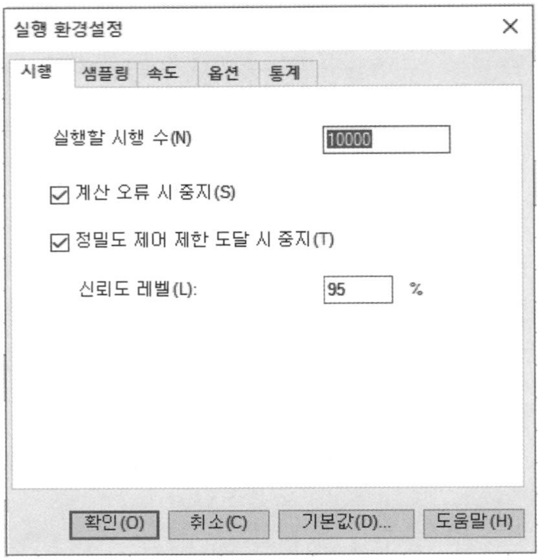

다른 옵션들을 결정함을 말한다. 〈그림 13-8〉과 같은 「실행 환경설정」 대화상자가 나타나면 시행 수를 큰 수치, 예컨대 '10,000'으로 고친다.

■ 실행을 시작한다.

Crystal Ball의 실행을 위해 메뉴 바에 있는 「시작」을 클릭한다. 10,000회의 시뮬레이션이 완료되면서 〈그림 13-9〉와 같은 예측 순이익이 나타난다. 이 제어판은 시뮬레이션을 관리하고 결과를 분석하는 데 유용하다. 제어판에 있는 ⌂ 버튼을 클릭하면 실행 통계와 Crystal Ball 데이터가 나타난다. 시뮬레이션 재설정을 원한다면 역 방향 이중삼각형을 클릭하면 된다.

〈그림 13-9〉의 메뉴 바에서 「보기-통계」를 클릭하면 〈그림 13-10〉과 같은 각종 통계에 관한 예측 값이 나열된다. 하루 평균 순이익은 1,225.39천 원으로서 13.5절에서 구한 1,185천 원과 큰 차이를 보여주고 있다. 통계 외에도 원하면 도수, 누적도수, 백분위수 등을 볼 수 있다. 지금까지 시뮬레이션한 결과를 파일에 저장하거나 복원하기 위해서는 메뉴 바의 중간에 있는 「저장 또는 복원」을 클릭한다.

그림 13-9 제어판

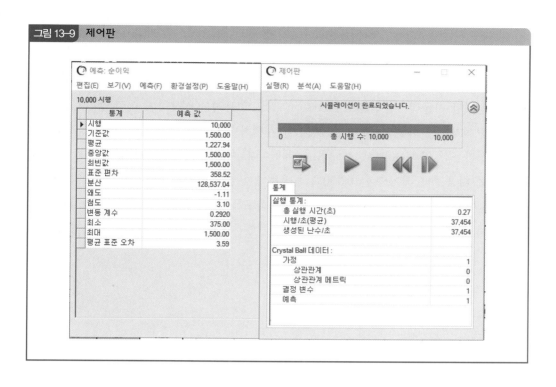

그림 13-10 각종 예측값

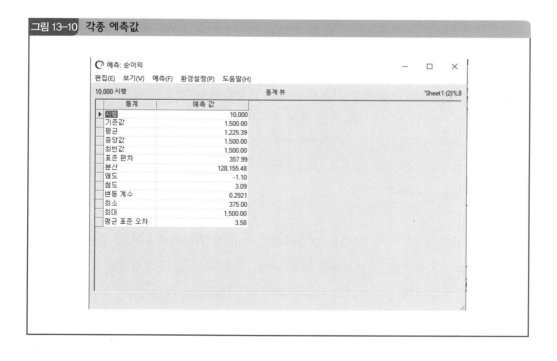

우리는 지금까지 파리 제과점에서 하루에 빵 30배취를 생산할 때 기대되는 하루의 평균이익을 구하기 위하여 Crystal Ball을 사용하여 10,000회의 시행을 반복하였다.

이제 Crystal Ball을 적용하여 순이익이 최대가 되는 적정 생산량을 구하도록 하자. 앞에서 작성했던 시뮬레이션 모델에 Decision Table(결정표)을 적용하여 여러 생산가능 양에 대해 평균이익을 구하는 다중 시뮬레이션을 시행하도록 하자. 파리 제과점에서 고려하고 있는 생산가능한 양은 30배취, 35배취, 40배취이다. 이들이 결정변수의 값들이다. 이들 각각에 대해 다중 시뮬레이션을 10,000회씩 반복하여 실행한 결과 얻어지는 셋 이익 중에서 최대의 이익을 초래하는 적정 생산량을 결정하도록 한다. 13.5절에서는 Excel의 Data Table 기능을 사용하여 최대 이익의 생산량을 구했지만 Crystal Ball에서는 대신 Decision Table 기능을 사용한다. 이를 위해서는

- 가정 셀 정의
- 예측 셀 정의
- 결정변수 셀 정의
- 실행 환경설정
- Decision Table 기능 사용

의 순서를 거쳐야 한다.

가정 셀과 예측 셀을 정의하고 결정변수 셀(decision cell)을 정의해야 한다.

〈그림 13-4〉에서 가정 셀(E8)과 예측 셀(L8)을 정의한다. 우리는 앞에서 가정 셀과 예측 셀을 정의하는 방법을 공부하였다. 다음에는 결정변수 셀(F3)을 아래와 같이 정의한다.

① 결정변수인 생산량에 해당하는 셀 F3을 클릭한다.
② 메뉴 바에서 「결정 정의」를 클릭하여 〈그림 13-11〉을 얻는다.
③ 그림에서 하한은 '30', 상한은 '40', 유형은 「이산」, 단계는 '5'로 입력한다.
④ 「확인」을 클릭한다.

다중 시뮬레이션을 실행할 때는 결정변수의 여러 조합에 대한 이익의 크기를 비교하기 위하여 동일한 난수를 사용하여야 한다. 이를 위해서는 「실행 환경설정」을 클릭한 후 「시행」을 선택하여 시행 수를 '10,000'으로 고치고 〈그림 13-12〉와 같이 「샘플링」을 선택하여 「동일한 난수 순서 사용」에 체크를 하고 「확인」을 클릭한다.

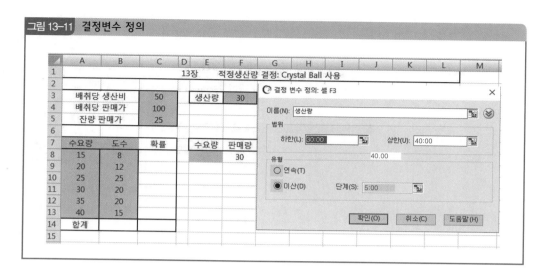

그림 13-11 결정변수 정의

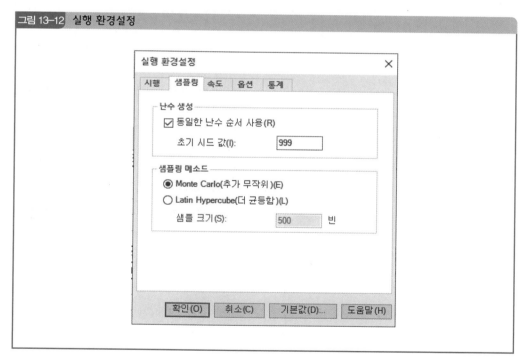

그림 13-12 실행 환경설정

다음에는 Decision Table 기능을 사용하여 결정변수의 여러 조합들에 대한 예측 셀 값을 비교하는 다중 시뮬레이션을 실행한다. 이를 위해서는

① 메뉴 바에서 「추가도구」-「Decision Table」을 선택한다.

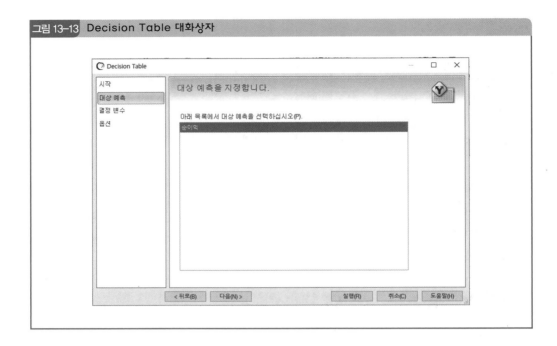

그림 13-13 Decision Table 대화상자

② 〈그림 13-13〉과 같은 「Decision Table」 대화상자에서 「대상 예측」으로 순이익을 선택한다.

③ 「다음」을 클릭하면 결정변수 선택을 위한 대화상자가 나타나는데 사용가능한 결정변수인 생산량을 우측으로의 이동 버튼인 ≫를 클릭하여 이동시키면 〈그림 13-14〉와 같은 결과를 얻는다.

④ 「다음」을 클릭하면 「옵션」 대화상자가 나타나는데 〈그림 13-15〉와 같이 입력한다.

⑤ 「실행」을 클릭하면 〈그림 13-16〉과 같은 결과를 얻는다.

Decision Table은 30배취, 35배취, 40배취의 생산량에 대해 각각 10,000회의 시뮬레이션 실행 결과 생산량이 35배취일 때 하루 평균이익이 1,235.58천 원으로서 최고임을 보여주고 있다. 이는 Excel을 사용하여 구한 결과와 동일하다.

그림 13-14 선택한 결정변수

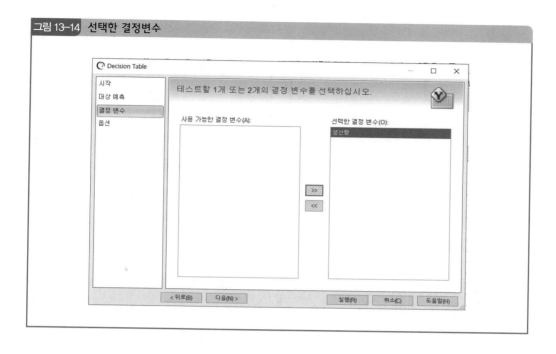

그림 13-15 옵션의 대화상자

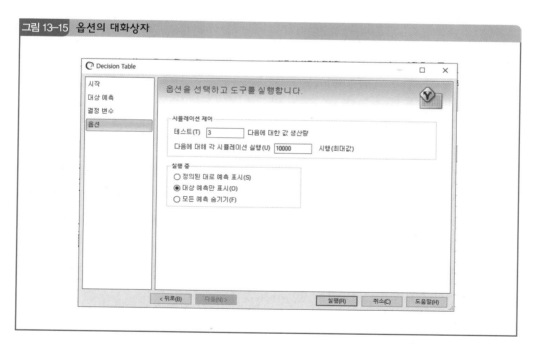

그림 13-16 적정 생산량 결정

	A	B 생산량 (30,000)	C 생산량 (35,000)	D 생산량 (40,000)
1	추세 차트 / 오버레이 차트 / 예측 차트			
2		1,227.94	1,235.58	1,168.63

13.7 시뮬레이션 모델: 재고관리

재고관리 문제에서 풀어야 할 결정변수는

• 주문량
• 재주문점(주문시기)

이다.

재고품목에 대한 수요량과 그 품목의 조달기간(lead time: LT)이 확률변수이기 때문에 고객이 그 품목을 주문할 때 바로 만족시키지 못하는 재고부족(stockout)현상이 발생할 수 있다. 조달기간이란 품목을 제조회사에 주문한 후 납품 때까지 걸리는 기간을 말한다.

사실 수요량과 조달기간을 확률분포로 표현함으로써 분석적 모델을 사용하여 특성치를 계산할 수는 있으나 이러한 일이 대단히 어렵기 때문에 본절에서는 시뮬레이션 모델을 사용하고자 한다.

용산 전자상가에서 희망전자㈜에서 생산하는 냉장고를 전문적으로 판매하는 희망점의 경우 매일의 수요량과 조달기간은 일정하지 않다고 한다.

지난 300일 동안 냉장고에 대한 수요를 조사한 결과 〈표 13-5〉와 같으며 조달기간은 〈표 13-6〉과 같다고 한다.

희망점에서 구하려고 하는 것은 총비용(주문비, 재고유지비, 재고부족비)을 최소로 하는 주문

표 13-5 수요량의 도수분포 및 난수구간

수 요 량	도 수	상대도수	난수구간
0	150	0.50	0~0.49
1	75	0.25	0.50~0.74
2	45	0.15	0.75~0.89
3	15	0.05	0.90~0.94
4	15	0.05	0.95~0.99
합계	300	1.00	

표 13-6 조달기간의 도수분포 및 난수구간

조달기간	도 수	상대도수	난수구간
1	6	0.10	0~0.09
2	3	0.20	0.10~0.29
3	12	0.40	0.30~0.69
4	6	0.20	0.70~0.89
5	3	0.10	0.90~0.99
합계	30	1.00	

량(Q)과 재주문점(R)이다. 주문량은 발주할 때의 일정 크기의 고정된 양이고 재주문점은 주문이 발령될 때의 재고수준을 말한다.

희망점은 고정된 주문비용이 2,000원, 개당 하루의 재고유지비용이 100원, 개당 재고부족비용이 1,000원이라고 추산하였다.

희망점의 10일간 총비용을 시뮬레이션하기 위하여 주문량=5, 재주문점=3이고 첫 날의 기초재고는 5개이며 이미 발주한 주문은 없다고 가정한다.

〈그림 13-17〉은 희망점 재고시스템의 하루 운영과정을 나타내는 시뮬레이션 흐름도이다.

이 흐름도를 보면 주문한 것이 납품되었는가를 확인하는 것으로 시작하는 시뮬레이션 첫 날은 이전에 주문한 것이 없었기 때문에 입고도 없을 것이다. 따라서 현재고는 그대로 5개이고, 이제는 첫 날의 수요량을 발생시켜야 한다. 물론 부록의 난수표를 이용하여 수요를 발생시킬 수도 있지만 첫날 발생된 난수가 0.093이라고 하자. 〈표 13-5〉에서 보면 이 난수는 0개의 수요에 해당하는 것을 알 수 있다. 따라서 재고부족비는 계산할 필요가 없으며 현재고 5개는 재주문점 3개보다 많기 때문에 아직 주문할 필요는 없다. 첫날의 재고

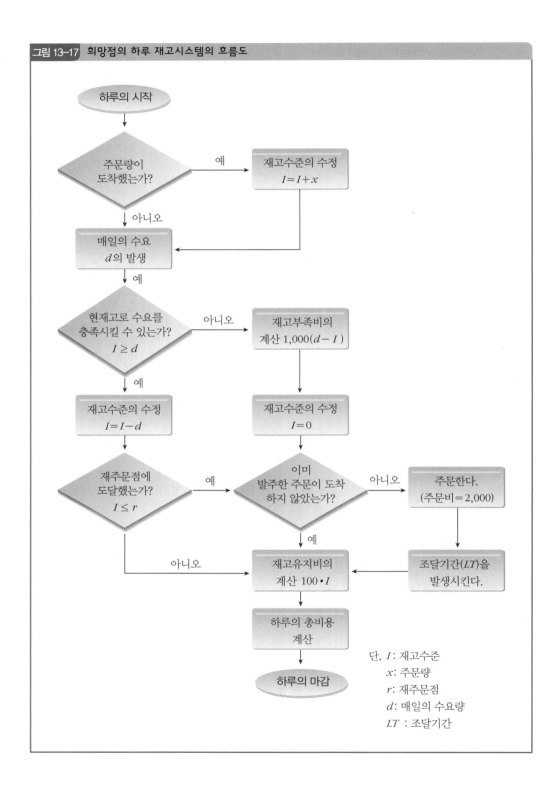

그림 13-17   희망점의 하루 재고시스템의 흐름도

단, I: 재고수준
x: 주문량
r: 재주문점
d: 매일의 수요량
LT : 조달기간

유지비는 100×5=500원이다. 재고부족도 발생하지 않았고 주문도 없었으므로 물론 첫날의 총비용은 재고유지비 500원과 같다.

2일 째의 기초재고는 5개이다. 전날의 기말재고가 5개이기 때문이다. 이미 발주한 주문도 없으므로 현재고는 그대로 5개이다. 발생된 난수는 0.681이므로 이는 수요가 1개 발생하였음을 의미한다. 따라서 이 날의 기말재고는 5-1=4개가 된다. 이에 대해 재고유지비로 400원이 발생하고 총비용은 이와 같게 된다. 3일 째의 총비용도 이와 같은 요령으로 계산한다.

4일 째의 기초재고는 4개이다. 이 날의 수요를 발생시키기 위해 선택된 난수는 0.528이므로 1개의 수요가 발생된다. 결과적으로 기말재고는 3개가 되는데 이는 재주문점이므로 5개의 주문이 이루어진다. 조달기간을 발생시키기 위해서 또 다른 난수 0.620이 선택되고, 이는 〈표 13-6〉에서 보면 3일 간의 조달기간에 해당되며, 즉 이 주문은 즉시 발령이 되어 7일에 도착할 것이다. 4일 째의 비용을 보면 재고부족비는 없고 재고유지비는 100×3=300원이며 주문비는 2,000원이므로 총비용은 2,300원이다.

5일 째의 기초재고는 3개이다. 2개의 수요가 발생하기 때문에 기말재고는 1개가 된다. 이는 재주문점에 해당하므로 5개의 주문이 발령된다. 조달기간은 3일이므로 주문량은 8일에 입고된다.

이러한 방식으로 10일간 시뮬레이션을 계속한 결과가 〈표 13-7〉이다. 몇 가지 특성치를 계산하면 다음과 같다.

표 13-7 주문량 5개, 재주문점 3개의 10일간 총비용 시뮬레이션 결과

일자	기초재고	입고량	난수	수요량	기말재고	난수	조달기간	재고유지비	주문비	재고부족비	총비용
1	5	0	0.093	0	5			500	0	0	500
2	5	0	0.681	1	4			400	0	0	400
3	4	0	0.292	0	4			400	0	0	400
4	4	0	0.528	1	3	0.620	3	300	2,000	0	2,300
5	3	0	0.866	2	1	0.412	3	100	2,000	0	2,100
6	1	0	0.975	4	0	0.288	2	0	2,000	3,000	5,000
7	0	5	0.622	1	4			400	0	0	400
8	4	10	0.819	2	12			1,200	0	0	1,200
9	12	0	0.373	0	12			1,200	0	0	1,200
10	12	0	0.353	0	12			1,200	0	0	1,200
				57	합계			5,700	6,000	3,000	14,700

$$평균\ 기말재고 = \frac{57}{10} = 5.7개/일$$

$$서비스수준 = \frac{9}{10} = 0.9$$

$$평균주문\ 수 = \frac{3}{10} = 0.3회$$

〈표 13-7〉의 맨 하단 숫자는 $Q=5$, $R=3$일 때 10일간 시뮬레이션을 한 결과인 재고 유지비, 주문비, 제고부족비 및 총비용을 제시해 주고 있다.

희망점이 총 재고관리비용을 최소로 하는 주문량과 재주문점을 결정하기 위해서는 장기간 주문량과 재주문점의 여러 가지 조합에 대해서도 실험을 실시해야 한다. 이를 위해서는 Excel의 시나리오 관리자(scenario manager) 기능을 사용할 수도 있고 Crystal Ball의 Decision Table 기능을 사용할 수도 있다.

Data Table 활용

희망점의 25일(1개월)의 영업을 시뮬레이션하고 이를 이용하여 200개월(25×200=5,000일)의 시뮬레이션을 반복하기 위하여 Data Table 기능을 이용하자. 다음에는 이 데이터를 이용하여 희망점의 총비용을 최소로 하는 (주문량, 재주문점)=(Q, R)의 조합을 구하기 위하여 Scenario Manager 기능을 이용하도록 하자.

① 다음과 같이 데이터를 시트에 입력한다.

② 필요한 수식을 입력한다.

셀주소	수　식	비　고
A5	1	
A6	2를 입력한 후	A5 : A6를 A29까지 복사
B6	=F5	B29까지 복사
C6	=COUNTIF($J$5 * J5, A6) * $Q$19	C29까지 복사
D5	=B5+C5	D29까지 복사
E5	=LOOKUP(RAND(　), 　$S$5 : $S$9, $Q$5 : $Q$9)	E29까지 복사
F5	=MAX(D5−E5, 0)	F29까지 복사
G5	=MAX(E5−D5, 0)	G29까지 복사
H5	=IF(F5<=$Q$20, 1, 0)	H29까지 복사
I5	=IF(H5=1, LOOKUP(RAND(　), 　　$R$12 : $R$16, $P$12 : $P$16), 0)	I29까지 복사
J5	=IF(H5=1, A5+I5, 0)	J29까지 복사
K5	=F5 * $Q$22	K29까지 복사
L5	=G5 * $Q$23	L29까지 복사
M5	=IF(H5=1, $Q$24, 0) * H5	M29까지 복사
N5	=SUM(K5 : M5)	N29까지 복사
N30	=SUM(N5 : N29)	
Q6	=R5+0.01	Q9까지 복사
Q13	=R12+0.01	Q16까지 복사
Q29	=AVERAGE(T5 : T204)	Q9까지 복사
R5	=P5−0.01+Q5	Q16까지 복사
R12	=P12−0.01+Q12	

열	설　명
B	오늘의 기초재고＝전날의 기말재고
C	입고량＝도착할 주문수 * 주문량
D	현재고＝기초재고＋입고량
E	LOOKUP 함수 사용하여 가상 수요량 발생시킴
F	현재고 중에서 수요를 만족시키고 기말에 남는 양
G	현재고보다 수요량이 클 때 발생
H	기말재고가 재주문점에 이르면 주문함
I	LT는 LOOKUP 함수를 사용하여 발생시킴
J	주문은 필요할 때 바로 하므로 도착일＝발생일＋LT

③ 200개월의 시뮬레이션 런을 실시하기 위해서는 셀 S5에 '1'을, 그리고 셀 S6에 '2'를 입력하고 셀 S5와 셀 S6을 클릭한다.

④ 복사기능을 사용하기 위하여 셀 S204까지 이들을 끌기한다.

⑤ 셀 T5에 =N30을 입력한다.

⑥ 셀 영역 S5:T204를 블럭으로 지정한다.

⑦ 「데이터」−「가상분석」을 선택한 후 「Data Table」을 선택한다.

⑧ 「Data Table」 대화상자가 나타나면 '열 입력 셀'에 가상 셀인 'AC1'을 입력하고 「확인」을 클릭한다.

⑨ 다음과 같은 결과를 얻는다. [표 A]

13장 재고관리-2

일	기초재고	입고량	현재고	수요량	기말재고	재고부족	주문수	조달기간	도착일	유지비용	부족비용	주문비용	총비용
1	5	0	5	0	5	0	0	0	0	500	0	0	500
2	5	0	5	3	2	0	1	1	3	200	0	2000	2200
3	2	5	7	1	6	0	0	0	0	600	0	0	600
4	6	0	6	0	6	0	0	0	0	600	0	0	600
5	6	0	6	4	2	0	1	4	9	200	0	2000	2200
6	2	0	2	0	2	0	1	2	8	200	0	2000	2200
7	2	0	2	1	1	0	1	3	10	100	0	2000	2100
8	1	5	6	0	6	0	0	0	0	600	0	0	600
9	6	5	11	2	9	0	0	0	0	900	0	0	900
10	9	5	14	3	11	0	0	0	0	1100	0	0	1100
11	11	0	11	1	10	0	0	0	0	1000	0	0	1000
12	10	0	10	0	10	0	0	0	0	1000	0	0	1000
13	10	0	10	1	9	0	0	0	0	900	0	0	900
14	9	0	9	0	9	0	0	0	0	900	0	0	900
15	9	0	9	0	9	0	0	0	0	900	0	0	900
16	9	0	9	1	8	0	0	0	0	800	0	0	800
17	8	0	8	0	8	0	0	0	0	800	0	0	800
18	8	0	8	1	7	0	0	0	0	700	0	0	700
19	7	0	7	0	7	0	0	0	0	700	0	0	700
20	7	0	7	0	7	0	0	0	0	700	0	0	700
21	7	0	7	0	7	0	0	0	0	700	0	0	700
22	7	0	7	1	6	0	0	0	0	600	0	0	600
23	6	0	6	0	6	0	0	0	0	600	0	0	600
24	6	0	6	0	6	0	0	0	0	600	0	0	600
25	6	0	6	1	5	0	0	0	0	500	0	0	500
										합계			24400

수요량	확률	난수구간(하한)	난수구간(상한)
0	0.5	0	0.49
1	0.25	0.5	0.74
2	0.15	0.75	0.89
3	0.05	0.9	0.94
4	0.05	0.95	0.99

조달기간	확률	난수(하한)	난수(상한)
1	0.1	0	0.09
2	0.2	0.1	0.29
3	0.4	0.3	0.69
4	0.2	0.7	0.89
5	0.1	0.9	0.99

주문량	5
재주문점	3
유지비용	100
부족비용	1000
주문비용	2000

200개월 시뮬레이션 결과

월평균 총비용	31020

런	총비용
1	24400
2	32100
3	23600
4	36600
5	28500
6	40500
7	34000
8	39200
9	31800
10	27100
11	25000
12	24200
13	31800
14	27500
15	38400
16	29500
17	29700
18	32300
19	35700
20	31500
21	32700
22	23900
23	36500
24	28400
25	28600
26	54500
27	33100
199	26900
200	27200

Q=5, R=3일 때 Data Table 기능을 이용하여 200개월의 시뮬레이션 결과 월평균 총비용은 31,020원이다.

Scenario Manager 활용

⑩ 다음에는 Q=(3, 4), R=(1, 2)의 네 가지 각 조합에 대한 총비용을 구하기 위해서 Scenario Manager를 이용하도록 하자.

「데이터」 – 「가상분석」 – 「시나리오 관리자」 – 「추가」를 선택한다.

⑪ 「시나리오 추가」 대화상자가 나타나면 「추가」를 클릭한 후 「시나리오 이름」과 「변경 셀」을 다음과 같이 입력한다.

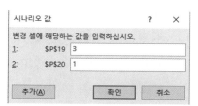

⑫ 「확인」을 클릭하면 「시나리오 값」 대화상자가 나타나는데 다음과 같이 입력한다. 이는 (Q, R) = (3, 1)이다.

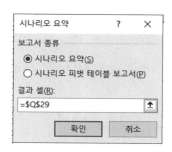

⑬ 「추가」를 클릭하고 나머지 세 개의 조합 (3, 2), (4, 1), (4, 2)를 차례로 반복하여 입력한 후 「확인」을 클릭한다.

⑭ 「요약」을 클릭한다.

⑮ 「시나리오 요약」 대화상자가 나타나면 다음과 같이 입력하고 「확인」을 클릭한다.

⑯ 다음과 같이 (Q, R)의 네 개의 조합에 대한 비용계산의 결과가 나타난다.

시나리오 요약					
	현재 값	시뮬레이션 1	시뮬레이션 2	시뮬레이션 3	시뮬레이션 4
변경 셀:					
$P$19	5	3	3	4	4
$P$20	3	1	2	1	2
결과 셀:					
$Q$29	30959.5	25393.5	27216.5	25192	27174.5

참고: 현재 값 열은 시나리오 요약 보고서가 작성될 때의
변경 셀 값을 나타냅니다. 각 시나리오의 변경 셀들은
회색으로 표시됩니다.

희망점의 영업을 시뮬레이션한 결과 Q=(3, 4), R=(1, 2)의 각 조합 중 (Q, R)=(4, 1)일 때 월평균 총비용이 25,192원으로서 최소이다.

Crystal Ball 활용

희망점의 재고관리 문제에서 두 투입 파라미터(결정변수)는 주문량 Q와 재주문점 R이다. 그런데 고려하는 Q는 3, 4이고 R은 1, 2라고 하자. (Q, R)의 네 조합 중에서 월평균 총비용을 최소로 하는 조합은 어느 것인지 테스트하고자 한다.

Excel의 내장함수와 절차를 통해 얻은 [표 A]에 Crystal Ball 기능을 적용하기로 한다. [표 A]에서 매일의 수요량과 조달기간을 시뮬레이트하기 위하여 Excel에서는 LOOKUP 함수를 사용하였지만 Crystal Ball에서는 CB.Custom 함수를 사용한다.

수요량 생성의 함수를 위한 파라미터는 셀 영역 O5:P9이므로 셀 영역 E5:E29의 수요량 생성 수식은

=CB.Custom($O$5 : $P$9)

이다. 한편 조달기간 생성의 함수를 위한 파라미터는 O12:P16이므로 셀 영역 I5:I29의 조달기간 생성 수식은

=CB.Custom($O$12 : $P$16)

이다. 여기서는 분포 갤러리를 사용하지 않고 직접 함수를 사용하기로 한다. 이와 같이 수요량과 조달기간을 생성하기 위해서는 분포 갤러리를 사용할 수도 있지만 함수를 사용할 수도 있다.

이제 수요량과 조달기간에 대한 「가정 셀」의 정의가 끝났으므로 앞으로 해야 할 일은

그림 13-18 **실행 환경설정**

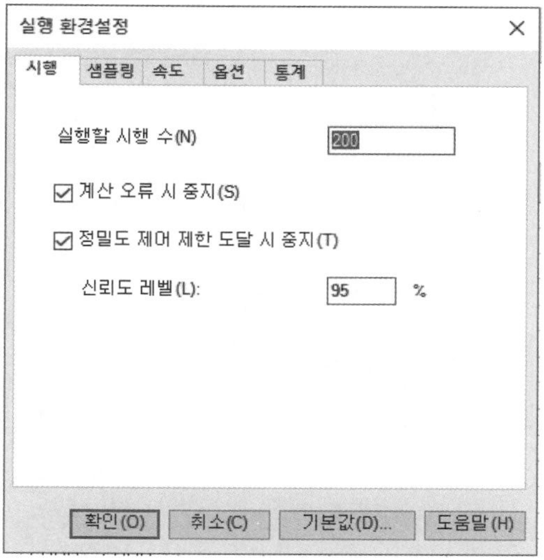

- 예측 셀 정의
- 시행 반복

이다.

　예측 셀 정의를 위해서는 반복하고자 하는 셀을 정의해야 하는데 그의 절차는 다음과 같다.

　① 셀 N30(월평균 총비용)을 선택한다.

　② 「예측 정의」를 클릭한다.

　③ 원한다면 산출 측정치의 이름과 단위를 입력하고 「확인」을 클릭한다.

　④ 가정 정의와 예측 정의가 끝났으므로 이젠 「실행 환경설정」(run preferences)을 클릭한다. 대화상자가 나타나면 〈그림 13-18〉과 같이 「실행할 시행 수」에 '200'(개월)을 입력한다. 「확인」을 클릭하면 이제 「환경설정」이 끝났으므로 시뮬레이션 런을 시행할 수 있다.

　⑤ 「시작」 버튼을 클릭하면 총비용의 시뮬레이션 결과가 그래프로 나타난다.

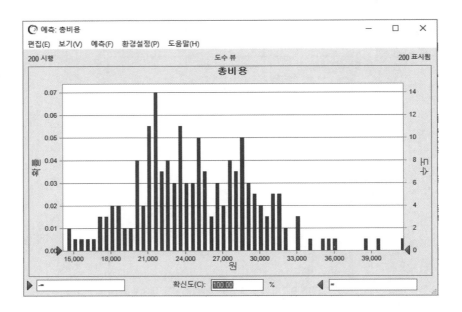

통계데이터를 보기 위해서는 「보기-통계」를 선택하면 다음과 같은 여러 예측 값을 볼수 있다. 월평균 총비용은 24,901원임을 알 수 있다. Excel의 Data Table 기능을 사용해서 구한 24,020원과 약간의 차이가 있다.

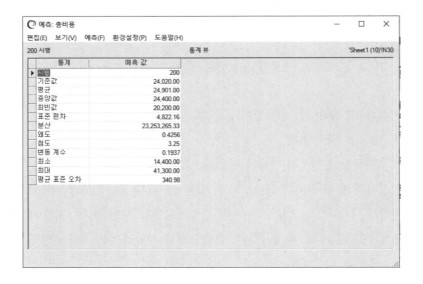

주문량 Q와 재주문점 R의 여러 조합에 대한 총비용을 구하기 위해서 Excel에서는 시나리오 관리자 기능을 활용하지만 Crystal Ball에서는 Decision Table 기능을 활용한다.

Q=(3, 4)와 R(1, 2)의 네 개의 조합에 대한 월평균 총비용을 비교하기 위해 메뉴 바에 있는 Decision Table을 활용하기 위한 절차는 다음과 같다.

① 「실행 환경설정」을 클릭한 후 「시행」을 클릭하여 「실행할 시행 수」로 '200'을 입력하고 「샘플링」을 클릭하여 「동일한 난수 순서 사용」에 체크를 한다. 이는 여러 조합의 총비용을 계산할 때 동일한 난수를 사용하여 비교하기 위함이다. 「확인」을 클릭한다.

② 결정변수를 정의한다. 여기서 결정변수는 주문량과 재주문점 두 개이다. 주문량을 나타내는 셀 P19를 선택하고 메뉴 바에 있는 「결정 정의」를 클릭한다. 「결정변수 정의」 대화상자가 나타나면 다음과 같이 입력한다.

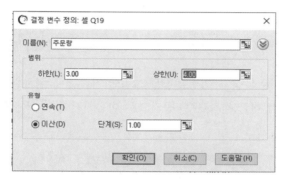

다음에는 재주문점을 나타내는 셀 P20을 선택하고 「결정 정의」를 클릭한다. 「결정변수 정의」 대화상자가 나타나면 다음과 같이 입력한다.

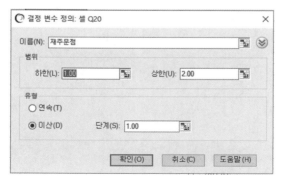

③ 「확인」을 클릭하고 「추가 도구」-「Decision Table」을 선택한다.
「대상 예측」이 총비용이므로 「다음」을 클릭한다.

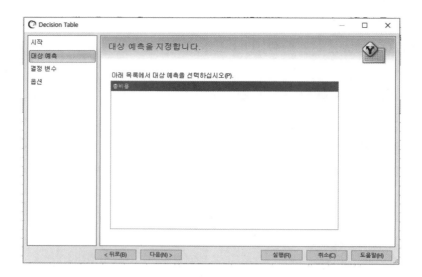

④ 두 결정변수인 주문량과 재주문점을 그림의 가운데에 위치한 이등버튼 ▷▷을 클릭하여 오른쪽에 있는 「선택한 결정변수」 공간으로 이동시킨다. 「다음」을 클릭한다.

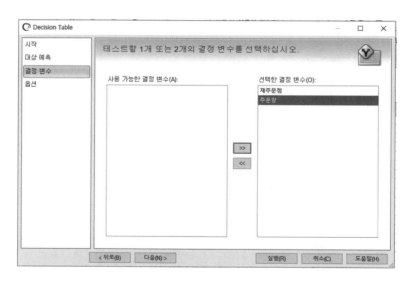

⑤ 「옵션」 대화상자에서 테스트할 주문량과 재주문점의 값은 각각 두 개씩이므로 다음과 같이 입력한다.

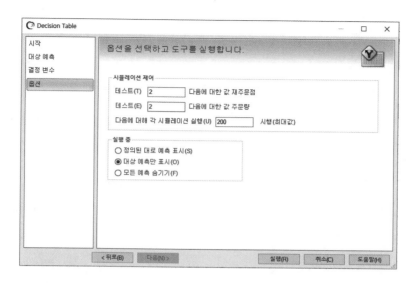

⑥ 「실행」을 클릭한다.

다음과 같이 각 조합에 대한 월평균 총비용이 나타난다.

	A	B 재주문점 (1.00)	C 재주문점 (2.00)	D
2	주문량 (3.00)	26,172.50	28,064.50	1
3	주문량 (4.00)	25,730.00	27,339.00	2
4		1	2	

Q=4, R=1일 때 총비용은 25,730원으로서 최소이므로 파리 제과점은 이러한 재고정책을 사용하여야 한다. 이 결과는 Excel의 시나리오 관리자 기능을 사용하여 구한 조합과 일치한다.

OptQuest 활용

우리가 결정변수의 특정한 값을 모른다든지 산출 측정치(예컨대 총비용)를 최적화하는 결정변수의 최적 조합을 자동적으로 구하기를 원한다면 Crystal Ball의 OptQuest 기능을 활용할 수 있다. OptQuest를 적용하기 위해서는 시뮬레이션 모델에 가정 셀, 예측 셀, 결정변수 셀이 정의될 수 있어야 한다. 수료량과 조달기간에 대한 「가정 셀」의 정의는 앞절에서 끝났으니 반복할 필요는 없다. 한편 가정 셀 가운데 적어도 하나는 분포 갤러리를 통해서 정의되어야 한다.

이 기능을 사용하기 위해서는 다음과 같은 절차를 따라야 한다.

① 예측 셀과 결정 셀을 정의해야 한다.

예측 셀 N30과 결정 셀 P19와 P20을 정의해야 한다. 이에 관해서는 앞에서 공부하였기 때문에 배운 대로 진행한다.

② 메뉴 바에 있는 「OptQuest」를 클릭한다. 「다음」을 클릭한 후 나타나는 대화상자에 다음과 같이 「목표」를 선택한다. 커서를 노랑색 부분에 놓고 마우스의 오른쪽 버튼을 클릭한다. 「목표 추가」를 클릭한다. 비용이기 때문에 「최대화」를 클릭하여 「최소화」로 바꾼다.

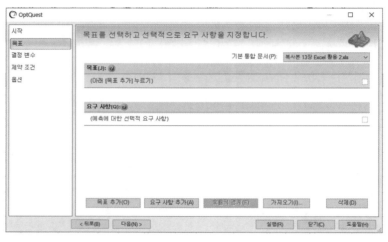

「다음」을 클릭하여 결정변수를 검토하고 「다음」을 클릭하여 「제약조건」이 없으므로 「다음」을 클릭한다. 「옵션」 대화상자에서 「실행기간」을 '200'으로 고친다.

③ 「실행」을 클릭한다.

최상의 해:

목표	값
총비용 의 평균 최소화	25,361.00

요구 사항	값

제약 조건	왼쪽	오른쪽

⊟ 결정 변수	값
재주문점	1.00
주문량	4.00

그림을 볼 때 (Q, R)의 최적 조합은 (4, 1)임을 알 수 있다. 이때 월평균 최소비용은 25,361원이다. 여기서 얻은 결과는 Excel의 시나리오 관리자와 Crystal Ball의 Decision Table 기능을 활용하여 구한 조합과 일치한다.

13.8 시뮬레이션 모델: 대기행렬

오전 9시부터 오후 5시까지 한 명의 직원이 은행업무를 취급하는 Excel 저축은행의 선유도 지점에서 열 명의 고객을 시뮬레이션하기로 하자.

고객들은 〈표 13-8〉과 같은 확률분포에 따라 지점에 도착하고 고객들이 소요하는 서

표 13-8　**도착 사이의 시간분포와 난수구간**

도착 사이의 시간(분)	확　률	난수수간
3	20.3	000~202
4	23.5	203~437
5	31.5	438~752
6	18.5	753~937
7	6.2	938~999

표 13-9 서비스시간의 분포와 난수구간

서비스시간(분)	확 률	난수구간
3	15.5	000~154
4	28.8	155~442
5	36.3	443~805
6	19.4	806~999

표 13-10 Excel 저축은행 선유도 지점의 시뮬레이션

고객	난수	도착한 시각	도착 시각	난수	서비스 시간	시작 시각	완료 시각	대기 시간	대기 자수	쉬는 시간	시스템 내의 고객 수
1	−	−	9:00	362	4	9:00	9:04	−	−	−	1
2	816	6	9:06	340	4	9:06	9:10	−	−	2	1
3	309	4	9:10	320	4	9:10	9:14	−	−	−	1
4	763	6	9:16	570	5	9:16	9:21	−	−	2	1
5	078	3	9:19	606	5	9:21	9:26	2	1	−	2
6	061	3	9:22	150	3	9:26	9:29	4	1	−	2
7	277	4	9:26	488	5	9:29	9:34	3	1	−	2
8	988	7	9:33	600	5	9:34	9:39	1	1	−	2
9	188	3	9:36	125	3	9:39	9:42	3	1	−	2
10	174	3	9:39	179	4	9:42	9:46	3	1	−	2
								16	6	4	16

비스시간은 〈표 13-9〉와 같은 확률분포를 따른다고 한다. 이 문제는 대기행렬 문제이지만 도착 사이의 시간과 서비스시간이 확률변수이기 때문에 제12장의 분석적 모델은 사용할 수 없다. 왜냐하면 도착률이 포아송분포를 하는 것도 아니고 서비스시간이 지수분포를 하지 않기 때문이다. 이와 같이 여러 기본적 가정들이 적용되지 않는 대기행렬 시스템의 특성을 분석하기 위하여는 시뮬레이션 모델이 사용될 수 있다.

난수표를 이용하여 도착 사이의 시간과 서비스시간을 발생시키면서 고객 열 명의 서비스에 관한 시뮬레이션을 한 결과 〈표 13-10〉을 얻을 수 있다.

고객 1은 지점에 9:00에 도착하여 바로 서비스를 받는다고 전제한다. 이 고객을 위한 서비스시간을 예측하기 위하여 난수가 선택되어야 하는데 난수는 362라 하자. 이는 〈표 13-9〉에서 155~442 사이에 있기 때문에 서비스시간은 4분이라고 할 수 있다. 이 고객에 대해서는 9:00에 시작해서 9:04에 서비스가 끝난다. 고객 1은 대기하지도 않고 직원은 쉬지도 않는다. 따라서 시스템 내의 고객 수는 한 명이다.

고객 2는 고객 1이 도착한 후 6분에 도착하므로 9:06에 도착한다. 이 고객 2는 기다리지 않고 바로 서비스를 받을 수 있지만 직원은 그동안 2분을 쉬어야 한다. 고객 2의 서비스시간은 4분이므로 9:06에 시작하여 9:10에 끝난다. 이때의 시스템 내 고객 수는 한 명이다.

고객 3은 9:10에 도착하여 4분의 서비스를 받고 9:14에 끝낸다. 고객 4는 9:16에 도착하므로 도착하자마자 5분의 서비스를 받고 9:21에 끝낸다. 직원은 고객 4를 서비스하기 전에 2분을 쉬게 된다. 고객 5는 9:19에 도착하지만 아직 고객 4에 대한 서비스가 끝나지 않은 상태이므로 9:21까지 2분을 기다려야 한다. 이때 시스템 내에는 고객 4와 5의 두 명이 있게 된다.

이러한 방식으로 고객 열 명에 대하여 도착 사이의 시간과 서비스시간을 시뮬레이션한 결과가 〈표 13-10〉이다.

이제 성과분석이 가능하다. 첫째, 고객 열 명이 16분을 대기하였으므로 고객 한 명당 평균 대기시간은 1.6분이다. 한편 46분동안 6명이 대기하였으므로 1분동안 평균 0.13명이 대기하였다.

둘째, 이 지점은 9:00부터 9:46까지 46분 동안 시뮬레이션되었는데 이 기간 동안 4분의 쉬는 시간이 있었으므로 서비스시설의 이용률은 42/46=91.3%이다.

셋째, 〈표 13-10〉에서 직원이 4분 동안 쉴 때 고객은 시스템에 없었고 고객들이 16분 동안 대기하는 중에는 시스템 내에 두 명이 있게 되었으므로 나머지 46-4-16=26분 동안에는 고객이 한 명씩 있게 되었다. 따라서 시스템 내의 평균 고객 수는

$$L_s = \frac{0(4)+1(26)+2(16)}{46}$$
$$= 1.26 명$$

이다.

넷째, 46분 동안 시스템 내에 두 명의 고객이 있어 대기한 시간이 16분이므로 지점 내에 두 명의 고객이 있을 확률은 $\frac{16}{46}=34.78\%$이다.

Excel 활용

도착한 시간에 대한 난수와 서비스시간에 대한 난수가 주어졌을 때 고객 열 명에 대한 시뮬레이션 결과는 다음과 같다.

13.8 대기행렬-1

도착간 시간분포 / 서비스 시간분포

시간	확률	난수구간 (하한)	난수구간 (상한)
도착간 시간분포			
3	20.3	0	202
4	23.5	203	437
5	31.5	438	752
6	18.5	753	937
7	6.2	938	999
서비스 시간분포			
3	15.5	0	154
4	28.8	155	442
5	36.3	443	805
6	19.4	806	999

고객#	난수	도착간 시간	도착시간	서비스 시작시간	대기시간	대기자수	난수	서비스시간	서비스완료시간	직원 쉬는시간	시스템내 시간
1			0	0	0	0	362	4	4	0	4
2	816	6	6	6	0	0	340	4	10	2	4
3	309	4	10	10	0	0	320	4	14	0	4
4	763	6	16	16	0	0	570	5	21	2	5
5	78	3	19	21	2	1	606	5	26	0	7
6	61	3	22	26	4	1	150	3	29	0	7
7	277	4	26	29	3	1	488	5	34	0	8
8	988	7	33	34	1	1	600	5	39	0	6
9	188	3	36	39	3	1	125	3	42	0	6
10	174	3	39	42	3	1	179	4	46	0	7
합계					16	6				4	

이제 고객 200명에 대한 시뮬레이션을 하기로 하자.

① 다음과 같이 데이터를 시트에 입력한다.

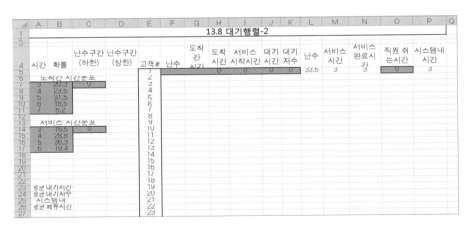

② 필요한 수식을 입력한다.

셀 주 소	수 식	비 고
C8	=D7+1	C11까지 복사
C15	=D14+1	C17까지 복사
C23	=AVERAGE(J5 : J204)	
C24	=AVERAGE(K5 : K204)	
C26	=AVERAGE(P5 : P204)	
D7	=10CB7−1	
D8	=D7+10CB8	D11까지 복사
D14	=10CB14−1	
D15	=D14+10CB15	D17까지 복사
F6	=ROUND(1000CRAND( ), 1)	F204까지 복사
G6	=LOOKUP(F6, $C$7 : $C$11, $A$7 : $A$11)	G204까지 복사
H6	=H5+G6	H204까지 복사
I6	=MAX(H6, N5)	I204까지 복사
J6	=I6+H6	J204까지 복사
K5	=E5−MATCH(H5, $I$5 : I5, 1)	K204까지 복사
L5	=ROUND(1000CRAND( ), 1)	L204까지 복사
M5	=LOOKUP(L5, $C$14 : $C$17, $A$14 : $A$17)	M204까지 복사
N5	=I5+M5	N204까지 복사
O6	=I6−N5	O204까지 복사
P5	=J5+M5	P204까지 복사

③ 다음과 같은 결과를 얻는다.

결과 분석 ▌▍▎

200명의 고객을 시뮬레이션한 결과 다음과 같은 결과를 얻었다.

> 평균 대기시간=7.225분
> 평균 대기자 수=1.935명
> 시스템 내 고객의 평균 체류시간=11.755분

13.9 시뮬레이션 모델: 위험분석

위험분석(risk analysis)은 새로운 제품을 도입하는 것과 같은 중요한 자본투자의 불확실한 상황에서 의사결정의 결과에 미치는 위험의 영향을 평가하는 데 사용된다.

투자의 수익성은 불확실한 여러 요인에 의존한다. 예를 들면 그 제품에 대한 수요예측, 시장점유율, 시장의 성장 가능성, 제품의 생산비용, 판매가격, 제품의 수명 등이다.

시뮬레이션은 가능한 결과의 범위뿐만 아니라 여러 가지 결과에 관한 확률을 측정할 수 있기 때문에 위험이 따르는 의사결정 문제에 이용된다. 새로운 제품을 개발하려는 문제에 대한 시뮬레이션 모델은 이익과 여러 확률변수(예컨대 수요량, 부품비, 노무비)들을 연관시킨 후 확률변수들에 다양한 값들을 생성하여 결과하는 이익들을 계산함으로써 신제품 개발의 여부를 결정하게 된다(이때 통제가능변수는 개발의 여부이다).

위험분석을 위해 시뮬레이션을 사용할 때는 다음의 절차를 거친다.

① 시뮬레이션 언어로 문제를 정의하는 모델을 설정한다.
② 모델에 포함한 불확실한 변수들을 명시하고 가능한 값에 대한 확률분포를 작성한다.
③ 이익과 같은 중요 변수의 가능한 값에 대한 확률분포를 발생시키기 위하여 몬테 칼로 시뮬레이션 모델을 시행한다.

〈그림 13-19〉는 위험분석의 과정을 나타낸다.

위험분석에서 이익은 일반적으로 다음과 같은 공식을 이용하여 구한다.

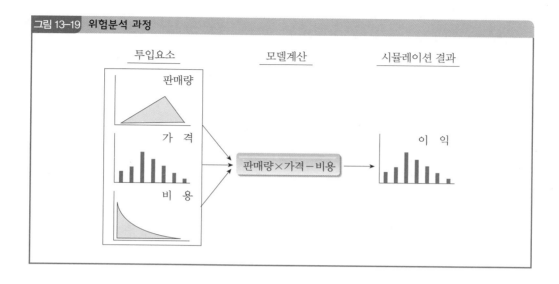

그림 13-19 위험분석 과정

$$이익=[(판매가격-단위당 비용)\times수요량]-(광고비+관리비)$$

여기서 단위당 비용에는 단위당 노무비와 단위당 부품비 등이 포함될 수 있다. 위험분석의 예를 들어 이익을 예측하는 문제를 공부하자.

강남제조㈜는 최근에 개발된 첨단재료를 사용하여 테니스 라켓을 생산하려고 한다. 회사에서 조사한 바에 의하면 판매가격, 첫 해의 관리비 및 광고비는 다음과 같다.

판매가격=300,000원/단위

관리비=400,000,000원

광고비=800,000,000원

한편 직접노무비, 부품비, 첫 해의 수요량은 불확실하기 때문에 확률변수로 취급해야 한다. 그러나 회사는 이들 변수에 대해 가장 근접한 추정치를 얻는 노력을 한 결과 다음과 같은 데이터를 얻었다.

노무비=43,000~47,000(평균=45,000/개)

부품비=60,000~120,000(평균=90,000/개)

첫 해 수요량=7,000~13,000(평균=10,000/개)

가정-결과 분석

가정-결과 분석(what-if analysis)에 있어서는 확률변수에 대해 추정치를 구함으로써 이익을 계산하게 된다. 강남제조(주)의 이익 모델은 다음과 같다.

$$이익 = (300,000 - C_1 - C_2)x - 1,200,000,000$$

여기서 C_1 = 노무비/단위

C_2 = 부품비/단위

x = 첫 해 수요량

강남제조(주)의 이익은 기초 시나리오(base-case scenario), 최악(worst-case) 시나리오, 최선(best-case) 시나리오에 따라 다음과 같이 계산할 수 있다.

기초: 이익 $= (300,000 - 45,000 - 90,000)(10,000) - 1,200,000,000$

$= 450,000,000$원

최악: 이익 $= (300,000 - 47,000 - 120,000)(7,000) - 1,200,000,000$

$= -269,000,000$원

최선: 이익 $= (300,000 - 43,000 - 60,000)(13,000) - 1,200,000,000$

$= 1,361,000,000$원

이와 같은 가정-결과 분석에 의하면 상당한 이익을 초래함과 동시에 상당한 손실을 초래할 수도 있음을 알 수 있다. 그런데 이러한 분석법의 결점은 손실의 확률을 계산할 수 없다는 점이다.

시뮬레이션

위험분석을 위해 가정-결과 분석법을 사용하기 위해서는 확률변수에 대해 추정치를 부여하고 이익을 계산하지만 시뮬레이션 방법은 확률변수의 값을 실제 상황에 맞게 생성시켜 이익을 계산하게 된다. 이러한 값을 생성하기 위하여 각 확률변수에 대한 확률분포를 알아야 한다.

강남제조(주)는 이들 확률변수들에 대해 다음과 같이 추산하였다.

표 13–11	노무비의 확률분포	
노무비/개	확 률	난수구간
43,000	0.05	0.00~0.04
44,000	0.25	0.05~0.29
45,000	0.40	0.30~0.69
46,000	0.20	0.70~0.89
47,000	0.10	0.90~0.99

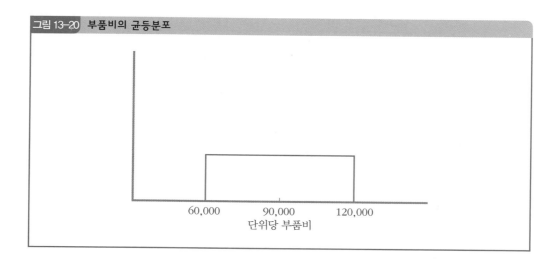

그림 13–20 부품비의 균등분포

단위당 부품비

- 직접노무비는 개당 43,000원에서 47,000원 사이에서 〈표 13−11〉과 같은 이산확률분포를 따른다.
- 부품비는 경제상황, 부품의 수요량, 부품 공급자의 가격정책에 따라 다른데 개당 60,000원에서 120,000원 사이에서 〈그림 13−20〉과 같은 균등분포를 따른다.
- 첫 해의 수요량은 〈그림 13−21〉과 같이 평균 10,000개, 표준편차 1,000개인 정규분포를 따른다.

강남제조㈜ 문제를 시뮬레이트하기 위해서는 위의 세 개의 확률변수에 대한 값(난수)들을 수천 개 생성해서 이익을 계산해야 한다. 〈그림 13−22〉는 계산하는 과정을 나타내는 흐름도이다. 위험분석에 시뮬레이션을 시행하는 것은 평균이익을 계산하는 것이 주목적이지만 이익의 확률은 물론 손실의 확률도 얻을 수 있다.

그림 13-21 수요량의 정규분포

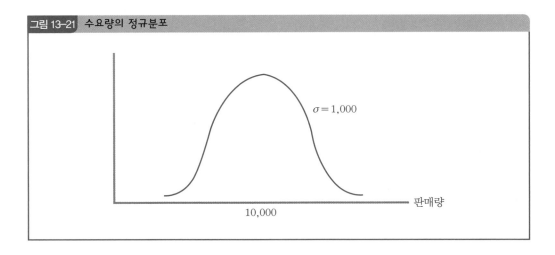

그림 13-22 흐름도

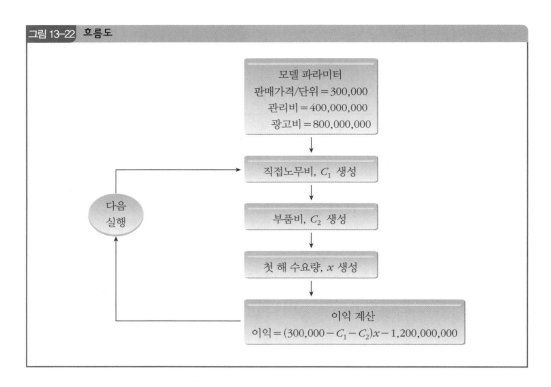

Excel 활용

① 다음과 같이 필요한 데이터를 시트에 입력한다.

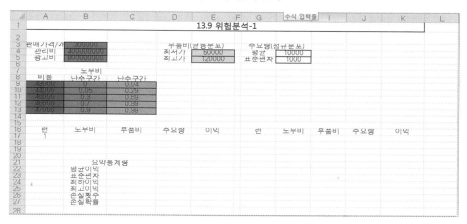

② 필요한 수식을 입력한다.

셀 주 소	수　식	비　고
B17	=LOOKUP(RAND( ), $B$9 : $B$13, $A$9 : $A$13)	
C17	=RANDBETWEEN($E$4, $E$5)	
D17	=NORM.INV(RAND( ), H4, H5)	
E17	=(B3−B17−C17)CD17−(B4+B5)	
H17	=B17	
I17	=C17	
J17	=D17	
K17	=E17	
C22	=AVERAGE(K17 : K316)	
C23	=STDEV.S(K17 : K316)	
C24	=MIN(K17 : K316)	
C25	=MAX(K17 : K316)	
C26	=COUNTIF(K17 : K316, "<=0")	
C27	=C26/300	

③ 시뮬레이션 300런을 실시하기 위해서는 앞에서 취한 절차를 따른다.

④ 다음과 같은 결과를 얻는다.

	A	B	C	D	E	F	G		I	J	K	L
1					13.9 위험분석-2							
3	판매가격/개	300000		부품비(균등분포)			수요량(정규분포)					
4	관리비	400000000		최저가	60000		평균	10000				
5	광고비	800000000		최고가	120000		표준편차	1000				
7		노무비										
8	비봉	난수구간	난수구간									
9	43000	0	0.04									
10	44000	0.05	0.29									
11	45000	0.3	0.69									
12	46000	0.7	0.89									
13	47000	0.9	0.99									
16	런	노무비	부품비	수요량	이익		런	노무비	부품비	수요량	이익	
17	1	44000	86578	10759.11	622829630		1	44000	86578	10759.11	622829630	
18							2	44000	113032	9633.594	177295616	
19							3	43000	105643	8050.142	18445401.5	
20							4	44000	80091	8979.402	379557706	
21			요약통계량				5	44000	66456	11724.66	1022339545	
22		평균이익	436830962.5				6	44000	81187	10501.27	635758638	
23		표준편차	246093118.1				7	45000	118915	9656.337	114082679	
24		최하이익	-77914329				8	46000	85356	9874.677	465305004	
25		최고이익	1231429245				9	45000	93697	7231.563	-33527242	
26		손실횟수	5				10	44000	79387	9665.714	507090728	
27		손실확률	0.016666667				11	45000	107719	9375.385	180816112	
316							300	46000	111621	9753.677	188718803	
317												

결과 분석

300회의 시뮬레이션을 실시한 결과 강남제조㈜는 테니스 라켓을 시판하게 되면 평균
이익으로 43.7천 만원을 기대할 수 있지만 손실도 5회로써 그의 확률은 비록 매우 낮지만
1.7%나 되는 것이다.

Crystal Ball 활용

(1) 다음과 같이 데이터를 입력한다.

	A	B	C	D	E	F	G	H
1					13.9 위험분석-3			
2								
3	판매가격/개	300,000		부품비(균등분포)			수요량(정규분포)	
4	관리비	400,000,000		최저가	60,000		평균	10,000
5	광고비	800,000,000		최고가	120,000		표준편차	1,000
6								
7		노무비(이산분포)						
8	비용	확률						
9	43,000	0.05		Crystal Ball Model				
10	44,000	0.25						
11	45,000	0.4						가정 셀
12	46,000	0.2					노무비	45,000
13	47,000	0.1					부품비	90,000
14							수요량	10,000
15								
16								예측 셀
17							이익	

(2) 수식을 입력한다.

셀 주 소	수 식	비 고
H17	=(B3−H12−H13) * H14−B4−B5	

(3) 다음과 같은 결과를 갖는다.

	A	B	C	D	E	F	G	H
1				13.9 위험분석-4				
2								
3	판매가격/개	300,000		부품비(균등분포)			수요량(정규분포)	
4	관리비	400,000,000		최저가	60,000		평균	10,000
5	광고비	800,000,000		최고가	120,000		표준편차	1,000
6								
7	노무비(이산분포)							
8	비용	확률						
9	43,000	0.05		Crystal Ball Model				
10	44,000	0.25						
11	45,000	0.4						가정 셀
12	46,000	0.2					노무비	45,000
13	47,000	0.1					부품비	90,000
14							수요량	10,000
15								
16								예측 셀
17							이익	450000000

(4) 노무비(H12), 부품비(H13), 수요량(H14) 등에 대해 「가정 정의」를 차례로 실시한다.

① 셀 H12를 선택한다.

② 분포 갤러리에서 「사용자 정의」를 클릭한다.

③ 「확인」을 클릭하면 「가정 정의」 대화상자가 나타나는데 「데이터 로드」를 클릭한다.

④ 「데이터 위치」의 끝에 있는 🔽을 클릭한다.

⑤ 「셀 참조」 대화상자가 나타나면 셀 영역 A9:B13을 입력한다.

⑥ 「확인」을 클릭하면 「사용자 정의 분포」가 나타난다.

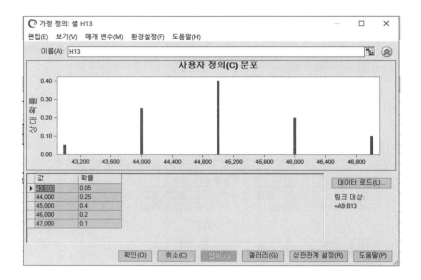

⑦ 「확인」을 클릭하면 셀 H12가 녹색으로 변한다.

⑧ 셀 H13에 대해서는 분포 갤러리에서 「균일」을 선택하고 「확인」을 클릭한다.

⑨ 「균일분포」가 나타나면 「최소」를 '60,000'으로, 그리고 「최대」를 '120,000'으로 고친다.

⑩ 「확인」을 클릭하면 셀 H13이 녹색으로 변한다.

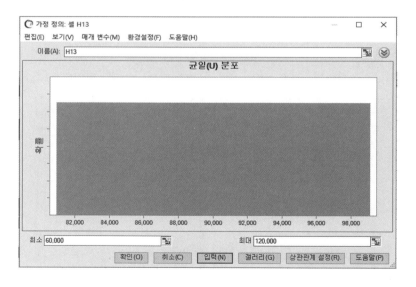

⑪ 셀 H14에 대해서는 분포 갤러리에서 「정규」를 선택하고 「확인」을 클릭한다.

⑫ 「정규분포」가 나타나면 「평균」을 '10,000'으로, 그리고 「표준편차」를 '1,000'으로 고

친다.

⑬「확인」을 클릭하면 셀 H14가 녹색으로 변한다.

(5) 이익(H17)에 대해 「예측 정의」를 실시한다.

⑭ 셀 H17을 선택한다.

⑮ 메뉴 바에서 「예측 정의」를 클릭한다.

⑯「예측 정의」대화상자가 나타나면 「이름」으로 이익을, 그리고 「단위」에 원을 입력하고 「확인」을 클릭한다.

⑰ 셀 H17이 파란 색으로 변한다.

(6) 메뉴 바에서 「실행 환경설정」을 클릭한다.

⑱「실행 환경설정」대화상자가 나타나면 「시행」을 클릭한 후 「실행할 시행 수」로 '1,000'을 입력한다.

⑲「확인」을 클릭한다.

(7) 「시작」을 클릭한다.

⑳ 런이 끝나면 시뮬레이트된 이익의 도수분포가 나타난다.

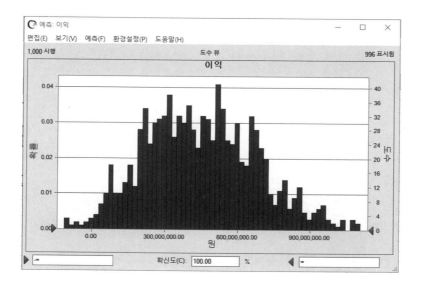

㉑ 「보기−통계」를 선택하면 여러 가지 예측 값이 나타난다.

통계	예측 값
시행	1,000
기준값	450,000,000.00
평균	452,605,883.78
중앙값	444,839,892.12
최빈값	---
표준 편차	232,865,285.76
분산	54,226,241,312,053,200.00
왜도	0.3260
첨도	2.89
변동 계수	0.5145
최소	-112,085,142.87
최대	1,306,274,461.33
평균 표준 오차	7,363,846.91

예측: 이익 — 편집(E)　보기(V)　예측(F)　환경설정(P)　도움말(H) — 1,000 시행 — 통계 뷰 — 'Sheet 1 (5)'!H17

㉒ 평균은 45.2천만 원으로서 Excel을 사용하여 구한 43.7천만 원과 차이가 있는데 이는 사용한 난수가 다르고 또한 시행횟수가 다르기 때문이다.

13.10　Excel 함수

Excel 및 Crystal Ball에 의한 난수 생성

■ 난수 생성(random number generator)

　　Excel을 사용하여 난수를 생성하기 위해서는

　　　　=RAND(　)

라는 내장함수를 사용한다.

　　RAND 함수는 이용할 때마다 이미 생성한 난수와 다른 난수를 계속 생성하기 때문에 이미 생성된 난수를 동결하여 사용하기 위해서는 다음과 같은 절차를 거쳐야 한다.

　　① 생성된 난수들의 범위를 블록으로 지정한다.
　　② 마우스의 오른쪽 버튼을 클릭하고 「복사」를 선택한다.
　　③ 다시 마우스의 오른쪽 버튼을 클릭하고 「선택하여 붙여넣기」를 선택한다.

④ 「선택하여 붙여넣기」 대화상자가 나타나면 '붙여넣기' 가운데서 '값'을 선택한다.

⑤ 「확인」을 누르면 생성된 난수는 완전히 동결된다.

■ 연속균등분포(continuous uniform distribution)

하한 a와 상한 b 사이의 모든 값이 똑같은 발생확률을 갖고 또한 소수점 이하의 값을 가질 수 있을 때 확률변수는 연속균등분포를 따른다고 한다.

연속균등분포로부터 난수를 생성하기 위해서는

$$=a+(b-a)*RAND(\ )$$

$$\boxed{=CB.Uniform(a,\ b)}$$

라는 함수를 사용한다. 박스 속의 함수는 Crystal Ball에서 사용하는 함수이다.

■ 이산균등분포(discrete uniform distribution)

하한 a와 상한 b 사이의 모든 값이 똑같은 발생확률을 갖고 또한 정수값을 가질 수 있을 때 그 확률 변수는 이산균등분포를 따른다고 한다.

이산균등분포로부터 난수를 생성하기 위해서는

$$=INT(a+(b-a+1)*RAND(\ ))\ \text{또는}$$

$$=RANDBETWEEN(a,\ b)$$

$$\boxed{=CB.Discrete\ Uniform(a,\ b)}$$

라는 함수를 사용한다.

■ 정규분포(normal distribution)

평균 μ, 표준편차 r를 갖는 정규분포로부터 난수를 생성하기 위해서는

$$=NORM.INV(RAND(\ ),\ \mu,\ r)$$

$$\boxed{=CB.Normal(a,\ b)}$$

라는 함수를 사용한다.

여기서 생성되는 난수는 소수점 이하의 값을 갖기 때문에 정수값을 원하면

$$=ROUND(NORM.INV(RAND(\ ),\ \mu,\ r),\ 0)$$

이라는 함수를 사용한다.

■ 이항분포

성공과 실패라는 두 결과를 갖는 사상이 n번 반복 시행될 때 매 시행마다 성공확률 p 를 갖는 이항분포(binomial distribution)의 난수를 생성시키는 함수는

$$=\text{CRITBINOM}(n,\ p,\ \text{RAND}(\ \ ))$$

$$\boxed{=\text{CB.Binomial}(p,\ n)}$$

이다.

■ 지수분포(exponential distribution)

대기행렬 시스템에서 도착 사이의 시간과 서비스시간은 지수분포를 따른다. 평균서비스율 μ를 갖는 지수분포로부터 난수를 생성하기 위해서는

$$=\left(\frac{1}{\mu}\right)\text{CLN}(\text{RAND}(\ \ ))$$

$$\boxed{=\text{CB.Exponential}(\mu)}$$

라는 함수를 사용한다.

■ 이산일반분포(두 결과)(discrete general distribution)

확률분포의 결과가 이산이지만 여러 가지 결과가 발생할 확률이 같지 않을 때 이는 이산일반분포를 따른다고 한다. 이 분포는 이산균등분포의 반대개념이다.

가능한 두 결과로부터 하나를 선택하기 위해서는 IF 함수를 사용한다.

예컨대 남자 55%, 여자 45%인 모집단으로부터 한 사람을 랜덤으로 선택하는 실험을 하기 위해서는

$$=\text{IF}(\text{RAND}(\ \ )<0.55,\ \text{"MALE"},\ \text{"FEMALE"})$$

$$\boxed{\begin{array}{l}=\text{CB.YesNo}(p)\\ p=\text{결과 }A\text{의 확률}\end{array}}$$

이라는 함수를 사용한다.

■ 이산일반분포(세 결과 이상)

〈표 13-3〉에서 판매량은 여섯 개의 값(결과)을 갖고 각 값에 따른 판매량의 확률들은 서로 같지 않다. 이러한 분포로부터 수요량(난수)을 생성하기 위해서는

$$=\text{LOOKUP}(\text{RAND}(\ \ ),\ \text{범위 1},\ \text{범위 2})$$

> =CB.Custom(range)
>
> range는 확률분포를 의미함

라는 함수를 사용한다. 여기서 범위(range) 1은 난수구간의 하한들을 의미하고 범위 2는 변수(판매량)의 값들을 의미한다.

1 Excel 은행은 시골에 있는 한 지점에 텔러 한 명을 두고 영업을 하여 왔는데 최근 도시개발로 고객의 수가 늘어 기다리는 시간이 길어지는 등 고객의 불만이 증가하자 텔러 한 명을 더 증원하는 문제를 심각하게 고려하고 있다.

은행에서는 고객의 대기시간이 평균 1분 이상이 되지 않는 정책을 사용하여 왔다.

고객간 도착시간은 0부터 5.5분 사이의 균등분포를 따르고 서비스시간은 평균 2분, 표준편차 0.7분인 정규분포를 따르는 것으로 밝혀졌다.

이 문제에서 확률변수는 도착간 시간과 서비스시간이고 통제가능변수는 텔러의 수이다.

1,000명의 고객을 시뮬레이트하여 기다리는 고객의 수, 기다릴 확률, 평균 대기시간, 1분 이상 기다리는 고객의 수를 구하라.

해답

① 다음과 같이 데이터를 시트에 입력한다.

	A	B	C	D	E	F	G	H
1			13장 예제와 해답 1					
2								
3	도착간시간 (균등분포)			서비스시간 (정규분포)				
4	최하치	0		평균	2			
5	최고치	5.5		표준편차	0.7			
6								
7								
8	도착간 시간	도착시간	서비스 시작시간	대기시간	서비스시간	완료시간	시스템내 시간	
9								
10								
11								
1010								
1011								
1012	요약특성치							
1013	대기자수							
1014	대기확률							
1015	평균대기시간							
1016	최장대기시간							
1017	1분이상 대기자수							
1018								

② 필요한 수식을 입력한다.

셀 주 소	수 식	비 고
A9	=ROUND(B5CRAND( ), 1)	A10까지 복사
B9	=A9	
C9	=B9	
D9	=C9−B9	D10까지 복사
E9	=ROUND(NORM.INV(RAND( ), $E$4, $E$5), 1)	E10까지 복사
F9	=C9+E9	F10까지 복사

G9	=F9−B9		G10까지 복사
B10	=A10+B9		
C10	=IF(B10<=F9, F9, B10)		A10:G10을
			A1008:G1008까지 복사
B1013	=COUNTIF(D9:D1008, ">0")		
B1014	=B1013/1000		
B1015	=AVERAGE(D9:D1008)		
B1016	=MAX(D9:D1008)		
B1017	=COUNTIF(D9:D1008, ">=1")		

시뮬레이션은 시간=0에서 시작한다.

고객 1은 도착하는 즉시 서비스를 받는다.

고객 2의 도착시간=고객 1의 도착시간+도착간 시간

대기시간 t는 완료시간($t-1$)과 도착시간 t를 비교하여 구한다.

③ 다음과 같은 결과를 얻는다.

	A	B	C	D	E	F	G	H
1	13장 예제와 해답 1							
2								
3	도착간시간 (균등분포)			서비스시간 (정규분포)				
4	최하치	0		평균	2			
5	최고치	5.5		표준편차	0.7			
6								
7								
8	도착간 시간	도착시간	서비스 시작시간	대기시간	서비스시간	완료시간	시스템내 시간	
9	1.5	1.5	1.5	0	2.9	4.4	2.9	
10	1.1	2.6	4.4	1.8	2.2	6.6	4	
11	0.1	2.7	6.6	3.9	1.8	8.4	5.7	
1007	4.9	2733.5	2733.5	0	3.2	2736.7	3.2	
1008	4.4	2737.9	2737.9	0	0.9	2738.8	0.9	
1009								
1010								
1011	요약특성치							
1012	대기자수	542						
1013	대기확률	0.542						
1014	평균대기시간	1.1382						
1015	최장대기시간	7.8						
1016	1분이상 대기자수	400						
1017								

결과분석

지점의 운영상태를 보면 텔러 한 명을 증원하는 것이 요구된다. 대기자 수는 1,000명 중 542명으로서 54.2%가 대기하고 있으며 평균 대기시간은 1.1분이다.

1분 이상 대기자 수는 400명이나 되고 최장 대기시간은 무려 7.8분이나 되기 때문이다.

2 기다리는 라인 하나를 사용하는 응봉 주요소에 지난 200시간 동안 영업하는 중에 도착한 차량의 수는 다음과 같다.

도착하는 차량의 수	도수
4	30
5	40
6	50
7	40
8	40

한편 차량 도착에 따른 예상 수입은 아래의 표와 같다.

도착하는 차량의 수	수입
4	100
5	125
6	150
7	175
8	200

(1) 24시간 동안의 차량 도착을 시뮬레이트하여 시간당 평균 차량 도착의 수를 계산하라.
(2) 24시간 동안의 차량 도착을 시뮬레이트하여 예상되는 평균수입을 계산하라.
(3) Excel과 Crystal Ball을 사용하여 결과를 비교하라.

해답

Excel 활용

① 데이터와 수식을 시트에 입력한다.

셀주소	수식	비고
A12	=1	셀 영역 A12 : A13을 선택하고
A13	=2	셀 A211까지 복사
B12	=RAND( )	B35까지 복사
B36	=AVERAGE(C12 : C35)	
C5	=O	
C6	=B5+C5	C9까지 복사
C12	=VLOOKUP(B12, $C$5 : $D$9, 2)	C211까지 복사
D12	=VLOOKUP(B12, $C$5 : $E$9, 3)	D211까지 복사
D36	=AVERAGE(D12 : D35)	

D39	=C36
D40	=D36
D44	=AVERAGE(F12 : F211)
D45	=AVERAGE(G12 : G211)
F12	=C36
G12	=D36

② Data Table을 만들기 위해서 셀 영역 E12 : G211을 선택한다.

③ 「데이터-가상분석-Data Table」을 클릭한다.

④ 「열 입력 셀」에 가상의 셀 AA1을 입력하고 「확인」을 클릭한다.

⑤ 다음과 같은 결과를 얻는다.

	A	B	C	D	E	F	G
1				13장 예제와 해답 2			
2							
3	도착 차량 수	확률	누적확률	도착 차량 수	수입		
4							
5	4	0.15	0	4	100		
6	5	0.2	0.15	5	125		
7	6	0.25	0.35	6	150		
8	7	0.2	0.6	7	175		
9	8	0.2	0.8	8	200		
10						Data Table	
11	시간	난수	도착 수	수입	일	도착 수	수입
12	1	0.170073	5	125	1	5.583333	139.5833
13	2	0.624209	7	175	2	6.208333	155.2083
14	3	0.723205	7	175	3	6.166667	154.1667
15	4	0.061952	4	100	4	6.041667	151.0417
16	5	0.073224	4	100	5	5.791667	144.7917
17	6	0.293685	5	125	6	5.875	146.875
18	7	0.947262	8	200	7	5.916667	147.9167
19	8	0.327842	5	125	8	6.375	159.375
20	9	0.640885	7	175	9	5.833333	145.8333
21	10	0.21153	5	125	10	5.958333	148.9583
22	11	0.294103	5	125	11	5.875	146.875
23	12	0.494534	6	150	12	6.041667	151.0417
24	13	0.24686	5	125	13	6	150
25	14	0.312352	5	125	14	6.291667	157.2917
26	15	0.801306	8	200	15	6.041667	151.0417
27	16	0.026676	4	100	16	6.125	153.125
28	17	0.29732	5	125	17	6.333333	158.3333
29	18	0.490958	6	150	18	6.5	162.5
30	19	0.580564	6	150	19	6	150
31	20	0.26798	5	125	20	6.25	156.25
32	21	0.018343	4	100	21	5.791667	144.7917
33	22	0.67777	7	175	22	6.541667	163.5417
34	23	0.256903	5	125	23	5.875	146.875
35	24	0.411352	6	150	24	6.125	153.125
36		평균	5.583333	139.5833	25	5.708333	142.7083
37					26	6.416667	160.4167
38	1회 반복 결과				27	6.041667	151.0417
39		시간당 평균 도착 수		5.583333	28	6.041667	151.0417
40		시간당 평균수입		139.5833	29	6.041667	151.0417
41					30	5.833333	145.8333
42					31	6.5	162.5
43	200회 반복시행 결과				32	6.333333	158.3333
44		시간당 평균 도착 수		6.093125	33	6.333333	158.3333
45		시간당 평균수입		152.3281	34	6	150
46					35	5.916667	147.9167
210					199	6.166667	154.1667
211					200	6.333333	158.3333

결과분석

1회 반복시행 결과: 시간당 차량 평균 도착 수=5.58대
시간당 평균수입=139.58원
200회 반복시행 결과: 시간당 차량 평균 도착 수=6.09대
시간당 평균수입=152.33원

Crystal Ball 사용

① Crystal Ball이 Excel에 로드된 후 다음과 같이 수식 등을 고친다.

셀주소	수식	비고
B12	=CB.Custom($A$5 : $B$9)	B35까지 복사

	A	B	C	D
1	13장 예제와 해답 2			
2				
3	도착 차량 수	확률	도착 차량 수	수입
4				
5	4	0.15	4	100
6	5	0.2	5	125
7	6	0.25	6	150
8	7	0.2	7	175
9	8	0.2	8	200
10				
11	시간	도착 수	수입	
12	1	6.1	150	

② 셀 B12를 선택하고 「예측 정의」를 클릭한다.

③ 「예측 정의」 대화상자가 나타나면 「이름」에 도착 수를 입력하고 「확인」을 클릭한다

④ 셀 C12를 선택하고 「예측 정의」를 클릭한다. 「확인」을 클릭한다.

⑤ 「시작」을 클릭한다.

⑥ 다음과 같은 결과를 얻는다.

계산결과

	Excel	Crystal Ball
시간당 차량 평균 도착수	6.09	6.08
시간당 평균수입	152.33	151.95

두 가지 방법에 의해 구한 결과 큰 차이는 없으나 더 많은 반복시행을 하게 되면 더욱 근접할 것이다.

3 보일러 전문점의 박 사장은 어떤 주에도 한 가지 모델의 보일러 여덟 대의 공급량을 유지하는 정책을 고수한다. 이러한 정책은 비용을 많이 수반하지만 고객의 수요를 우선해서 만족시키기 위함이다. 그는 지난 50주 동안 보일러 판매량을 조사한 결과 다음과 같은 데이터를 정리하였다.

주 판매량	판매한 주의 수
4	6
5	5
6	9
7	12
8	8
9	7
10	3

⑴ 판매량의 확률분포를 이용하여 판매량의 기대값을 구하라.

⑵ 앞으로 2년간(104주) 영업할 주 판매량의 시뮬레이션 모델을 Excel의 내장함수를 사용하여 작성한 후 이 한 번의 시행에 따른 다음의 예측치를 구하라.

- 주 평균 판매량
- 2년간 재고부족이 발생한 주의 수

⑶ Excel의 Data Table 기능을 사용하여 위 모델을 200번 반복 시행하여 다음의 질문에 답하라.

- 주 평균 판매량
- 2년간 20주 이상 재고부족이 발생한 확률
- 분석적 방법에 의한 주 평균 판매량과 Data Table에 의한 주 평균 판매량 사이에 차이가 발생한 이유를 설명하라.

해답

⑴

판매량(x)	주의 수	확률 $P(x)$
4	6	0.12
5	5	0.10
6	9	0.18
7	12	0.24
8	8	0.16
9	7	0.14
10	3	0.06
합계	50	1.00

기대값 $E(x)=4(0.12)+5(0.10)+6(0.18)+7(0.24)+8(0.16)+9(0.14)+10(0.06)=6.88$

(2)

① 다음과 같이 데이터를 시트에 입력한다.

	A	B	C	D	E	F	G	H	I	J	K	L
1					13장 예제와 해답 3							
2					판매량 분포						Data Table	
3	주	판매량	재고부족? (1=예)		판매량	확률	난수 하한	난수 상한		런	평균 판매량	재고부족 주의 수
4					4	0.12						
5					5	0.1						
6					6	0.18						
7					7	0.24						
8					8	0.16						
9					9	0.14						
10					10	0.06						
11												
12					주 공급량			8				
13												
14												
15					1회 시행 결과							
16					평균 판매량							
17					재고부족 주의 수							
18												
19					200회 반복시행 결과							
20					평균 판매량							
21					재고부족 주의 수							
22												
23												
24					기대 판매량							

② 필요한 수식을 입력한다.

셀 주 소	수 식	비 고
A4	1	
A5	2를 입력한 후	A4 : A5를 A107까지 복사
B4	=LOOKUP(RAND( ), $G$4 : $G$10, $E$4 : $E$10)	B107까지 복사
G5	=G4	
H4	=F4+G4	G10까지 복사
H16	=SUM(B4 : B107)/104	H10까지 복사
H17	=COUNTIF(C4 : C107,1)	
H20	=SUM(K4 : K203)/200	
H21	=COUNTIF(L4 : L203,>"20")/200	
H24	=SUMPRODUCT(E4:E10, F4:F10)	
J4	1	
J5	2를 입력한 후	J4 : J5를 J203까지 복사
k4	=H16	
L4	=H17	
	Data Table을 이용하기 위해서는 셀 영역 J4 : L203을 블럭으로 지정한 후 「데이터-가상분석-데이터 표」를 선택한다. 데이터 테이블 대화상자가 나타나면 「열 입력 셀」에 가상 셀 AA1을 입력하고 「확인」을 클릭한다.	

③ 다음과 같은 결과를 얻는다.

	A	B	C	D	E	F	G	H	I	J	K	L
1						13장 예제와 해답 3						
2						판매량 분포					Data Table	
3	주	판매량	재고부족? (1=예)		판매량	확률	난수 하한	난수 상한		런	평균 판매량	재고부족 주의 수
4	1	6	0		4	0.12	0	0.12		1	6.94231	19
5	2	6	0		5	0.1	0.12	0.22		2	7.28846	31
6	3	6	0		6	0.18	0.22	0.4		3	7.44231	34
7	4	4	0		7	0.24	0.4	0.64		4	6.69231	13
8	5	4	0		8	0.16	0.64	0.8		5	7.21154	30
9	6	10	1		9	0.14	0.8	0.94		6	701923	23
10	7	8	0		10	0.06	0.94	1		7	6.85577	20
11	8	5	0							8	6.98077	22
12	9	6	0			주 공급량		8		9	6.81731	17
13	10	4	0							10	6.68269	16
14	11	8	0							11	6.694231	22
15	12	7	0			1회 시행 결과				12	6.72115	18
16	13	9	1			평균 판매량		6.9423		13	6.82692	14
17	14	7	0			재고부족 주의 수		19		14	6.75962	22
18	15	10	1							15	6.90385	25
19	16	7	0			200회 반복시행 결과				16	6.86538	17
20	17	8	0			평균 판매량		6.8514		17	6.80769	24
21	18	6	0			P(>20 재고부족 주)		0.475		18	6.71154	21
22	19	9	1							19	6.77885	15
23	20	7	0							20	6.80769	17
24	21	4	0			기대 판매량		6.88		21	6.75	17
25	22	9	1							22	6.98077	25
26	23	7	0							23	6.59615	18
27	103	5	0							103	6.72115	19
28	104	6	0							104	6.72115	13
29										105	6.89423	19
30										199	7.01923	30
31										200	6.65192	19

주 평균 판매량=6.9423

2년간 재고부족이 발생한 주의 수=19

⑶ 주 평균 판매량=6.8514

2년간 20주 이상 재고부족이 발생할 확률=47.5%

200회 반복시행 결과 얻는 평균 판매량 6.8514는 분석적 방법에 의해 얻는 기대 평균 판매량 6.88에 약간의 차이를 보이지만 더 많은 반복시행을 하면 6.88에 더욱 근접할 것이다.

chapter
13   연/습/문/제

01 영동 고속버스 터미널에 있는 신문 가판대는 매일 아침 사랑일보를 100부 주문하는데 1부에 200원에 구입하여 600원에 판매하고 있다. 당일 팔지 못한 신문은 휴지로 버린다.
과거의 데이터에 의하면 수요량(판매량)과 그의 확률은 다음과 같다고 한다.

수 요 량	확 률
50	0.05
75	0.10
100	0.25
125	0.30
150	0.20
175	0.10

(1) 난수 0.45, 0.64, 0.02, 0.82, 0.31, 0.81, 0.43, 0.93, 0.35, 0.14를 사용하여 10일 동안의 총이익을 시뮬레이트하라.

(2) 신문 가판대는 주문량을 50, 100, 125, 150, 175부로 할 때 총이익이 최대인 주문량을 알고자 한다. 주문량은 얼마로 해야 하는가?

02 한국제과점에서는 매일 아침에 20개씩 양과자를 굽기로 결정하였다. 양과자에 대한 매일의 수요는 다음과 같은 분포를 따르는 것으로 조사되었다.
양과자 한 개를 만드는 데 소요되는 비용은 150원이고 판매가격은 300원이다. 그런데 당일 팔지 못한 양과자는 다음 날 75원에 팔아버린다고 한다.

수 요 량	확 률
5	0.08
10	0.12
15	0.25
20	0.20
25	0.20
30	0.15

(1) 위 문제 01 에서 사용한 난수를 이용하여 10일 동안의 영업을 시뮬레이트하여 총이익과 평균이익을 구하라.

(2) 제과점에서는 매일 아침 양과자를 15, 20, 25, 30개 생산할 때의 이익을 비교하고자 한다. 총이익을 최대로 하는 생산량은 얼마인가?

03 어떤 서비스 시설에 도착하는 고객간 시간과 서비스 시간이 이산확률변수이고 각 확률변수의 확률분포가 다음과 같다. 다음과 같이 주어지는 난수를 사용하여 열 명의 고객에 대한 시뮬레이션을 실시하여 평균 대기시간을 구하라.

도착간 시간(분)	확　률	난수구간
1	0.3	0.00~0.29
2	0.5	0.30~0.79
3	0.2	0.80~0.99

난수: 0.73, 0.75, 0.02, 0.98, 0.47, 0.21, 0.97, 0.41, 0.80, 0.15

서비스시간(분)	확　률	난수구간
2.0	0.3	0.00~0.29
3.0	0.3	0.30~0.59
4.0	0.4	0.60~0.99

난수: 0.72, 0.37, 0.87, 0.10, 0.93, 0.95, 0.69, 0.91, 0.67, 0.41

04 종로제조(주)는 새로운 제품을 개발하려고 한다. 제품의 판매가격, 비용, 광고비 등에 관한 확률분포가 다음과 같다. 이익은 다음과 같은 공식을 사용하여 구한다.
이익=[(판매가격−단위당 비용)×판매량]−광고비
한편 네 확률변수에 대한 난수가 다음과 같이 주어질 때 10회 시뮬레이션을 실시한 결과 얻는 총이익을 구하라.

판　매 가　격	확　률	단위당 비용	확　률	판매량	확　률	광고비	확　률
5.0	0.20	2.5	0.35	15,000	0.30	20,000	0.50
5.5	0.50	3.0	0.50	18,000	0.45	25,000	0.30
6.0	0.30	3.5	0.15	20,000	0.25	30,000	0.20

판매 가격	17	5	21	66	43	54	11	61	35	39
단위당 비용	91	89	17	94	85	44	62	9	66	37
판 매 량	42	31	60	71	76	55	52	38	59	97
광 고 비	82	17	51	44	75	58	41	38	29	61

05 박 군은 시간제로 보험을 판매하고 있다. 50주 동안에 판매한 주당 보험증권의 수는 다음과 같다.

판매량	0	1	2	3	4	계
도 수	8	15	17	7	3	50

(1) 상대도수 분포표를 작성하고 판매량에 대응되는 난수구간을 결정하라.

(2) 난수 77, 92, 10, 69, 07, 11, 00, 84, 27, 51을 사용하여 10주간 시뮬레이션을 실시하고 주당 평균 판매량을 계산하라.

06 대성자전거에서는 자전거 재고에 따른 총비용을 최소로 하는 주문량 및 재주문점 방안을 결정하고자 한다. 이 자전거의 주간 수요량의 상대도수 분포는 다음과 같다.

수요(주간)	0	1	2	3	4	5
상대도수	0.20	0.50	0.10	0.10	0.05	0.05

한편 조달기간에 대한 상대도수 분포는 다음과 같다.

조달기간(주)	1	2	3	4
상대도수	0.10	0.25	0.60	0.05

재고유지비는 주당 단위당 1,000원, 주문비는 주문당 20,000원, 재고부족비는 단위당 25,000원이며, 기초재고는 한 개이다. 주문량 12개와 재주문점 5개일 경우 이 재고시스템의 10주간 영업을 시뮬레이션하라.

수요량을 위한 난수는 77, 92, 10, 69, 07, 11, 99, 84, 27, 51이고 조달기간을 위한 난수는 51, 08, 92, 75이다.

07 종로구 119구조대에는 매일 저녁 비상전화가 다음과 같은 이산확률분포로 걸려오고 있다.

전 화	전 화
0	0.05
1	0.12
2	0.15
3	0.25
4	0.22
5	0.15
6	0.06

사고의 형태	확 률
소 형	0.30
중 형	0.56
대 형	0.14

구조대는 비상전화의 내용을 소형사고, 중형사고, 대형사고의 세 가지 형태로 구분하는데 각 형태의 확률분포는 위의 표와 같다.

사고의 형태에 따라 출동하는 대원의 수가 다르다. 소형사고에는 두 명의 대원이, 중형사고에는 세 명의 대원이, 대형사고에는 다섯 명의 대원이 출동한다.

전화 수를 위한 난수: 70, 50, 15, 01, 83, 15, 69, 09, 66, 78

사고 형태를 위한 난수: 70, 29, 10, 25, 98, 05, 45, 93, 15, 05, 22, 77, 89, 80, 40, 69, 55, 90, 37, 45, 25, 35, 04, 40, 77, 23, 79

(1) 10일 동안의 비상전화를 시뮬레이트하여 매일 밤 걸려오는 비상전화의 각 형태별 평균 수를 구하라.

(2) 어떤 하룻 밤에 필요한 대원의 최대 수를 결정하라.

(3) 10일 동안 걸려오는 총 전화횟수는 얼마인가?

(4) 매일 대기해야 하는 평균 대원 수는 얼마인가?

08 김 사장은 새로운 제품을 생산하려고 한다. 제품생산에 필요한 고정비는 30,000원이다. 변동비는 단위당 20원을 중심으로 16원에서 24원 사이에서 변동하고 제품 수요량은 1,200개를 중심으로 300개에서 2,100개까지 변동하는 것으로 예상된다. 단위당 판매가격은 50원이다.

(1) 이익 모델을 구하라.

(2) 기초, 최악, 최선의 이익을 구하라.

09 Excel 주유소에 주유하러 도착하는 차량들의 시간간격 분포와 주유하는 서비스시간의 분포가 다음과 같다.

도착간 시간(분)	P(x)	서비스시간	P(x)
1	0.2	2	0.2
4	0.25	4	0.3
7	0.3	6	0.15
10	0.1	8	0.2
13	0.15	10	0.15

도착간 시간의 난수: 452, 286, 514, 196, 365, 388, 664, 721, 689, 954, 597
서비스시간의 난수: 559, 735, 957, 119, 257, 269, 122, 024, 762, 779, 825를 사용하여

⑴ 차량 11대가 도착하는 도착간격과 서비스시간을 시뮬레이트하라.
⑵ 평균 대기시간, 서버의 유휴횟수, 차량이 시스템에 머문 평균시간을 구하라.

10 Excel 호텔은 성수기에 객실 예약이 쉽지 않은데 예약을 하고도 나타나지 않는 노쇼(no-Show)를 가끔 경험한다. 노쇼의 확률분포는 다음과 같다.

노쇼	확률
0	0.10
1	0.13
2	0.31
3	0.16
4	0.21
5	0.09

호텔은 빈 객실의 수를 줄이기 위하여 수용능력 이상으로 세 개의 객실을 예약(over-booking)하는 정책을 사용하고 있다. 세 명보다 적은 손님이 나타나지 않는 날에는 예약한 손님들에게 객실이 부족하게 되어 당황하게 된다. 이런 경우에 넘치는 손님들에게는 125천 원의 비용을 주어 인접 호텔로 가도록 한다. 반대로 노쇼의 손님이 세 명보다 많은 경우에는 빈 객실이 나타나 객실당 50천원의 기회비용(opportunity cost)이 발생하게 된다. Excel의 내장함수와 Crystal Ball의 내장함수를 이용하여
⑴ 30일의 영업을 시뮬레이트하여 오버부킹과 기회비용에 따르는 매일 평균비용을 계산하라. 이 비용을 200회 반복 시행하여 매일 평균비용을 계산하라.
⑵ 1, 2, 3 가운데서 가장 바람직한 오버부킹할 하루 객실의 수는 얼마인지 결정하라.

11 컴퓨터 모니터를 전문적으로 취급하는 김 사장의 모니터에 대한 매일의 수요량은 변동하는데 그의 확률분포는 다음과 같다.

수요량	확률
0	0.05
1	0.10
2	0.20
3	0.40
4	0.15
5	0.10

모니터에 대한 조달기간은 과거 데이터에 의하면 1일부터 3일 사이에 이산균등분포를 따르는 것으로 알고 있다. 현재고는 일곱 개이며 도착할 주문량은 없는 상황이다. 한편 주문비는 20천 원, 개당 하루 유지비용은 0.02천 원, 재고부족비용은 개당 8천 원이며 매달 평균 25일 영업한다. 이 문제에서 결정변수는 주문량 Q와 재주문점 R이며 투입 파라미터는 수요량과 조달기간이다.

$(Q, R)=(10,5)$라고 할 때 최소 비용을 가져오는 (Q, R)의 조합은 무엇인가? Excel과 Crystal Ball을 사용하라.

12 종로 주유소에는 차량들이 다음과 같은 도착간 시간 분포로 도착한다. 한편 차량들의 서비스시간 분포는 다음과 같다.

도착간 시간(분)	확률
5	0.35
7	0.25
10	0.30
20	0.10

서비스시간(분)	학률
3	0.3
4	0.4
6	0.2
8	0.1

주유소에 도착하는 차량 15대의 도착간 시간과 서비스시간을 시뮬레이트하여 고객의 평균 대기시간과 차량이 시스템에 체류하는 평균시간을 구하라.

13 강남종합건설(주)는 새로운 빌딩건설은 물론 기존 빌딩에도 개스관 설비를 설치한다. 설비에 대한 매일의 수요량 분포는 다음과 같다.

수요량	확률
0	0.05
1	0.125
3	0.20
5	0.25
7	0.15
9	0.15
11	0.075

한편 조달기간(LT)은 최소 1일, 최대 3일의 균등분포를 따르는 것으로 조사되었다.
비용 데이터는 다음과 같다.

재고유지비용=0.50/단위/일
재고 부족비용=15/단위
주문비용=25/주문

회사는 총비용을 최소로 하는 (Q, R)의 조합을 구하려고 한다. 현재 회사는 기초재고로 여섯 단위를 보유하고 있으며 $(Q, R)=(12, 5)$의 정책을 사용하고 있다. Excel과 Crystal Ball을 사용하여라.

14 옥수의료클리닉에는 의사 한 사람이 환자들을 치료한다. 서비스시간은 평균 15분, 표준편차 5분인 정규분포를 따르고 환자는 시간당 평균 세 명이 지수분포에 따라 클리닉에 도착한다고 한다. 100명의 환자가 도착하는 경우를 시뮬레이트하고 이 모델을 200회 반복시행하여 다음의 질문에 답을 하여라.

⑴ 대기자가 한 명도 없을 확률
⑵ 평균 대기자 수는 얼마인가?
⑶ 환자당 평균 대기시간은 몇 분인가?

EXCEL MANAGEMENT SCIENCE

부록

부 록   A: 정규분포표

Z값에 대한 빗금친 부분의 넓이가 이 표에 기록되어 있다.

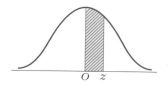

z	.00	.01	.02	.03	.04	.05	.06	.07	.08	.09
.0	.0000	.0040	.0080	.0120	.0160	.0199	.0239	.0279	.0319	.0359
.1	.0398	.0438	.0478	.0517	.0557	.0596	.0636	.0675	.0714	.0753
.2	.0793	.0832	.0871	.0910	.0948	.0987	.1026	.1064	.1103	.1141
.3	.1179	.1217	.1255	.1293	.1331	.1368	.1406	.1443	.1480	.1517
.4	.1554	.1591	.1628	.1664	.1700	.1736	.1772	.1808	.1844	.1879
.5	.1915	.1950	.1985	.2019	.2054	.2088	.2123	.2157	.2190	.2224
.6	.2257	.2291	.2324	.2357	.2389	.2422	.2454	.2486	.2517	.2549
.7	.2580	.2611	.2642	.2673	.2703	.2734	.2764	.2794	.2823	.2852
.8	.2881	.2910	.2939	.2967	.2995	.3023	.3051	.3078	.3106	.3133
.9	.3159	.3186	.3212	.3238	.3264	.3289	.3315	.3340	.3365	.3389
1.0	.3413	.3438	.3461	.3485	.3508	.3531	.3554	.3577	.3599	.3621
1.1	.3643	.3665	.3686	.3708	.3729	.3749	.3770	.3790	.3810	.3830
1.2	.3849	.3869	.3888	.3907	.3925	.3944	.3962	.3980	.3997	.4015
1.3	.4032	.4049	.4066	.4082	.4099	.4115	.4131	.4147	.4162	.4177
1.4	.4192	.4207	.4222	.4236	.4251	.4265	.4279	.4292	.4306	.4319
1.5	.4332	.4345	.4357	.4370	.4382	.4394	.4406	.4418	.4429	.4441
1.6	.4452	.4463	.4474	.4484	.4495	.4505	.4515	.4525	.4535	.4545
1.7	.4554	.4564	.4573	.4582	.4591	.4599	.4608	.4616	.4625	.4633
1.8	.4641	.4649	.4656	.4664	.4671	.4678	.4686	.4693	.4699	.4706
1.9	.4713	.4719	.4726	.4732	.4738	.4744	.4750	.4756	.4761	.4767
2.0	.4772	.4778	.4783	.4788	.4793	.4798	.4803	.4808	.4812	.4817
2.1	.4821	.4826	.4830	.4834	.4838	.4842	.4846	.4850	.4854	.4857
2.2	.4861	.4864	.4868	.4871	.4875	.4878	.4881	.4884	.4887	.4890
2.3	.4893	.4896	.4898	.4901	.4904	.4906	.4909	.4911	.4913	.4916
2.4	.4918	.4920	.4922	.4925	.4927	.4929	.4931	.4932	.4934	.4936
2.5	.4938	.4940	.4941	.4943	.4945	.4946	.4948	.4949	.4951	.4952
2.6	.4953	.4955	.4956	.4957	.4959	.4960	.4961	.4962	.4963	.4964
2.7	.4965	.4966	.4967	.4968	.4969	.4970	.4971	.4972	.4973	.4974
2.8	.4974	.4975	.4976	.4977	.4977	.4978	.4979	.4979	.4980	.4981
2.9	.4981	.4982	.4982	.4983	.4984	.4984	.4985	.4985	.4986	.4986
3.0	.4987	.4987	.4987	.4988	.4988	.4989	.4989	.4989	.4990	.4990

부 록 B: 난수표

63271	59986	71744	51102	15141	80714	58683	93108	13554	79945
88547	09896	95436	79115	08303	01041	20030	63754	08459	28364
55957	57243	83865	09911	19761	66535	40102	26646	60147	15702
46276	87453	44790	67122	45573	84358	21625	16999	13385	12782
55363	07449	34835	15290	76616	67191	12777	21861	68689	03263
69393	92785	49902	58447	42048	30378	87618	26933	40640	16281
13186	29431	88190	04588	38733	81290	89541	70290	04113	08243
17726	28652	56836	78351	47327	18518	92222	55201	27340	10493
36520	64465	05550	30157	82242	29520	69753	72602	23756	54935
81628	36100	39254	56835	37636	02421	98063	89641	64953	99337
84649	48968	75215	75498	49539	74240	03466	49292	36401	45525
63291	11618	12613	75055	43915	26488	41116	64531	56827	30825
70502	53225	03655	05915	37140	57051	48393	91322	25653	06543
06426	24771	59935	49801	11082	66762	94477	02494	88215	27191
20711	55609	29430	70165	45406	78484	31639	52009	18873	96927
41990	70538	77191	25860	55204	73417	83920	69468	74972	38712
72452	36618	76298	26678	89334	33938	95567	29380	75906	91807
37042	40318	57099	10528	09925	89773	41335	96244	29002	46453
53766	52875	15987	46962	67342	77592	57651	95508	80033	69828
90585	58955	53122	16025	84299	53310	67380	84249	25348	04332
32001	96293	37203	64516	51530	37069	40261	61374	05815	06714
62606	64324	46354	72157	67248	20135	49804	09226	64419	29457
10078	28073	85389	50324	14500	15562	64165	06125	71353	77669
91561	46145	24177	15294	10061	98124	75732	00815	83452	97355
13091	98112	53959	79607	52244	63303	10413	63839	74762	50289
73864	83014	72457	22682	03033	61714	88173	90835	00634	85169
66668	25467	48894	51043	02365	91726	09365	63167	95264	45643
84745	41042	29493	01836	09044	51926	43630	63470	76508	14194
48068	25805	94595	47907	13357	38412	33318	26098	82782	42851
54310	96175	97594	88616	42035	38093	36745	56702	40644	83514
14877	33095	10924	58013	61439	21882	42059	24177	58739	60170
78295	23179	02771	43464	59061	71411	05697	67194	30495	21157
67524	02865	39593	54278	04237	92441	26602	63835	38032	94770
58268	57219	68124	73455	83236	08710	04384	55005	84171	42596
97158	28672	50685	01181	24262	19427	52106	34308	73685	74246
04230	16831	69085	30802	65559	09205	71829	06489	85650	38705
94879	56606	30401	02602	57658	70091	54986	41394	60437	03195
71446	15232	66715	26385	91518	70566	02888	79941	39684	54315
32886	05644	79316	09819	00813	88407	17461	73925	53037	91904
62048	33711	25290	21526	02223	75947	66466	06232	10913	75336

부 록 C: $e^{-\lambda}$의 값

λ	$e^{-\lambda}$	λ	$e^{-\lambda}$	λ	$e^{-\lambda}$
.0	1.0000	3.1	.0450	8.0	.000335
.1	.9048	3.2	.0408	9.0	.000123
.2	.8187	3.3	.0369	10.0	.000045
.3	.7408	3.4	.0334		
.4	.6703	3.5	.0302		
.5	.6065	3.6	.0273		
.6	.5488	3.7	.0247		
.7	.4966	3.8	.0224		
.8	.4493	3.9	.0202		
.9	.4066	4.0	.0183		
1.0	.3679	4.1	.0166		
1.1	.3329	4.2	.0150		
1.2	.3012	4.3	.0136		
1.3	.2725	4.4	.0123		
1.4	.2466	4.5	.0111		
1.5	.2231	4.6	.0101		
1.6	.2019	4.7	.0091		
1.7	.1827	4.8	.0082		
1.8	.1653	4.9	.0074		
1.9	.1496	5.0	.0067		
2.0	.1353	5.1	.0061		
2.1	.1225	5.2	.0055		
2.2	.1108	5.3	.0050		
2.3	.1003	5.4	.0045		
2.4	.0907	5.5	.0041		
2.5	.0821	5.6	.0037		
2.6	.0743	5.7	.0033		
2.7	.0672	5.8	.0030		
2.8	.0608	5.9	.0027		
2.9	.0550	6.0	.0025		
3.0	.0498	7.0	.0009		

부 록 D. 포아송분포표

$$P(X=x) = \frac{e^{-\mu}\mu^x}{x}$$

					μ					
x	0.005	0.01	0.02	0.03	0.04	0.05	0.06	0.07	0.08	0.09
0	0.9950	0.9900	0.9802	0.9704	0.9608	0.9512	0.9418	0.9324	0.9231	0.9139
1	0.0050	0.0099	0.0192	0.0291	0.0384	0.0476	0.0565	0.0653	0.0738	0.0823
2	0.0000	0.0000	0.0002	0.0004	0.0008	0.0012	0.0017	0.0023	0.0030	0.0037
3	0.0000	0.0000	0.0000	0.0000	0.0000	0.0000	0.0000	0.0001	0.0001	0.0001
x	0.1	0.2	0.3	0.4	0.5	0.6	0.7	0.8	0.9	1.0
0	0.9048	0.8187	0.7408	0.6703	0.6065	0.5488	0.4966	0.4493	0.4066	0.3679
1	0.0905	0.1637	0.2222	0.2681	0.3033	0.3293	0.3476	0.3595	0.3659	0.3679
2	0.0045	0.0164	0.0333	0.0536	0.0758	0.0988	0.1217	0.1438	0.1647	0.1839
3	0.0002	0.0011	0.0033	0.0072	0.0126	0.0198	0.0284	0.0383	0.0494	0.0613
4	0.0000	0.0001	0.0002	0.0007	0.0016	0.0030	0.0050	0.0077	0.0111	0.0153
5	0.0000	0.0000	0.0000	0.0001	0.0002	0.0004	0.0007	0.0012	0.0020	0.0031
6	0.0000	0.0000	0.0000	0.0000	0.0000	0.0000	0.0001	0.0002	0.0003	0.0005
7	0.0000	0.0000	0.0000	0.0000	0.0000	0.0000	0.0000	0.0000	0.0000	0.0001
x	1.1	1.2	1.3	1.4	1.5	1.6	1.7	1.8	1.9	2.0
0	0.3329	0.3012	0.2725	0.2466	0.2231	0.2019	0.1827	0.1653	0.1496	0.1353
1	0.3662	0.3614	0.3543	0.3452	0.3347	0.3230	0.3106	0.2975	0.2842	0.2707
2	0.2014	0.2169	0.2303	0.2417	0.2510	0.2584	0.2640	0.2678	0.2700	0.2707
3	0.0738	0.0867	0.0998	0.1128	0.1255	0.1378	0.1496	0.1607	0.1710	0.1804
4	0.0203	0.0260	0.0324	0.0395	0.0471	0.0551	0.0636	0.0723	0.0812	0.0902
5	0.0045	0.0062	0.0084	0.0111	0.0141	0.0176	0.0216	0.0260	0.0309	0.0361
6	0.0008	0.0012	0.0018	0.0026	0.0035	0.0047	0.0061	0.0078	0.0098	0.0120
7	0.0001	0.0002	0.0003	0.0005	0.0008	0.0011	0.0015	0.0020	0.0027	0.0034
8	0.0000	0.0000	0.0001	0.0001	0.0001	0.0002	0.0003	0.0005	0.0006	0.0009
9	0.0000	0.0000	0.0000	0.0000	0.0000	0.0000	0.0001	0.0001	0.0001	0.0002
x	2.1	2.2	2.3	2.4	2.5	2.6`	2.7	2.8	2.9	3.0
0	0.1225	0.1108	0.1003	0.0907	0.0821	0.0743	0.0672	0.0608	0.0050	0.0498
1	0.2572	0.2438	0.2306	0.2177	0.2052	0.1931	0.1815	0.1703	0.1596	0.1494
2	0.2700	0.2681	0.2652	0.2613	0.2565	0.2510	0.2450	0.2384	0.2314	0.2240
3	0.1890	0.1966	0.2033	0.2090	0.2138	0.2176	0.2205	0.2225	0.2237	0.2240
4	0.0992	0.1082	0.1169	0.1254	0.1336	0.1414	0.1488	0.1557	0.1622	0.1680
5	0.0417	0.0476	0.0538	0.0602	0.0668	0.0735	0.0804	0.0872	0.0940	0.1008
6	0.0146	0.0174	0.0206	0.0241	0.0278	0.0319	0.0362	0.0407	0.0455	0.0504
7	0.0044	0.0055	0.0068	0.0083	0.0099	0.0118	0.0139	0.0163	0.0188	0.0216
8	0.0011	0.0015	0.0019	0.0025	0.0031	0.0038	0.0047	0.0057	0.0068	0.0081
9	0.0003	0.0004	0.0005	0.0007	0.0009	0.0011	0.0014	0.0018	0.0022	0.0027
10	0.0001	0.0001	0.0001	0.0002	0.0002	0.0003	0.0004	0.0005	0.0006	0.0008
11	0.0000	0.0000	0.0000	0.0000	0.0000	0.0000	0.0001	0.0001	0.0002	0.0002
12	0.0000	0.0000	0.0000	0.0000	0.0000	0.0000	0.0000	0.0000	0.0000	0.0001
x	3.1	3.2	3.3	3.4	3.5	3.6	3.7	3.8	3.9	4.0
0	0.0450	0.0408	0.0369	0.0334	0.0302	0.0273	0.0247	0.0224	0.0202	0.0183
1	0.1397	0.1304	0.1217	0.1135	0.1057	0.0984	0.0915	0.0850	0.0789	0.0733
2	0.2165	0.2087	0.2008	0.1929	0.1850	0.1771	0.1692	0.1615	0.1539	0.1465
3	0.2237	0.2226	0.2209	0.2186	0.2158	0.2125	0.2087	0.2046	0.2001	0.1954
4	0.1734	0.1781	0.1823	0.1858	0.1888	0.1912	0.1931	0.1944	0.1951	0.1954
5	0.1075	0.1140	0.1203	0.1264	0.1322	0.1377	0.1429	0.1477	0.1522	0.1563
6	0.0555	0.0608	0.0662	0.0716	0.0771	0.0826	0.0881	0.0936	0.0989	0.1042
7	0.0246	0.0278	0.0312	0.0348	0.0385	0.0425	0.0466	0.0508	0.0551	0.0595
8	0.0095	0.0111	0.0129	0.0148	0.0169	0.0191	0.0215	0.0241	0.0269	0.0298
9	0.0033	0.0040	0.0047	0.0056	0.0066	0.0076	0.0089	0.0102	0.0116	0.0132
10	0.0010	0.0013	0.0016	0.0019	0.0023	0.0028	0.0033	0.0039	0.0045	0.0053
11	0.0003	0.0004	0.0005	0.0006	0.0007	0.0009	0.0011	0.0013	0.0016	0.0019
12	0.0001	0.0001	0.0001	0.0002	0.0002	0.0003	0.0003	0.0004	0.0005	0.0006
13	0.0000	0.0000	0.0000	0.0000	0.0001	0.0001	0.0001	0.0001	0.0002	0.0002
14	0.0000	0.0000	0.0000	0.0000	0.0000	0.0000	0.0000	0.0000	0.0000	0.0001
x	4.1	4.2	4.3	4.4	4.5	4.6	4.7	4.8	4.9	5.0
0	0.0166	0.0150	0.0136	0.0123	0.0111	0.0101	0.0091	0.0082	0.0074	0.0067
1	0.0679	0.0630	0.0583	0.0540	0.0500	0.0462	0.0427	0.0395	0.0365	0.0337
2	0.1393	0.1323	0.1254	0.1188	0.1125	0.1063	0.1005	0.0948	0.0894	0.0842
3	0.1904	0.1852	0.1798	0.1743	0.1687	0.1631	0.1574	0.1517	0.1460	0.1404
4	0.1951	0.1944	0.1933	0.1917	0.1898	0.1875	0.1849	0.1820	0.1789	0.1755

D 계속

x	4.1	4.2	4.3	4.4	4.5	4.6	4.7	4.8	4.9	5.0
5	0.1600	0.1633	0.1662	0.1687	0.1708	0.1725	0.1738	0.1747	0.1753	0.1755
6	0.1093	0.1143	0.1191	0.1237	0.1281	0.1323	0.1362	0.1398	0.1432	0.1462
7	0.0640	0.0686	0.0732	0.0778	0.0824	0.0869	0.0914	0.0959	0.1002	0.1044
8	0.0328	0.0360	0.0393	0.0428	0.0463	0.0500	0.0537	0.0575	0.0614	0.0653
9	0.0150	0.0168	0.0188	0.0209	0.0232	0.0255	0.0280	0.0307	0.0334	0.0363
10	0.0061	0.0071	0.0081	0.0092	0.0104	0.0118	0.0132	0.0147	0.0164	0.0181
11	0.0023	0.0027	0.0032	0.0037	0.0043	0.0049	0.0056	0.0064	0.0073	0.0082
12	0.0008	0.0009	0.0011	0.0014	0.0016	0.0019	0.0022	0.0026	0.0030	0.0034
13	0.0002	0.0003	0.0004	0.0005	0.0006	0.0007	0.0008	0.0009	0.0011	0.0013
14	0.0001	0.0001	0.0001	0.0001	0.0002	0.0002	0.0003	0.0003	0.0004	0.0005
15	0.0000	0.0000	0.0000	0.0000	0.0001	0.0001	0.0001	0.0001	0.0001	0.0002

x	5.1	5.2	5.3	5.4	5.5	5.6	5.7	5.8	5.9	6.0
0	0.0061	0.0055	0.0050	0.0045	0.0041	0.0037	0.0033	0.0030	0.0027	0.0025
1	0.0311	0.0287	0.0265	0.0244	0.0225	0.0207	0.0191	0.0176	0.0162	0.0149
2	0.0793	0.0746	0.0701	0.0659	0.0618	0.0580	0.0544	0.0509	0.0477	0.0446
3	0.1348	0.1293	0.1239	0.1185	0.1133	0.1082	0.1033	0.0985	0.0938	0.0892
4	0.1719	0.1681	0.1641	0.1600	0.1558	0.1515	0.1472	0.1428	0.1383	0.1339
5	0.1753	0.1748	0.1740	0.1728	0.1714	0.1697	0.1678	0.1656	0.1632	0.1606
6	0.1490	0.1515	0.1537	0.1555	0.1571	0.1584	0.1594	0.1601	0.1605	0.1606
7	0.1086	0.1125	0.1163	0.1200	0.1234	0.1267	0.1298	0.1326	0.1353	0.1377
8	0.0692	0.0731	0.0771	0.0810	0.0849	0.0887	0.0925	0.0962	0.0998	0.1033
9	0.0392	0.0423	0.0454	0.0486	0.0519	0.0552	0.0586	0.0620	0.0654	0.0688
10	0.0200	0.0220	0.0241	0.0262	0.0285	0.0309	0.0334	0.0359	0.0386	0.0413
11	0.0093	0.0104	0.0116	0.0129	0.0143	0.0157	0.0173	0.0190	0.0207	0.0225
12	0.0039	0.0045	0.0051	0.0058	0.0065	0.0073	0.0082	0.0092	0.0102	0.0113
13	0.0015	0.0018	0.0021	0.0024	0.0028	0.0032	0.0036	0.0041	0.0046	0.0052
14	0.0006	0.0007	0.0008	0.0009	0.0011	0.0013	0.0015	0.0017	0.0019	0.0022
15	0.0002	0.0002	0.0003	0.0003	0.0004	0.0005	0.0006	0.0007	0.0008	0.0009
16	0.0001	0.0001	0.0001	0.0001	0.0001	0.0002	0.0002	0.0002	0.0003	0.0003
17	0.0000	0.0000	0.0000	0.0000	0.0000	0.0001	0.0001	0.0001	0.0001	0.0001

x	6.1	6.2	6.3	6.4	6.5	6.6	6.7	6.8	6.9	7.0
0	0.0022	0.0020	0.0018	0.0017	0.0015	0.0014	0.0012	0.0011	0.0010	0.0009
1	0.0137	0.0126	0.0116	0.0106	0.0098	0.0090	0.0082	0.0076	0.0070	0.0064
2	0.0417	0.0390	0.0364	0.0340	0.0318	0.0296	0.0276	0.0258	0.0240	0.0223
3	0.0848	0.0806	0.0765	0.0726	0.0688	0.0652	0.0617	0.0584	0.0552	0.0521
4	0.1294	0.1269	0.1205	0.1162	0.1118	0.1076	0.1034	0.0992	0.0952	0.0912
5	0.1579	0.1549	0.1519	0.1487	0.1454	0.1420	0.1385	0.1349	0.1314	0.1277
6	0.1605	0.1601	0.1595	0.1586	0.1575	0.1562	0.1546	0.1529	0.1511	0.1490
7	0.1399	0.1418	0.1435	0.1450	0.1462	0.1472	0.1480	0.1486	0.1489	0.1490
8	0.1066	0.1099	0.1130	0.1160	0.1188	0.1215	0.1240	0.1263	0.1284	0.1304
9	0.0723	0.0757	0.0791	0.0825	0.0858	0.0891	0.0923	0.0954	0.0985	0.1014
10	0.0441	0.0469	0.0498	0.0528	0.0558	0.0588	0.0618	0.0649	0.0679	0.0710
11	0.0245	0.0265	0.0285	0.0307	0.0330	0.0353	0.0377	0.0401	0.0426	0.0452
12	0.0124	0.0137	0.0150	0.0164	0.0179	0.0194	0.0210	0.0227	0.0245	0.0264
13	0.0058	0.0065	0.0073	0.0081	0.0089	0.0098	0.0108	0.0119	0.0130	0.0142
14	0.0025	0.0029	0.0033	0.0037	0.0041	0.0046	0.0052	0.0058	0.0064	0.0071
15	0.0010	0.0012	0.0014	0.0016	0.0018	0.0020	0.0023	0.0026	0.0029	0.0033
16	0.0004	0.0005	0.0005	0.0006	0.0007	0.0008	0.0010	0.0011	0.0013	0.0014
17	0.0001	0.0002	0.0002	0.0002	0.0003	0.0003	0.0004	0.0004	0.0005	0.0006
18	0.0000	0.0001	0.0001	0.0001	0.0001	0.0001	0.0001	0.0002	0.0002	0.0002
19	0.0000	0.0000	0.0000	0.0000	0.0000	0.0000	0.0000	0.0001	0.0001	0.0001

x	7.1	7.2	7.3	7.4	7.5	7.6	7.7	7.8	7.9	8.0
0	0.0008	0.0007	0.0007	0.0006	0.0006	0.0005	0.0005	0.0004	0.0004	0.0003
1	0.0059	0.0054	0.0049	0.0045	0.0041	0.0038	0.0035	0.0032	0.0029	0.0027
2	0.0208	0.0194	0.0180	0.0167	0.0156	0.0145	0.0134	0.0125	0.0116	0.0107
3	0.0492	0.0464	0.0438	0.0413	0.0389	0.0366	0.0345	0.0324	0.0305	0.0286
4	0.0874	0.0836	0.0799	0.0764	0.0729	0.0696	0.0663	0.0632	0.0602	0.0573
5	0.1241	0.1204	0.1167	0.1130	0.1094	0.1057	0.1021	0.0986	0.0951	0.0916
6	0.1468	0.1445	0.1420	0.1394	0.1367	0.1339	0.1311	0.1282	0.1252	0.1221
7	0.1489	0.1486	0.1481	0.1474	0.1465	0.1454	0.1442	0.1428	0.1413	0.1396
8	0.1321	0.1337	0.1351	0.1363	0.1373	0.1382	0.1388	0.1392	0.1395	0.1396
9	0.1042	0.1070	0.1096	0.1121	0.1144	0.1167	0.1187	0.1207	0.1224	0.1241
10	0.0740	0.0770	0.0800	0.0829	0.0858	0.0887	0.0914	0.0941	0.0967	0.0993
11	0.0478	0.0504	0.0531	0.0558	0.0585	0.0613	0.0640	0.0667	0.0695	0.0722

D 계속

x	7.1	7.2	7.3	7.4	μ 7.5	7.6	7.7	7.8	7.9	8.0
12	0.0283	0.0303	0.0323	0.0344	0.0366	0.0388	0.0411	0.0434	0.0457	0.0481
13	0.0154	0.0168	0.0181	0.0196	0.0211	0.0227	0.0243	0.0260	0.0278	0.0296
14	0.0078	0.0086	0.0095	0.0104	0.0113	0.0123	0.0134	0.0145	0.0157	0.0169
15	0.0037	0.0041	0.0046	0.0051	0.0057	0.0062	0.0069	0.0075	0.0083	0.0090
16	0.0016	0.0019	0.0021	0.0024	0.0026	0.0030	0.0033	0.0037	0.0041	0.0045
17	0.0007	0.0008	0.0009	0.0010	0.0012	0.0013	0.0015	0.0017	0.0019	0.0021
18	0.0003	0.0003	0.0004	0.0004	0.0005	0.0006	0.0006	0.0007	0.0008	0.0009
19	0.0001	0.0001	0.0001	0.0002	0.0002	0.0002	0.0003	0.0003	0.0003	0.0004
20	0.0000	0.0000	0.0001	0.0001	0.0001	0.0001	0.0001	0.0001	0.0001	0.0002
21	0.0000	0.0000	0.0000	0.0000	0.0000	0.0000	0.0000	0.0000	0.0001	0.0001

x	8.1	8.2	8.3	8.4	8.5	8.6	8.7	8.8	8.9	9.0
0	0.0003	0.0003	0.0002	0.0002	0.0002	0.0002	0.0002	0.0002	0.0001	0.0001
1	0.0025	0.0023	0.0021	0.0019	0.0017	0.0016	0.0014	0.0013	0.0012	0.0011
2	0.0100	0.0092	0.0086	0.0079	0.0074	0.0068	0.0063	0.0058	0.0054	0.0050
3	0.0269	0.0252	0.0237	0.0222	0.0208	0.0195	0.0183	0.0171	0.0160	0.0150
4	0.0544	0.0517	0.0491	0.0466	0.0443	0.0420	0.0398	0.0377	0.0357	0.0337
5	0.0882	0.0849	0.0816	0.0784	0.0752	0.0722	0.0692	0.0663	0.0635	0.0607
6	0.1191	0.1160	0.1128	0.1097	0.1066	0.1034	0.1003	0.0972	0.0941	0.0911
7	0.1378	0.1358	0.1338	0.1317	0.1294	0.1271	0.1247	0.1222	0.1197	0.1171
8	0.1395	0.1392	0.1388	0.1382	0.1375	0.1366	0.1356	0.1344	0.1332	0.1318
9	0.1256	0.1269	0.1280	0.1290	0.1299	0.1306	0.1311	0.1315	0.1317	0.1318
10	0.1017	0.1040	0.1063	0.1084	0.1104	0.1123	0.1140	0.1157	0.1172	0.1186
11	0.0749	0.0776	0.0802	0.0828	0.0853	0.0878	0.0902	0.0925	0.0948	0.0970
12	0.0505	0.0530	0.0555	0.0579	0.0604	0.0629	0.0654	0.0679	0.0703	0.0728
13	0.0315	0.0334	0.0354	0.0374	0.0395	0.0416	0.0438	0.0459	0.0481	0.0504
14	0.0182	0.0196	0.0210	0.0225	0.0240	0.0256	0.0272	0.0289	0.0306	0.0324
15	0.0098	0.0107	0.0116	0.0126	0.0136	0.0147	0.0158	0.0169	0.0182	0.0194
16	0.0050	0.0055	0.0060	0.0066	0.0072	0.0079	0.0086	0.0093	0.0101	0.0109
17	0.0024	0.0026	0.0029	0.0033	0.0036	0.0040	0.0044	0.0048	0.0053	0.0058
18	0.0011	0.0012	0.0014	0.0015	0.0017	0.0019	0.0021	0.0024	0.0026	0.0029
19	0.0005	0.0005	0.0006	0.0007	0.0008	0.0009	0.0010	0.0011	0.0012	0.0014
20	0.0002	0.0002	0.0002	0.0003	0.0003	0.0004	0.0004	0.0005	0.0005	0.0006
21	0.0001	0.0001	0.0001	0.0001	0.0001	0.0002	0.0002	0.0002	0.0002	0.0003
22	0.0000	0.0000	0.0000	0.0000	0.0001	0.0001	0.0001	0.0001	0.0001	0.0001

x	9.1	9.2	9.3	9.4	9.5	9.6	9.7	9.8	9.9	10.0
0	0.0001	0.0001	0.0001	0.0001	0.0001	0.0001	0.0001	0.0001	0.0001	0.0000
1	0.0010	0.0009	0.0009	0.0008	0.0007	0.0007	0.0006	0.0005	0.0005	0.0005
2	0.0046	0.0043	0.0040	0.0037	0.0034	0.0031	0.0029	0.0027	0.0025	0.0023
3	0.0140	0.0131	0.0123	0.0115	0.0107	0.0100	0.0093	0.0087	0.0081	0.0076
4	0.0319	0.0302	0.0285	0.0269	0.0254	0.0240	0.0226	0.0213	0.0201	0.0189
5	0.0581	0.0555	0.0530	0.0506	0.0483	0.0460	0.0439	0.0418	0.0398	0.0378
6	0.0881	0.0851	0.0822	0.0793	0.0764	0.0736	0.0709	0.0682	0.0656	0.0631
7	0.1145	0.1118	0.1091	0.1064	0.1037	0.1010	0.0982	0.0955	0.0928	0.0901
8	0.1302	0.1286	0.1269	0.1251	0.1232	0.1212	0.1191	0.1170	0.1148	0.1126
9	0.1317	0.1315	0.1311	0.1306	0.1300	0.1293	0.1284	0.1274	0.1263	0.1251
10	0.1198	0.1210	0.1219	0.1228	0.1235	0.1241	0.1245	0.1249	0.1250	0.1251
11	0.0991	0.1012	0.1031	0.1049	0.1067	0.1083	0.1098	0.1112	0.1125	0.1137
12	0.0752	0.0776	0.0799	0.0822	0.0844	0.0866	0.0888	0.0908	0.0928	0.0948
13	0.0526	0.0549	0.0572	0.0594	0.0617	0.0640	0.0662	0.0685	0.0707	0.0729
14	0.0342	0.0361	0.0380	0.0399	0.0419	0.0439	0.0459	0.0479	0.0500	0.0521
15	0.0208	0.0221	0.0235	0.0250	0.0265	0.0281	0.0297	0.0313	0.0330	0.0347
16	0.0118	0.0127	0.0137	0.0147	0.0157	0.0168	0.0180	0.0192	0.0204	0.0217
17	0.0063	0.0069	0.0075	0.0081	0.0088	0.0095	0.0103	0.0111	0.0119	0.0128
18	0.0032	0.0035	0.0039	0.0042	0.0046	0.0051	0.0055	0.0060	0.0065	0.0071
19	0.0015	0.0017	0.0019	0.0021	0.0023	0.0026	0.0028	0.0031	0.0034	0.0037
20	0.0007	0.0008	0.0009	0.0010	0.0011	0.0012	0.0014	0.0015	0.0017	0.0019
21	0.0003	0.0003	0.0004	0.0004	0.0005	0.0006	0.0006	0.0007	0.0008	0.0009
22	0.0001	0.0001	0.0002	0.0002	0.0002	0.0002	0.0003	0.0003	0.0004	0.0004
23	0.0000	0.0001	0.0001	0.0001	0.0001	0.0001	0.0001	0.0001	0.0002	0.0002
24	0.0000	0.0000	0.0000	0.0000	0.0000	0.0000	0.0000	0.0001	0.0001	0.0001

국문색인

영문색인

저자약력

강금식

서울대학교 상과대학 경제학과 졸업
한국산업은행 조사부 근무
University of Nebraska 대학원 졸업(경제학석사)
University of Nebraska 대학원 졸업(경영학박사, Ph.D.)
아주대학교 경영대학 부교수
한국경영학회 이사
한국경영과학회 이사
성균관대학교 경영학부 교수 역임

저 서

EXCEL 경영학연습(형설출판사, 1999)
알기쉬운 생산·운영관리(도서출판 오래, 2011, 공저)
품질경영(박영사, 제4판, 2011)
알기쉬운 통계학(도서출판 오래, 제2개정판 2012, 공저)
고객만족을 위한 의료서비스의 실천(도서출판 오래, 2014, 공저)
글로벌시대의 경영학(도서출판 오래, 2014, 공저)
EXCEL활용 생산운영관리(박영사, 제4개정판, 2019)
EXCEL활용 통계학(박영사, 제5판, 2021)
비즈니스 분석론(박영사, 2020)

제6판
4차 산업혁명 시대의 EXCEL 경영과학

초판발행	2007년 2월 10일
개정판발행	2008년 11월 25일
제3판발행	2014년 6월 10일
제4판발행	2018년 2월 10일
제5판발행	2020년 1월 10일
제6판발행	2022년 5월 10일

지은이	강금식
펴낸이	안종만·안상준

편 집	전채린
기획/마케팅	조성호
표지디자인	이영경
제 작	고철민·조영환

펴낸곳	(주) **박영사**
	서울특별시 금천구 가산디지털2로 53, 210호(가산동, 한라시그마밸리)
	등록 1959. 3. 11. 제300−1959−1호(倫)
전 화	02)733−6771
f a x	02)736−4818
e−mail	pys@pybook.co.kr
homepage	www.pybook.co.kr
I S B N	979−11−303−1543−0 93320

정 가 38,000원